本书是国家社会科学基金项目（11BKS046）研究成果

贵州财经大学经济学研究文库

西部工业化与生态文明协调发展模式研究

单晓娅 等 / 著

中国社会科学出版社

图书在版编目（CIP）数据

西部工业化与生态文明协调发展模式研究/单晓娅等著. —北京：中国社会科学出版社，2016.12

（贵州财经大学经济学研究文库）

ISBN 978-7-5161-9360-0

Ⅰ.①西… Ⅱ.①单… Ⅲ.①工业化—关系—生态文明—协调发展—发展模式—研究—西北地区 ②工业化—关系—生态文明—协调发展—发展模式—研究—西南地区 Ⅳ.①F427 ②X321.2

中国版本图书馆 CIP 数据核字（2016）第 280720 号

出 版 人	赵剑英	
责任编辑	卢小生	
责任校对	周晓东	
责任印制	王　超	
出　　版	中国社会科学出版社	
社　　址	北京鼓楼西大街甲 158 号	
邮　　编	100720	
网　　址	http://www.csspw.cn	
发 行 部	010-84083685	
门 市 部	010-84029450	
经　　销	新华书店及其他书店	
印　　刷	北京君升印刷有限公司	
装　　订	廊坊市广阳区广增装订厂	
版　　次	2016 年 12 月第 1 版	
印　　次	2016 年 12 月第 1 次印刷	
开　　本	710×1000　1/16	
印　　张	21.5	
插　　页	2	
字　　数	350 千字	
定　　价	80.00 元	

凡购买中国社会科学出版社图书，如有质量问题请与本社营销中心联系调换
电话：010-84083683
版权所有　侵权必究

前　言

20世纪70年代以来，工业文明的各种危机日益加深，出现了资源衰竭、环境污染、人口过剩、能源短缺和城市生态环境恶化等问题。这就促进了世界环境科学和生态科学的发展，人们由此对工业文明危机进行深刻的反思。如何实现工业文明和生态文明协调发展，成为世界人民共同面临的重大问题。我国是一个工业化和现代化进程中的发展中国家，经济的增长离不开工业化的发展，也引起了很多生态环境问题，集中表现为经济增长与资源、环境、生态之间的矛盾。特别是改革开放以后，我国进入了经济增长和工业化快速发展的时期，形成了一种高投入、高消耗的工业发展模式。在这种发展模式下生态环境严重恶化，制约了工业化的发展、经济的增长和社会的可持续发展。目前，我国西部地区基本处于工业化初期，使工业化作为产业结构优化升级与推动社会经济发展的作用未能发挥出来，这反过来又制约生态文明建设和发展，西部工业化已经和生态环境成矛盾对立状态，进入了"低度均衡型"的发展模式。根据西部实际情况，探索出适合西部的生态文明道路已成为我们的必然选择。但遗憾的是，至今我国学术界对如何实现工业化与生态文明建设协调发展领域的研究仍基本处于真空地带，因此它又具有填补相关研究领域空白的重大学术价值。本书围绕西部工业化与生态文明协调发展模式这个主题，较为系统地分析和探讨了西部工业化与生态文明发展模式的现状、特征、问题、影响因素、发展趋势、相关性、实证分析、指标体系和对策系统等。试图探索性地构建西部工业化与生态文明协调发展模式，为政府及有关部门提供决策参考和实践运用，促进西部地区和谐社会的全面实现。

第一，初步构建了研究西部工业化与生态文明协调发展模式的理论框架，即"工业化与生态文明关系—现状分析—问题分析—战略取向—对策研究"。该分析框架指出，西部地区工业化与生态文明建设以及社会经济发展决定西部工业化与生态文明协调发展的现状、特征与程度，进而决定其协调发展的战略取向，本书由此设计出西部工业化与生态文明协调发展模式的相关评价指标体系与对策系统。

第二，对工业化与生态文明相关性进行了拓展性研究。一般认为，相关即为相互关联，它可以是两者之间也可以是两者以上事物的相互关系。广义上的相关性是一个很广的概念，除包括在统计学中提到的狭义的二元变量之间的相关性外，还囊括对象属性间以及属性与时间之间的关系，既有横向的关联也有纵向的顺序、因果等的相关。本书认为，在统计学中相关性分析是指对事物或者某系统的多重指标之间，以及指标与其所确定的评价目标的相关性评价过程。相关性分析涉及统计学中的一些基本分析方法。采用相关性分析方法对数据集进行分析，常见的相关性分析方法有二元变量相关分析，我们选择了8个指标的数据进行组内相关性和各指标间的相关性分析。采用典型相关分析。分析的目的是找出这两组变量之间的关系，即对西部工业化与生态文明建设发展模式的相关性分析。

第三，在借鉴相关研究成果的基础上，探索性地研究了西部工业化与生态文明协调发展的经济学内涵。指出，工业化与生态文明协调发展既是马克思主义、科学社会主义学科、生态学科问题，更是经济学科问题。一是协调发展是经济学中的重要主题，是区域经济发展的战略性问题，属于经济学范畴。二是工业化主要通过从产业结构升级、科技创新等方式，与生态文明协调发展，因此它又是金融资本形成发生作用的过程。三是生态文明建设必须与其他经济资源相结合，才能发挥其价值，因此生态文明建设本质上是一种资源配置过程。四是工业化与生态文明协调发展与区域特定资源禀赋、历史基础、文化底蕴等密切相关，因此从区域经济学角度来看，工业化与生态文明协调发展是一个区域经济学问题。

第四，主要从工业化进程、工业行业竞争力以及工业企业竞争力的视角，以工业化进程中生态环境的代价为切入点，以工业化对资源的压力为过渡，分析工业化推进与生态文明发展的相互影响，为研究两者的发展模式奠定基础。

第五，通过对工业化与经济发展一般关系的考察和分析，提出了西部工业化发展模式的现状评价与特征，并进一步对西部工业化发展模式所存在的问题进行定量分析，通过实证分析以确定西部工业化发展模式的趋势与战略取向。

第六，根据生态文明建设的科学内涵及时代特征，借鉴国内外已有的各种指标体系研究成果及其实践经验，并结合西部地区实际，提出了生态文明建设指标体系框架。指标体系分为三层：第一层为目标层，即用生态文明综合指数代表生态文明建设的总体效果；第二层为系统层，分为生态经济子系统、生态社会子系统、生态环境子系统和协调程度子系统四大部分；第三层为指标层，根据建设目标，在每个评价子系统项下细分为若干评价要素，形成一系列单项指标，整个指标体系共29项指标，构成了建设生态文明指标体系的总体框架。通过对指标体系的分析，提出了西部生态文明发展模式的现状评价与特征，并进一步对西部生态文明发展模式所存在的问题进行定量分析，通过实证分析以确定西部生态文明发展模式的趋势与战略取向。

第七，在理论分析、现实分析和比较分析的基础上，通过调研、SPASS统计方法的横纵向分析，对西部工业化与生态文明发展模式的实证以及相关性进行了分析和研究。本书从8个指标的数据进行组内相关性和各指标间的典型相关性分析，找出了这两组变量之间的关系，即西部工业化的发展与生态文明发展成反比，即工业越发达，生态文明程度相应越差。具体得到以下结论：大中型工业企业研究与试验发展经费占GDP比例与规模以上工业开发新产品经费占GDP比例、规模以上工业企业新产品产值占GDP比重、工业固体废弃物综合处理率有很强的正相关关系，与生态建设与保护完成投资占GDP比重存在负相关关系；规模以上工业开发新产品经费占GDP比重与规模以上工业企业新产品产值占GDP比重和工业固体废弃物综合处理率存在正相关关系，与生态建设与保护完成投资占GDP比重负相关；工业固体废弃物综合处理率与生态建设与保护完成投资占GDP比重在0.01水平（双侧）上显著负相关；森林覆盖率与单位GDP能耗在0.01水平（双侧）上显著负相关；单位GDP能耗与单位GDP二氧化硫排放量在0.01水平（双侧）上显著正相关。在此基础上，并以节能服务市场中的工业企业为例进行了博弈分析西部工业化与生态文明发展模式。分析结果为制定有针对性的西部工业化与生态文明协调发展的政策提供了依据。

第八，以西部三次产业结构变化为切入点，分析了西部产业结构存在的问题，提出西部要以生态文明的理念推动产业结构调整。重工业的发展对工业化的促进作用很大，但其在发展中存在一些问题，借助对西部重工业结构的变化与生态文明进行的分析，提出了应采取重工业和生态文明建设协调发展的对策措施；进一步应发挥产业高端技术创新示范效应、建立了科学的指标体系对西部科技进步与生态文明发展进行监控，利用科技进步来搭建通向生态文明的桥梁。该指标体系不但能较好地反映西部科技进步与生态文明建设的状态，同时可以及时发现西部科技进步与生态文明建设的运行信号，从而进行及时、有效的控制。并可以预测西部科技进步与生态文明建设的趋势，从而为制定西部科技与生态文明建设政策提供有效的依据。

第九，从区域经济学的视角，通过问卷调查，对西部工业化与生态文明协调发展的问题及其形成的深层次原因进行了分析和研究。调查分析结果表明，目前西部工业化与生态文明协调发展的问题主要有生态环境资源利用不合理、工业污染严重、工业资源短缺、区域间污染转移等。其深层次原因包括思想认识偏差、制度建设的缺陷、工业化程度低、生产技术水平落后、法律法规欠缺、政府调控失误等。调查分析结果为制定有针对性的西部工业化与生态文明协调发展政策提供了依据。

第十，本书认为，西部工业化与生态文明协调发展是一个复杂的系统，破解西部工业化与生态文明协调发展的"瓶颈"，需要采用综合的、多元的对策措施。本书运用区域经济政策理论与系统论，探索性地构建了西部工业化与生态文明协调发展的对策系统，将众多对策措施归纳为三个维度：一是在工业化发展下实现西部生态文明同步发展的对策建议；二是在生态文明下发展加快西部工业化发展的对策建议；三是构建西部工业化与生态文明协调发展模式的对策建议。关于在工业化发展下实现西部生态文明同步发展的对策建议包括要大力转变经济发展方式、完善相关体制机制、保护生态环境、探索资源节约和环保的新模式等方面的内容；关于在生态文明下发展加快西部工业化发展的对策建议包括产业结构的生态文明转型、拓展投融资渠道、形成工业生态系统、大力发展绿色循环经济等方面的内容；关于构建西部工业化与生态文明协调发展模式的对策建议包括培育和巩固协调发展理念、完善政策法规、依靠先进技术、扩大对外合作、创新政府领导职能、规划协调发展等方面的内容。

目 录

第一章　导论 …………………………………………………………… 1
　　第一节　问题的提出与选题意义 ………………………………………… 1
　　第二节　研究对象、目的与方法 ………………………………………… 6
　　第三节　研究思路、结构与内容 ………………………………………… 9
　　第四节　主要创新点 ……………………………………………………… 14

第二章　相关范畴界定与国内外经验借鉴 ……………………………… 15
　　第一节　核心概念及其相互关系界定 …………………………………… 15
　　第二节　文献综述 ………………………………………………………… 34

第三章　工业化推进与生态文明发展的相互影响 ……………………… 42
　　第一节　生态文明发展下的工业化影响分析 …………………………… 42
　　第二节　工业化进程中生态文明发展的影响分析 ……………………… 58

第四章　西部工业化发展模式研究 ……………………………………… 79
　　第一节　工业化与经济发展的一般关系 ………………………………… 79
　　第二节　西部工业化发展模式现状评价及特征 ………………………… 87
　　第三节　西部工业化发展模式存在的问题分析 ………………………… 103
　　第四节　西部工业化发展模式的趋势及战略取向 ……………………… 105

第五章　西部生态文明发展模式研究 …………………………………… 121
　　第一节　西部生态文明发展模式现状评价及特征 ……………………… 121
　　第二节　西部生态文明发展模式存在的问题分析 ……………………… 150
　　第三节　西部生态文明发展模式的趋势及战略取向 …………………… 155

第六章　西部工业化与生态文明发展模式的相关性及其研究 …… 161

第一节　西部工业化与生态文明发展模式总体评价及
　　　　横纵向分析 …… 161
第二节　西部工业化与生态文明发展模式的相关性分析 …… 186

第七章　西部经济结构转型与生态文明发展 …… 203

第一节　西部三次产业结构变化与生态文明发展 …… 203
第二节　西部重工业结构变化与生态文明发展 …… 215
第三节　西部技术进步与生态文明发展 …… 225

第八章　西部工业化与生态文明协调发展存在的问题分析 …… 250

第一节　西部工业化与生态文明协调发展存在的问题 …… 250
第二节　西部工业化与生态文明协调发展问题的
　　　　深层次原因 …… 259

第九章　构建西部工业化与生态文明协调发展的对策建议 …… 282

第一节　在工业发展下实现西部生态文明同步发展的
　　　　对策建议 …… 282
第二节　在生态文明下加快西部工业化发展的对策建议 …… 290
第三节　构建西部工业化与生态文明协调发展模式的
　　　　对策建议 …… 301

参考文献 …… 322

后　记 …… 334

第一章 导论

第一节 问题的提出与选题意义

一 选题背景

由于历史和地域原因，西部地区与东部地区相比，贫困面广，贫困人口多，贫困程度深，所以为摆脱这种局面，推进西部工业化已迫在眉睫。但是西部天然的生态环境又较为脆弱，工业化易引发生态危机。因此培养人们的生态意识，加快技术创新，发展绿色循环经济，实现可持续发展对于协调好西部工业化和生态文明建设显得格外重要。

（一）西部工业化引发严重的生态危机，生态文明建设成为必然选择

18世纪60年代，发端于英国的工业化，使世界发生了翻天覆地的变化，促进了人类文明的巨大进步。同时，在发展的过程中也产生了很多的问题。特别是自20世纪70年代以来，工业文明的各种危机日益加深，出现了资源衰竭、环境污染、人口过剩、能源短缺和城市生态环境恶化等问题。拉开了人们广泛运用世界环境科学和生态科学，站在更高的角度思考工业文明以及未来发展的帷幕。如何实现工业文明和生态文明协调发展，成为世界人民共同面临的重大问题。

我国是一个处于工业化和现代化进程中的发展中国家，经济的增长离不开工业化的发展，但是，工业化的发展也引起了很多的生态环境问题，集中表现为经济增长与资源、环境、生态之间的矛盾问题。特别是改革开放以后，我国进入了经济增长和工业化快速发展的时期，从而形成了一种高投入、高消耗的工业发展模式。在这种发展模式下，生态环境遭受了不断的破坏，这不仅会阻碍工业化的发展，更会成为经济增长

和社会可持续发展过程中的"拦路虎"。我党在工业化发展和生态保护的协调问题上一直在进行不懈的努力：党的十六大清晰地认识到"实现工业化仍然是我国现代化进程中艰巨的历史性任务"。要走的道路也必须是良好的生态道路；党的十六大报告提出"全面建设小康社会的四大目标之一即为建设生态良好的文明社会"；党的十七大首次将生态文明建设提升到国家战略的高度，并且强调了社会发展的协调性方面仍需增强，尤其是经济领域，既要有速度，更要有质量，这其实就是要统一协调地发展工业化与生态文明建设；党的十八大报告提出了"我们一定要更加自觉地珍爱自然，更加积极地保护生态，努力走向社会主义生态文明新时代"。把生态文明建设放在突出地位，纳入了"五位一体"的总布局中，努力实现生态文明建设和工业化的协调发展。但遗憾的是，至今我国相关学者、专家们对如何协调发展工业化与生态文明建设的具体实施领域研究仍基本处于真空地带。

从整体上看，我国西部地区的工业化水平基本上处于初期，不仅产业结构不合理，社会经济落后，生态文明建设也相当滞后，甚至西部工业化已经和生态环境形成矛盾对立状态，进入了低度均衡的发展模式。西部在工业化发展进程中，面临着严重的生态危机，主要包括关键性水土资源流失严重；土地荒漠化问题突出；人口超载对资源和环境的压力大；环境污染转移加剧等。根据对其他国家发展历程的了解，在一国或者地区中，工业化过程是必然阶段，在此阶段往往是"先污染"和"先增长"在此之后才注重"治理"与"环保"。我们绝不能重蹈覆辙，而要根据西部实际情况，探索出适合西部生态文明发展的道路。

（二）西部工业化和生态文明建设必须发展绿色循环经济，走可持续发展道路

西部地区能源、矿产和生物等自然资源丰富，是我国工业能源和原材料的接续地，为西部发展工业提供了良好的外部条件。但1999年实施西部大开发战略以来，许多地方急于求成，采取赶超策略促进经济发展，西部地区的工业化道路主要以高投入、高消耗、高污染和低效益为主要特征，不考虑子孙后代，以资源和环境为代价发展工业。然而，我们必须清晰地认识到这种不顾及长远利益的短视发展行为对西部地区的经济可持续发展是极为不利的，而不考虑生态环境的发展模式注定是会夭折的。

要缓解西部工业化和生态文明建设的矛盾，必须发展绿色循环经济，走可持续发展道路。作为一种经济发展模式，可持续发展的原则在绿色循环经济中得以集中体现，集成优化了生态、社会、经济。① 西部地区的自然、经济和社会条件以及工业化推进方式具有特殊性，西部地区工业化发展中的各单元无论哪个方面间都缺乏必然的联系，封闭的环境导致各自为政、自我循环以及无法产生技术溢出效应，这也是造成西部地区工业经济的封闭性、僵化性和离散性发展的根本性原因。工业封闭绿色循环经济发展路线难以促进西部地区经济发展，在考虑生态建设的前提下，把绿色循环经济理念落实到生态人居环境建设工作中，狠抓"蓝天""碧水""绿色""宁静"等项目的落实。② 要把生态经济和循环经济结合起来，实现经济腾飞与环境保护、物质文明和精神文明、自然生态和人类生态的高度统一和可持续发展。③

（三）发展生态消费，形成绿色工业制造模式

西部的自然、历史原因虽然会部分地导致生态环境的退化，但人们的非可持续的生产与消费方式才是罪魁祸首。改善西部工业化所需的生态环境，就要引入生态消费模式。生态消费是一个新的概念，它基于人类的经济社会发展，与人口、资源、生态、环境之间的矛盾越来越激化的现实基础上提出的一种新的生活理念和消费模式。生态消费模式是指"绿色的""生态化的""人与自然和谐相处的"消费模式，人类社会如果没有以恰当的价值观支撑自己的消费模式，这将会给生态环境带来极大的危害，甚至导致生态系统的崩溃，威胁人类的生存。④ 生态消费符合人与自然的本来法则，它的提出意味着良好的生态对于人类消费活动具有基础性意义和根本价值，意味着人与自然的关系状况直接决定人类消费活动的运行情况。⑤ 由于西部工业化的发展，人类对资源过度需

---

① 诸大建、朱远：《生态文明背景下循环经济理论的深入研究》，《中国科学院院刊》2013年第2期。
② 单晓娅：《贵州生态文明建设的探索与实践》，光明日报出版社2012年版。
③ 杨运星：《生态经济、循环经济、绿色经济与低碳经济之辨析》，《前沿》2011年第8期。
④ 牛文浩：《生态消费模式：社会主义生态文明建设的必然选择》，《生态经济》2012年第8期。
⑤ 包庆德：《消费模式转型：生态文明建设的重要路径》，《中国社会科学院研究生院学报》2011年第2期。

求,能源利用率低,工业废水、废气排放量增多,导致生态环境极其脆弱,生态文明建设已迫在眉睫。所以树立生态意识,构建生态系统、经济系统的良性循环,形成无污染、低能耗、高能效的绿色工业,建设经济、生态、社会三者有效统一的工业模式,才能促进西部地区工业化经济的可持续发展。

二 选题意义

由于地理位置上的劣势,自然环境的恶劣,我国西部地区的发展自古以来一直远远落后于东部地区。要想实现东西部发展的均衡,国家整体实力的真正提高,必须大力推动西部地区的发展。1999年11月,中央经济工作会议提出西部进行大开发的战略决策。在会议中提出,要适时、有效地实施西部大开发战略,这与扩大内需进而促进经济增长密切相关。同时在团结民族、稳定社会、巩固边防,以及在全国范围内协调经济社会发展,并达到共同富裕的最终目标方面起着至关重要的作用。2000年3月正式开始了以"把东部沿海地区的剩余经济发展能力,用以提高西部地区的经济和社会发展水平、巩固国防"为目的的西部大开发战略。但西部大开发的实施在经济快速发展的同时,给生态环境带来了巨大的压力。西部地区由此呈现出经济和生态环境矛盾的状况。因此,如何促使西部工业化与生态文明建设的协调发展,已经成为社会关注的重点。本书以此入手,试图在统一工业化与生态文明的基础上,探索出一条绿色通道,不仅促进工业化与生态文明建设协调发展,更为西部大开发进一步实施提供强大支持,最终完成西部地区经济增长与资源、环境、生态的协调发展的伟大任务。本书的主要意义表现为以下几个方面:

(一) 丰富了区域工业化和生态文明建设的相关理论基础

在西部发展工业化,难以避免地与环境产生了摩擦,资源短缺、环境污染、高投入低产出等问题层出不穷。基于协调经济和生态的关系,运用系统论的系统分析方法,从不同维度去揭示工业化系统与生态文明系统之间的关系,通过数理模型分析方法,揭示西部工业化与生态文明建设的影响因素,西部工业化和生态文明建设两者协调一致的关系,以及在各自特有的经济条件下,考察和探寻西部工业化发展和生态文明建设的最优发展模式,为形成二者协调机制制定政府政策,从而在西部工业化发展下促进生态文明建设。通过对本书的研究,对进一步充实和完善区域工业化与生态文明建设理论、绿色循环经济与可持续发展理论等具有重要的意义。目前，西部工业化发展还有许多局限和有待完善的地方，尚没有协调好和生态文明建设的关系，还有待变革创新。因此，通过对西部工业化和生态文明建设协调发展模式的深入研究，对进一步完善西部工业化和生态文明建设体系具有理论价值和现实意义。

（二）对生态脆弱地区工业化发展模式提供了参考价值

西部虽然自然资源丰富，但生态环境极其脆弱，大部分地区位于半干旱区，水资源匮乏，西部地区干旱成灾且受灾面积占全国的70%左右，这不仅加剧了工业化发展的困难，并时刻警示着我们解决西部地区脆弱的生态环境问题已成为工业化发展的重要任务。为研究西部工业化和生态文明建设的发展模式，分析西部工业化和生态文明建设的内在联系和相互影响，找出普遍存在的生态意识不强、产业结构不合理、污染转嫁等制约西部工业化发展的因素。通过政府制定政策，寻求技术创新、转变经济增长方式、调整产业结构、发展绿色循环经济等形成绿色工业制造模式，清洁使用资源能源，尽可能小地影响环境。若能构建并广泛运用绿色工业制造模式，不仅有利于加速生态脆弱地区的工业化和城镇化，以又好又快的方式解决经济增长和资源环境之间的尖锐矛盾提供了参考价值，还能使生态脆弱地区真正走上经济效益高，生态友好的具有高科技含量、充分发挥人力资源的新型工业化道路。

（三）促进新一轮西部大开发的部署和有效实施

2010年，中国进入了新一轮的西部大开发，西部地区的生态问题更是引起社会的广泛关注，生态建设与西部乃至全国的可持续发展息息相关，更是西部大开发能否成功的关键。国家在诸多方面给予了大力支持，西部从根源上把绿色、低碳发展理念深入人心，在体制、硬件设施上都围绕着生态保护这个中心采取措施，都力求建立一个保护国家生态安全的屏障。[1] 通过研究西部工业化和生态文明建设的发展模式，寻求经济效益和生态效益的"双赢"目标。这紧贴新一轮西部大开发的生态理念，为新一轮西部大开发的部署提供了有利的外部条件。采取促进西部生态经济发展的有效措施，能够缩短西部地区和东部地区的差距，

---

[1] 王玉清、扈恩邦：《构建新一轮西部大开发中的大开放格局》，《开放导报》2012年第4期。

并向绿色、健康、快速、稳定的发展方向迈进，以实现人与自然、社会、经济、政治、文化的和谐统一。

第二节 研究对象、目的与方法

一 研究对象

本书把我国西部地区作为研究范畴，论述工业化发展进程及工业化与生态文明建设的相互影响，着重研究西部地区工业化和生态文明建设发展模式，研究的对象包括：（1）工业化、生态文明及其相互关系；（2）西部工业化的发展模式；（3）生态文明西部地区建设模式；（4）西部地区工业化与生态文明发展模式的相关性及实证研究；（5）西部经济结构转型与生态文明的关系；（6）构建西部地区工业化与生态文明协调发展的模式。通过这些研究，鼓励西部改进生产技术，调整产业结构，转变经济增长方式，以法律法规作保障，以技术创新为支撑，发展绿色循环经济，提高人们生态意识，提出生态消费模式，实现西部地区工业化和生态文明建设的协调发展，促进西部地区的可持续发展。

二 研究目的

我国西部地区包括12个省份，拥有丰富的自然资源和能源优势，对于我国社会的发展进步具有重要的战略意义。如何促进西部地区的发展，特别是如何实现西部地区的可持续发展，成为社会各界关注的重要话题。要想实现西部地区的可持续发展，就必须处理好工业化与生态文明建设之间的关系，实现两者的协调发展。本书主要是将工业文明与生态文明的发展统一起来，寻找实现西部地区工业文明与生态文明发展的绿色通道，从而促进西部地区社会的发展，实现我国东中西部的均衡发展。本书以以下三个目的为基础，展开研究：

（一）研究西部可持续绿色发展态势，缩短与东部地区的差距

西部工业化的发展必须以可持续发展观为指导，必须在加快工业发展的同时坚持可持续的绿色发展。我国西部绿色发展中面临着政策和制度亟待完善、经济发展和生态环境保护、人口素质提高、资源开发利

用、产业布局等问题。① 实现西部工业化的绿色发展必须能够妥当扭转工业化过程中对生态破坏的普遍趋势，并且促使经济、社会和生态效益三者有机的统一。绿色发展的保障作用恰好满足低能耗、低污染、可持续发展、增加后劲等新型工业化道路对未来发展的要求。绿色可持续发展需要加快西部的资本、技术和人才的流动。在绿色发展中，资本是前提基础，技术是动力支撑，人才是持久保障。② 在资本、技术和人才有机结合下，西部工业化能够很快实现可持续绿色发展，使西部地区又好又快地发展，人均 GDP 能够显著增长，缩短与东部地区的差距，实现人与社会、人与自然的和谐发展，从而促进整个社会经济高效健康地发展。因此，必须研究出西部可持续绿色发展的态势。

（二）寻求西部工业化发展的生态路径

众所周知，西部工业化和西部脆弱的生态环境产生了难以调和的矛盾，许多地区为追求经济发展速度，自己降低环境保护门槛，吸引资本流入对当地生态环境造成了高污染。近年来，西部地区的江、河、湖受到污染，环境遭到破坏，生态风险不断显现，如云南省阳宗海砷污染事件。③ 如何在不损害生态环境的基础上发展西部的工业化是当前的紧要任务，寻求适合西部工业化发展的生态路径是新一轮西部大开发宗旨的重要体现。通过政府制定政策，创新机制，促进有利于生态文明的工业技术进步、产业结构优化升级，形成绿色制造模式，改变过去靠消耗资源与破坏环境作为支撑的"资源—产品—废弃物排放"的单向度线性工业文明发展模式，构建一种尽可能减少非资源、环境依赖，低投入、高效益的生产链条，即"资源—产品—再生资源"，促进资源不断循环流动。通过低能耗、低排放以及过程始终无害化来实现综合效益的目标。因此，在新的发展阶段必须研究和寻求适合西部工业化发展的生态路径。

（三）探索区域经济的未来发展方向

西部由于其天然的生态脆弱环境，西部工业化的发展必须要进行文

---

① 甄霖、杜秉贞、刘纪远、孙传谆、张强：《国际经验对中国西部地区绿色发展的启示：政策及实践》，《中国人口资源与环境》2013 年第 10 期。

② 王珂、秦成逊：《西部地区实现绿色发展的路径探析》，《经济问题探索》2013 年第 1 期。

③ 秦成逊、王珂、董树：《西部地区工业化发展模式的现状分析和转型策略》，《昆明理工大学学报》2011 年第 6 期。

明建设。党的十七大明确指出了建设生态文明是一种崭新的文化伦理和价值取向，更是一个高层次的发展目标，即以协调经济与生态为根本。就特定区域而言，生态文明建设不仅要重新评价区域发展的基础条件，建构新的保障机制，还必须塑造新的区域间协调共生关系。[①] 西部这一特定区域进行工业化发展，就要熟悉西部地区的资源环境、发展优势及劣势条件，进行区域生态建设。在具体区域建设生态文明中，构建发展模式，提升区域的功能定位，逐步形成特色化的区域发展格局并在构建的过程中必须始终贯穿统筹兼顾的科学思想方法。优化自然资源和国土空间充分利用，形成生态补偿机制，进一步促进区域资源、人才流动。区域经济的生态化发展，要趋利避害，在保证经济增长的同时，将其可能给生态带来的威胁扼杀在萌芽中。[②] 通过研究西部工业化和生态文明建设的发展模式，以科学发展观为指导，构建经济发展模式并且形成西部区域特有的生态发展格局，以全方位的创新支撑区域经济的未来发展方向。[③] 因此，生态文明和区域经济发展关系密切，探索西部地区工业化和生态文明建设发展模式对于探索区域经济的未来发展方向也是一大助力。

三 研究方法

根据本书的具体研究目标与内容，综合应用了生态经济学、复合系统、数理模型等相关理论，将经济学、生态学、社会学等多门学科的方法构建体系，多维度分析。在这个分析体系下，基于系统论的系统分析方法是最核心的分析方法，从不同维度去揭示工业化系统与生态文明系统之间的关系，从而完成理论模型的构建；在具体实证分析中，综合静态和动态分析、横向与纵向比较，通过数理模型的构建，揭示西部工业化、生态文明建设影响因素及作用机理；通过掌握这一机理，形成协调发展模式，为政府制定政策，提供切实、可靠的科学依据，从而完成研究目标。开创了本书领域多元方法组合研究的国内首例。

---

① 李珂、庄从从：《基于生态文明下的生态建设与区域经济增长》，《江苏商论》2014年第13期。

② [美]克利福德·科布：《迈向生态文明下的实践步骤》，王韬洋译，《马克思主义与现实》2007年第7期。

③ 盖凯程：《西部生态环境与经济协调发展研究》，博士学位论文，西南财经大学，2008年。

第三节 研究思路、结构与内容

一 研究思路

本书以严谨的逻辑思路、多维角度进行研究,主要遵循思路如下:

(一) 现实背景研究

由于西部经济发展与西部脆弱的生态环境难以协调共存的矛盾,根据对西部工业化良性发展的需求以及积极响应新一轮西部大开发的浪潮,论述工业化和可持续发展、生态文明和生态环境之间的相互关系,分析目前西部工业化现状、生态文明建设现状以及工业化推进与生态文明发展的相互影响,制定政府对二者的相关政策导向及其对西部区域经济发展的影响,揭示西部工业化与生态文明的协调发展模式研究。

(二) 理论模型构建、实证分析检验

从多维辩证的角度,以新的经济学理论和 EKC 理论为基础,运用生态经济学、工业经济学与区域经济学的学科关联性,基于系统论的分析方法,构建工业化、生态文明建设之间关系的理论模型。结合静态分析和动态分析,通过进行横向比较与纵向比较,分析西部工业化和生态文明发展模式的相关性,揭示西部工业化的影响因素,完成实证分析检验。

(三) 核心观点形成

在构建理论模型和进行实证分析的基础上,分析工业化和生态文明的关系,通过研究国内外有关的文献及发展模式,运用多学科的方法和手段,探寻地方政府在政策方面对西部工业化推进与生态文明建设的正确导向,探究出协调发展工业化与生态文明建设行之有效的模式。

(四) 课题目标完成

通过以上理论和分析,研究西部工业化和生态文明建设的发展模式,为地方政府决策提供依据,制定相关政策,构建符合西部特点的机制模式,持续稳定地协调发展工业化与生态文明建设,促进新一轮西部大开发的部署和有效实施,缩短与东部地区的发展差距,向绿色快速发展方向迈进,实现人与自然、人与社会的和谐统一。

二 研究结构

（一）导论

导论部分对本书所要论述的内容进行了简要的概括，介绍了课题中将会涉及的经济理论、数理模型以及运用的分析方法，梳理了本书的整体研究过程。主要包括：问题的提出与选题背景、意义；研究对象、目的与方法；研究思路、结构与内容；主要创新点。

（二）相关范畴界定与国内外经验借鉴

对核心概念西部、工业化、可持续发展、生态文明、生态环境等进行了界定，并且论述了概念之间的相关关系及相互影响，同时通过对国内外相关文献及进展研究，借鉴国内外工业化发展和生态文明建设发展模式的相关经验，为下一步的系统研究和分析西部工业化和生态文明建设发展模式研究打下基础。

（三）工业化推进与生态文明发展的相互影响

主要从工业化进程、工业行业竞争力以及工业企业竞争力这些视角来研究生态文明发展对工业化的影响。除此之外，以工业化进程中生态环境的代价为切入点，以工业化对资源的压力为过渡，研究工业化进程对生态文明的影响。通过探讨工业化和生态文明发展的相互影响，为研究两者的发展模式奠定基础。

（四）西部工业化发展模式研究

考察和分析了工业化与经济发展的一般关系，主要从产业结构升级、技术进步的角度得出工业化为技术进步提供基础，工业化通过促进科技发展导致产业结构的升级。通过对青海、内蒙古、陕西等地区的研究来阐述西部工业化现状，对西部工业化进程进行综合评价，从而探讨出西部工业化的特征以及西部工业化发展模式的战略趋势。

（五）西部生态文明发展模式研究

生态文明建设需要有一个指标评价体系引导其不断深入、完善，通过研究指标体系的目标层、系统层和指标层，并以熵值法确定不同权重，监测不同指标，发现生态文明建设进程中的薄弱环节并采取措施促进生态文明的建设。西部生态文明建设需要扬长避短，优化调整产业结构，以技术创新为支撑，以法律法规为保障，发展适合西部生态文明建设的生态消费模式，走出西部生态保护和环境治理困境。

(六) 西部工业化与生态文明发展模式的相关性及实证研究

阐述了西部地区经济发展模式及西部生态文明建设，通过对西部地区和其他地区生态文明建设进行横向比较和纵向比较，论证西部工业化与生态文明发展模式的相关性研究，并以节能服务市场中的工业企业为例进行博弈分析西部工业化与生态文明发展模式。

(七) 西部经济结构转型与生态文明发展

以西部三次产业结构变化为切入点，提出西部要以生态文明的理念推动产业结构调整，借助对西部轻重工业结构的变化与生态文明进行分析，倡导发展优势产业，抓住重点领域。通过对产业高端技术创新示范效应的研究，揭示科技进步是通向生态文明的桥梁。

(八) 西部工业化与生态文明协调发展所存在的问题分析

通过对我国所有制经济发展中存在的问题、我国经济管理体制的漏洞进行考察，分析出生态文明建设中所欠缺群众基础和政府监管。工业结构失调、生产技术落后等也是制约西部工业化和生态文明建设协调发展的因素，除此之外，工业排污量大、工业耗费资源量大以及污染转移也影响着产业结构与生态文明的协调发展。

(九) 构建西部工业化与生态文明协调发展模式机制的政策建议

通过对西部工业化与生态文明一系列研究的基础上，提出在工业化发展下实现西部生态文明同步发展的政策建议、在生态文明发展下加快西部工业化发展的对策建议以及构建西部工业化与生态文明协调发展、良性互动机制的对策，实现西部经济的高效发展，缩短与东部地区差距，早日实现全社会的和谐一致发展。

三 研究内容

本书从多学科的视角，基于系统论的系统分析方法，运用生态经济学理论、复合系统理论、数理模型等相关知识，多维分析和揭示了工业化与生态文明这两个系统之间的辩证关系，揭示影响西部工业化和生态文明建设的各种因素及其相互作用机理，探寻西部工业化和生态文明建设发展模式，并为构建该协调发展模式制定政府政策，提出建议。

(一) 西部工业化与生态文明之间的相互关系和影响

随着西部工业化与现代化的快速发展，生态的刚性约束也变得越来越强，生态和经济这两个系统在区域上出现了持续且恶性耦合的态势。西部地区在发展的过程中存在很多问题，特别是在工业化进程中，生态环境的建设，成为西部地区发展的焦点问题。本书从工业行业竞争力和企业竞争力多层次角度，研究生态文明发展对工业化的影响。除此之外，以工业化进程中生态环境的代价为切入点，以工业化对资源的压力为过渡，研究生态文明受到工业化进程的影响。通过分析二者之间的相互关系和影响，寻求走出工业发展以生态环境为代价的发展怪圈的途径。为了调节西部工业化和生态保护难以调节的矛盾，构建一个包括政府主导、市场推动以及公众参与的"多元共治"综合性的生态环境治理网络。[①] 最终实现经济效益和环境生态效益的"双赢"目标，通过创新西部地区生态环境治理政策，从根本上改善生态环境，最终在西部地区达到人与自然和谐相处的伟大目标。

（二）研究探寻西部工业化与生态文明建设的最佳发展模式

本书将从区域经济学、发展经济学、生态经济学及社会和谐、生态文明、可持续发展的视角，分析西部欠发达地区工业化的发展状况及与生态文明建设协调发展的重要性，论证西部欠发达地区的生态文明建设对其探寻工业化高效发展的重要性，这样才符合新一轮西部大开发要求。协调推进西部地区生态文明建设与经济增长，是有利于破解促进局部经济增长和保证国家生态安全目标之间的矛盾迫切需求，这同时也预示着西部地区推进兼具经济增长与生态建设双重任务的过程将比其他地区更有难度且更具有挑战性。[②] 因此，探索一个西部工业化与生态文明建设的最佳发展模式已迫在眉睫，要改善产业结构、拓宽融资途径并提高投资的有效性，降低对环境的过度依赖，从而保证发展的稳定性。[③] 如果只是单纯地为了发展经济而随意地破坏生态环境，将会如恩格斯所言的"人类对自然界的每一次胜利，自然界都将反过来加以报复。"

（三）揭示西部经济结构转型与生态文明发展的关系

我国处于工业化中期阶段，我国工业发展仍以资源环境为代价。来自经济合作与发展组织的报告指出，虽然中国的经济在不断地接近发达

[①] 张军驰：《西部地区生态环境治理政策研究》，博士学位论文，西北农林科技大学，2012年。

[②] 方发龙、周江：《协调推进西部地区经济增长与生态文明建设的思路与对策》，《经济问题探索》2009年第10期。

[③] 冯振环：《西部地区经济发展的脆弱性与优化调控研究》，博士学位论文，天津大学，2003年。

国家水平,但环境水平却几乎与最贫穷的国家相同。[1] 同时西部地区经济的发展还不够协调,多数地区呈现出第二产业总产量占 GDP 比重过高的现象,以至于对资源和生态环境带来巨大的压力和挑战,所以本书通过研究西部地区经济结构转型与生态文明发展的关系,尤其是着重于产业结构的转型对经济、生态环境的影响方面的研究,以揭示二者之间的辩证关系。党的十八大报告指出:"结构性问题是阻碍经济持续健康发展的关键,必须从需求、产业结构的优化入手,把重点放在城镇上,协调区域发展。"生态文明建设从人对自然的依赖性出发,以自然规律为准则,以环境资源承载力为基础。[2] 本书认为,西部地区要实现以生态文明理念调整产业结构,促进技术创新与进步,自觉遵循自然规律、社会发展规律和经济规律,既必须在发展中保护生态环境,也需要在生态环境保护中兼顾经济社会发展,积极推进协调西部工业化与生态文明建设的发展。

(四) 提出协调发展西部工业化与生态文明模式构建的政策建议

本书建立在西部工业化与生态文明一系列研究的基础上,结合国内外的相关研究,以及运用生态经济学理论、复合系统理论、数理模型等相结合的综合分析方法,提出西部协调发展工业化与生态文明模式构建的相关政策建议。要使工业化与生态文明建设这两者处于良性互动、协调发展的状态,就要普及生态文明理念,促进工业技术进步与创新,形成"绿色工厂"模式。科学技术是第一生产力,依靠科技进步,对传统产业进行改造,对整个产业进行全面升级,推动新型产品的发展,促进新产业的形成。生态文明是技术进步与生态进化的协同统一体,生态文明是作为人类社会发展到高级阶段而出现的一种新的文明形态。[3] 工业文明和生态文明相辅相成,良性互动地促进彼此的发展,以技术进步的强劲势头实现西部经济的高效发展,缩短与东部地区的差距,早日实现全社会的和谐统一发展。

---

[1] 包双叶:《社会结构转型与生态文明建设——基于中国特殊经验的研究》,《天中学刊》2012 年第 1 期。
[2] 赵凡:《社会转型与生态文明的辩证关系探讨》,《经济研究导刊》2013 年第 33 期。
[3] 姜智红:《新型工业化与生态文明建设研究》,《理论建设》2010 年第 6 期。

第四节 主要创新点

　　本书的创新点主要体现在以下三个方面：（1）在研究方法上，运用生态学、经济学、社会学、系统论等形成的多学科理论体系为基础研究方式，在新经济学理论范式下，结合系统论方法，多维度研究工业化系统与生态文明系统各自的影响因素及其相互作用的机理，为研究工业文明与生态文明的统一性，提供了新的认识。（2）在理论价值上，以马克思主义为切入点，以科学发展观为指导，倡导立足世情、国情、区情，立足工业化的阶段性和规律性来构建协调发展工业化与生态文明建设的机制模式，探讨关于工业化与生态文明发展方面的协调理论。（3）在应用价值上，协调工业化与生态文明建设发展的思路，对西部地区而言，既是产业间的协作，也是区域间政策的协作，是对以往将工业化与建设生态文明相对立的政策观念的矫正，为地方政府制定协调政策提供决策参考。

第二章 相关范畴界定与国内外经验借鉴

第一节 核心概念及其相互关系界定

一 西部的界定

西部是一个在我国领土上相对于中东部而言的地域概念。在不同的历史时期和文化背景中，对西部的定位和其所涉及的地理范围有所不同，并且在不断发生改变，但总体来说，它的地理方位基本上指的是相对东部而言的那部分。

在《山海经》中，对天下山海以南、西、北、东、中进行分述。其中"西山经"所描述的山包括为首的西岳华山、冢山、数历山、不周山、昆仑山、积石山、天山、鸟鼠山等，所以，当时所指的西部，是由华山往南往西，直到西边极远之地。《尚书·慷诰》中有"西土惟时怙冒，闻于上帝，帝休。"春秋战国时期所称的西部已经扩大到陇山和关中以西地区。汉武帝为了巩固边防西征匈奴，曾两次派遣张骞出使西域。"西域"一词最早见于《汉书》，书中记载为敦煌以西，即为汉代的西部地区。汉朝之后的朝代，大部分建都在关中至中原地区。当时所称的西域大体上就是对西部地区的范围界定，但随着不同朝代都城的变化，其范围也发生了一些变化。唐朝时把西部的范围缩小到潼关以西，使得夏国在宋朝时被称为西夏。明清时期，以都城南京和北京连线为轴线，把轴线以西的地区称为西部。

在历史的演变进程中，西部地区相继出现了如西夏、大理、吐谷浑、西域三十六国等国，综观这些政权，都与中原封建政权不同，带有鲜明的少数民族特性，要么带有邦国色彩，要么具有酋长性质。这些地方政权在经济、政治、文化等方面具有特殊性，在创造历史的同时他们也形成了众多的民族。历史上曾经有三条道路连接着西部与中东部，其中不乏通往国外的交通要道，第一条是古丝绸之路，它以长安（现今西安）为起始点，横穿大西北，途经河西走廊（今甘肃省）、天山南北（今新疆维吾尔自治区），再延伸到中亚、西亚，最后到达地中海各个国家的陆上通道。第二条是唐蕃古道，它起自西安，途经甘肃、青海，至拉萨，横贯中国西部，是联通我国西南友好邻邦的友谊之路。在古代唐蕃古道是连接唐朝和吐蕃之间的交通要道，同时也是去往青海、西藏、尼泊尔、印度等地的必经之路。第三条是茶马古道，该古道分为北部的川藏和南部的滇藏两路，连接川滇藏，穿过云贵高原并经青藏高原，延伸到不丹、尼泊尔和印度境内，一直到西亚、西非的红海海岸。这三大古道促进了西部地区与其他地区的贸易往来和文化交流，中原文化源源不断地流入，这里汇集着包括古印度、古欧洲地中海、中亚和古阿拉伯等地的不同文化。由于文化的多样性所造成的与西部各个民族特有的生活方式、习俗观念以及历史环境的特点，形成了具有独特魅力的民族文化。

最早对西部较为正式的确定是新中国成立以后。1964年，为了应对日趋紧张的国际环境，中央政府决定发起"三线建设"运动，三线地区的概念从当时文件来看，包括滇、黔、川（包括渝）、陕、青和甘，还有湘、鄂和豫的西部地区，这是"西部"概念的首次提出，但划分的依据比较模糊，并未对西部地区做出明确的界定。

"西部地区"这一概念得到正式的确认是在1986年召开的六届人大四次会议上通过的《国民经济与社会发展第七个五年计划》，将我国的经济发展区域分为东部沿海、中部和西部三大地带。原因是根据国民经济发展的需要和地区发展的差异，为了对我国经济有一个全局性和战略性的把握而作出的决策，当时所划分的西部地区包括西北和西南共9个省、自治区，分别为新、藏、甘、青、宁、陕、川（含渝）、黔和滇。在1996年发布的《"九五"计划和2010年的远景目标规划》中仍然以"七五"计划的划分为依据。

在提出实施西部大开发战略决策的初期，对西部仍然沿用传统的界定。在考虑到相关政策的可操作性和开发布局时，如何界定"西部"的范围，成为一个需要解决的问题，范围划分的合理性关系到区域协调发展问题的解决。在对西部范围的界定过程中，一些地方政府特别是中部一些省份，提出要将本地区纳入西部大开发的范围。因此在如何划分西部范围上出现了范围之争，各地方都希望抓住西部大开发这个机遇，享受西部大开发的优惠政策，得到进一步发展。

在这种情况下，中央进行深入调查研究，从地理位置、自然条件、社会经济发展状况等方面综合考虑，以大局为重，权衡各方面利弊，并且与中西部省份有关部委进行多次交换意见，逐步确定了西部的合理界定。2000年6月，在西部地区开发领导小组第一次会议上，朱镕基总理把西部大开发范围的几种划分方案都摆在了桌面上，经过与会领导的充分讨论决定，把西部大开发的范围规划为"10+2"："10"即为"七五"计划以来的10个省区市，即渝、川、黔、滇、藏、陕、甘、宁、青、新，在此基础之上加上"2"个自治区：蒙和桂。并且为了带动民族地区的发展需要，会议比照西部大开发的有关政策，对鄂西和湘西的两个土家族苗族自治州予以照顾。同年10月在国务院发布的西部大开发若干政策措施的实施意见中，大体以东经110度为界线，为西部大开发政策的实施划定明确区域范围，所含的省区市即为上述的"10+2"模式，根据这一界定，西部地区的国土面积占全国总面积的71.8%，人口占全国人口总数的29%。目前我们所说的西部和有关国家统计资料中所指的西部，都是指按照国家划定的12省市区的范围，也是本书所研究的西部范围。

二　工业化与可持续发展

（一）工业化的概念

工业化是最近一个多世纪前提出的。在古代社会，简单的工业只是农业的副业，与现在所说的工业化相去甚远。历史的车轮转到了18世纪时60年代的英国，他们在瓦特发明蒸汽机之后，率先开始了工业革命。那时狭小的地方市场和原有的生产方式遭到了以大规模机器生产为标志的工业生产活动的挑战，原始的生产方式已不能满足日益增长的市场需求，大范围的新型工厂得到建设和使用，传统的手工工场没落了。在这种情况下，科学技术迅速发展，资本积累也随之加快，这些都为工业化的产生奠定了基础，进一步加快了工业化的进程。

自从英国工业革命，人类开始进入了工业文明，随着世界各国工业化的发展，学术界对工业化的研究也日益成熟。工业化是一个历史的、动态的过程，面对着社会发展的不同时期和阶段，工业化有着不同的内涵和外延。工业化指的是工业在一个国家经济中的比重不断提高，最后取代农业从而成为经济主体的过程。在一个国家或地区的经济中，工业生产活动要想取得主导地位，需要一个很长的发展过程。工业化是社会现代化的前提和基础，而且发达的工业社会也是社会现代化的重要标志。

在工业发展初期的生产活动通常被局限在一定的地域范围内，伴随交通条件的提高而呈现向外扩散的趋势，最终达到相对均衡的分布状态。与一些发达国家的工业化相比，我国的工业化实施得比较晚，但是发展速度却很快。我国工业化第一次提出来是在我国第一个五年计划中，到目前为止，我国为了实现工业化，已经奋斗了50年。

在我国提起工业化，很多人认为大力地发展工业，就是使工业成为国民经济的主导产业。这是一种狭义的、片面的理解，我们需要的是更全面、更加有效的工业化。我们工业化的目的不仅仅是大力发展工业，更重要的是在国民经济的其他各个行业中，也要牢记工业化的思想和理念，全面地实现生产率的提高。也就是说，在发展工业的同时，我们同时需要改造和转变农业和服务业的生产方式，使它们的劳动生产率得到迅猛提高。

自改革开放30多年以来，我国在工业化的道路上取得了很大的进步。通过一代代人艰苦奋斗，我们取得了举世瞩目的成就，从物质到文化，从教育到科技，人们的物质生活得到了极大的丰富，精神生活也达到了前所未有的水平，科技创新能力也取得了长足的进步。

然而，我们也要清醒地认识到，工业化的发展对人类社会的影响是一把"双刃剑"，它既有有利的一面又有不利的一面。由于我国工业化的发展，在满足我们需要的同时，也为我们带来了一系列的环境问题，比如工业污染、大气污染、水污染、大量的土地被占用、大量的森林被砍伐、水土流失严重和沙漠化加剧等问题，对自然和生态造成了巨大的破坏，危及人类自身的生存，迫使我们寻找新的工业化发展道路。

与时俱进，顺应世界科技与社会的经济发展是中国提出走新型工业化道路的大背景。世界经济发展发生的巨大变化，自20世纪90年代以来，主要表现在：科学技术革命飞速发展，信息技术被广泛应用，成为经济社会发展的强大动力，信息化、自动化、智能化时代的知识已经渗透到了人类的日常生活和社会活动的方方面面。更加深入发展的经济全球化，在世界范围内流动的资金技术更加迅速，各国市场进一步开放。全球信息化导致技术、资本、信息、人才等生产要素的竞争，使国际竞争更加激烈。

中国顺应时代发展的新趋势。面对如此迅猛的科学技术和信息技术的发展，在2002年的中共十六大报告已经指出，我们要以信息化为基础，信息化和工业化相互促进为动力，走出一条新型工业化路子。经济效益好、科技含量高的一条路子；也是环境污染少、资源消耗低的一条路子；更是人力资源优势得到充分发挥的一条路子。这代表着中国政府在认清了工业化的缺点之后，提出了一条可解决的路径。中国的人口基数大、人均资源占有率低、劳动力供大于求的矛盾突出。作为一个人均自然资源相对短缺的国家，历史经验充分地证明，以生态破坏为代价来推进的工业化不但难以为继，而且还会妨碍人民生活质量的提高。因此，需要我们节约和合理地利用资源，重视科技进步的作用和提高经济效益，同时保护生态环境，走出一条适合我国国情的可持续发展的新道路。

（二）可持续发展的概念

可持续发展的概念是在1972年联合国人类环境研讨会上提出的。这次会议聚集了全球的精英代表，大家本着对地球负责、对自己负责、对子孙负责的态度，为了地球美好的未来、为了人类社会能够永续传承，共同界定了在营造一个健康的环境上所享有的权利。

从"可持续发展"的定义来看，这是一种在满足当代人需求的同时，不会对后代人的发展造成危害的发展。[1] 可以用一句很直白的话描述就是：绝不能吃祖宗饭，断子孙路。可持续发展的思想体现着人类对自身的进步和自然关系的反思。它是一种新型发展，是一种前所未有的发展，在这种发展模式下，我们追求的是人口、经济、社会、资源和环境的最优分配，从而达到各方面的相互协调和共同发展。这是一个密不可分的整体系统，要求我们在发展经济的同时保护好人类赖以生存的各种自然资源和环境，从而使我们的后代能够永续发展，从而不会面临"巧妇难为无米之炊"的尴尬局面。

可持续发展的内涵体现在发展的可持续性上。面对大自然有限的资

---

[1] 世界环境和发展委员会：《我们共同的未来》，吉林人民出版社1997年版，第12页。

源和承载能力这一现实情况，我们只能在它的框架之下进行发展。只有在建立新的价值标准和道德观念之后，我们才能学会尊重和保护自然并与之和谐相处。我国同样希望为人类事业的发展做出贡献，科学发展观提出，把全面协调和可持续发展之间紧密结合起来，就必须从创新性的视角出发，人类只有和自然和谐共处，才能实现经济同人口、资源、环境相协调的发展。人类从最初忽视环境的重要性而受到环境的惩罚，一直到最终选择了走可持续发展的新道路，这无疑是人类的文明向前迈进的伟大历史性转折，是在不断地总结经验和教训基础上找到的正确出路。

可持续发展战略的目的，主要是使整个社会具有可持续发展的新能力，使人类在地球上能够繁衍生息。自然资源不是取之不尽的，在人类的不断开采之下，它们终会有用完的一天，我们在保证我们这一代的发展的情况下，也要考虑子孙后代的发展，不能只顾我们的发展，断了子孙后代的路。

可持续发展的基本思路是人与环境的和谐共生。环境是我们赖以生存的物质保障，自然系统又是作为整个生态系统的生命支撑，"皮之不存，毛将焉附"，如果它失去稳定，地球上的一切生命都不能存活。目前整个生态系统环境恶化加剧，温室气体的大量排放致使极端天气频繁出现，这无时无刻不在威胁着我们人类社会。我们只有和自然和谐共处，才能达到共生。

实现可持续发展的前提条件，是自然资源的可持续利用。因此，对资源的节约，就成为可持续发展的一个基本要求。自然资源有可再生和非可再生之分，我们要区别对待。对于非可再生资源，我们在开发使用中一定要适度，不能乱采滥用，对可再生资源的开发使用也应保持在它的再生速率的限度以内。[1] 因此，选择可持续发展道路就相当于和传统的发展模式决裂，走出一条全新的道路。

传统发展道路是一种不可持续的发展道路，传统发展模式是一种落后的发展模式，以破坏环境为前提来满足我们人类自身的需要，根本不是一种可持续发展模式，不是现代人类应该选择的发展模式，这种发展模式下的经济增长是短暂的，"空气和水曾被经济学家当作'免费商

---

[1] CHEN Demin, The Essence of a Recycling Economy: Circular Utilization of Resources, *Chinese Journal of Population Resources And Environment*, 2004, 2 (1).

品'的典型例证"① 就很好地佐证了此观点。

我国人口众多，人均自然资源短缺，经济基础和科技水平相对都比较落后，在这种现实情况下，我们要想实现经济社会的良性发展，可持续发展道路就是必然的选择。

1994年3月，面对日益严峻的环境问题，中国政府组织编制了《中国21世纪议程——中国21世纪人口、环境与发展白皮书》，可归纳为：总体的可持续发展、人口和社会的可持续发展、经济的可持续发展、资源的合理利用、环境的保护等70多个方案领域。它不仅反映了我国对自身发展的内在需求，而且也明确表达了我国积极履行国际承诺，为全人类的长远发展做出贡献的决心和坚决的态度。

1994年7月，为了对《中国21世纪议程》的各个部分做出具体的行动方案，制定了"中国21世纪议程优先项目计划"，中国政府用实际行动和决心来推进可持续发展战略的进一步实施。

1995年9月，在中共十四届五中全会上，党中央明确提出，我国的"经济增长方式从粗放型向集约型转变"。此次会议上，我国正式把可持续发展作为一项重大发展战略提了出来。把它作为实现经济建设和资源、环境相协调的解决途径。将控制人口、保护环境、节约资源摆在了重要的位置。可持续发展战略在中央此后的许多重要会议中，得到了进一步肯定和认证，使之在我国的决策高层中达成了共识，成为我国长期坚持的重大发展战略。

1997年9月，在中共十五大上，党中央对于我国资源相对不足、人口众多，而可持续发展的战略布局是我国经济建设的唯一出路这一议题达成了一致共识。这是针对我国的现时状况提出来的，有人认为可持续发展与我们无关，这是不对的。我国是世界上人口最大的国家，但我国的资源却是相对不足的，可持续发展不仅是为了人类社会，也是为了我们自己。

1998年10月，中共十五届三中全会提出了农牧业的可持续发展。我们知道，可持续发展不仅仅是一个行业、一个部门的事，农牧业的可持续发展，同样也是发展的重中之重。

我国农牧业基础建设滞后，农牧业粗放型发展，资源浪费和环境污

---

① 克尼斯等编著：《经济科学与环境》，生活·读书·新知三联书店1998年版。

染现象严重。所以必须加强基础设施建设，使农牧业由粗放型向节约型发展，严格守住耕地红线、保护森林资源和水资源，只有这样，我们才能够达到保护生态环境的目的。

2000年11月，中共十五届五中全会进一步指出实施可持续发展战略关乎我们中华民族生存和发展，我们必须认真对待，把它作为长远之计，不断地执行下去，而不是喊喊口号，缺乏行动。

2002年11月，全面建设小康社会的目标在中共十六大会议中得以提出，"可持续发展能力"便是其中非常重要的目标之一。把可持续发展作为一种观念融入社会生活的每个部分，这是一种新的发展观、道德观和文明观，是一种指导和规范我们行为的观念，让我们时刻把可持续发展放在我们思考问题的首位。

三 生态文明与生态环境

(一) 生态文明的概念

"生态文明"是一个由"生态"和"文明"两个词组成的词组。前者是指生物在一定的自然环境下生存和发展的状态。而后者指的是物质成果与精神成果的加总，这也是对人类社会在发展进步程度方面的一种反映。包含在生态文明中的具体含义是指人类应当遵循人与社会、人与自然共同和谐发展的原则，促进经济协调发展。"生态文明"的概念形成经历了一个逐渐演化的过程，它反映了人类对自身及周围环境认识的进展和主客观观念的变迁。①

人们在对可持续发展问题认识深化的基础上提出了生态文明，这是呼唤人类要选择坚持走可持续发展的道路。② 人类从原始文明步入到农业文明再到工业文明，共经历了三个阶段。前两个文明都是以自身发展为主，而工业文明的主要特征是人类对自然的征服。由于近些年工业化的快速发展，这种征服自然的文化被体现得淋漓尽致。全球已经爆发的一系列生态危机大大制约了工业文明的继续发展，因此人类的生存和发展迫切需要一个新的文明形态，而生态文明应运而生。如果把农业文明看作"黄色文明"，工业文明被认为是"黑色文明"，生态文明则被认

---

① 单晓娅、涂妍：《关于生态文明建设的理论基础研究》，《2009中国可持续发展论坛暨中国可持续发展研究会学术年会论文集》（上册），2009年。

② 伍瑛：《生态文明的内涵与特征》，《生态经济》2000年第2期。

为是"绿色文明"。

20世纪70年代以来,由工业文明引起的各种危机此起彼伏,在客观上促进了生态科学的发展,人们开始运用此观点,对工业文明所产生的危机进行了深思。人们最终认识到,虽然这些危机具有不同的表现形式,但最终来源都是生态破坏所带来的危机如资源衰竭是因为人类过度使用自然资源的结果;环境污染是因为人类向生态环境中任意排放废弃物等结果;人口过剩是因为人口的增长与环境不相适应的结果;能源短缺是人类过度开发利用资源的结果;饥饿和贫穷也部分地归因于人口增长、经济发展与环境、资源的不协调。① 总的来说,现代工业文明危机主要来源于人口和环境的不平衡。环境被污染、资源被破坏、土地被沙漠化等全球性问题的产生都和工业化相关,它迫使人们认识到,在提高物质生活的同时不能忽视精神生活;在发展生产力的同时不能破坏生态;人类必须保护生态平衡,不能毫无顾忌地向自然索取。② 因此,人类的可持续发展呼唤生态文明。

生态文明是现代社会中出现的一种新的人类发展形态,尊重和保护自然是社会所遵循的原则,它的宗旨是人与自然和谐共存,它的内涵是建立一种可持续发展的模式,它的着眼点是引导人们走上可持续的发展道路。③ 生态文明主张人与自然环境要努力共同进步、共同实现自身发展,这考察的就是人的自觉性和自律性。生态文明既是对过去人类文明进行不断反思而得到的结果,也是人类文明在模式与道路、形态与理念等方面的进步。

生态文明观在提倡改造自然的过程中充分发挥物质生产力的作用,不断提高人民的物质生活水平方面同以往的农业文明,工业文明具有相同点。但是生态文明更加突出生态的重要性,强调人类在改造自然的同时必须尊重和保护环境,尊重和爱护自然,不能随心所欲,为所欲为。

生态文明的目的是想要人们的生活建设得更加美好。我们要约束自己的行为并自觉树立良好的生态观念,要做到和精神文明相一致,成为精神文明的重要组成部分。但同时,生态文明所具有的独立性使生态文

---

① 刘燕华、李秀彬:《脆弱生态环境与可持续发展》,商务印书馆2007年版。
② 魏后凯等:《中国西部工业化与软环境建设》,中国财政经济出版社2003年版。
③ 廖才茂:《生态文明的内涵与理论依据》,《中共浙江省委党校学报》2004年第6期。

明的内容无论是物质文明还是精神文明都不能完全被包括在内。

历史经验一次又一次告诉我们，人与自然都是生态系统中的重要组成部分。它们本身存在共同促进、相互依存的关系。人类应该走一条有利于当代人与后代人的可持续发展道路。所以说人类的发展要讲究生态文明，人类也须牢牢树立可持续性的发展理念。

目前世界上几乎所有的国家在追求发展的同时都在考虑生态文明发展，唯一目的就是脱离传统的发展模式，走上可持续发展道路。在这方面，我国早已认识到生态文明对我国经济可持续发展的重要性。

冯之浚教授曾指出我国传统发展方式导致能耗、物耗的消费过高，目前我国的污染物排放量几倍至几十倍的远高于发达国家，长此以往，资源环境支撑必将难以为继。以生态文明的方式利用自然资源和环境，要始终坚持"减量化、再利用、资源化"原则，高效、循环地利用资源，最终实现可持续发展战略。①

和谐社会这一概念的提出深刻表明，我国在追求经济快速发展的同时对于可持续发展的渴望。生态文明这个词汇的出现以及其被放到从未有过的高度，是我们对生态破坏的反思并直面问题寻求实际解决之道的体现。建设成功的生态文明所带来的影响是更加和谐的社会和经济的发展以及人类生存条件的改善。生态文明就是和谐，就是各种存在以天然的理由为世界增添活力，以个体的有限实现整体的延续。②

生态文明的进步意义在于：它能促进人与自然之间关系的和谐发展，促进社会可持续发展，它还能让生态观念深入人心，在全社会倡导节约能源资源、保护环境的行为，为当前的经济过热降温，尤其是它能有效防止片面追求经济总量的增长和规模的扩张而忽视环境保护的做法，为子孙后代留下真正宝贵的天赐之物和足够的生存发展空间。

（二）环境和生态环境的概念

环境是相对于某一事物来说的，是指围绕着某一事物并对该事物产生影响的所有外界事物，也就是说，环境是指相对于某项中心事物相关的周围事物。

---

① 冯之浚：《论循环经济》，经济科学出版社 2003 年版。
② 单晓娅、张冬梅、彭珊、陈滴：《贵州生态文明建设的探索与实践》，贵州人民出版社 2011 年版。

环境可以分为自然环境与社会环境。而且前者是后者的基础,后者是前者的发展和延伸。自然环境包含存在人们周围的各种自然因素,自然的主要产物就是人类,围绕人类自身的各种各样的活动受自然环境的影响。

由于人们对自然环境和生态环境的片面认识,很多人把自然环境看作生态环境。其实不然,这两个概念只是在含义上十分相近,但严格说来,两者是有区别的。从各种天然因素的总体而言都可以说是自然环境,由此极大地体现了自然环境的外延性,自然环境包括人类生活中出现的生物环境和生态环境,如果环境仅仅是由非生物因素组成,那么就不能称为自然环境,而是生态环境,生态环境仅是自然环境的一种,不能统而论之。

所谓生态环境,是指由生物群落和各种非生物的自然因素所组合而成的各类生态系统构成的整体,自然因素是构成生态环境的主要部分,它对人类社会的生存与发展起着间接而长远的影响。

现在一提起"生态环境"这个词,政府和公众脑海中就会立马想到生态环境的破坏。历史经验证明,生态环境无时无刻不在演变过程中,它的破坏会导致人类生活环境的不断恶化。生态环境的稳定和平衡需要借助食物链中各种对立相关因素之间的相互制约作用,只有在达到一种相对稳定的平衡状态时,才能保持物质循环和能量交换。如果生态系统所能承受能力超过了它本身的极限,就会导致环境的衰竭。

作为生态系统中最重要的要素——人类,在社会的各个发展阶段都会对生态环境产生影响。在工业文明还没有真正实现之前,人类和生态环境相处融洽。但是自从工业革命带动的机器大发展开始无节制地开发地球上的资源,任意排放污染气体,我们身边的生态环境开始逐步被破坏。特别是近50年来由于人口的过快增长和科学技术的快速发展,人类在既有空前强大的创造能力的同时,也产生了前所未有的破坏能力。[1] 人类活动无节制地向自然索取资源的后果是人类本身也因自然规律的反作用遭受灾难。

从目前的生态环境状况看,全球无时无刻不在面临着如下的生态环

---

[1] Connor, D. O., Managing the environment with rapid industrialization: Lessons from the east Asian experience [R]. OECD, 1994.

境问题。

1. 温室效应

温室效应是全球气温升高的现象，是由于二氧化碳、一氧化二氮等温室气体大量排向大气层所导致的结果。它引发了全球气温变暖，生态环境系统遭到破坏导致了海平面的上升，严重威胁到低洼的岛屿和沿海地带，对一些发达的沿海城市造成一种永久不可恢复的破坏。

2. 臭氧层破坏

高空平流层中浓度较高的臭氧层能阻碍过多的紫外线照射，从而有效保护一切地面生物的正常生长。然而生活中大量使用的化学物质如氟利昂，它在平流层中会进行化学反应，从而分解产生对臭氧起破坏作用的物质，使臭氧层的破坏日益严重，进而加强紫外线 β 光波的辐射程度，最终导致地球上患皮肤癌的人数显著增加。

3. 土地退化和沙漠化

由于乱垦滥伐等人为因素和自然因素的作用，土地质量下降并逐步沙漠化的过程就是土地退化和沙漠化。土地退化和沙漠化会减少地球的可耕地面积，危害人类的生存。

4. 废弃物质污染及转移

日常生活，特别是工业生产向自然界排放的固、液、气体等废弃物，严重污染了空气、海洋和陆地环境，极大地损害了人类的健康。

5. 海洋污染

海洋一直被誉为整个地球的"生命摇篮"，然而它同样无法避免受到严重污染。比如我们所熟知的原油污染和各类有机化合物污染以及漂浮物污染等都属于常见的海洋污染。所有这类污染都会不同程度地导致海洋生物的减少，并恶化海洋环境。

6. 森林面积减少

众所周知，被誉为"地球之肺"的森林对环境的保护具有重大的调节作用。但是现阶段，由于发达国家广泛进口和发展中国家的过度开荒、乱砍滥伐等原因，极大地减少了森林面积。

7. 生物多样性减少

由于人类对自然资源的过度掠夺，导致地球上生物的锐减，这些不断消失的物种，很可能隐藏着巨大的价值，环境污染掠夺了这些潜在价值的开发。

8. 水资源枯竭

作为生命源泉的水资源，也在逐渐被污染，饮用水短缺威胁着人类的生存。现阶段，根据相关数据统计全世界总耗水量高达7万亿立方米/年。此外，加上工业废水的大量排放和各种化学肥料的滥用，致使大量增加了生活污水排放量，河流、湖泊受到严重污染，乱垦滥伐使水土流失严重，饮用水急剧减少。

9. 核污染

由于各种原因特别是第二次世界大战时期所使用的核武器所产生的核泄漏甚至核爆炸而引起的放射性污染被称作核污染。核污染的危害范围广，对周围生物的破坏力度大，持续时间较长，事后关于处理危险问题的事件复杂且难度大。

10. 人口爆炸

人口的持续增长，已使地球不堪重负，地球正在承受着前所未有的人口压力。对于生态环境的问题，是我国乃至全世界所有国家时刻都在面临的问题。

引起环境恶化的原因是多方面的。总的来看，它主要来自人口和工业化压力。人口数量的飞速增长，正在阻碍我国现代化的进程，给我国生态环境施加着巨大的压力。人们围湖造田，破坏植被这些众多人为的不合理活动对大自然造成的损害已经远远超过了其承受能力。同时，由于我国工业化发展的时间晚，起点低，迫使我国面临着赶超发达国家的任务，所以我们很容易犯重视眼前的经济利益，忽视生态环境平衡的错误。

目前，我国生态环境的污染范围呈逐步扩大的趋势，已经从原来单纯的工业污染逐步渗透到人类生活的各个领域，由过去单一的城市污染扩展成乡村的污染，而且各种污染复合叠加，形成了更加复杂和不可控的局面。[①]

生态环境问题已成为人类所面临的一个刻不容缓的问题，并早已引起举世的关注，它的好坏直接关系到我们赖以生存的家园，甚至我们生

---

① 陈佳贵、黄群慧：《中国工业化与工业现代化问题研究》，经济管理出版社2009年版。

命的延续。生态环境的破坏及污染的威胁相当于第三次世界大战。[①] 不论是在发达国家还是发展中国家,它都制约着经济和社会发展。

由于这些原因,要想解决生态环境问题,必须探索出一个新的循环生态经济,走新型工业化发展道路,走可持续发展道路。

四 核心概念之间的相互关系

(一) 工业化与可持续发展的关系

对于目前人类的发展,工业化的贡献是不可磨灭的,是工业化让人类的发展产生了质的变化。在工业革命没有出现之前,几千几万年人类始终没有摆脱手工的劳作,然而工业革命出现之后,机器的大发展前所未有地推动了人类飞跃式的发展。

工业革命以来,特别是在过去的一个世纪,随着科学技术的迅速发展,人类征服和改造自然的能力跟以前相比空前地增强,经济规模也较之以前空前地强大,为社会创造了极大的物质财富,推进了人类文明进程。特别是20世纪以来,人类的种种发明几乎实现了以往所有的想象。

前面提到相比一些发达国家的工业化,我国的工业化虽然起步晚,但发展速度却很快。中国实现工业化的任务,始于第一个五年计划,从"一五"计划算起,我国已经奋斗了半个世纪,初步完成了将一个落后农业国建设成一个独立、较为完整、先进的现代化工业国家的目标。

工业化的发展,对人类社会进步的影响是多方面的。由于我国大规模进行工业化生产,从而带来严重的大气、海洋和陆地水体等环境污染,除此之外,由于大量土地被政府和企业占用,水土流失和沙漠化问题加剧,这一切危及了人类自身的生存发展,人类为此付出了非常惨痛的代价,带来了无法逆转的负面效应。

虽然我国的工业化起步晚,但是半个世纪过去了,我国以资本高投入支持经济高速增长,以资源高消费换取经济繁荣,这些短期性经济行为导致了生态环境的长久性破坏。目前我国和世界上所有其他国家共同面临着资源和环境日益严峻的挑战。由于我国的环境已经难以支撑当前这种粗放型的生产方式,走传统工业化这条道路对我国的生态环境造成的影响越来越严重,国家的生态环境安全面临着严峻的形势,生态环境

[①] Jacobs, M., The Green Economy: Environment Sustainable Development and the Politics of the Future. London: Pluto, 1991.

恶化所造成的经济和社会损失也是非常巨大的。

面对如此严重的人口、资源、环境的矛盾，以及面对人类生死存亡的抉择，人们终于清醒地认识到，消耗了大量的资源而获得的发展，是粗放型的发展，我们必将为此付出惨痛的代价。可想而知，当经济发展到一定程度时，生态环境的恶化也将到达其承受的极限。因此，有必要去对人类的发展历程进行深刻的反思，探索出一条新的发展战略。①

由于传统工业化发展道路让人类和自然之间产生了巨大的矛盾，所以只有通过改变传统工业化改革的模式，转变经济增长的方式，运用新的模式来发展经济，树立可持续发展观，只有这样，我们才能走出一条新型的工业化发展道路。

可持续发展是人类对工业文明所产生的危害进行反思的结果，也是为了解决一系列经济、环境和社会问题，特别是全球性的生态破坏所做出的理性选择。②

（二）生态环境和工业化的关系

一个良好的生态环境已经成为经济发展中的重要因素，它不仅能给经济社会带来丰富的资源，还能促进生产力的发展，与此同时经济的大发展也离不开工业化的贡献。因此，工业化与生态环境之间具有密不可分、相辅相成的关系。

从人类社会发展历程可以总结出，伴随经济发展，生态环境质量发生了以下几个阶段的变化：

第一阶段是资本积累阶段。在经济高速发展前，人们主要从事农业生产活动，在这个阶段，工业发展水平低下，所以污染物的产生和排放量都不是很大，这些污染物可以被自然界自动吸纳和净化使生态环境质量保持良好。而当人们的衣食住行等基本生活需求得到满足，资本得到原始积累，社会上开展各类工业活动时，区域性的、偶发性的污染事件才出现。

第二阶段是工业化飞速发展和经济高速增长的阶段。在工业化过程中产生了大量的污染物排放，远远超出了自然自有的净化能力，致使生

---

① 赵成：《论生态文明建设的实践基础——生态化的生产方式》，《学术论坛》2007年第6期。

② 樊万选：《走可持续性的新型工业化道路》，《中州学刊》2003年第1期。

态环境步入"污染时代"。

第三阶段是经济与环境的关系和谐时期。在资金和技术进步的推动作用下，工业废弃物的排放量不断减少，生态环境的质量接近经济起飞前的水平。然而由于各种各样原因的存在，人类几乎不可能把破坏的生态环境恢复到原始状态。

对于第一阶段，工业化尚未明显化，尚不能对生态环境构成威胁。但从第二阶段开始，工业化的发展开始对人类的生态环境造成破坏。

前面提到虽然工业化发展对人类社会的进步具有积极作用，但同时日益严重的生态环境问题也随之而来。人口任意扩张导致了大量土地被占用和生物灭绝等问题；资源的开发滥用导致了水土流失和沙漠化加剧等问题；人类对废弃物不加以治理，任意排放导致了大气、海洋和陆地水体污染等问题，这些问题对社会、自然、整个生态环境造成巨大破坏，需要各国对自身工业化的发展进行改造。

我国的工业化起步晚，但半个世纪以来，特别是改革开放以来，我国 GDP 以年均 9.3% 的速度在增长，但经济增长的同时物质消耗占 GDP 的比重也在逐年增加。相比 1990 年与 1980 年，物质消耗的比重提高了 35.2 个百分点，其中工业物质消耗占工业总产值比重提高了 37.4 个百分点。我国单位 GDP 的资源消耗远高于世界平均水平，能耗是世界平均水平的 4.8 倍。我国以高消耗、高污染、低效益的生产方式换取经济繁荣，目前来看国内的现有资源再也无法支撑传统工业的增长。这种传统工业化的道路给我国的生态环境造成整体呈恶化趋势的破坏，国家面临严峻的生态安全形势，生态环境恶化所造成的经济社会损失是非常巨大的。

（三）工业化与生态文明的关系

工业化程度作为衡量经济发展阶段和发达水平的一个重要标志，表明大力发展本国工业是发展中国家改变其落后局面并提升生产力水平的不二选择。那么，在新时期我们所面临的重大问题就是要怎样才能够实现工业化。虽然我国工业在已过去的几十年中得到了迅猛发展并取得了卓越成就，但因为各种历史遗留问题，我国实行的工业化发展模式长期以来都存在缺陷，产生了一系列环境恶化、资源短缺等诸如此类的问题。经济社会在快速发展，我们必须立足社会主义初级阶段的基本国情，立足当代国际环境，走一条新型工业化道路，从而完成工业化的历史使命。①

　　这是我国充分考虑现阶段的基本国情和世界经济科技发展趋势所作出的明智战略决策，从我国的现实来看，要想走一条新型的、具有中国特色的工业化之路，必须坚持生态文明这一重要原则。我们需要时刻注意加强生态环境建设并始终坚持人与自然的协调发展，走出一条永续的发展道路。

　　世界越来越关注中国重化工业发展的规模和预计被消耗的能源资源，作为世界的发展大国，中国的经济在起飞的同时也带来了重大的污染，这些不良现象在成为国外媒体炒作话题的同时也损害了我国的国际形象，特别是当这些问题涉及国际政治、经济讨论之中时，让我国本就不是太好的国际形势更是雪上加霜。现在世界上所有的国家都有着保护全球环境的共识，作为一个发展中大国，我国如何处理好环境问题，担负起自己作为一个大国的责任，既能保障和改善我国人民的生活，也能维护人类社会的共同利益。

　　随着社会主义建设进程的推进，在我国几位中央领导人的高度重视下，终于将生态文明理论作为构建中国特色社会主义的一个组成部分。人们已经充分认识到经济与环境是相互依存的，良好的环境能促进经济的发展，经济的发展带动生态环境建设。只有加强生态文明建设，在未来我们才有能力去创造更大的经济辉煌。虽然我国对经济与生态关系的认识还在进一步深化，对生态建设作用重要性的认识还有待提高，但是不会再轻易为了经济的发展而去忽略环境的保护。

　　在人类的历代发展史中，以经济发展为目的，以破坏环境为条件，而最终导致生态恶化，经济倒退的例子数不胜数。当前，环境恶化已经成为制约我国经济发展的最重要因素，严重地影响着社会经济的可持续发展。我国的生态文明建设是一项长期且艰巨的历史任务，必须坚持走可持续发展道路，这是彻底改变传统发展模式、实现人类文明进一步发展的道路，它不仅对全面建设小康社会、贯彻落实科学发展观有现实意义，而且对全球生态安全的保护具有深远的历史意义。

　　社会文明发展现在正处于向生态文明转变的巨大变革中。作为超越了工业文明的生态文明，是一种更高级人类文明的象征。生态文明强调

---

① 王建：《论建设生态文明的技术创新路径》，《理论前沿》2007年第24期。

以人为本，但是，现在社会存在两个极端：极端人类中心主义和极端生态中心主义。前者的社会活动导致了严重的人类生存危机，而后者却过分提出人类必须停止一切有关改造自然的活动。生态文明理念主张人的全面发展与人和自然的和谐统一息息相关，强调人是价值的中心，是"理性经济人"，不能完全控制自然。经济的发展是生态文明的前提，但是在经济发展的同时，也不能忽视对生态环境的保护。生态文明理念要求我们要改变传统工业发展的方向，走出一条新型的工业化发展道路，而不是简单地远离生态环境危机。社会经济的发展带来科技的进步，科技的进步有利于提高人均资源利用率，进一步提高生态环境的承载能力。

我国正在进行的一系列对经济结构的高效调整措施，有利于实现经济效益、环境效益和社会效益的和谐统一，只有走可持续发展道路，才能实现人类与自然、社会与自然的和谐共存。因此，生态文明建设是新型工业化道路的一部分，只有走新型工业化道路，才能创建出人与自然和谐相处的文明社会；只有以建设生态文明社会为发展目标，我国的现代化建设才能走上长久可持续发展的道路。因此可以说，新型工业化发展就是以生态文明建设为目标的工业化，这种工业化是以生态文明时代理念为指导的工业化。

（四）生态环境与可持续发展的关系

保护生态环境与实现可持续发展，二者具有一荣俱荣，一损俱损的关系。保护生态环境是实现可持续发展的前提基础，只有采取一系列措施实现经济上的持续发展，才能切实有效地保护生态环境。

综观全球的经济和环境的发展关系，以及总结我国的实际情况，发展人类文明从来都离不开保护生态环境，只有在生态环境保持良好、人与自然和谐相处的基础上，才能使经济得到进一步发展，人类文明得到进一步的延续。

20世纪中期出现的人与自然关系的危机，是人类在继续发展工业化的过程中的必然结果。一方面，由于人口增长率持续增加，人类无节制地开发利用自然界给予我们的资源财富，使人均资源消耗量与废弃物排放量大幅度增长，人类无节制地开发地球资源，几乎接近地球所能承载的极限，最终造成自然界对人类的抛弃和惩罚，生态环境危急时刻威胁着人类的生存和发展。另一方面，人类逐渐加强了对自然的认识程度，在现阶段，我们几乎能预见到自己的当前行为将会影响到后代的生存环境。因此，如何使当代与后代人之间合理地分配地球上的有限资源，跃入了当代人的思考范围。

实施可持续发展战略的一个重要目标，就是实现"公平的分配"。正如在《我们共同的未来》中提到可持续发展战略的关键之处就是要积极促进人与人、人与自然的和谐统一。要想在全球的范围内实现人与自然之间的和谐，国际社会就必须采取共同有效的行动。从国家层面上来看，我们的政府应制定适合本国国情的可持续发展的战略，制定严格的环境保护法律法规，同时积极鼓励企业和个人的环保行为。从国际层面上来看，我们应建立一个更加合理的国际政治经济秩序，使各国能够更多地把自己有限的资源用于保护我们共同的地球，而不是单纯以自己的利益为最终目的。也建议发达国家向发展中国家提供更多的经济和技术援助，以此加强发展中国家努力保护环境的决心和自信。同时，我们也应该积极配合一些非政府组织的安排，比如，联合国就经常发起保护地球的民间环保活动。

众所周知，地球上的资源有限，有些也难以开采，生态系统自动吸收和净化废弃物的能力也是有限的。地球上各类生物密不可分，是一个统一的整体，每个人仅仅是"地球村"中的一小部分。因此，我们必须找到一种与地球承载能力相适应的绿色生活方式。经验表明，我们平常的消费习惯会直接影响商家对产品是否进行投资的行为，所以我们应该拒绝购买和使用不符合环保要求的商品，拒绝购买和使用包含濒危动植物成分的产品，这也是在间接减少破坏环境的行为。作为一个理性的消费者，我们应把手中所持有的货币应用到符合环保标准的产品，并积极选择适合自己的绿色消费方式。

也许未来人对幸福的理解与现在的我们有所不同。但作为人的某些基本需要必须首先得到满足。因为只有满足了这些基本需求，人们才具有过上"幸福生活"的前提条件。因此，要想人类与自然界之间相处和谐，就必须积极选定一种使地球资源可持续利用成为可能的能源使用战略，正是因为如此，我们不仅要留给后代一套成熟的经济发展模式，而且要给他们留下一个健康和谐的生态环境。

第二节 文献综述

一 工业化理论研究综述

前面提到在古代社会，简单的工业只是农业的副业，所以根本谈不上工业化。那个时候农业在社会发展中起主导地位，和人们的生活息息相关。工业化是最近一个多世纪前提出的，虽然时间很短，但在人类历史发展的进程中，工业化的贡献不可磨灭。

英国在19世纪后期开始了工业革命。20世纪初，工业化迅速发展，英国、美国、欧洲、日本等国相继走上工业化的发展道路，因而这些国家的劳动生产率迅速增加，经济增速飞快，使其国民生活水平大幅度提高，以致在全世界的发展道路上位于前列。

（一）工业化的初始阶段

工业化的初始阶段可以追溯到英国的工业革命。19世纪随着人类对新思想的认识，周围环境的改变，以及生活水平不断地提高，导致人口数量迅速的增长。这些新思想和新技术的产生数量有赖于人口规模，而且人口数量和新技术的产生是成正比的。普通的手工生产逐渐满足不了人们对物质的巨大需求，这个时候机器取代人力成为主流，科技革命的产生最终导致了工业化的出现。

（二）工业化的发展阶段

工业革命之后，随着人类对科学知识的积累和完成，很快就引发了第二次工业革命，社会由"蒸汽时代"发展成"电气时代"。一些资本主义国家的工业产值总量在这一时期超过了本国的农业产值总量，工业的重心也由轻纺工业转向重工业，新兴工业部门纷纷涌现。19世纪70年代以后发电机、电动机与远距离输电技术的出现，使电气工业得到迅速的发展，电力在全社会的生产、生活中广泛应用。而内燃机的出现及广泛应用，为飞机、汽车工业的更进一步发展提供了可能，同时也促进了石油工业的发展。化学工业部门也在这一时期出现，从80年代起，苯、氨、人造燃料等化学产品陆续被人们提炼出来，塑料、绝缘物质、无烟火药等相继出现并投入使用。传统的工业部门如冶金、电信等部门也在加速进行着技术改革。

（三）工业化现阶段

就目前一些发达国家的工业化发展来看，工业化阶段已经成为发达国家经济发展的过去式。20世纪90年代，发达国家纷纷实现了工业化向新经济的转型，踏上了新型知识经济的发展道路。新技术的产生应用推动着整个知识经济的发展，新技术是通过其内嵌机制实现利润，因而这成了研究新经济的核心问题。与工业化初期相比，在工业化向新经济转型的过程中，经济体将呈现出不同的经济特征，关注这些特征有助于我们更好地认识工业化发展问题，同时对应该如何迎接新经济有一定指导意义。

（四）小结

工业化对我国人均消费水平的改善、人均收入的持续稳定提高和社会的福利增进有着重要意义，对大国发展经济有着极其重要的战略意义。美国、日本、欧洲等发达国家也均是通过进一步的工业化稳定了其世界经济强国的地位。因此，工业化应该成为目前中国经济发展的战略重心，当前我国正处于工业化发展的中后期，进一步的深入研究工业化理论对于我国经济发展有重要的理论与实践意义。

二　国内外生态文明理论研究综述

（一）国外的生态理论研究

生态文明的理论基础研究最早始于西方。自20世纪60年代起，全球气候变暖、森林退化、土地沙漠化、环境激素泛滥、资源枯竭等生态问题越发凸显，人类开始有意识地探索新的发展模式。在60年代初期，美国科学家来切尔—卡逊揭示了人类伤害自然的结果必然会危及自身，提出了人与自然和谐共处的观点。1972年联合国在斯德哥尔摩首次召开了"人类与环境会议"，并通过了著名的《人类环境宣言》，拉开了人们对生态理论研究的帷幕。

20世纪80年代，西方国家在对工业文明社会初步进行反思的过程中，各国政府逐渐将生态保护列为一项非常重要的施政内容。80年代初，美国经济学家莱斯特·R.布朗首次提出了可持续发展的概念并做出了相对而言比较全面的阐述。1983年，联合国成立了世界环境与发展委员会，并在1987年发布了相关的研究报告——《我们共同的未来》，该报告后来成为构建生态文明的纲领性文件。

临近21世纪的时候，关于可持续发展的理论思想以及具体实践得到进一步发展。《21世纪议程》在1992年的联合国环境与发展大会得以通过，该议程着重强调了可持续发展理论并使其得以深化。与此同时，全球性的可持续发展战略在巴西首都里约热内卢召开的联合国环境与发展大会被提出，这为进一步建设生态文明社会提供了重要的制度保障，更标志着生态文明时代的真正到来。

我国在21世纪初构建生态文明理论体系时将马克思的辩证唯物主义和历史唯物主义作为理论上的指导，并通过大量的具体实践活动将这方面的理论进行进一步的深化。2001年联合国在约翰内斯堡举行关于可持续发展的世界首脑会议，会议指出各国在《21世纪议程》的量化指标实行方面还有待于进一步的加强。从学术界与理论界对生态文明的讨论中对生态文明时代的到来达成了一种共识，其发展状况开始成为衡量国家综合发展水平的重要指标之一。

（二）国内的生态理论研究

关于中国的生态文明理论研究，主要是20世纪80年代开始从西方国家逐渐传入中国，并推动了中国的生态文明理论研究，逐渐形成了具有中国特色的生态文明研究理论。

生态文明是以人类尊重和维护自然为前提的，它对人与自然及社会三者之间的关系做出要求即和谐共生，只有坚持可持续发展的方式来进行生产和消费，才能使我们真正走上一条可持续发展的道路。[1]

关于生态文明的内涵，我国的一些学者也有一些独特的见解。如北京大学徐春教授认为，在工业文明已经取得一定的成果基础上，生态文明用一种更和谐的方式对待自然，对自然进行合理的开发，并且努力改善和优化人与自然的关系。厦门大学卓越教授认为，生态文明的出现表明在处理人与自然的关系方面，人类达到了一个更高的文明程度，它是人类社会发展的一个新的文明形式。人类社会从原始社会到农业社会再到工业社会，先后共历经了三个不同阶段的文明形态，生态文明作为人类社会发展史上的一个新文明形态，其特点是依靠自然和利用自然，同时又需要特别保护自然，它是对前三个文明形态的超越，其核心内容就是既要尊重又要与自然和谐共处。

党的十七大报告首次写入建设生态文明的概念，并把它当作全面建

---

[1] 李红卫：《生态文明建设——构建和谐社会的必然要求》，《学术论坛》2007年第6期。

设小康社会的新要求,并在党的十八大报告中写进了党章。走可持续发展的道路,建设生态文明,使我国的经济发展模式发生根本性的转变,是我们党和国家对国内外重大理论和实践问题的深刻把握。随着我国工业化建设范围不断扩大,这就要求我们在发展经济的同时要时刻注意处理好人与自然之间的关系问题,这样,才有利于我们生存环境的缓解和改善。[1]

三 工业化与生态文明协调发展模式的理论研究综述

20世纪以来,以工业化为经济发展目标的各个国家开始了新的奋斗。人们的生活节奏因为工业化的出现变得越来越快,文明程度也日益提高。可见,工业化是经济发展到一定程度的必然阶段,是一个国家现代化的必由之路。

直到1950年我国才正式开始发展工业化,在工业化的道路上我国是一个后来者,而且我国工业化水平起点极低。在工业化的最初时期,我国以资源高消耗、环境重污染为主要的发展方式。很显然这不符合我国资本匮乏、人均资本不足,而劳动力资源相对丰富的基本国情,同时这也严重违背了可持续发展的宗旨。经过传统的工业化发展道路,我国经济长期保持的高速增长是以巨大的能源浪费和沉痛的环境污染为代价的,随之而来的污染排放和大规模的能源消耗,使我国的自然环境遭受到了严重的破坏。而目前中国正以史上最脆弱的生态环境负担着史上最多的人口,资源消耗过重使生态环境面临严重的挑战——土地退化、水污染、生物多样性减少、城市空气污染日益严重、森林赤字以及自然灾害频发等一系列问题导致越来越大的经济损失。

环境污染所带来的群体性事件越来越多,威胁着社会的长期稳定。这迫使中国必须独辟蹊径,寻求新型工业化发展道路。[2] 在这种环境下,党的第三代领导人明确了科学发展观的战略,提出了建设生态文明的要求。自1974年10月国务院环境保护领导小组正式成立之后,各省、市、自治区等地方政府先后成立环保机构,同时相继出台各种具体环保制度并进行全国环境保护规划,对重点区域污染进行调查。1978年2月,经修改的《中华人民共和国宪法》首次将环境保护这项内容

---

[1] 廖福霖:《生态文明建设理论与实践》,中国林业出版社2003年版。
[2] 周利丽:《关注生态文明推进新型工业化进程》,《重庆工学院学报》2009年第11期。

纳入其中，并做出规定。随后在1983年第二次全国环境保护会议召开，提出将生态环境保护作为我国的一项长期基本国策。

当前我国立足基本国情，综观全球经济发展大势，总结历史经验教训，在遵循工业化一般规律的基础上提出了工业化道路。这既是进行生态文明建设的内在要求，也是进行经济发展的客观需要。首先，生态文明社会的构建需要走新型工业化道路。其次，只有走可持续发展道路、建设生态文明社会才能使我国真正地走上健康发展之路。总之，我国必须走一条可持续发展的、迎合生态文明社会建设的新型工业化道路。

贯彻落实科学发展观，促进新型工业化的发展，是构建生态文明社会的必然要求。要想建设好生态文明社会，经济发展是前提，这就要求我们要始终坚持走新型工业化道路，坚持发展循环经济，从而为构建生态文明社会提供稳固的经济基础。但发展的同时，要保护好人类现有的生存环境，生态文明的最终实现必须以科学发展观为基础，同时生态文明作为社会文明的生态化表现，对社会主义新型工业化道路的发展具有重要的意义。[1]

四 国内外工业化与生态文明协调发展模式的新趋势

（一）国外经济发展模式的新趋势

工业革命起源于国外，发展于国外。20世纪中期是工业发展达到高峰的时期，短短的十几年，一些国家迅速走上了工业化强国的道路。科学技术的迅猛发展，使人类改造自然的能力增强，社会生产力也因全球能源资源的开发利用得到大幅度提高，经济规模空前扩大，使经济迅速增长了几十倍，为人类社会创造出了前所未有的巨大物质财富，推进了人类文明的进程，为人类的幸福生活做出了杰出的贡献。

然而西方国家长期主导的工业发展方式是一种传统的资源消耗型生产方式，是一种以大量消耗不可再生资源为代价的方式。虽然人类在现阶段创造的物质财富超过了过去的总和，但资源的消耗也在成倍扩增，生态的破坏在一定程度上造成了巨大的灾难。过度开发和消耗自然资源所造成的污染物的大量排放，使全球的资源短缺、环境污染和生态破坏问题更加严重，对人类的生存和社会经济的持续发展构成新的障碍。面对日益严重的人口、环境恶化、资源衰竭等问题，人类需要重新认真地

---

[1] 赵丽：《论生态文明引领下的工业化思路》，《齐鲁学刊》2010年第4期。

反思自己的发展历程，审视自己的社会经济行为，从而探索出一条新的发展战略。

到目前为止，国外一些发达国家坚持走可持续发展道路，建设生态文明新型工业化已经取得了明显成效。目前，全世界铜产量的一半、钢产量和纸制品的1/3都来自资源的循环使用。尤其是水资源更为普遍的循环使用，比如在一些发达国家产业部门的生产中，水资源消耗已经停止增长，有的甚至实现了负增长。

现在国外越来越多的国家坚持走新型工业化道路，始终坚持把生态文明发展内容中所要求的循环经济包含在可持续发展模式中，相比传统的经济，循环经济强调自然资源的循环利用。"减量化、再使用、可循环"是循环经济所包含的原则。部分循环经济发展的基本途径主要包括资源综合利用、生态工业园区建设、再生资源的回收利用和绿色消费促进等方面。

（二）国内经济发展模式的新趋势

我国在新中国成立后才正式开始工业化，而且工业化水平起点极低，以资本密集、资源高消耗、环境重污染、单一循环的重工业为导向模式，经过十几年的发展，特别是改革开放以来，我国经济持续增长，人民生活水平得到显著改善，取得了一系列可喜的成就。但与此同时，经济发展模式过于粗放带来了较大的污染排放和资源消耗，使我们付出了资源环境方面的巨大代价。这种传统工业化的道路给我国的生态环境造成的破坏整体呈恶化趋势。我国已经无力承担当前这种高污染、高消耗、低效益的生产方式的持续和扩张。这个时候党和国家认识到了传统工业化道路根本不是我们正确的选择道路，我们急需要新的发展模式取代过去。实践告诉我们：在生态文明理念的指引下，超越传统的拼资源、拼环境、拼能源和高投入、高消耗、高污染的发展道路，并且努力走出一条生态文明与经济文明相融合的科学发展之路。

早在联合国环境与发展会议之后不久，中国政府就组织编制了《中国21世纪人口、环境与发展白皮书》。中国北京在1994年7月迎来了分别来自20多个国家和13个联合国机构以及20多个国外著名企业的170多位代表，并在此举行了会议，会议制定并通过了《中国21世纪议程优先项目计划》。到目前为止，我国先后颁布和实施了近50部生态环境保护法律法规、数百项国家和地方性生态环境标准。从这些法律法规足可以看出我国坚持走新型工业化道路进行生态环境建设的决心。

（三）小结

21世纪的工业化发展道路将是一个以生态文明为基础的新型发展道路。在国外，越来越多的国家正在探寻新型工业化和生态文明建设协调发展的道路，在一些发达国家，已经取得显著成效。在中国，生态文明建设在党的十七大报告中得以提出，将建设生态环境转变为建设生态文明，是我国执政兴国理念的新发展，以及贯彻科学发展观、构建和谐社会和实现全面建设小康社会目标的新要求。这些行动见证着人类即将进入一个崭新的文明发展时代，即生态文明建设时代。

五 在现有文献研究基础上的再思考

在地球整个生态系统中，人是其中最积极、最活跃的因素。纵观人类的发展史，工业革命开始之前农业一直占据主导地位，几千年来，人类对自然的开垦利用，始终没有影响到生态系统的平衡。但是，虽然人类与自然界和谐相处着，但几千几万年人类同样没有摆脱手工劳作的生产形式，生产力低下，物质匮乏，人类的生活水平始终处于较低状态。

自从英国工业革命带动的机器大发展开始以来，工业化的生产方式开始形成并加快，它带动了人类社会飞跃的发展，使人类征服自然的能力大大增强，同时极大地提高了社会生产力和扩大了经济发展规模，为人类社会带来巨大物质财富的同时也有力地促进人类文明的发展，推进了文明的进程，为人类的生存和发展做出了杰出的贡献。但是，工业化在给人类带来成果的同时也带来了严重的环境污染。

到目前为止，没有人会否认工业化给人类带来的成果，但也需要承认工业化对地球的生态环境所造成的破坏，进而给人类带来的灾难。最终人类一次次面临洪涝、干旱、泥石流、沙尘暴的频繁发生，这些生态环境恶化导致的结果，使人类开始意识到破坏生态环境的严重性，并开始对传统工业化发展道路进行初步的反思，为探寻一条新的可持续发展道路而付诸努力。

1972年，联合国首次"人类与环境会议"在斯德哥尔摩召开，会议制定并通过了对人类生存环境后续发展起着重大影响的《人类环境宣言》。1983年，联合国成立了世界环境与发展委员会。该委员会在1987年发布了构建生态文明的纲领性文件——《我们共同的未来》。

接着，《21世纪议程》在1992年召开的联合国环境与发展大会上得到了通过，该议程对可持续发展理论做出了着重强调并提出要不断深化其理论。同年，全球性的可持续发展战略在巴西里约热内卢召开的联合国环境与发展大会上被提出，这一战略的提出对人类社会的存续和发展起到了不可估量的重大作用。从此，构建生态文明社会的制度保障得到更进一步的加强，同时也拉开人类社会真正步入生态文明时代的帷幕。

21世纪初，在构建生态文明理论体系时将马克思的辩证唯物主义和历史唯物主义作为理论上的指导，并通过大量的具体实践活动将这方面的理论进行进一步的深化。

就目前从世界上坚持走新型工业化发展，坚持生态文明建设和走可持续发展道路的所有国家来看，中国的发展速度是排在世界所有国家前列的。但相比一些发达国家取得的成就，中国目前还很落后，但相信在中国共产党的带领下，最终会取得更大的胜利。

第三章 工业化推进与生态文明发展的相互影响

第一节 生态文明发展下的工业化影响分析

一 生态文明的发展对工业化进程影响

人类文明在先后历经前文所述的三个不同的文明形态后,开始步入了一个崭新的时代——生态文明。在不同的人类文明发展阶段,人与自然的关系呈现出不同的状态。在原始文明时期,由于人类对自然认识的不够深入,人类的生存和生活受到自然的严格控制;农业文明时期,随着人类对自然认识的不断深入,人类对自然有了进一步的认识。这两个时期,人与自然的关系呈现出一种"基本和谐"的状态。但是随着人类社会的发展,在工业文明时代,人类对自然的改造和利用在以人类为中心的价值观指导下达到了一种前所未有的高度。在工业文明时代,产业革命引发并推动了工业化的发展,以工场手工业生产为主的生产方式被以机器大工业这种生产方式所取代,并且这种方式成为人类社会的主要生产方式。这个代表人类社会生产力水平大幅度提高的时代的到来,一方面带来了人类社会经济的极速膨胀和生产力水平的快速发展,另一方面导致了人类对自然的过度破坏和疯狂掠夺,打破了长期以来人与自然的和谐状态。

市场经济是社会高速发展和进步的标志,同时也面对着日益严峻的环境问题,人类开始寻找一种能够实现人与自然和谐发展的新模式,因此出现了生态文明。生态文明是人们对传统工业文明进行的反思之后探索建立的可持续发展成果,在生态文明理念下,缓解了资源压力和环境污染,有效地改善了持续退化的状态。作为新人类文明形态的生态文明，它的前提是遵循自然规律，基础是生态环境的承载能力，以人与人、人与自然、人与社会和谐共生为宗旨，以倡导和推行和谐观念与和谐生产生活方式为着眼点。① 生态文明是对农业文明和工业文明的继承与发展，它作为一种崭新的、先进的文明形态，要求人与自然的和谐发展，解决工业文明时代人们对自然环境造成的巨大破坏，对工业化进程产生重要的影响和作用。

（一）世界发达国家的工业化进程

现今的西方发达国家是最早进行工业化发展的，在这些发达国家中，有些国家工业化发展进程历史较为久远，最长的经历了200多年，如今多数都已经步入了后工业化阶段。众所周知，英国是第一代工业化国家的代表，美国、法国、德国是第二代工业化国家的代表，第三代的工业化国则以日本为代表。由于各国所处的时代不同，各国经济发展的阶段不同，因此各国的发展战略也非常迥异，各国呈现出不同的发展特点。但这些国家的工业化大多是受到市场机制的驱动，劳动密集型产业与资本密集型产业相互共存、相互促进，经历了从轻工业阶段到重化工业阶段的转换，重化工业阶段成为工业化历程中的必经阶段。

英国是世界工业化的摇篮，1860年以蒸汽机使用为标志的工业革命，是世界工业化的开始。英国是世界工业化的先行者，伴随着机器制造业的出现和机械化生产的普及，世界上第一个原发型的工业化国家产生。14—15世纪，在英国农奴制度解体的过程中，英国的新型资产阶级和贵族通过暴力把农民从土地上赶走，把强占的土地圈起来，成为私有的牧场和农场，形成了历史上有名的"圈地运动"。圈地运动的成功进行在改变英国农业生产组织形式和经营方式的基础上，实现了农业的商品化，从而为工业化的发展提供了廉价的劳动力和广阔的国内市场。国外市场的开辟也成为英国工业化进程中的重要因素，同时，伴随着蒸汽机的发明和使用带来了英国技术革新的高潮，新技术和新机器不断地被发明和使用，直接导致了劳动生产率的大幅度提高，继而形成了以纺织业为先导，冶金业和采矿业并行发展的新型工业化体系。随后，工业化扩散到了各交通运输以及各工业生产部门中，实现了工业化的大范围

---

① 吴明红：《中国省域生态文明发展态势研究》，博士学位论文，北京林业大学，2012年。

扩散和发展。英国工业化的进行拉开了世界工业化的序幕，世界范围内的工业化由此轰轰烈烈地开展。

有了英国工业化的带动，德国、法国纷纷效仿。一方面加速市场的开拓，另一方面加速技术革新，新技术、新发明层出不穷，形成了电机、电炉、电车、煤气发动机、合成材料等一系列的重大发明。德国政府为了实现军事和经济目的，加大对交通运输业的投资，这集中表现在大量铁路的修筑方面，正是铁路运输业的极大发展和改善，使德国的冶金、能源以及金属加工等重工业有了很大的发展。德国还特别重视教育和科研，逐步成为世界科学的中心，培养出了各类人才，促进了新技术的革新，为工业化的发展提供了根本的动力。同时，美国的工业化也从轻工业起步，以纺织业为主，通过前向和后向联系效应主导了工业化的发展，促进了重化工业的产生和发展，汽车、钢铁、石化和机械成为重化工业阶段的主导产业。美国结合其国内自然资源丰富、人力资源短缺等特点，在借鉴英国工业化经验的基础上，加大创新，形成了自身工业化发展的新路径。

第三代发达国家的工业化发展，以日本为代表，日本的工业化开始于家庭手工业的不断独立，从而形成了专门的工业行业。以此为前提，轻工业长期居于主导地位，奠定了日本工业化的基础。轻工业作为劳动密集型行业，成为吸纳劳动力的主要产业，加速了日本农村劳动力的转移和就业结构的改善。为了提高劳动生产率和降低劳动成本，轻工业的发展带动了机械设备的生产，推动了重化工业的加速发展。同时，两次世界大战也在日本工业化的发展过程中产生了深刻的影响，战争的催化导致了以重化学工业为主的军需工业的迅速发展。在日本工业化的发展历程中，重化学工业的发展成为主要的推动力，数据显示，日本的重化学工业一直保持着较高的增长率，从工业化初期的4.93%上升到15.80%。其中机械工业一直处于重化学工业的中心地位，成为工业化发展的核心力量。

世界发达国家的工业化在发展的过程中还具有一些共同的特点：

首先，他们在工业化的过程中都重视教育、技术引进和技术创新。教育是培育人才的基础，世界发达国家都非常重视发展本国的教育事业，他们致力于加强教育来为国家培养、输送各种高科技专业人才；他们又非常重视本国的技术创新，尽管他们也相当注重引进国外先进技术，但着力提升本国先进技术水平，通过自主创新来完成技术上的超越才是他们主要依靠的途径。科学技术是第一生产力，发展工业的根本之道是进行科技创新。任何一个国家要想立足世界之林并不断超越其他国家，坚持科技创新、自主创新才是唯一可以解决的办法。

其次，他们通常都拥有一套相对完备的市场机制以及整个完善的市场体系，这些国家的经济主体自主权大、可操作性强，经济主体拥有充分的自主权。此外，追求利润的内在动力和激烈竞争的外在压力迫使经济主体必须不断提高经济效益以求得生存和发展。一方面，市场经济促使企业在鼓励发明创造、改善经营管理、改进劳动装备、扩大经济规模、提高劳动者素质等方面下功夫；另一方面，又优化了资源的配置，提高了劳动生产率，推动了经济的增长。

随着工业化的发展，生产力水平的提高和剩余产品的出现，商品经济发展日益完善进而诞生了市场经济。韦森教授曾提出市场经济是人类社会迄今所发现的最有效率的资源配置方式，它作为一只"看不见的手"在全社会中自发地配置社会资源。亚当·斯密认为："在追求本身利益时，也常常促进社会的利益。"庇古从社会资源最优配置和外部性成因的角度，运用边际分析的方法，从福利经济学的视角以外部性为题进行了系统的研究，他认为在经济活动中，如果某个企业给其他企业或整个社会造成不须付出代价的损失，那就是外部不经济。市场经济的发展产生了外部性影响。在工业化进程中，生产和消费中的负外部性都带来了环境的破坏和污染。发达国家的工业化进程中，一方面出现了经济的发展，社会商品的日益丰富；另一方面出现了严重的环境污染和破坏，这与生态文明发展理念相背离。

（二）我国的工业化进程

我国的工业化进程起步晚，新中国成立以后，我国才开始了以工业化为核心的新的发展征程，经过改革开放30多年的快速发展，中国工业化已经进入到工业化后期。新中国成立以来，我国的工业化进程可分为两大阶段：第一阶段是在传统计划经济体制下的工业化道路时期，它奠定了我国工业化的基础，形成了相对比较全面的工业化体系；第二阶段是改革开放后中国特色的工业化道路时期，它实现了中国的基本国情从农业大国转变为工业大国，使中国经济总量跃为世界第二。工业化并不是单纯的工业发展，它的本质是一个国家经济的发展和现代化进程的推进，表现为人均收入的不断提高以及从农业主导国家向工业主导国家的经济结构转换。工业化主要表现在：在国民收入中由工业化活动所占比重的逐步提高到占领主导地位；制造业内部产业结构的逐步升级，以及技术含量的不断提高。

快速的工业化进程促进了我国经济的发展，但长期以来我国走的是以资源的高投入为基础的传统工业化道路，即工业化的快速发展是以大规模的资源投入为推动力的。作为资源大国的中国，同时也是人口大国，人均资源占有量远达不到世界平均水平，我国仅占世界6%的水资源、9%的耕地、4%的森林、0.7%的天然气、1.8%的石油、不足9%的铁矿石、不足2%的铝土矿和不足5%的铜矿养活着占世界22%的人口，其中多数矿产资源人均占有量不足世界平均水平的一半，煤、油、天然气人均占有资源只有世界人均平均水平的55%、11%和4%。[①] 很多的关键性资源和能源已经不能满足工业持续增长的需求，要想保持工业化的持续快速发展就不能仅仅依靠对资源和能源的消耗，必须寻找新的工业化的发展道路解决发展中的资源限制问题。同时传统工业化道路不但导致了资源的大量消耗，还造成了严重的生态环境破坏。

生态压力迫使我们寻求生态文明，生态文明作为社会发展和进步的重要产物，为人类新的发展开辟了道路，纠正了人类错误的发展观念，强调应该在遵循自然规律的前提下，不断改造自然和利用自然，既满足我国工业化不断发展需求的同时又能实现人与自然的协调发展。生态文明发展首先要求改造传统的工业化发展模式，减少工业化对自然的耗竭和污染，减少人类在工业化发展过程中产生的巨大生态环境代价，实现生态文明对工业文明的传承和发展，最终实现人与自然的共同发展。改造传统的工业化发展模式就要寻求新型的工业化道路。

2002年11月中共十六大提出了新型工业化道路的概念，党的十六大指出，坚持以信息化带动工业化，以工业化促进信息化，走出一条科技含量高、经济效益好、资源消耗低、环境污染少、人力资源优势得到充分发挥的新型工业化路子。

这是基于循环经济的发展以及信息化和工业化结合的一条可持续发展道路。走新型工业化道路就要大力发展循环经济和绿色经济，实现人与自然的和谐。新型工业化道路具有以下特点：

[①] 国土资源部部长孙文盛2007年报告。

一是信息化带动工业化的道路。信息工程以降低成本增加效益、提升快速反应能力为目标，它不仅仅是属于高新技术产业的范畴，同时也可以作为提高传统行业核心竞争力的一个主要突破口。①信息化一方面有利于优化资源的配置，另一方面还使资源利用率得到提高。信息化已经成为整个经济社会发展的大趋势，当今社会的现代化发展也以其作为最为主要的内容特征、重要标志和强大动力。

二是坚持发展循环经济的可持续发展道路。我国传统的工业化道路在发展的过程中与西方国家实施工业化的道路一样，都是以自然资源的消耗和环境的污染为代价的工业化发展道路，走的都是"先污染、后治理"的道路。但是，这种发展模式的代价已经严重威胁到人类的生存和发展，要想突破这种威胁，实现人类社会的发展，就必须走可持续发展道路，改善人类与环境的关系，实现人与社会的和谐发展。循环经济中最具代表性的就是生态工业园的发展，它可以利用循环生产达到节约资源提高效益的目的，践行了"减量化、再利用、资源化"的原则。

三是新兴工业化道路的关键是科学技术的现代化。江泽民曾指出："创新是一个民族进步的灵魂，是一个国家兴旺发达的不竭动力。没有科技创新，总是步人后尘，经济就只能永远受制于人，更不可能缩短差距。"②依靠科学技术提高经济效益，提高科学技术对经济增长的贡献，提高产品的科技含量和附加值，提高企业的自主开发能力，从而实现经济的发展和社会的进步。

（三）生态文明发展对工业化进程的影响

党的十七大报告中明确提出，要加强生态文明建设，努力促进形成节约能源资源与保护生态环境的产业结构、增长方式、消费模式；深入发展循环经济，使之形成一定程度的规模，同时确保可再生能源资源的占比明显提高，一些主要污染源的排放量显著减少，生态环境的质量取得有效改善。生态文明意识、观念深入人心，在全社会范围内得以稳固树立。党的十八大报告进一步提出：生态文明建设不仅关乎全国人民的健康福祉，还关系到全民族在未来的长远发展。一定要突出生态文明建设的重要地位，把它融入我国全方位建设的过程中去。因此，包括生态

---

① 胡晔：《我国新型工业化道路探索》，《特区经济》2006年第3期。
② 江泽民：《论科学技术》，中央文献出版社2001年版。

物质、行为、制度、精神文明这四个方面的建设都是全社会发展的重点。生态文明建设是一个系统的、长期的工程，需要全社会人们的共同努力，同时也是生态文明在实践层面发展的重要体现。生态文明建设在全社会的进行有利于解决资源的短缺、环境污染、生态恶化问题，解决工业化发展过程中产生的生态环境代价；调整升级产业结构，改变经济发展模式；改变思想观念，提高经济水平，促进社会发展，为工业化的发展提供更加强劲的动力。

1. 生态文明发展对我国工业化进程的速度影响

改革开放 30 多年来，我国工业化发展一步步进入了一个全新的阶段——一个工业化发展逐渐成熟的工业化高级阶段和经济稳定增长阶段。在这一过程中，伴随着工业化的发展，社会各方面的发展都取得了长足的进步，社会的整个意识形态发生了根本性的变化，标志着人类社会从此步入了一个全新的生态文明时代。生态文明是在工业文明发展过程中孕育出来的，反过来又影响工业化进程的速度。我国的工业产出增长率长时间保持在两位数以上，1952—1977 年，以不变价表示的工业增加值平均增长速度达到 12.1%，1978—2009 年为 10.6%，而同期国内生产总值的增长速度分别为 6.48% 和 9.43%。进入 21 世纪以来，我国工业化进入了一个加速增长阶段，2003 年我国人均 GDP 首次突破 1000 美元，2007 年我国 GDP 为 246619 亿元，比 1978 年增长了 42.4 倍多。在这个过程中，生态文明的发展产生了重要的作用。生态文明的发展和理念的日益完善，解决了工业化发展过程中的很多问题。在需求方面，拉动消费需求，改善投资结构；在资源利用方面，实现了资源的合理配置和利用；技术的进步和创新，提高了资源的利用率，提高了产出和投入比，增加经济效益。生态文明作为一种全新的文明形态，不但在社会意识领域具有领先地位，在社会发展的各个方面都具有重要的指导作用，对于保持我国工业化经济的可持续稳定增长发挥了重要的作用。

2. 生态文明发展对我国工业化进程的道路选择的影响

工业化的道路选择是发展工业化的重要过程，它决定了工业化发展的方向和目标。工业化道路的选择主要包括技术选择、产业选择、发动方式选择、发展方式选择等方面。我国传统的工业化道路是由国家推动的，优先发展重工业，以粗放型增长方式为主，但忽视了资源和环境的保护。生态文明的发展对我国工业化道路的选择提出了新的要求,要求我国必须走新型工业化道路,促使信息化带动工业化,工业化激励信息化,技术引进与自主创新相结合,优化产业结构,以集约式增长为主,节约资源、保护环境、力求实现可持续发展。

3. 生态文明发展对我国工业化进程中缓解资源和环境压力的影响

工业化的发展一方面需要消耗自然资源,另一方面还会对生态环境造成损害。在工业化的进程中,资源和环境问题已经十分突出。如生态环境恶化、资源的消耗速度快于经济的发展速度、水资源日益短缺以及耕地面积不断减少等。工业化是社会发展过程中最大的消耗部门和环境污染的主要来源,资源和环境的有限性仍然是制约人类实现工业化的主要约束条件,我国以不足世界人口15%的发达国家消耗着世界60%以上的能源和50%以上的矿产资源,作为世界上人口最多的发展中国家,我国的工业化发展就必然消耗更多的资源,然而,基于我国的基本国情,我国的资源和能源的人均消费水平都非常低,提高人均资源和能源的消费水平就成为我国工业化进程中的重中之重。生态文明坚持节约资源、保护环境的基本国策,坚持节约优先、保护优先、自然恢复为主的方针,能够应对我国工业化进程中资源环境约束,为工业化的发展提供良好的资源条件。

4. 生态文明发展对我国工业化进程中产业结构的优化影响

在我国工业化的发展过程中,产业结构水平较低,劳动密集型产业比重过大,技术密集型、知识密集型产业处于起步阶段,所占比重过小,地区经济可持续发展的后劲不足。第三产业发展滞后,不能满足人们日益提高的物质文化需求,也制约了第一、第二产业的发展;其次地区产业结构内部各行业之间发展不协调,加工工业和能源、原材料等基础产业之间存在较大缺口。生态文明的发展,要求改造传统工业,实现传统产业的升级和替代;大力发展第三产业,促进金融、科教、信息、旅游等新兴产业的发展;加快科技的创新,发展高新技术产业,利用它来改造传统产业,提高关键设备的技术水平,并积极引进高新技术产业人才,加快工业化进程和经济发展的步伐。

二 生态文明发展对工业行业竞争力的影响

(一) 工业行业竞争力的表现

所谓行业竞争力,就是某一特定行业在一定的区域范围内的竞争中，基于合理、公平、公正的市场条件，它表示能够提供有效产品和服务的能力。行业竞争力对一国经济的发展影响巨大，是决定一个国家或地区竞争力的最重要因素。在市场竞争日趋激烈的背景下，工业行业竞争力的研究极大地受到政界、企业界和学术界的关注。工业行业竞争力包括的内涵十分丰富，它是工业各个系统的合力，是一国或一地区工业行业整体的竞争力。主要表现在：总量竞争力、市场竞争力、行业机构竞争力、技术竞争力、企业竞争力、涉外竞争力、集中度竞争力和支撑行业竞争力。一个国家或地区的主导行业是否有竞争力决定了其经济在国际或国内的地位，所以运用多学科的研究成果和方法发现工业行业竞争力最新动态，才能更好地培育行业竞争力，指导行业更好投身实践中。

（二）工业行业竞争力的影响因素分析

随着经济全球化和我国经济社会的发展，工业行业竞争力的大小日益成为人们关注的重点和人们研究的焦点。工业行业竞争力的大小直接影响区域经济发展的总体水平，所以，为了更好地促进区域的发展，我们要对工业行业竞争力进行深入的研究，分析影响行业竞争力发展的因素以及如何提高一个地区的行业竞争力。

行业结构是影响一个地区行业竞争力大小的重要因素，行业结构越优化，资源配置就越向高级行业转移，同时原有行业的资源使用效率越高，区域整体行业竞争力水平越高。相反，不合理的行业结构不利于行业优势的发挥，制约地区经济的发展。

经济效益也是影响行业竞争力的重要因素，企业的发展就是为了追求经济效益，为了获得更大的利润，那么行业的发展也是如此，如果一个行业的经济效益降低或不能满足其自身发展壮大进一步的需求，那么这个行业的发展就会渐渐地走向消亡，行业竞争力就无从谈起。

企业或者行业的创新能力也影响行业竞争力，创新是一个民族兴旺发达的不竭动力，更是一个行业竞争力提高的必不可少的条件。特别是随着经济全球化的推进，行业的竞争力越来越依赖于行业的自主创新能力的提高，创新能力的提高能够为企业的发展带来更多的活力和动力。

行业竞争力的提高是多方面因素综合作用的结果，提供行业竞争力首先必须优化和升级行业结构，坚持市场需求的导向作用，需求结构是行业结构变化的原动力。各个企业和行业都应该遵循坚持市场的导向，发展自身的经济，了解市场需求，应对市场的需求开发新产品。与此同时，合理地制定相关行业政策，对行业创新能力的提高给予政策支持，结合地区实际情况与行业特点制定相关企业发展政策，指导企业的结构优化，增强企业发展的活力和竞争力。

其次，重视高新技术的引进和企业的自主创新，加大企业技术改造和技术创新力度，再用高新技术和先进适用技术改造提升传统工业，提高企业的经济效益，进而提高行业的经济效益。

（三）生态文明发展对工业行业竞争力产生的促进作用

生态文明建设的根本宗旨是协调好人与自然、人与人之间的关系，使之不断得到优化和改善，同时保障生态机制的有序运行和创造良好的人类生存环境，寻求人与自然、人与人之间的和谐平衡状态。生态文明是对人类处理自身活动与自然界关系进步程度的一种反映，是对人类文明发展必然趋势的一种体现，是现代文明发展的基本标志和本质体现。它是出现在工业文明形态之后的一种新的人类文明形态，它是对工业文明的继承和发展。作为人类社会发展过程中新出现的文明形态，生态文明对人类社会发展的各个方面和整个过程都产生了深刻的影响。工业行业竞争力作为工业化发展过程的重要部分，不可避免地与生态文明产生交集，两者相互影响。这里我们只对生态文明发展对工业行业竞争力的影响进行论述。

第一，生态文明是全球文明基因在新范式构建中的优化新生，是人们意识形态领域重大革新的成果。生态文明对工业行业竞争力的促进作用体现在引起了人类思想意识领域的重大变化，使人们开始考虑和解决由于过去错误的或者过时的发展理念导致的环境污染、生态破坏、自然对人类的报复以及人类发展历程的曲折和坎坷。生态文明的发展为工业行业竞争力的发展提供了更加崭新的思路，人们开始意识到行业竞争力在区域发展中的重要作用以及如何提高行业竞争力，促进整个地区的发展。特别是生态文明建设的广泛开展，在整个社会发展的过程中产生了重要的作用。加强构建我国生态文明社会，需要从以下几个方面着手：首先，要努力宣扬生态文明建设思想，使人们的生态文明理念不断增强，生态文明意识得以提高；要努力培养人们在这方面的发展观念、价值观念以及伦理观念，并使之形成一套循环性、多面性和整体性的思考方式。其次，要加强着手建立并提倡生态化的生产方式和生活方式。最后，不断建立和完善生态文明方面的制度建设，不断加强理论创新和技术革新，努力实现构建生态文明社会最终目标。

思想观念的改变带来行为方式的改变，这些生态文明建设的具体措施和步骤，都有利于我国工业行业竞争力的提高。

第二，工业行业的发展以大量能源作为基础，生态文明的发展有利于优化和改善行业内部结构。我国工业行业的能源消费量占我国能源消费总量的比重一般保持在70%左右，这与发达国家相比，存在明显的差距。2011年属于高能耗低效率的五大行业的黑色金属冶炼、压延加工业、非金属矿物制品业、电力、水生产和供应业、炼焦、石油加工等的能耗量占整个工业行业能源消费总量的49%。生态文明的发展有利于限制化工、冶金等高能耗产业的过度发展，对于工业内部出现的行业较高的能效水平给予鼓励和支持，比如利用通信设备制造业的特点和优势大力发展经济。生态文明的发展不仅要求行业向低能耗和高附加值的方向发展，还要优化和加强改善工业行业结构。

第三，生态文明的发展有利于提高工业行业经济效益和社会总体经济效益。工业行业在发展的过程中都会产生私人成本和社会成本，工业发展的社会成本是由环境外部性决定的，它的大小应该与环境的治理成本相等。由于厂商对于自己污染环境的行为造成的损害属于私人成本，从而转嫁到社会中去，实际上私人成本与社会成本之间的分歧是造成环境问题的最直接内在的原因。[①] 长期以来，工业行业发展利用环境资源的优势降低了生产成本，降低单位产品的生产成本对工业行业产品在市场上竞争力的提高具有重要的意义。过去传统的生产和发展模式下，工业行业竞争力的提高是以资源消耗和环境污染为代价的。工业行业在发展的过程中产生了大量的负外部性，私人成本转化为社会成本，增加了社会发展的压力。生态文明是以减少污染和损耗为原则的文明形态，它的发展对于工业行业的发展提出了新的挑战。为了符合生态文明的发展要求，工业行业必须减少发展过程中环境负外部性的产生，降低私人成本，实现环境成本向经济效益转型，提高社会总体经济效益。2012年，我国工业增加值为199859亿元，工业对GDP增长的拉动作用为3.2%，工业总资产贡献率为15.3%。这说明了我国在生态文明建设过程中，工业行业经济效益得到了发展和提高。生态文明的发展在促进了工业行

[①] 朱国伟：《环境外部性的经济分析》，博士学位论文，南京农业大学，2003年。

业经济效益提高的同时,也促进了社会整体经济的进步和发展。

第四,生态文明的发展要求提高行业的竞争力。发展工业行业不可避免会增加对能源的消费量,同时伴随着能源的大量消耗,随之带来行业竞争力的提高,工业行业也会得到迅速的发展,故工业行业与能源消费之间相互依存、互为因果。生态文明的发展倡导资源的节约和合理利用,我们不能因为发展生态文明就减少工业行业能源消费地增加,这样虽然符合生态文明的发展理念,减少了在消费过程中能源的消耗,却抑制了经济的发展,结果并不符合生态文明的发展要求。尤其我国是以煤炭为主的能源消费国家,根据"霍夫曼定理",我国在进入工业化后期之后,资本品产值占国民经济中的比重明显上升,重化工业占比也显著上升,这些变化表示能源的消费量也会大幅度的增加。工业行业是我国能源消耗和排放的主体,从 1978 年改革开放以来到 2012 年,我国能源生产量与消费量,从 62770 万吨标准煤与 57144 万吨标准煤(1978 年)增长至 331848 万吨标准煤与 361732 万吨标准煤。虽然我国经济获得了快速的发展,但是能源消耗总量大,消耗增速快。中国这种以煤炭为主的能源消费结构特征,导致了我国温室气体排放量的持续增加。我国工业行业能源消耗总量为 231101.82 万吨标准煤,占全国能源消耗总量的 69.5%,我国工业行业二氧化碳排放占到全国二氧化碳排放的 77% 左右。[1] 节能减排成为我国工业行业发展的重点。生态文明是一种可持续发展的文明形态,它的发展有利于我国节能减排技术的推广和发展,加大了我国节能减排技术的研发和投资力度,有利于我国工业行业竞争力的总体提高。

三 生态文明发展对工业企业竞争力的影响

(一) 工业企业竞争力的内涵

随着生产技术在工业产业中的广泛应用,市场需求和社会环境也随之发生动态变化,致使企业中出现的竞争对手逐渐增多,环境形势愈加恶劣。1960 年,斯蒂芬·H. 海默 (Stephen H. Hymer) 撰写的博士论文《国内企业的国际经营:对外直接投资研究》中首次出现了企业竞争力的概念,至此企业竞争力出现在经济学者的视野中,逐渐成为学术界广泛关注的热点话题。20 世纪 80 年代初,企业竞争力理论逐步形成

---

[1] International Energy Agency, World Energy Outlook 2007, Paris: OECD/IEA, 2007.

并不断丰富其内涵，改革开放后的中国也没有忽视对企业竞争力的相关研究。关于企业竞争力的定义，可谓仁者见仁，智者见智。比较书本中出现的定义，很容易发现企业竞争力的定义主要包含组织要素、生产过程和企业生产成果等关键词。企业竞争力的内涵综合性较强，总的来说，它的概念表现出过程化、综合性和动态的特征，如果只描述某一方面，这是不完整和缺乏理论依据的，但是若想通过文字描述来包含企业竞争力的所有方面犹如天方夜谭。故认为应该根据各行业的具体特点，总结出适应各企业的竞争力的定义，并在此基础上构建满足各行业特点和要求的评价指标体系。企业包含研发、生产和销售的全过程，抓住行业特征的视角，很容易发现在其他行业中涉及的方方面面都容纳在内，所以应该重视加强对工业企业竞争力的相关研究。

企业竞争力的概念复杂，且充满内涵，如何形成企业的竞争力及加强企业竞争力，离不开企业本身的能源资源、企业领导层的管理能力以及企业面临的外部竞争者。企业利用本身所拥有的一系列经济资源、有形资产或无形资产、企业生产的产品和服务优势，并适应一定的社会环境，促进企业持久性生存与蓬勃发展。在企业经营发展过程中，利用周身资源提升竞争能力以适应市场，并提高创造能力和服务水平的内在能力。

对企业竞争力进行系统概括和总结，众多的学者发现了有效性、动态性、综合性、相对性等企业竞争力表现出的特征。

有效性，竞争由于各行为主体间的相互较量而更加激烈，企业竞争力的产生主要是源自企业在彼此间进行较量时培养的自身的优势能力或寻求到的优势资源，故企业竞争力的首要特征就是有用性或效率性，这部分特征能够提升企业的效率和规范员工行为。但并不是企业利用自身的资源和能力就能形成持续性竞争，要想形成企业的核心竞争力，所要求的能力和资源必须是稀缺的、独特的、内在主导的和有价值的，并且体现了有效性的特征。

动态性，一切事物都是发展和变化的，企业在不同的时期和不同的发展过程中会有不同的企业竞争力，因此会有不同的竞争对手，即一个企业的竞争对手具有不确定性。随着经济的发展和市场环境的变化以及企业内部因素间的相互转化，企业的竞争力也不可避免地发生了变化。

综合性，首先，企业竞争力对企业产生的影响多种多样，企业充分利用自身的竞争力，帮助树立企业的品牌形象，确立企业的市场定位，降低企业产生的成本费用，挖掘出企业的多种销售渠道等。其次，影响企业竞争力的自然因素和社会因素众多，企业的资本、组织、规模、人员、技术和营销等因素共同作用形成了企业竞争力，企业竞争力和影响企业竞争力的因素繁多，两者之间相互影响、相互作用，对企业竞争力的提升起着综合效果。

相对性，企业竞争力是相对的、比较而言的，相对于企业发展经历的历史阶段对其他相关性企业进行计量测度。竞争力的相对性要求企业选择企业竞争力的评价指标时，应该将相对指标考虑在内，包括比较相对指标、结构相对指标、比重相对指标、动态相对指标、强度相对指标等。

（二）企业竞争力的影响因素分析

从理论的视角分析企业竞争力，很容易发现它的概念体系和理论框架，导致企业竞争力形成的因素不胜枚举，经过多种因素的综合作用，出现了企业竞争力。所以分析影响企业竞争力的因素，要从多角度、多因素出发，最后进行分类，得出结论。这里列举一些主要的影响因素：

环境因素。这里主要是指影响企业竞争力的外部环境因素，其中包含市场因素，企业所在行业和产业因素，政府、社会和国际因素以及区位人文地理环境因素等。市场因素包括产品、原材料市场的垄断性、竞争性以及需求状况因素；企业所属的产业行业因素，性质是属于比较优势还是不具有比较优势，是完全竞争型产业、寡头竞争型产业，还是垄断竞争型的产业等；政府、社会和国际因素包括政府的政策、社会环境状况、金融环境、生态环境保护制度、国外市场的市场准入条件、进出口壁垒等；区位人文地理环境指企业所处区域的经济发展水平、交通状况、能源、通信设施等条件。

企业管理因素。企业为了有效配置已经拥有或积累的经营资源，并转化为对消费者来说充满价值的商品，创造出有意义的企业财富和社会价值，必须依赖企业的融资管理、技术创新和企业经营三个方面的能力。[1] 这些能力的培养主要依赖企业经营管理者的人生抱负、企业法人治理结构，以及企业领导层的经营战略决策等。

---

[1] 任巍：《新疆大中型工业企业竞争力研究》，博士学位论文，新疆大学，2013年。

企业文化。在一定的、具体的社会历史条件下，在企业生产经营和革新的实践中，企业内部员工逐步形成提升自身价值的共同思想、行为作风、伦理价值和符合法规的行为准则，这信念独具个性，值得探讨其行为方式。[①] 企业文化具有唯一性、持续性、非替代性等特点，它能够指导和促进企业员工价值观和行为方式的形成，构成企业竞争力的基础，它以统率和渗透作用影响企业竞争力的形成。就像著名企业家张瑞敏关于海尔的观念，海尔过去的成功离不开观念和思维方式的作用，无可争议的是，企业文化是企业发展的灵魂。

资源因素，包括人力资源和基础资源等。人类的学习和创新能力是人力资源的载体，所以人力资源是一种有价值的、有意识的资源；是一种能动性的、可以无限开发的资源；是一种既能够转移价值也能够创造价值的资源。人力资源的这种特性淋漓尽致地体现了人力资源在增强企业竞争力方面起的作用，企业的员工是人力资源的携带者，要想提高企业的人力资源质量，就要采取措施加强企业员工的技能培训、提高员工综合素质。企业的基础性资源主要包括物力资源、技术资源、财力资源和市场资源等。物力资源包括企业的厂房、设备、原材料、基础设施等；技术资源包括企业生产经营过程中拥有的技术；市场资源包括企业拥有的品牌、商标、商誉以及与顾客建立的关系等；财力资源包括企业的资金和资本的数量。

环境、企业管理、企业文化以及资源等因素影响着企业的竞争力，企业在日常的经营管理中，不可避免地要协调各种"关系"和环境、统计拥有的各种资源、挖掘企业特有的优势能力和企业的内在文化理念，这都包含在上述影响企业竞争力的因素里面。所以企业要想培育自身的竞争力，就要清楚影响企业竞争力的因素，丰富企业文化，使以人为本、可持续发展、协调发展等理念成为企业竞争力的重要组成部分，为企业争夺市场提供强劲的动力，掌握和了解自身的竞争地位，明确自己与竞争对手的差距，扬长避短，提升企业的核心竞争力，从而提高企业的整体竞争力，创造企业价值。

（三）生态文明发展对工业企业竞争力的影响

生态文明是继原始文明、农业文明和工业文明后，人类社会发展的

---

① 李卫东：《企业竞争力评价理论与方法研究》，博士学位论文，北京交通大学，2007年。

又一文明形态。生态文明的产生与工业文明和工业化的发展之间有着密切的关系，工业文明和工业化的发展一方面为生态文明的产生提供了物质基础，另一方面工业化过程中对生态环境所产生的破坏需要生态文明的理念予以纠正。

自从人类社会进入了生态文明时代，实现可持续发展已经成为社会经济发展和追求的目标。传统的企业发展模式需要摒弃，企业在新的发展模式下将面临新的形势，同时作出新的符合生态文明发展理念的改变。生态文明的发展对于工业企业竞争力的进步产生了巨大的作用。

1. 动力作用

生态文明作为人类文明的一种形态，它的发展可以促进社会文明的进步和社会公众价值观念的提升，从而使工业企业的发展以尊重和维护生态环境为宗旨，以可持续发展为根据，以未来人类的继续发展为着眼点，使企业的发展满足社会发展的总体要求，更有利于企业竞争力的提高。随着生态文明的发展，企业发展的外部环境发生了巨大的变化。首先，污染成为企业发展落后、竞争弱的重要表现。这就要求企业在生产过程中要采用清洁技术，改进生产流程。在生产的流程中，尽量远离污染、有毒的原材料，寻求使用无毒无污染的材料；采用清洁技术和生态工艺，减少材料的损耗和污染物的产生；对有害物质和废弃物进行回收和处理，实现循环生产，最大限度地提高原料的利用率和生产的效率。其次，不符合生态文明发展要求的管理体系和理念不利于企业形象的树立。企业的管理层应该调整竞争战略，改善管理体制。税收政策将越来越多地涉及企业的环境行为，企业对环境的污染将作为生态成本被核算进入企业的成本—效益分析，企业管理层应该调整企业竞争战略，制定新的适应生态文明发展的发展战略；管理层把生态理念融入企业的营销管理，再设计包装和装潢时，尽量减少剩余物的产生，尽量产生较少废弃物，同时积极地引导消费者对于废弃物的循环使用和处理；企业应该设立专门的部门负责企业的生态文明建设，加强对生态文明理念的宣传。

2. 拉力作用

随着生态文明的发展，绿色产品也响应生态文明的号召而出现在大众视野中。绿色产品是指生产过程及利用其本身的能力而进行节能、节水、减排、低污染、低毒、低消耗、可再生、可回收的产品。人们对生态文明的充分认识和理解使越来越多的消费者认同和支持绿色产品，不断扩大绿色产品的市场需求。欧洲是世界上最大的有机食物的消费群体，北京和上海有70%—80%的居民喜欢绿色食品，"谁拥有绿色产品，谁就将拥有市场"。[①] 为了拥有更大的市场份额，企业开始在生态文明理念下，改变生产方式、生产工艺、营销策略，加快绿色产品的生产，提高产品的需求量，提高了企业的市场竞争力。

生态文明强调在促进企业发展、激励经济增长、改变消费模式的过程中，尽可能地保护生态环境和节约资源能源，改变企业的生产经营发展方式，使资源节约、环境保护等成为企业生产经营发展方式的追求目标，使企业的发展满足可持续发展的要求，从而提升企业竞争力。

第二节 工业化进程中生态文明发展的影响分析

一 工业化进程中生态环境的代价

（一）生态环境代价的含义

代价问题是人类在社会发展过程中面临的一个恒久而又常新的问题，随着社会的发展，代价问题日益凸显，并引起人们的广泛关注。代价的概念一直是一个众说纷纭的话题，它在不同的语境中也有不同的概念。在社会学中，代价是指为了社会的进步人类所作出的付出和牺牲，以及为实现社会进步而必须承担的不良后果。在经济学中所提到的代价是指生产过程中的生产成本，为获得一种产品而放弃的其余产品的最高价值的机会成本，以及各种日常的损耗和消费。从哲学的视角进行考察，"代价是指人类在价值追求的过程中，由于自身的利益选择而导致的与他人的价值取向相悖的结果，其实质在于人类生存方式实现的内在矛盾性。"可见，代价是社会实践主体进行价值选择的结果，是一个价值问题。

---

① 刘玲、周扬培：《构建企业生态竞争力初探》，《经济师》2003年第6期。

人类社会发展经常是与代价和付出同行的，比如以土地沙漠化为代价的农耕文明，以生态环境恶化为代价的工业文明。长期以来人们忽视经济发展的生态环境代价，片面追求 GDP 的发展模式，这些行为所导致的问题随着时间的积累日益严重。

生态环境包括人在内的生命有机体环境，它是生命体赖以生存和发展的各种生态关系和生态因子的总和，因为它作为主客体之间的相互作用而不同于单一的环境因子，因此它是生命体在有限的时空范围内赖以生存的各种物质条件和生态过程的整合。与特定主体相联系和作用的生态环境，不同于自然环境也不同于生态系统。人类的生态环境是一切生态因子和人类生活活动的系统耦合体，出现的生态规律主要遵循整体性、循环性、协同性、自生性的规则，也与技术、文化等社会关系息息相关。[①] 生态环境包含多种生态关系，如果生态关系之间失去联系，平衡一旦遭到破坏，我们就要对生态环境中的各类生态关系进行规划和管理，去寻求循环经济，建立和谐社会。

生态环境代价主要指在社会的经济发展过程中，为达到经济发展目的所消耗的环境资源的总和，其中既包括直接投入生产的自然资源，也包括与人类的生存和生活直接相关联的生态环境，及其在社会经济发展过程中所产生的生态环境问题。生态环境的代价是社会中的某些群体为了自己的个人利益做出的牺牲性选择的结果，这与主体的环境价值取向紧密相关。人类社会的发展史就是一部生态环境代价史，为减少生态环境的过多牺牲，我们要遵循保护生态的一系列规律，积极开拓高效竞争、循环进取、开放共生的和谐局面。

（二）工业化过程中生态环境代价的具体体现

工业化主要可以体现为在国民经济发展过程中，机器工业逐步处于支配地位的过程，它是产业工业结构演进并且不断升级的过程。在这个历史进程中，劳动的生产率随着机器普遍使用和科技进步迅速提高，为人类创造了巨大的财富。在我国，工业化成为提高生产力的有效途径，在发展市场经济条件下满足人们的社会需求以及对减少国内贫困人口方面发挥着巨大作用，工业化在我国的工业体系中处于不可或缺的重要地位。但以机器化大生产为基础的工业革命是一种资本主义工业化，依据

---

① 王如松：《生态环境内涵的回顾与思考》，《科技术语研究》2005 年第 7 期。

这种条件建立资本主义市场经济，这需要把经济发展与消耗大量的资源能源相挂钩，很容易造成自然资源的极大浪费和损耗，使得在工业化的进程中严重破坏生态环境，违背国家的利益要求。

传统工业化道路的缺陷之一就是人类通过征服自然来实现工业化，它割裂社会经济与环境之间的有机联系，导致其不协调的发展过程。实现经济的高速增长是工业化进程中追求的根本目标，与此相对应出现的经济发展模式表现出的特征主要是掠夺资源和破坏环境，以此换取经济的快速增长，很显然这是不可持续发展的经济模式。传统工业化所走的破坏生态环境为代价的道路，其出现的重要原因之一是为了实现最佳经济发展效益，但是却忽略了自然资源的内在价值，尤其是在计算生态环境的损耗时把其排除在成本分析之外。这种行为方式和思维方式不计环境成本，使人们轻视对环境和不可再生资源的保护，由于自然界总是以渐变的方式给人类发出预警，没有引起人类足够重视，就极容易出现全球性的生态危机，在很大程度上威胁了人类的可持续生存。人类不能只沉浸于工业化给人类带来的富裕和社会文明，更重要的是需要学会反思其带给人类社会的环境代价。对于工业化所带来的生态环境代价，具体体现在生态环境的污染和破坏、自然资源的浪费、自然灾害频发、生物多样性丧失等。

"在不到一百年的时间里，资产阶级所创造的生产力，比过去全部生产力的总和还要多。"工业革命作为人类发展史上的巨大变革与相对落后的农业文明相比对环境资源的直接消费是非常庞大的，它虽然带来了巨大的社会财富和生产力的增长，但环境污染问题也随之而来，严重困扰和阻碍着人类社会的生存与发展。发达国家的工业化道路起步早，首先完成工业革命，走完了工业化的道路，进入后工业社会。发达国家走的是"先污染，后治理"的道路，但在工业化后期凭借自身先进的经济和科技实力，使环境污染得到了较好的治理和恢复。但是我国作为发展中国家，一方面要发展经济，实现工业化和现代化；另一方面又要治理工业化产生的生态环境污染，面对双重压力。我国粗放式的工业化开始于20世纪50年代，这种粗放式的工业化模式从一开始就带来了经济的迅速发展，但同时也造成了非常严重的生态环境问题，并为此付出了巨大的代价。

1. 大气污染

改革开放以来，虽然我国的经济成就令世人惊叹，但生态环境也不可避免地遭到了巨大的破坏和污染。近两年在我国东中部地区爆发的雾霾现象就是我国工业化发展过程中生态环境遭受巨大破坏的重要体现。城市空气质量恶化越来越严重，从2013年始，我国在北京、天津、河北、珠江三角洲、长江三角洲区域以及许多省会城市、直辖市和计划单列市共74个城市并设立了496个监测点，对包括二氧化硫（SO_2）、二氧化氮（NO_2）、一氧化碳（CO）、臭氧（O_3）、可吸入颗粒物（PM_{10}）、细颗粒物（$PM_{2.5}$）6项指标进行检测，以《环境空气质量标准》为标准，发现在74个城市中轻度污染城市、中度污染城、重度污染城、严重污染城市分别占25.4%、9.5%、7.5%、2.8%，空气质量超标天数比重为45.2%，达标天数比重为54.8%。74个检测城市中，只有四个城市达标，未达标城市占94.6%，$PM_{2.5}$成为城市环境空气首要污染物。在我国的工业化进程中，雾霾现象的增加主要因为工业化所造成的化石能源消耗的增加和大气污染物的增量排放，工业化发展中的重化工业生产成为污染的主要来源。同时，随着工业化进程中我国生态环境破坏的加剧，我国沙尘天气状况加剧恶化，因受沙尘天气的影响，新疆、青海、宁夏、甘肃、陕西、北京、天津、山西、河北等省份的部分城市空气污染指标出现不同程度的超标。表3-1为2012年、2013年上半年环保重点城市沙尘天气污染影响天数。

表3-1 2012年、2013年上半年环保重点城市沙尘天气污影响天数 单位：天

发生沙尘月份	2012年上半年		2013年上半年	
	超标天数	重污染天数	超标天数	重污染天数
1月	0	0	0	0
2月	0	0	15	3
3月	41	2	82	29
4月	99	9	41	3
5月	7	0	19	3
6月	0	0	0	0
合计	147	11	157	38

资料来源：根据《2012年中国环境状况公报》数据整理所得。

由表3-1可知,同样由于沙尘天气的影响,我国空气质量年积累量超标157天的环保重点城市,重污染空气质量天数上半年合计达到38天,较上年同期增长245.5%。

2. 水污染

工业化的过程中需要大量的水资源,同时又会产生大量的废水或者污染物排入河流、湖泊和海洋中,就会造成严重的环境污染。2012年全国地表水国控断面总体为轻度污染,十大流域中,西南诸河、珠江、西北诸河水质为优,浙闽片和长江河流水质良好,淮河、辽河和松花江为轻度污染,黄河为中度污染,而海河则为重度污染。

包含的主要污染指标有化学需氧量、五日生化需氧量和高锰酸盐指数。2012年62个国控重点湖泊（水库）,Ⅰ—Ⅲ类湖泊（水库）比重为61.3%、Ⅳ—Ⅴ类湖泊（水库）比重为27.4%和劣Ⅴ类水质的湖泊（水库）比重为11.3%,主要的污染指标为化学需氧量、总磷和高锰酸盐指数（见表3-2）。

表3-2　　　　　　　2012年重点湖泊（水库）水质状况　　　　　单位：个

湖泊（水库）类型	Ⅰ类	Ⅱ类	Ⅲ类	Ⅳ类	Ⅴ类	劣Ⅴ类
三湖	0	0	0	2	0	1
重要湖泊	2	3	8	12	1	6
重要水库	3	10	12	2	0	0
总计	5	13	20	16	1	7

资料来源：根据《2012年中国环境状况公报》数据整理所得。其中三湖指太湖、滇池和巢湖。

2012年,全国废水排放总量为684.6亿吨,氨氮排放总量为253.6万吨,化学需氧量排放总量为2423.7万吨。其中因为工业源而产生的化学需氧量和氨氮排放量占排放总量的14%和10.4%（见表3-3）,说明了工业化的发展产生了大量的废水,是我国水污染严重的重要原因。我国三大经济地区的主要城市在工业化的过程中也产生了大量的废水,其中工业化水平最低的西部地区主要城市的废水排放量占全国主要城市废水排放量26.2%,高于工业化发展水平相对较高的中部地区（见表3-4）。废水的大量排放必然导致严重的地下水污染,2012年全国地下水水质，其中较差和极差级水约占一半，可见我国的地下水受到了大范围的污染（见表3-5）。

表3-3　　　　2012年全国废水中主要污染排放量　　　　单位：万吨

化学需氧量					氨氮			
排放总量	工业源	生活源	农业源	集中式	排放总量	工业源	生活源	农业源	集中式
2423.7	338.5	912.7	1153.8	18.7	253.6	26.4	144.7	80.6	1.9

资料来源：根据《2012年中国环境状况公报》数据整理所得。

表3-4　　　　2012年主要城市废水排放量统计　　　　单位：万吨

城市	废水排放量	城市	废水排放量	城市	废水排放量
东部	946273.6622	中部	359291.7021	西部	463469.14
北京	140274	太原	21202	南宁	38312
天津	82813	南昌	43708	重庆	132431
石家庄	59696	郑州	57900	成都	88104
上海	219244	武汉	82408	贵阳	23009
南京	72205	长沙	44385	昆明	52631
杭州	95385	长春	26097	拉萨	2337
福州	36837	哈尔滨	40050	西安	40085
济南	33338	合肥	43542	兰州	18318
广州	152831			西宁	10563
海口	11521			银川	19678
沈阳	42130			乌鲁木齐	24268
				呼和浩特	13733

资料来源：根据《中国统计年鉴》（2013）数据整理所得。

表3-5　　　　2012年全国地下水水质状况　　　　单位：%

优良级水	良好级水	较好级水	较差级水	极差级水
11.8	27.3	3.6	40.5	16.8

资料来源：根据《2012年中国环境状况公报》数据整理所得。

3. 固体废弃物

固体废弃物的处理也是工业化过程中的重点和难题。在工业化的过程中产生了大量的固体废弃物，这些废弃物污染环境、破坏生态的行为，体现了工业化进程中出现的生态环境代价。工业化发展以势如破竹的形势席卷我国，在工业化迅猛发展的同时，不可避免地产生大量的固体和废弃物，主要有采矿废石、选矿尾矿、燃料废渣以及化工生产及冶炼废渣等。2012年全国的工业固体废弃物产量为329046万吨，综合利用量为202384万吨，综合利用率为60.9%，比2011年增长0.5个百分点，但工业固体废弃物的产生量却增加了6274万吨，比2011年增加了大约2个百分点。这表明在工业化的过程中我国产生了大量的固体废弃物，这些固体废弃物的产生速度多于综合利用的速度。相比2008年，2012年的工业固体废弃物的产生量增加了将近1倍，贮存量增加了3.2倍，综合利用量和处置量却仅增加了1.6倍和1.2倍。2012年全国东中西三大地区主要城市的工业固体废弃物产量分别为：11270.06万吨、8076.3万吨、13037.6万吨。西部地区作为我国工业化发展水平最低的地区，却是我国工业固体废弃物产生量最大的地区，说明了工业化发展水平越低，工业化进程越落后，其对生态环境的污染和破坏就会越严重（见表3-6和表3-7）。

表3-6　　　　2012年全国工业固体废弃物产生及利用情况　　　　单位：万吨

年份	产生量	综合利用量	贮存量	处置量
2012	329046	202384	70826	59787
2011	322772	195214	60376	70465
2010	240944	161572	23918	57264
2009	203943	138185	20929	47487
2008	190127	123482	21883	48291

资料来源：根据有关年份《中国统计年鉴》数据整理计算所得。

表3-7　　　　2012年全国主要城市工业固体废弃物产生量　　　　单位：万吨

城市	工业固体废弃物产量	城市	工业固体废弃物产量	城市	工业固体废弃物产量
东部	11270.6	中部	8076.3	西部	13037.6
北京	1104.05	太原	2787.39	南宁	356.49
天津	1820.00	南昌	186.32	重庆	3114.89
石家庄	759.49	郑州	1500.23	成都	585.27
上海	2198.81	武汉	1381.30	贵阳	1122.38
南京	1615.95	长沙	103.51	昆明	3002.68

续表

城市	工业固体废弃物产量	城市	工业固体废弃物产量	城市	工业固体废弃物产量
杭州	706.84	长春	469.55	拉萨	314.79
福州	728.40	哈尔滨	571.18	西安	258.22
济南	1012.21	合肥	1076.85	兰州	627.88
广州	6.15			西宁	504.66
海口	614.96			银川	728.72
沈阳	703.75			乌鲁木齐	1299.70
				呼和浩特	1121.96

资料来源：根据有关年份《中国统计年鉴》数据整理计算所得。

4. 自然灾害状况

总体来看，由于人为的生态破坏所导致的自然灾害主要表现为土地荒漠化和水土流失加剧，草场面积大幅度减少，森林资源急剧退化，生物多样性失灵等方面，而且伴随着生态被破坏隐形代价的显性化，现存的生态系统逐步趋于不稳定的状态，极大地影响了人们的正常生活，产生了恶劣的负面影响。[①] 在工业化过程中出现的不合理和过度利用自然资源的现象，导致了大量生态破坏问题的产生，同时生态破坏问题也直接或间接地导致了自然灾害的发生。由于工业化的发展导致生态系统的不稳定增加了自然灾害发生的概率，2012 年我国由于洪涝等地质灾害造成的直接经济损失 1661 亿元，比 2011 年上升了 31.8%；因低温和雪灾造成 61 亿元的直接经济损失；2012 年全年共发生 5 级以上的地震 16 次，直接造成 83 亿元经济损失。[②] 在工业化过程中，由于人类不合理的开垦和砍伐森林，导致了土地沙漠化面积的增加以及水土流失的加重，第四次显示的全国荒漠化检测结果，目前的荒漠化土地面积为 2.62×10^6 平方公里，占国土面积的 27.33%；水土流失面积为 356 万平方公里，占国土面积的 37%。

二 工业化进程中资源的压力

(一) 关于资源的性质和价值论述

资源是一个宽泛的概念，一切生产的投入和产出都是一个资源使用

---

① 刘洪鑫：《转型期我国生态环境代价问题研究》，博士学位论文，武汉大学，2005 年。
② 《国民经济和社会发展统计公报》，2012 年。

的过程。资源包括很多的类型和方面，这里我们着重讨论自然资源。联合国的环境规划署对自然资源的定义为：在一定的时间和地点范围限制下，能够创造经济价值，以此提升人类现阶段和未来福利的自然因素和自然条件。自然资源具有有限性、整体性、区域性、多种用途性和社会性的特点。

1. 自然资源的有限性

有限性也就是指自然资源的稀缺性，是自然资源的供给与人类增长的需求存在的矛盾。首先，对于不可再生资源来说，它的有限性是非常明显的，不但表现在总量的有限性，还表现在一定时间、空间上可提供人们使用的数量的有限性。其次，对于从长远上看似乎是无限的可再生资源，但在一定的时间和空间上也是有限的。这就要求我们在利用自然资源的时候，要注意其有限性，不能过度使用自然资源，合理地利用和保护自然资源，否则会遭到自然的报复。

2. 自然资源的整体性

自然资源有其自身的生态系统，一个地区的自然资源之间是相互联系的，即开发利用一种资源，可能引起区域内其他资源的连锁反应。整体性主要体现在两个方面：一方面，各种自然资源是相互联系的；另一方面，各地区的自然资源是相互影响的。自然资源的整体性要求我们不能切割各生态系统之间的联系，破坏自然的整体性将得不偿失。

3. 自然资源的区域性

每一种自然资源都有其区域分布规律。自然资源的分布是不均衡并且受到很多因素的影响，从各方面来说都有着不同的差异，并且不同区域的自然资源在其品种组合上也是有差异的，所以我们要遵循自然资源之间的差异性和分布的不均衡性，在认识自然的过程中掌握自然规律，为以后合理开发和利用自然服务。

4. 自然资源的多种用途性

每一种自然资源都有着不同的功能和用途，例如森林资源，既可以提供燃料和木材，还可以保护和调节生态环境，同时又能为人们提供休闲和娱乐的场所。所以，我们在充分利用自然创造经济价值和社会价值的同时，积极发挥自然资源的内在作用，努力实现生态效益、经济效益和社会效益的结合。

5. 自然资源的社会性

它主要体现在人类社会对自然资源的附加劳动,马克思曾说人类对自然资源的附加劳动合并到土地和自然中去了,与自然资源是一体的,是自然资源中的社会因素。所以,我们不可忽视自然资源的社会性,它提供了我们合理利用自然的参考价值。

基于自然资源这些特殊的性质,自然资源的价值也有其独特性。从主观层面来看,自然资源能提供物质产品和舒适性的服务来满足人类的需求,那么随着人类对自然界的深入了解,会发现它对人类的价值越来越大;而从客观层面上看,自然资源作为地球上的一个有机系统,有其客观的内在属性,有其特有的生产力和创造力。我们应该尊重自然,要想在自然资源方面获得最大的福利,我们还必须利用行政、法律、道德的力量,在制度上进行全面深入的改革。树立人与自然协调发展的观念,对地球的有机资源报以感激和尊重,并且不断地发现和探索自然的规律。

(二) 关于工业化与资源的关系

工业化的发展过程就是一个资源利用的过程,工业化的发展是以资源的投入、使用为前提和基础的。任何社会的发展都伴随着资源的使用和浪费。工业化与资源的密切关系主要体现在工业化的进程与相伴相随资源的使用,工业化的进程中产生了资源使用的很多问题,出现了资源浪费。

1. 自然资源对工业化的影响

首先,自然资源为工业化的发展提供物质基础,生产力是人类开发利用自然资源的能力,它是由劳动力、劳动对象和劳动资料组成的。劳动对象和劳动资料中存在的很多物质直接或间接地来自自然界,没有自然资源就不可能产生某种生产活动。随着科学技术的进步,人们对自然资源利用的广度和深度都得到了扩展,人们利用自然资源的效率提高,还找到了自然资源利用的替代物等。

其次,自然资源的数量影响工业化的规模和发展程度。工业化初期,矿产资源丰富,直接对工业化起步和发展产生了巨大的影响,自然资源的开发利用条件也影响工业化的发展进程,不但直接影响生产的经济效益,也通过产品的质量间接地影响经济效益。

2. 工业化对自然资源的影响

工业化始于自然资源的开发利用，使自然资源的价值开始产生和出现。工业化也发现了自然资源的利用和使用价值，同时也造成了自然资源的浪费和破坏，直接导致了不可再生资源的减少和耗竭，还破坏了可再生资源产生和再生的环境，降低了其再生的能力。

总之，工业化和自然资源之间存在密切的关系，自然资源是工业化发展和进步的物质基础，工业化使自然资源的价值得以体现，同时在发展的过程中，由于不合理的开发和过度的使用，对自然资源造成了破坏和浪费。

(三) 关于工业化过程中资源的使用问题分析

自然资源为工业化的发展提供了基础和动力，在工业化的过程中资源的使用却出现了严重的问题，造成了工业化过程中资源使用的巨大压力。本书主要对我国工业化发展过程中产生的资源问题进行研究，进一步分析工业化过程中产生的资源压力。在我国工业化的发展过程中主要存在水资源短缺、矿产资源不足、土地资源贫乏和生物多样性遭到破坏等问题，这些问题的存在对我国工业化的发展产生了巨大的压力。

1. 水资源的短缺，对社会经济发展的制约作用逐步扩大

表3-8的数据显示，总体来看，我国西部地区的水资源非常丰富，是我国多条大江大河的发源地，在新疆干旱的塔克拉玛干沙漠，还有自西向东的塔里木河提供源源不断的水源。但是我国水资源存在严重的分布不均问题，给地区发展特别是工业化发展带来了严峻的挑战。我国水资源与生产力布局不相协调，如黄河、淮河、海河三流域，GDP占全国总量的32%，而水资源仅占有7.7%[1]，特别是东部的京津塘地区，工业化发展迅速，发展水平高，但是水资源严重的短缺和污染，给工业化的发展带来了巨大的压力。

我国资源型缺水问题突出，不能满足工业化和社会发展的需求。从全国范围来看，由于部分地区干旱缺水严重，致使我国粮食减产所导致的经济损失约500亿元，由此造成我国工业产值的减少2000多亿元，容易得出资源型缺水已经严重制约了我国特别是西部地区可持续发展的

---

[1] 中国工程院"21世纪中国可持续发展水资源战略研究"项目组：《中国可持续发展水资源战略研究综合报告》，《中国工程科学》2000年第8期。

表3-8　　　　　　　　2012年我国三大地区水资源状况

单位：亿立方米；立方米/人

	水资源总量	地表水资源	地下水资源	人均水资源量
东部地区	6883.87	6458.26	1831.62	15643.47
中部地区	7351.85	6883.07	1989.25	14871.95
西部地区	15291.14	15030.02	4595.24	177551.15

资料来源：根据有关年份《中国统计年鉴》数据整理计算所得。

结论。水污染问题持续恶化、利用水资源总量不断增加、污水排放量有超过普遍标准的趋势，特别是城市化和工业用水的大幅增加，带来的主要后果之一就是由于水污染所导致的饮水危机问题，这在一些缺水地区表现得尤为严重。人类不合理地利用水资源，且不注重对生态环境的保护，其中西部地区就因为过度开发水资源，致使荒漠化和沙尘暴的影响范围扩大，损害加剧。

2. 矿产资源不足，工业化发展压力大

在工业化发展的过程中出现了矿产资源不合理的开发利用，导致了后备资源的不足，以及矿产处于逆差状态的进出口贸易，这将是我国矿产贸易的长期状态。尤其是我国煤炭资源和石油资源的进口大幅度的增加、对外依存度进一步攀升（见表3-9和表3-10）。2012年我国煤炭的进口量为28841万吨，我国已经连续两年保持全球第一大煤炭进口国。而煤炭的出口却不断地下降，2012年比2011年下降36%。我国石油进口也是不断地增加，又由于我国矿产资源的自然禀赋较差，矿石品位低，除此之外，选矿技术较落后，导致矿山开采的效益偏低；对矿产资源乱采滥挖及不合理利用，必定会导致环境的污染和破坏，资源枯竭型地区的发展陷入了困境，寻找新的发展出路困难重重。

表3-9　　　　　　　我国矿产资源进口情况　　　　单位：万吨/亿美元

品名	2009年 数量	2009年 金额	2010年 数量	2010年 金额	2011年 数量	2011年 金额	2012年 数量	2012年 金额
铁矿砂及其精矿	62778	501.4	61863	794.2	68608	1124	74360	957.3
锰矿砂及其精矿	962	17.7	1158	28	1297	26.7	1235	21.8

续表

品名	2009年 数量	2009年 金额	2010年 数量	2010年 金额	2011年 数量	2011年 金额	2012年 数量	2012年 金额
铜矿砂及其精矿	613	84.7	647	126.7	638	155.2	783	169.5
铬矿砂及其精矿	676	13.1	866	23.9	944	26.6	929	20.3
氧化铝	514	13	431	14.9	188	7.7	502	18.2
煤炭	12583	105.7	16478	169.3	22220	238.9	28841	287.2
原油	20379	892.5	23931	1351.5	25378	1966.6	27103	2207.9
成品油	3696	169.8	3688	223.4	4060	326.9	3982	330.7
合计	102201	1798.2	109062	2732.3	123333	3872.9	137735	4013.2

资料来源：根据有关年份《中国统计年鉴》数据整理计算所得。

表3–10　　我国矿产资源出口情况　　单位：万吨/亿美元

品名	2009年 数量	2009年 金额	2010年 数量	2010年 金额	2011年 数量	2011年 金额	2012年 数量	2012年 金额
天然石墨	46	1.3	59	2.1	44	3.6	26	2.9
天然碳酸镁、氧化镁	131	2.8	249	6.6	207	6.6	213	6.1
萤石（氟石）	27	6734	60	13.4	72	2.6	43	1.6
天然硫酸钡（重晶石）	177	12216	257	1.7	289	2.4	295	3.6
滑石	40	7187	59	1.2	67	1.6	75	1.9
氧化铝	68581	2879	57040	0.3	76280	0.5	43293	0.4
煤及褐煤	2240	237537	1903	22.5	1466	27.2	928	15.9
焦炭、半焦炭	54	20119	335	13.9	330	14.8	102	4.5
原油	507	215573	303	16.5	252	19	243	22.3
成品油	2504	1254994	2688	170.4	2570	207.6	2427	213.1
合计	74307	1798226	62953	248.7	81577	286.1	47645	272.1

资料来源：根据有关年份《中国统计年鉴》数据整理计算所得。

数据显示：我国钢铁炉渣的回收率是85%，有色金属工业固体废弃物回收利用率是69%，选矿尾矿的回收率是2%。比较同时期的日本，粉煤灰基本上被完全利用，而我国的利用率仅仅21%。[1] 比较各国废旧金属资源二次利用率，其中美国为25%—30%，法国已经超过了30%，我国的利用率在每年新增总量中不到5%。[2] 这些都表明在工业化进程中由于矿产资源的先天禀赋差以及在资源使用和利用过程中存在严重的浪费问题，导致我国工业化进程中矿产资源的压力加大。

3. 生物多样性锐减

工业化进程中高污染企业的建设和引进使生物多样性遭到了破坏；预测未来25年里中国二氧化碳的排放量将比其他主要工业化国家的总和多一半。[3] 工业污染物的大量排放将会破坏动植物的生存环境。森林超量砍伐、过度放牧、不合理的围湖造田，过度利用水资源和土地导致生物生存环境的破坏，使相当多的物种已经濒临灭绝或者已经灭绝。生物资源的过度开发也是生物多样性遭到破坏的重要原因，工业化过程中的环境污染，特别是水资源的污染，使生态系统因生存环境的恶化而损坏，外来物种的入侵，与当地其他的生物竞争空间和食物，使栖息地退化，更有可能传播疾病和寄生虫等。[4]

4. 土地资源匮乏

随着不断创造的工业经济价值和社会价值的增长和积累，带来的后果之一就是我国的土地资源遭到了前所未有的破坏，粮食安全问题突出。对草原的过度开垦，导致了土地的荒漠化；对森林的过度砍伐，导致了水土流失；对耕地的过度利用，导致了土壤的贫瘠等。再加上地区人口的不断增加，对土地和粮食的需求量也越来越大，直接导致了粮食安全问题的出现。我国耕地总量正以每年近 4.67×105 公顷的速度减少，且我国建设闲置土地占总面积的79.13%、可耕地占了闲置土地的79.92%、废耕地占了闲置土地的69.04%。在工业化过程中，长期以

---

[1] 刁平、董秋花：《我国矿产资源综合利用现状分析》，《科技论坛》2013年第8期。
[2] 陈国铭：《我国矿产资源综合利用潜力和发展对策探讨》，《中国矿业》1999年第8期。
[3] 英国《金融时报》社评，2007年。
[4] 钟孟淮、马月辉：《中国生物多样性保护现状、不足与对策浅议》，《六盘水师范学院学报》2013年第4期。

来的重产出轻投入的掠夺式利用方式，导致土壤沙化和水土流失日益严重，每年流失的土地面积达 4×10^7 公顷，使我国的土地后备资源日益不足。

导致资源贫乏、消耗过大、浪费严重的原因是多方面的，下面就具体加以分析：

首先，主要原因在于缺乏利用自然资源的可持续性原则，表现在没有切实将坚持开发和节约资源两者结合起来。除此之外，由于走传统工业化道路的生产技术没有及时革新，设备陈旧，加上资金的缺乏没有实现更新换代，提升资源性产品的价格空间低，再者领导层管理不善，没有建立健全资源管理相关政策和体制，致使各类资源的利用率普遍上升，浪费比较严重。经济效益和生态效益不相统一会造成严重后果，因此，在自然资源的开发利用方面不能片面地追求经济效益而忽视环境效益，否则将会损害资源与环境，损坏生态，恶劣的生态环境反过来会抑制经济发展。对不可再生资源利用方面，应该实行节约使用、限制和综合利用，对可再生资源实行合理规范和永续利用。

其次，工业化的盲目发展与人口的增长使自然资源短缺和生态环境进一步恶化，这多数是由于资源的过度开发和不合理的低效利用。工业化高速发展加剧了淡水、森林、矿产等的消耗量，不可避免地破坏了人类赖以生存的发展环境。人口的急剧增加，进一步加剧环境的破坏，并且对自然资源施加了直接压力。

最后，对自然资源价值的认识错误，在传统的工业发展模式下，人们潜意识里总是认为天然的自然生态环境和自然资源没有价值，出现了由于自然资源和生态环境的原料价格低廉，导致资源的无偿占有、过度开发、生态破坏、资源损害、环境恶化等一系列问题。尤其是对资源的过度利用超过了资源的容量限度，削弱了资源的更新和再生能力，导致恶性循环。

所以，工业化发展模式的多样性和动态性给我们带来的启示是要选择适合自己国情的有自身特色的工业化发展模式，不能一劳永逸，而应在实践中不断结合变化着的国情、世情并加以完善，使各国在实施工业化的过程中做到宏观与微观相一致，遵循系统法则。

三　工业化进程对生态文明建设的影响

(一) 生态文明建设的内涵

党的十八大报告指出："建设生态文明，实质上就是要建设以自然规律为准则、以资源环境承载力为基础、以可持续发展为目标的资源节约型、环境友好型社会。"生态文明建设与政治、经济、文化和社会建设五位一体，相辅相成。生态文明建设是人类有组织、有目的、有计划地建设生态运行机制，这是人类保护生态环境不受破坏，加快实现人与自然、人与人和谐共存的文明状态的活动与过程。[①] 它很容易显示出人类对自然不仅仅是敬畏的态度，应该积极走出人类一味征服自然的误区，努力实现与自然和谐相处的价值理念。生态文明建设的内涵主要包括以下几个方面：

1. 生态意识是生态文明建设的前提

生态意识是意识的子范畴，它在人类正确对待自身的行为活动与周遭环境的相互关系时，体现出本身的基本立场、观点和方法。经济发展方式的转变和制度的建立都离不开人们价值观念的转变和精神境界的升华，都需要提高人们的生态意识。在生态文明的建设过程中，不仅个人脑海中要存有生态意识，还要积极将这种意识转变成社会的共识，力将生态文明的整体氛围扩散到其他领域。在这种氛围之下，自觉地遵循生态规律，并按照要求展开活动，进而推动整个社会的繁荣和进步。

2. 可持续的发展模式是实现生态文明建设的根本途径

世界上不同的国家发展模式不同，尤其是在国家不同的发展阶段，所要求的经济社会发展条件也显现出各个国家的发展特点，故一个国家对发展模式的选择，直接决定它未来的经济社会发展方向。

传统发展模式把国民生产总值指标作为衡量经济社会发展的重要标志，结果造成了环境的污染、资源的匮乏等严重的后果。随着社会经济的发展，人们将逐步采取可持续的经济社会发展模式，以实现社会的可持续发展。

3. 公众是生态文明建设的主体

人民群众是社会生活的主体，人民群众的实践活动是社会发展前进的动力，而政府和各类社会组织仅仅只是具有生态文明意识，但其为社会服务的公众意志体现不同且不明确。若想继续坚持以人为核心的生态文明建设，就需要鼓励人民群众的广泛参与，以环保为民的宗旨鼓舞公众为生态文明建设贡献力量，并在此基础上明确在生态文明建设中的出

[①] 肖文华：《中国特色社会主义生态文明建设历程研究》，2012年。

发点和落脚点。

4. 公正合理的社会制度是生态文明建设的保障

道格拉斯·诺斯定义社会制度为"人为设计出来构建政治、经济和社会的互动关系的约束，是由非正式的约束和正式的规则组成。"社会制度有行为导向、传递创造文化等价值。发挥社会制度的行为导向作用可以指导个体的行为，减少个体与社会之间长期存在的矛盾和冲突。通过发挥社会整合的能力，可以弥补体制运行的缺陷，加强生态文明的建设，并协调人与自然的关系，从而创造出良好的生态环境。

总而言之，建设生态文明需要政府、社会组织和公民的共同参与，这是关系国家和民族未来的长远大计，它涉及政府体制、机制、企业管理等方面的改革创新和通力合作。无可争议，这是一项长期且艰巨的复杂工程，要求我们必须转变经济增长方式，进行技术革新优化产业结构，逐步改变人们的消费观念，以此促进资源的循环利用，达到保护环境的目标，实现资源、环境与社会三者之间的和谐发展。[①]

(二) 我国生态文明建设的内容

生态文明建设是走新型工业化战略道路的必然选择，能有效应对资源环境的生态约束，如应对时间上从短期制约到长期制约、空间上从局部制约到全局制约、强度上从弹性制约到刚性制约。进行生态文明建设有利于我们国家树立责任大国的地位形象，为我国步入中等收入国家的发展阶段提供保障。关于生态文明建设的内容，主要从以下几个方面进行阐述。

在政治层面上，党的十七大适应时代要求，将生态文明理念第一次写入党会报告中，党的十八大将生态文明建设纳入"五位一体"，并写进了党章。表明我国把生态文明建设看作重大政治问题对待。同时，把生态文明建设作为贯彻落实科学发展观、构建社会主义和谐社会的重要内容，在制度层面上规范与约束人们的行为。首先树立正确的生态观念，其次加强生态法制、民主、生态行政等建设。

在经济层面，大力发展循环经济，提升能源和资源的利用率，把其建设成为资源节约型、环境友好型社会放在重要位置。实施清洁生产，大力发展低碳经济、可再生能源技术、新能源和节约技术等。

---

① 肖文华：《中国特色社会主义生态文明建设历程研究》，2012年。

在文化层面，我们应该把一切生态保护的思想、方法等意识行为限制在我国生态文明建设的要求之中。树立生态文化意识，注重生态道德教育，广泛动员国民参与到多种形式的生态道德实践活动中，加强生态文化建设，比如生态教育文化建设、生态科技文化建设、生态伦理文化建设等。

（三）我国生态文明建设的现状

随着全球不断加剧的资源短缺趋势，日益凸显的生态摩擦、环境争端等问题同样影响着我国生态文明建设。自改革开放以来，我们党中央、国务院采取一系列的政策措施应对国际经济态势，从生态文明理念的提出到将生态文明放在突出地位，有力地促进了中国特色社会主义生态文明建设事业的发展，取得了可喜的成就，同时也存在很多可以改善的地方。本章从取得的成就和存在的问题中分析我国特色社会主义生态文明建设的现状。

首先，生态文明在建设的过程中取得巨大的成就体现在以下几个方面：第一，在生态环境的保护方面，政府采取一系列措施进行生态文明建设，在自然保护区管理方面取得了巨大进步。我国先后进行了关于"三北"防护林、沿海防护林等一系列的林业生态工程建设项目，开展了长江、黄河等七大流域水土流失的综合治理，对于土地荒漠化问题，加大治理强度，大力推广能解决干旱并利于节水的农业技术，对于草原生态农业建设中出现的问题应引起足够重视，并采取措施解决这些问题，使我国的生态环境建设能够早日进入新的发展阶段。第二，针对生态文明建设中的推进难题，我国对环保投入不断增加，从国家到地方建立比较完备的环境保护科研体系，完善现存的环境监测体系，在一系列措施的推动下，我国的环保产业寻觅到了新的经济增长点，在全社会进一步树立了生态文明理念。第三，在生态文明法制化方面，我国已颁布实施控制环境污染的9部法律，自然资源法有15部，还有大量的行政法规和部门规章70余部，国家的环境标准500多项，签署多边国际环境公约50多项等。

其次，我国在生态文明建设方面存在的问题主要体现在：第一，生态文明制度不断完善，但是生态文明体系尚未建立，我国还未足够完善环境保护体系，不少政策和措施的制定还是以各级政府行政命令为其建立的基础，政府采取措施并加以实施，用来评估和修正各个环节的薄弱之处；第二，我国还未广泛宣传生态道德理念，生态责任意识还未扎根于群众心中，因此还应该加强对生态科学意识的培养；第三，我国的生态形势依然严峻，一边治理，一边破坏的局面尚未根本扭转，自然生态环境仍然脆弱，生态环境恶化的趋势还没有改变。

总之，在我国工业化的加速推进和经济快速发展的同时，我国生态文明建设也在不断地进步，但同时也伴随着许多问题的出现，所以说生态文明建设是一项长期性、系统性、战略性和创新性的任务，面对的问题和挑战、需求和压力、不确定性和风险等是多方面的，要求加强生态文明建设时要更新理念、统一思想、规划指导、科学管理、与时代发展紧密相连，在实践中探索和实验，最终实现经济和生态的"双赢"。

（四）新型工业化与生态文明之间的关系

生态文明作为一种崭新的文明形态，是现代工业化高度发展的产物。工业化的高速发展，在赢得巨大物质财富的同时，也造成了严重的生态环境危机。在节约资源能源、保护生态环境的生态文明要求下，以信息化带动工业化，以工业化促进信息化，一条各种资源充分发挥的新型工业化道路应运而生。新型工业化和生态文明的关系紧密，在工业化进程中若想实现生态文明建设，首要的就是打造能源供给优势，在调控发展中不错位、不越位、不缺位，培植产业集群，吸纳技术人才，两者之间的关系具体阐述如下：

一是生态文明和新型工业化的目标相同。两者都是在我国工业化迅速发展，付出了巨大的生态环境代价后提出的，是我国实现小康社会建设的重要路径。小康社会是包括经济、政治、文化、社会、生态等在内的可持续发展的多目标体系，也是我国生态文明建设和新型工业化发展的重要目标。生态文明建设和新兴工业化都是为了实现人类社会的和谐和可持续发展，从而追求人类社会的全面进步。

二是生态文明建设和新型工业化道路是相辅相成的。走新型工业化道路既是我国经济社会发展的要求，也是进行生态文明建设的具体步骤和体现。只有通过经济结构的调整，才能实现经济、社会、环境效益的协调统一；只有大力发展科学技术，才能提高资源利用率，实现可持续发展。新兴工业化是以生态文明理念为指导的工业化，因此新型工业化和生态文明具有内在的一致性。

三是生态文明建设和新型工业化的路径具有同一性。生态文明是以人为本的生态文明，要求人们在工业化和现代化的过程中，转变经济发展方式，摒弃传统的以资源消耗和环境污染为代价的发展模式，调整和优化产业结构，实现资源的节约、环境的保护以及人口、资源、环境、经济之间发展的相互协调作用。新型工业化通过信息技术的发展积极推进资源利用效率的提高，降低能源资源消耗，解决环境污染问题，实现经济效益和环境效益的协调统一。生态文明和新型工业化都是为了实现人与自然的和谐，实现经济社会的可持续发展。

（五）工业化进程对生态文明建设的影响

生态文明建设是在工业化的大背景下进行技术、制度、思想观念等方面的建设。同时在工业化进程中，人们的管理理念和方式日益提高，逐步地走向人类和自然的共存发展。人们的思想观念在经受了环境污染的伤害后，体会到了工业化进程中生态文明建设的重要性，要充分尊重自然发展规律，以达到人与自然和谐发展的目标。所以，工业化进程对生态文明建设影响深远。

首先，体现工业化进程对生态文明起源和发展的影响。工业化的过程就是社会现代化的过程，工业化进程在促进社会经济发展和进步的同时，也带来了很多的问题，造成了环境的污染、资源的耗竭，生态问题也在工业化进程中层出不穷。生态文明就是在工业化过程中产生和形成的，特别是工业化进程中传统的工业化模式引起的严重环境和生态问题，要想解决这些问题，急切需要加强生态文明建设。西方国家在工业化的过程中没有很好地考虑和解决生态环境的问题，没有减少工业化的发展对生态环境带来的负外部性，走了一条"先污染，后治理"的发展道路，虽然实现了工业化的发展，但是却付出了巨大的代价。我国正处在工业化高速发展的时代，同时经济的高速发展也是以大量的生态污染和破坏为代价的。我国目前的工业化生产是一种单向的线性非循环生产模式，即"原料—产品—废料"，但是处于工业化后期的工业化水平孕育出了大量的先进技术，各个行业和企业对自己的生产方式进行调整，实现了"原料—产品—剩余物—产品……"的循环式发展方式。我们不能再走西方国家工业化的老路，应该加强工业化发展进行中的生态环境保护强度，从中可以总结出生态文明建设是我国工业化发展中必不可少的步骤和过程。在这个大背景下，生态文明应运而生，生态文明建设的提出，为促进工业化进程中的生态环境保护，人与自然、人与人的和谐共存提供了一条可持续的道路。

其次,工业化进程中经济社会的发展,特别是国民经济的发展为生态文明建设提供了物质基础。工业化最重要的作用就是实现了社会生产力的发展和进步,经济发展水平的提高,加快了传统工业化发展模式的转型,转变了经济发展方式,转变了人们的消费方式和生活方式,有利于生态文明建设的发展和深入。新型工业化道路是一条通过信息化带动工业化,通过工业化促进信息化的道路。它的发展过程实现了技术的进步和创新、资源的节约、产业结构的优化、经济效益和环境效益的统一,为生态文明的建设开辟了新的道路。

最后,工业化进程促进了社会各方面的发展,进而加速了生态文明建设的进程。工业化进程中教育的发展提高了人们的素质,有利于生态文明意识的形成和在全社会的普及;工业化进程中科学技术的发展有利于生态文明建设的实施,真正实现生活和生产过程中生态文明建设的发展;工业化过程中创造了巨大的社会物质财富,为生态文明建设提供了充足的资金支持。

第四章 西部工业化发展模式研究

第一节 工业化与经济发展的一般关系

工业化在人类社会的发展历史中起了重要的加速作用,它带来了人类社会的快速发展和进步。工业化如何带动人类社会的发展,工业化与经济发展之间存在怎样的互动关系,一直以来都是理论界和学者关注的重要问题。霍利斯·钱纳里、西蒙·库兹涅茨等通过研究发现工业化的发展与经济增长、结构变化息息相关,并且促进了经济的发展甚至社会的进步。但是,有些经济学家认为过快的工业化会导致社会动荡、加大贫富差距等社会弊病,比如罗伯特·欧文、甘地·梅多斯等经济学者通过研究世界经济和工业投资的关系,认为两者不能无节制地增长,否则将会招致人类社会的自我毁灭。

对于工业化的认识,本书在第二章中已经做了详细的论述,这里只做简要的介绍。学术界和理论界对于工业化的定义一直有很多的说法,有的从经济结构的角度出发,有的从生产方式的角度出发,有的从资源转换的角度出发。根据众多学者的观点以及发展经济学中结构主义学派对工业化的深入研究,很容易发现工业化是指以市场制度的建立、市场经济的发展和完善为依托的国家和地区通过发展可持续性经济,所导致的经济结构发生的变化,即农业收入占国民收入中的比重、农业人口占总人口中的比重逐年下降,而以工业为中心的非农业收入占比逐年上升。[1]

经济发展是人类社会发展过程中的另一重要话题,在众多的经济学

---

[1] 王理:《工业化与经济发展关系的再认识》,《经济研究》2008年第40期。

文献中，经济发展是以经济学范畴为特征的狭义概念和以人为本为主要思想的社会学范畴的广义概念。不管在哪个层面上，最终都是为了满足人们的需求。经济的增长是经济发展的根本途径。没有经济增长，没有国民财富的增加，经济增长就是空谈。那么工业化和经济发展到底是一种什么关系呢？本书认为，工业化的发展不仅能够促进国家或地区进行物质财富的增长和积累，也能激励经济的腾飞，摆脱传统经济的束缚，向工业社会过渡。首先，工业化是一个地区或者国家经济增长有力的"发动机"。发展中国家之所以必须实现工业化，是因为在工业化与人均实际收入增长之间，以及工业增长与总产量增长之间存在着密切的正向联系。英国学者 A. P. 瑟尔瓦尔通过对 1970—1977 年 81 个国家的国内生产总值的平均增长和加工业的平均增长联系起来，得到了回归方程：

$$g_{GDP} = 1.414 + 0.569 g_1 R^2 = 0.610 \qquad (4-1)$$

这表示：首先，制成品产量的增加超过了整个经济的增长率越多，总增长率就越快。① 其次，工业化的发展能够引起结构的转变。一个国家或地区在发展的过程中，工业在国民生产总值中的比重会上升，即不发达经济向发达经济进行转变、初级产品生产向制造业生产进行转移，这两者均是以工业化为特征的。例如，配第·克拉克曾在产业结构理论中认为：随着人均国民收入水平的提高，农业在国民收入中所占比重减少，从事农业的人口的相对比重也逐渐下降；第二产业占国民收入比重提升，从事第二产业的人口逐渐增加，经济进一步发展，第三产业占国民收入相对比重也开始上升，从事第三产业的劳动力不断增加。霍夫曼、钱纳里、库兹涅茨等的实证研究也充分说明了工业化的发展能够引起经济结构的变化。

工业化是经济发展的中心过程，是实现经济增长、结构转变的根本途径。工业化帮助社会经济发展摆脱内在束缚，提供了前进动力，对社会经济运行的内部框架结构进行改造和扩展，为人类自由意志的发挥和本身的发展进步提供了新的历史空间，创造新的现实可能性。②

一 工业化促进产业结构升级

（一）产业结构升级的理论

我国经济结构战略性调整的重点之一就是产业结构的升级换代。随

---

① ［美］A. P. 瑟尔瓦尔：《增长与发展》，中国人民大学出版社 1992 年版。
② 刘伟：《经济发展与结构转换》，中国人民大学出版社 1992 年版。

着工业化的日益深入，经济发展速度的加快，产业结构的升级越来越引起人们的重视。在工业化发展的过程中产业结构的升级表现在哪些方面呢？首先，工业化发展过程是一个以轻工业为中心逐步转向以重工业为中心的工业化过程；其次，工业化的发展，改造了传统产业，加快发展了高新技术产业、现代农业、现代服务业。还有产业结构近些年的演进趋势大体是劳动集约型—资本集约型—技术集约型。

众所周知，产业结构升级的系统性较强，周振华把产业结构从低级形态向高级形态发展过程中的经济联系称为产业结构成长的实质内容。① 具体表现在以下三个方面：

（1）产业结构水平提高，各个产业生产技术的实际情况、劳动者的素质和管理经营方式的改善能够影响产业结构水平的提高。先进的生产工艺、技术设备和新材料的使用，能够使生产过程中的物质消耗大大降低；劳动者素质的提高和生产技能水平的进步，能够确保以最低的物质投入获得最大的物质产出；管理水平的提高和经营方式的改善，都能够提高中间产品的利用和产出率。②

（2）产业结构规模的扩大，随着社会分工更加细密，专业化分工更为普遍，必然会导致产量提高，各个企业联系更加紧密。

（3）横向联系、纵向联系和互相联系是产业之间的三种主要联系方式。随着产业的发展，一种产业的产品既能够成为另一种产业的生产材料，也需要各个产业的产品作为生产的材料，产业之间的联系自然而然会加强。产业之间进行紧密联系是产业结构升级换代的重要内容之一，也是产业结构升级的必然途径。

（二）影响产业结构升级的因素

产业结构理论最早可以追溯到英国的经济学家威廉·配第在《政治算术》中的论述，为探求影响经济发展的因素指明了方向，确立了劳动生产率的提高是促进经济发展的根本机制。后来，著名的"配第—克拉克定理"揭示了产业结构演进的规律，即随着经济的蓬勃发展和从业人员人均收入的提高，带来的结果之一是就业人口会从第一产业逐

---

① 周振华：《现代经济增长中的结构效应》，上海人民出版社1995年版。
② 姜泽华、白艳：《产业结构升级的内涵与影响因素分析》，《当代经济研究》2006年第10期。

渐转向第二产业和第三产业。

在经济发展的历史进程中，哪些因素制约和阻止了产业结构的升级呢？为研究产业结构升级影响因素，一般从供给和需求两个方面进行考虑。下面就通过重要影响因素和供给需求理论的结合，具体分析产业结构升级的促进因素。

1. 自然资源和人口

自然资源和人口，是影响产业结构发展的首要因素，资源的富有直接导致一个国家形成以资源开发加工为主的产业结构。人作为技术发明的主体，在提供劳动力的基础上，通过促进技术的进步和劳动生产率的提高，为产业结构优化提供了原始动力。一方面，在一定的自然资源和人口的基础上，技术的进步和市场的竞争引起了供给方面的变化，技术的进步和新的生产工具和工艺的产生，导致了社会生产各种成本的下降。新产品的出现，促进了新产业和行业的产生，这些新产业生产的商品相对成本低，市场竞争力强，从而导致了资源向该产业部门的流动，使这些新产业迅速壮大，从而推动了产业结构的升级。另一方面，人的投资需求和消费需求的变化也是影响产业结构升级的重要因素。投资直接决定了产业发展所需资金的流向，获得较多投资的企业迅速发展，获得较少投资的产业在整个产业中的比重将会大大缩小。另外，人的消费需求也成为改变产业结构的重要因素，伴随经济的发展，人们生活水平的提高，人们的消费需求增加不可避免地影响了产业结构的变化。

2. 政府的政策

政府的政策是影响产业结构升级的重要因素，也是最为直接的因素。政府通过制定产业政策引导产业结构转型将直接改变未来一个时期内产业结构的变化。政府机构为了解决市场发展进程中出现的问题，进而对某些产业进行干预，特别是市场机制对资源配置发生"失灵"时所采取的政策干预，使市场结构维持在一个相对适度的竞争状态，从而使市场机制更好地发挥作用。

3. 国际贸易因素

国际贸易因素对产业结构变动的影响主要是通过进出口实现的。出口的增加能够直接带动相关产业的发展，从而影响产业结构的变动。[①]

---

① 郑晓：《产业结构与经济增长》，博士学位论文，中共中央党校，2012年。

具体而言，农产品的出口促进了第一产业的发展；机械及运输设备的出口促进了第二产业的发展；而资本和技术密集型产品的出口促进了第三产业的发展。

（三）工业化如何促进产业结构的升级

工业化与产业结构升级之间的关系，主要是通过工业化影响产业升级而实现的，主要体现在：工业化改变了需求结构、供给结构和进出口结构；工业化促进了科技的发展；工业化为人力资本的积累创造了条件。

首先，工业化通过改变需求结构、供给结构和进出口结构以促进产业结构升级，从而促进工业化发展。

（1）需求结构的改变直接决定着产业结构的升级和社会生产的发展。需求总是与一定的收入水平相适应，在工业化的初期，人们为了解决温饱问题，十分依赖农业和轻纺工业的发展，农业和轻纺工业就成为该时期的占主导地位的产业。由于工业化的发展，人们的生活不再仅仅围绕温饱问题，需求层次开始逐渐提高，对耐用消费品的需求增加，从而带动了基础工业和重加工工业发展，推进了产业结构的转移。在人均产值和人均收入水平达到一个更高的层次时，人们的需求又向更高的层次发展，金融业、通信业等服务行业成为人们需求的重心，产业结构又不可避免地发生了新的转移，经济发展速度随之调整。

（2）供给结构发生改变主要是由于技术进步等因素引起的。技术进步提供了新的生产工具、新的生产工艺和新的材料，提高了劳动生产率，降低相对成本，促使新产品的出现，形成新的产业。

（3）进出口结构也是从需求和供给两个方面优化产业结构。世界各国之间由于产品生产出现的相对优势发生了改变，进而各国进出口结构也受其影响，最终整个产业结构也就发生了变化，即进出口结构通过比较利益机制促进国内产业结构升级。进出口结构一般有两种模式，一种是产品循环模式：美国经济学家弗农认为，如果一国的工业产业发展是以该国研发新产品为起点，从而进行产品循环的，一般该国就会被认为是工业发达国家，该过程的继续离不开对科技的研发创新，并将该科技用于新产品中，从而占据市场份额，扩大影响范围。当市场逐渐趋于饱和状态时，就会积极开展产品出口工作，努力拓宽国外市场范围，将资本和技术推向国外市场，从而实现资本、技术、当地廉价劳动力的有机结合。随之国外也会出现相似的生产能力，结果之一就是使这种产品在国外市场竞争力下降，价格降低，被打回到国内市场，为改变这种现状，发达国家只得引进更新的技术去开发新产品。另一种是雁行形态发展模式：日本学者赤松认为，后来发展起来的国家遵循的产业发展模式为"进口—国内生产—出口"，并相机更替发展。

其次，工业化通过促进科技发展，导致产业结构的升级。产业结构升级从一定意义上说是产业技术结构升级，技术进步是经济发展和产业结构升级的主要源泉。科技进步对产业结构升级的作用也是通过对需求结构产生影响实现的。

（1）科技进步刺激需求结构的升级，科技进步使产品成本下降，市场扩大，需求随之发生变化；科技进步减少了资源的消耗，许多原材料也找到了可再生资源来替代，因此改变了需求结构和产业结构；科技进步促使了消费品的更新换代，人们对于消费品的需求比重也随之改变，进一步促进了产业结构的改变。

（2）科技进步对供给结构产生影响，科技进步促进生产新的产业；科技进步在加速产业结构升级的同时也改变了劳动力结构，尤其是脑力劳动者的比重大大增加；科技进步使原有产业和产业部门得到改造。

最后，工业化通过增加人力资本推动产业结构的升级。人力资本是生产力中最活跃、最具革命性的因素，是产业结构升级的直接动力。在工业化发展的过程中，形成了一批科学家和企业家，科学家创造了新的科技成果，这些科技成果提高了生产效率、节约了原材料和能源、提高产品的质量和延长了产品使用寿命。企业家则是认识并利用市场机会，为社会创造财富并获得利润。工业化的发展为社会提供了高素质劳动者，劳动者素质的提高也是经济增长和产业结构升级的关键要素。

二 工业化推动技术进步

技术进步是生产力发展的结果，它的发展受到各个方面的制约。技术进步促进了工业化发展，反过来工业化发展也推动了技术进步，工业化的发展也为技术进步提供了坚实的基础，对技术进步提出了全新的要求，同时还为技术进步提供了主要的载体和社会环境。技术进步与工业化发展之间是一种互动关系。日本专家野芳郎认为，在技术和生产二者之间，最重要的首先是技术需要生产，然后才是技术反作用于生产，技术对于生产的反作用只能立足于生产这一基础上。

(一) 现代工业化对于技术进步的要求

技术的进步支撑着工业化的进步，而工业化的过程也必然伴随着对技术进步需要的演变过程。工业化对技术进步不断地提出新的要求，需要技术进步的持续补充和供给，给工业化提供持续的科学技术动力。技术进步的直接动力由工业化发展的客观要求所推动，每项新技术的产生和应用，都源于经济上的实际需要，并始终伴随工业化的过程，可以说工业化在不断呼唤着技术的进步。技术进步要从现实的工业化发展需求中才能获得最持久的动力，工业化发展的趋势和状态在一定程度上决定着技术进步的形式和内容。

18世纪中叶，依靠圈地运动获得资金的英国资本家开始推动工业化的进程，并在这一进程中出现了第一次工业革命的标志——蒸汽机。蒸汽机的出现在解决了工业发展需求的同时，也促进了工业化的迅速发展，但也给社会各方面带来了压力，出现了动力的供给与需求的不平衡状态，所以，以改进蒸汽机为代表的动力机便应运而生了。例如，珍妮纺纱机和水力纺纱机的出现，减少了对人力的需求，消除了纺纱和织布之间的劳动生产率的不协调状态。

市场需求是工业化发展过程中必不可少的一项巨大的推力，马克思曾经说过："技术发明会导致需求超过供给，由于需求的强大推动作用，社会一旦有了某种实际的需要，迟早会有相应技术的发明与创造。"

任何科学技术都是人类生产要求和目的的体现，人们将自我在社会生活中的所需所求表现在技术方面，让它成为实现自己需求和目的的手段。工业化开始的标志，蒸汽机的发展，也产生于工业发展上的需求，工业发展的需要是技术进步的强大动力。工业化过程里，我们所使用的产品所含技术因素越多，人类生产生存对于自然环境资源的依赖就越少，这同时增加了对信息的需求，这就成为信息技术发展的内在动力。

(二) 工业化对技术进步的选择

技术的不断进步和创新对工业化发展的作用是巨大的，同时产生了多样化的技术成果，这就要求工业化对技术的选择要具有一定的针对性和适应性。社会的发展需要工业化过程中运用新技术来发展生产力，但是，新技术的运用受到经济、教育、文化、政治和国际条件等各种因素的制约。工业化的发展面临各种困境，环境的污染以及发展过程中所需资源的不足等,这就要求在工业化发展过程中根据人类对于工业化发展方向和发展目的的不同选择不同的技术手段。

工业化的发展促进了人类社会的发展,使人类社会进入了信息时代,信息技术的发展是现代技术进步的又一表现形式,信息技术广泛地渗入人类社会的各个领域。信息化是在工业化高度发展的基础上才产生的,所以坚实的工业化是信息技术的发展基础,社会的信息化需要以工业化为坚实后盾。信息技术的发展建立了巨大的资金库,在工业化发展的过程中形成的资本市场和金融体制的创新,为信息技术的进步和发展所需的资金提供了多种的融资和投资的渠道。另外,工业化为信息技术提供了一定的物质基础,信息技术作为人类社会发展过程中出现的高新技术,它在生产、传播和接收等方面需要各类技术装备和服务作为辅助条件,这就需要工业化过程中制造业的快速发展。同时,工业化的发展,还为信息技术的进步提供了广阔的市场和人力资源,随着工业化的发展和经济的增长,市场发展日益完善和扩大,同时教育水平也得到了相应的提高,为信息技术的发展提供了充足的人才资源。

(三) 工业化为技术进步提供基础

工业化发展初期,工业化水平较低,无法为技术的进步提供必要的物质条件和资源条件,导致了当时许多无果的发明,其主要原因在于在当时的工业化发展水平下,没有适合技术进步相应的资本、材料和人才等社会资源。例如,早在文艺复兴时期的达·芬奇就已经对直升飞机等形成了一系列的构想,但是由于当时的工业化发展水平低,缺乏相应的社会环境和资源,制约了技术的进步。社会的物质和精神水平构成了技术发展的可能空间,也制约技术的现实发展轨迹。[①]

总之,工业化的发展促进了技术的进步,技术的进步也反作用于我国工业化的发展进步,党的十六大报告中提出了"以信息化带动工业化,以工业化促进信息化"的中国特色新型工业化道路,这是在我国国内工业化发展水平迅速提高,工业化水平提高的基础上提出的。工业化的发展是技术进步的坚实基础,技术的进步是工业化发展的灵魂。

---

① 王顺义:《西方技术发展科学化的历史变迁》,《历史教学问题》2002年第4期。

第二节　西部工业化发展模式现状评价及特征

一　西部工业化发展模式的历史演进

新中国成立后，我国开始了工业化的进程，西部地区的工业化进程也由此起步。从新中国成立到改革开放前，我国西部地区建立了比较完善的工业化体系，是西部地区工业化发展的奠基阶段。这一时期，西部地区工业化的建设主要是参考苏联模式，1953年《国民经济第一个五年计划》明确地指出："在全国各地区适当的分部工业的生产力，使工业接近原料、燃料产区和消费区，并适合于巩固国防的条件，来逐渐改变这种不合理的状态，提高落后地区的经济水平。""一五"期间，国家将全国基础设施建设投资额的20%投入到西部建设中去，约52项重点工程也都在西部进行建设。20世纪60年代中期，我国开始了"三线"建设，在西部建立战略后方基地的战略决策，从我国东北、华北以及东部沿海内迁380多个项目，共投资1300亿元，促进了西部能源、机械、采矿以及军事工业等方面的全面发展，为西部的现代化工业发展之路奠定了坚实的基础，"一五"和"三线"的建设使得西部各省市区之间、西部与全国之间相互连通，使西部地区的交通得到极大的改善，为工业化奠定了坚实的基础。

1978—1999年，西部地区首先是利用其地区的资源优势以及国家对西部地区发展的支持，安排了一批项目建设，如在新疆、内蒙古扩建了毛纺织厂；开发了云南、贵州和四川的磷矿，发展为从矿石采选到磷酸盐肥、磷肥类产品的生产设备以及外出口的大型磷化工集团；在乌鲁木齐和银川建设了两个大的化肥厂等。"六五"建设期间，西北地区重点对陕西渭北的石炭井煤田和煤田进行扩张，同时扩大对贵州六盘水煤田的开发。"七五"和"八五"期间，加大了西部地区的水能开发等建设，有力地支撑了西部地区经济的增长。同时，制造业等机械电子工业也进行了紧锣密鼓的改革，还筹建了西兰乌与兰西拉萨光缆工程，解除了西部交通通信困扰。但是这个阶段西部地区大办"五小企业"（是指浪费资源、技术落后、质量低劣、污染严重的小煤矿、小炼油、小水泥、小玻璃、小火电等）造成了环境污染，生态破坏，出现了生存状态恶化等问题。

1996年以后，特别是西部大开发实施以后，政府大力支持西部基础设施建设，包括五大工程：生态环境、南水北调、西电东送、西气东输和青藏铁路。2000年时，我国在西部地区安排开展10个重大项目，总投资一千多亿元，当年就完成了两百多亿元的使用。国家用于支持西部大开发的资金投入高达430亿元，加上预算内投资，共计700多亿元，西部大开发战略的实施使西部地区开始了大规模开发建设的高潮。同时各省市也都拥有了各自的产业支柱，西部地区的工业结构得到不断的优化调整，良好的优强企业充分发挥了带动作用，西部地区工业的集中度和竞争力不断提高。

二 西部工业化发展的宏观特征

从新中国成立到现在，西部地区工业化的发展经历了50多年的历史，在这一漫长的历史发展过程中，西部地区工业化的发展呈现出了其应有的、不同于其他地区的特性，主要包括政府发挥主导作用、牺牲农民的利益、产业布局不集中、纵向推动发展模式等。

（一）政府发挥主导作用

在西部工业化道路之初，由于市场体系尚未完善，价格运行机制严重扭曲，所以，以市场价格机制运行为核心的发展模式并不适用于我国西部地区，这时西部地区的发展主要借助于国家干预或政府计划来进行工业化，所以西部地区工业化的发展主要依靠政府的作用。具体表现在：投资方面，以政府投资为主；企业的管理方面，重视政府的行政干预；资源配置方面，市场对生产要素的基础作用没有发挥出来，这些以行政手段为主的政府主导的工业化发展方式不能充分发挥市场机制的作用，企业难以形成一种自我实现经济和结构转换的发展机制，最终成为造成西部地区工业化水平不高的重要原因。

（二）牺牲农民的利益

造成这种现象的主要原因是西部地区工业化一直受"唯工业化"论支配，极大地牺牲了农民的利益。通过中央政府所制订的计划经济，实现把农村的经济积累转移到城市的工业化中去，以此牺牲农民的利益满足工业的发展。在这种错误的发展理念下产生的错误发展方式，导致了西部地区工业的发展与传统农业发展的分离，工业对农业的拉动效应不强，西部地区的农业仍然处于传统农业的状态，农业发展的落后也不能为工业化的发展提供足够的产品、要素和市场贡献。

（三）工业布局不集中

因为西部地区工业的发展是以资源导向型为主的，导致了工业布局主要集中于矿产、石油、煤炭等分散的资源富集地。而且，"三线"建设时期，西部地区的工业布局以"山、散、洞"为原则，把很多的企业建在大山里，形成了一个个与外界孤立的"孤岛"。这种分散的工业布局加重了工业生产成本，使企业不能获得因产业集聚带来的集聚效应和扩散效应。

（四）纵向推动发展模式

这种发展是指以中央政府的资本为主，所建设的、企业的经营和管理都由中央政府垂直负责，与工业所在地没有太多联系的一种工业化发展方式。[①] 在西部地区的工业化发展过程中，其各个时期的工业化发展主要来自中央政府的直接推动，从"一五"计划到"六五"计划，中央对西部地区实行倾斜性的工业化发展战略，对西部地区的投资总额占同期全国基本建设投资总额的22%以上。这种依赖型的投资模式导致了生产的发展主要依靠政府的投资，工业化的发展缺乏内生增长的机制和冲动，工业化的可持续发展能力相对低下。

三 西部工业化发展模式的现状

（一）西部的基本经济状况

我国西部地区是指包括内蒙古、宁夏、青海、四川、陕西、广西、新疆、贵州、甘肃、云南、重庆和西藏12个省份，面积为688.91万平方公里，占全国国土面积的72%；人口为36221.65万人，占全国总人口的27%；生产总值100234.96亿元，占全国生产总值的21.1%（见表4-1）。我国西部地区地广人稀，经济发展水平低，是我国东中西三大地区中发展最缓慢的地区。

从经济发展水平上来看，2012年，西部地区12个省的人均GDP水平继续低于全国平均水平，西部地区总体经济水平也低于全国水平，区域内部还存在发展不平衡的状态。西部地区人均GDP水平最高的内蒙古自治区与人均GDP水平最低的贵州地区相比，内蒙古自治区是贵州省的3.5倍，在经济发展水平上存在很大的差异（见图4-1）。

---

① 刘慧玲：《中国西部地区工业化发展问题研究》，博士学位论文，西南财经大学，2008年。

表 4-1　　　　　　　　　西部地区 2012 年的主要经济指标

	各地 GDP（亿元）	人均 GDP（元/人）	各地区年末人口数（万人）	第一产业	第二产业	第三产业	土地面积（万平方公里）
内蒙古	15880.58	63886	2490	9.1	56	34.9	118.79
宁夏	2341.29	36394	647	8.8	50.2	41	5.2
青海	1893.54	33181	573	9.3	58.4	32.3	72.1
四川	23872.80	29608	8076	14.2	52.5	33.4	48.5
陕西	14453.68	38564	3753	9.8	55.4	34.8	20.6
广西	13035.10	27952	4682	17.5	48.4	34.1	23.76
新疆	7505.31	33796	2233	17.2	48.8	34	166.49
贵州	6852.20	19710	3484	12.7	38.5	48.8	17.62
甘肃	5650.20	21978	2578	13.5	47.4	39.1	45.4
云南	10309.47	22195	4659	15.9	42.5	41.6	39.41
重庆	11409.30	38914	2945	8.4	55.4	36.2	8.24
西藏	701.03	22936	308	12.3	34.5	53.2	122.8

资料来源：原始数据来源于有关年份《中国统计年鉴》。

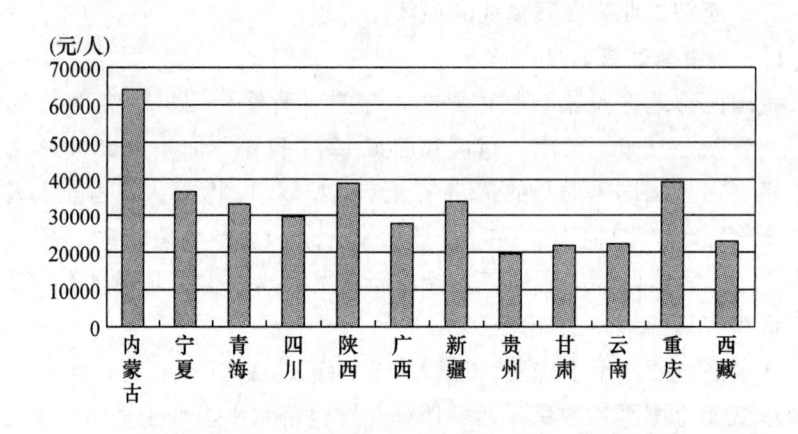

图 4-1　2012 年西部地区人均 GDP 水平

从产业结构上看，西部地区第一、第二、第三产业的比重分别为 12.7%、50.9%、36.3%，第一产业比全国水平高 2.6 个百分点，第二产业比全国水平高 4.3 个百分点，第三产业比全国水平低 7 个百分点。

这说明西部地区服务业发展缓慢，产业结构不合理，程度低，需要进一步的优化和发展（见图4-2）。

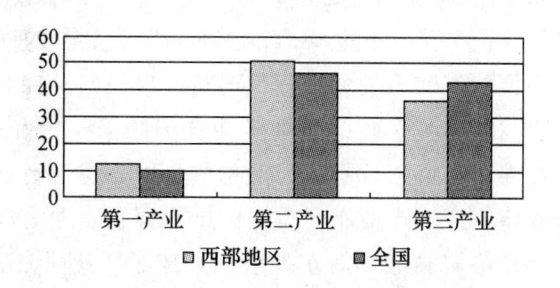

图4-2　2012年西部地区产业比重和全国平均水平比较

（二）西部各省份的经济发展状况

西部地区的12个省份中除广西外，都是内陆省份，大多身居内陆，交通闭塞，在发展的过程中远远落后于东部沿海地区。新中国成立后，西部地区也开始了工业化的进程。随着西部大开发的推进，西部地区的发展在21世纪取得了前所未有的进步。西部地区由于其囊括的地区多，每一个省份都有其自身的特点和发展状况。

目前，内蒙古自治区人均GDP水平最高，它的土地面积大，是全国的三大省区之一，这里资源丰富，其中，草原面积居全国首位，森林面积居全国第2位；在探明储量的72种矿产资源中，有40多种储量居全国前10名，7种居全国首位。稀土、煤炭、天然气储量可观，特别是煤炭资源极其丰富，且品种优良，种类齐全，易于开采的十亿吨以上的大煤田有15个，其中储量100亿吨以上的煤田有6个；石油天然气的蕴藏量也非常大，已经探明了13个大油气田，预测的石油总资源量超过了2000亿吨；稀土资源得天独厚，已探明的稀土氧化物储量占全国的90%以上，居世界第2位。由于其丰富的资源，内蒙古地区的工业发展有了保障。

宁夏回族自治区在我国西部地区中土地面积最小，已发现矿产49种，除煤炭和非金属矿产资源丰富外，其他如铁、铜、金等矿产并不丰富，且采选、回收率低，综合利用不理想。宁夏回族自治区还存在严重的生态环境问题，全区荒漠化土地面积约占自治区国土面积的2/3，森林覆盖率仅为全国平均水平的一半。

青海省有我国"聚宝盆"之称的柴达木盆地,其察尔汗盐湖是世界最大的干盐湖,钠盐保有储量3263亿吨,占全国保有储量的4/5;钾盐4.43亿吨,占97%;镁盐48.11亿吨,几乎全国的镁盐都汇集在这里。青海省的天然气和石油资源都很丰富,现在已经探明的储存量分别为1343.4亿吨和2.08亿吨,分别排在全国的第4位和第10位。非金属矿产中的石棉、石英岩、石灰岩等均居全国首位。在这雄厚的资源基础上,青海省建有三大产业布局重点区域,分别是西宁经济技术开发区、柴达木循环经济实验区和海东地区,形成了采掘业、油气化工业、纺织业和装备业为主的产业体系。同时,青海省存在产业结构趋同,轻重工业发展程度不协调,重工业占90%以上,轻工业占8%,轻工业的发展明显滞后。

四川也是自然资源大省,是天然的"聚宝盆",是我国最大的水电开发和西电东送基地,其水能资源蕴藏量占全国的1/4,可开发量1.1亿千瓦。攀西地区铁、钛、钒和钴蕴藏量丰富。在四川地区已发现矿产132种,占全国总数的7/10左右,已探明一定储量的90种,黑色金属矿5种,有色金属矿12种,贵金属矿3种,冶金辅助原料非金属矿8种,化工原料非金属矿16种,建材及其他非金属矿28种,几乎全省所有地区都是矿源。同时,四川地区的矿产资源存在分布相对集中、区域特色明显的特点:川西南的黑色、有色金属和稀土资源丰富,组合配套好,是我国重要的冶金基地之一;川西北地区主要含稀贵金属和能源矿产,是潜在的尖端技术产品的原料供应地;川南部地区的矿产资源种类繁多,主要以天然气、煤、磷、硫岩盐等非金属矿产为主,是我国重要的工业化工基地之一。还有共生、伴生组分多,综合利用效益高的特点:川南的煤矿为煤、硫共生,川西北的键矿为锤、铰共生;钒钦磁铁矿还伴生有铜、钴、镍、铬、铣、锰、硒等,铅锌矿中伴生铺、金、银、铀、硫等,岩盐中常常含有碘、嗅、硼、钡等有用组分。同时,资源配套与组合集中,便于资源的开发利用和建设具备特色的工业产业。

陕西省位于黄河的中游,水系发达,水资源丰富,全省流域面积在100平方公里以上的河流有583条,其中黄河水系385条,长江水系221条,内陆河4条。河川年平均流量420.2亿平方米,其中秦岭以北占1/4以上，以南大约占3/4。陕西省的水力资源蕴藏量为1438.5万千瓦，居全国第11位，可供开发容量为550万千瓦。该省的矿产资源也非常丰富，已发现138种矿产，保有储量列为全国前3、5、10位的矿产分别为27种、39种和57种。陕西省煤炭探明储量接近1700亿吨，占到全国的第3位，主要分布在陕西和渭北地区。石油主要分布于陕北延安境内，已发现12个油区，地质储量7亿吨左右，探明储量4亿吨以上，居全国第10位；在陕北西部探明天然气1700亿立方米。陕西省的旅游资源丰富、种类齐全，包括名山大川、景色奇丽的风景名胜等自然旅游资源以及历史古迹、文化遗迹等人文旅游资源。

广西壮族自治区也具有丰富的水资源，年平均水资源总量为1880亿立方米，占全国水资源总量的7%以上，位于全国的第5位。其河流主要属于长江流域洞庭湖水系和珠江流域西江水系，桂南直流入海与百都河红河水系。如今，广西已建成蓄水工程、饮水工程、江海堤围工程、水土保持、水力发电工程等种类比较齐全的水利设施29万处，其中大型水库4439座，引水工程136500处，水利设施工程系统完备。广西壮族自治区因其独特的气候和地理位置优势，形成了丰富的旅游资源，旅游产业发展迅速，带动了很多相关产业的发展。

新疆是中国面积最大的省份，所以有着得天独厚的优势，水热光热资源丰富。其原油总产量居全国第3位，天然气产量居全国第2位，新疆石油资源量占全国陆上石油资源量的3/10，天然气资源量为10.3万亿立方米，占全国陆上天然气资源量的3/10，煤炭预测储量占全国的2/5。目前发现的矿产有138种，其中5种储量居全国首位，25种居全国前5位，40种居全国前10位，23种居西北地区首位。新疆独特的自然地理条件，有其独特的生物资源，经济作物种类多，产量大，主要的经济作物有棉花、甜菜、啤酒花等，棉花的生产占全国总产量的2/5以上，啤酒花占7/10，枸杞占3/5以上，红花占4/5以上。野生植物近4000多种，其中，有经济和药用价值的约1000种、稀有植物约100种，天然药物资源也非常丰富，有麻黄、甘草、贝母、紫草、雪莲、红花、薰衣草等。新疆素有"瓜果之乡"的美称，是瓜果种植面积较大，品种、品质均位居全国前列的地区。新疆地区是全国重要的牧区，羊肉的产量居全国第2位。

贵州是我国人均GDP最低的地区，但是资源丰富，已发现矿种125

种，矿床、矿点3000余处，煤炭保有量资源储量527.86亿吨，居全国第5位；磷矿资源储量28.68亿吨，位居全国第2位；重晶石保有资源储量1.18亿吨，居全国第1位。贵州也是我国的多民族聚居省份，世居少数民族十八种，形成了多民族、原生性的文化形态。

甘肃省已探明储量的矿产有81种，其中有镍、钴、硒、铂足金属等11种，保有量居全国第1位，有29种居全国前5位。煤炭资源保有量储量接近90亿吨，石油资源储量近13亿吨，其中已探明储量6716.1万吨，天然气探明储量67.25亿立方米。水能、风能、太阳能资源十分丰富，理论上来说，水利储藏量约为1724万千瓦，水能资源位居全国第4位，可供开发的风能为2万千瓦，居全国第5位。甘肃省凭借其独特的资源和区位优势，已经形成了以石油化工、有色冶金、机械电子、地理煤炭、建筑建材、轻工纺织为主的工业体系，是中国西部重要的化工、能源、原材料基地和重要工业核心区。

云南省的矿产资源储量十分丰富，素有"有色金属王国"的美称，目前已探明的矿产资源储存量价值约3万亿元，煤炭资源的总储存量约为6697亿吨，其中已探明的储量约为241亿吨，位居全国第8位。铅、锌、锡、磷等九种矿产保有储量位居全国首位。云南省水资源理论蕴藏量为10364万千瓦，且可开发率居全国首位。云南现有热泉、过热水泉以及温泉共822处，地热资源极其丰富，位居中国前列，累计天然热流量163741.3大卡/秒，总流量约为7587.62升/秒。云南省是我国的旅游大省，省内各种旅游资源丰富，有大理、石林、西双版纳以及玉龙雪山等旅游名胜可供游客观览，其美景令人心生向往，昆明、丽江和建水等国家级历史文化名城各具特色，因此成为旅游经济强省。云南省是我国最大的烟草生产基地和重要研发中心，烟草产业的发展带动了一系列其他行业的发展，如辅料生产业、包装印刷业和机械加工业等，形成了较为完整的烟草业体系；云南省利用得天独厚的优势大力发展电力产业，建成了以水电为主的全国优质能源基地。

重庆是我国面积最大的直辖市，地域内已探明储量的矿产约20种，主要有煤、天然气、大理石、石灰石等，且集中分布，品质优良，便于开发。汞矿已探明储量接近两万吨，是我国少有的特大型矿床，目前锶矿已探明储量超过了700万吨，位居全国首位。重庆辖区内江河纵横，水网密布，水资源尤其丰富，年均总量超过5000亿立方米，水能储存总量约为1500万千瓦,其中长江部分占4/5以上,嘉陵江占10%左右,水能资源的开发量在全国的城市中名列前茅。重庆市由于其特殊的石灰石地质,形成形态多样的溶洞,蕴藏丰富的地下热矿泉水和饮用矿泉水。

西藏地区的草地、森林、水能、矿产、地热等自然资源十分丰富,到目前为止已经发现的矿产种类为100多种,已探明的矿产量位居全国前5位的有十几种,但是由于采矿技术、能源技术以及交通运输的不发达,很多矿物不能达到充分、有效的合理利用,西藏的水力资源也极其丰富,水能储存总量约为2亿千瓦,占全国水能资源总量的30%左右。由于西藏所处位置,受太阳辐射程度居世界第2位。西藏有丰富的"世界文化遗产",如布达拉宫、大昭寺等,但由于交通条件太差,文化资源难以开发。西藏地区的国内生产总值和人均国内生产总值均处于我国总体水平的末位。

四 西部工业化发展模式的综合评价

(一) 工业化发展的综合评价路径的选择

基于前文对工业化理论以及西部地区经济发展现状的综述,本书从经典的工业化理论出发,通过评价指标的选择和构建,通过加权合成法来对我国西部地区的工业化发展过程进行综合、全面的评价。

工业化进程的理论认为,工业化是一个国家或地区随着工业的发展,人均收入和经济结构发生连续变化的过程,人均收入的增长和经济结构的转变是工业化推进的主要标志。[1] 工业经济的提高过程,就是工业化水平不断提高的过程。衡量一个国家或地区的工业化水平,一般可以从该地区的经济发展水平、产业结构、工业结构、就业结构和空间结构等方面来进行评价。本书中所指的工业化过程的综合评价的具体过程如下所述:首先构造一个评价体系,本书将从经济发展水平、产业结构、工业结构、就业结构以及城市化发展水平等各个方面对西部地区各个省市区的工业化水平进行整体、科学的定量统计。其次,收集大量的数据,进行统计处理。再用层次分析法计算各个指标的权重。最后,用加权合成法对各指标的评价进行综合,得出我国西部地区各个省市的工业化进程中所体现出来的综合评价值。

---

[1] 陈佳贵、黄群慧、钟宏武:《中国地区工业化进程的综合评价和特征分析》,《经济研究》2006年第6期。

(二) 构造评价体系

西部地区的经济发展水平方面，选择人均 GDP 作为指标，人均 GDP 反映出了一个国家或者地区的经济发展水平，从人均生产总值来看待一个国家或者地区的经济发展水准是完全合理、正确的，它是实现工业化的必要条件，反映了一个国家或者地区的工业化发展所处的水平以及阶段，是国际上的一个通用标准，较好地反映了一个地区的经济发展水平。产业结构方面，选择第一、第二、第三产业产值比作为基本指标，工业化的产业结构的变化表现出了一个国家或者地区的工业化演变过程，在工业化的发展过程中，其第一产业的比重逐渐下降，第二产业和第三产业的比重逐渐上升；工业结构方面，选择制造业增加值占总商品增加值的比重作为指标，在工业化发展的过程中，工业的内部结构是由轻工业为主向重工业为主转变，然后再向技术集约化阶段转化；空间结构，选择城市化的发展率为指标，城市化与工业化二者息息相关，城市化的发展促进工业化的发展，工业化的发展必然推动城市化的发展，二者相互影响、相互促进；就业结构，选择第一产业的就业占比作为一项指标，第一产业的就业占比反映出了农业劳动力占全部从业人员的比重，能够反映出劳动力由低生产率部门向高生产率转移的过程，是产业结构发生变化的必然结果。

通过总结和归纳以上指标，按钱纳里等（1999）的划分方法，将工业化过程大体分为工业化初期、中期和后期，再根据陈佳贵、黄群慧和钟宏武《中国地区工业化进程的综合评价和特征分析》中有关数据整理补充大致确定了工业化不同阶段的标志值（见表 4-2）。

表 4-2　　　　　　　　　　工业化不同阶段的标志值

基本指标	前工业化阶段（1）	工业化实现阶段			后工业化阶段（5）
		工业化初期（2）	工业化中期（3）	工业化后期（4）	
1. 人均 GDP（经济发展水平）					
（1）1964 年（美元）	100—200	200—400	400—800	800—1500	1500 以上
（1）1970 年（美元）	140—280	280—560	560—1120	1120—2100	2100 以上
（2）1996 年（美元）	620—1240	1240—2480	2480—4960	4960—9300	9300 以上

续表

基本指标	前工业化阶段（1）	工业化实现阶段			后工业化阶段（5）
		工业化初期（2）	工业化中期（3）	工业化后期（4）	
（2）1995年（美元）	610—1220	1220—2430	2430—4870	4870—9120	9120以上
（3）2000年（美元）	660—1320	1320—2640	2640—6280	5280—9910	9910以上
（4）2002年（美元）	680—1360	1360—2730	2730—5460	546—10200	10200以上
（5）2004年（美元）	720—1440	1440—2880	2880—5760	5760—10810	10810以上
（6）2011年（美元）	875—1750	1750—3500	3500—7000	7000—13125	13125以上
2. 三次产业产值结构（产业结构）	P占绝对比重	P>20% S>20%	P<20% S>T S>P	P<10% S<T	T>P+S
3. 制造业增加值占总商品增加值比重（工业结构）	20%以下	20%—40%	40%—50%	50%—60%	60%以上
4. 人口城市化率（空间结构）	30%以下	30%—50%	50%—60%	60%—75%	75%以上
5. 第一产业就业人员占比（就业结构）	60%以下	45%—60%	30%—45%	10%—30%	10%以下

注：1964年与1970年的换算因子为1.4；1996年与1995年、2000年、2005年的换算因子分别为0.981、1.065、1.202；2011年与1970年的换算因子为6.25。P、S、T分别代表第一、第二和第三产业增加值在GDP中所占的比重。

资料来源：笔者根据钱纳里等（1989）、库兹涅茨（1999）、科迪等（1990）、郭克莎（2004）、魏后凯等（2003）等有关资料整理。

根据上述衡量工业化进程的指标体系和相应的标志值，我们选用指标含义清晰、综合解释能力强的传统评价法（加法合成法）来构造计算反映一国或者地区工业化水平（或进程）的综合指数 K（$K = \sum_{i=1}^{n} \lambda_i W_i / \sum_{i=1}^{n} W_i$），其中，$K$ 为国家或者地区工业化水平的综合评价价值；λ_i 为单个指标的评价值，n 为评价指标的个数；W_i 为各评价指标的权重——由层次分析法得出。

(三) 数据资料的搜集

本书所需数据主要从《中国统计年鉴》和各省份统计年鉴获得，一部分不能直接获得的数据通过一定转换得到。表4-3列出了2011年西部地区各个省份工业化进程评价的原始数据。

表4-3　　　　西部地区工业化进程原始数据（2011年）

指标地区	人均GDP（元/人）	人均GDP（美元/每人）	各产业产值比（%）第一产业	第二产业	第三产业	制造业增加值所占比重（%）	人口城镇化率（%）	各产业就业比（%）第一产业	第二产业	第三产业
内蒙古	57974	8974	9.1	56	34.9	23.6	56.62	10	34	56
宁夏	33043	5115	8.8	50.2	41	36.5	49.82	5	38	57
青海	29522	4569	9.3	58.4	32.3	16.9	46.22	3	38	59
四川	26133	4045	14.2	52.5	33.4	40.5	41.83	1	47	52
陕西	33464	5180	9.8	55.4	34.8	23.5	47.3	1	40	59
广西	25326	3920	17.5	48.4	34.1	35.4	41.8	3	35	62
新疆	30087	4657	17.2	48.8	34	19.1	43.54	21	28	51
贵州	16413	2540	12.7	38.5	48.8	28.9	34.96	1	37	62
甘肃	19595	3033	13.5	47.4	39.1	48.6	37.15	3	35	62
云南	19265	2982	15.9	42.5	41.6	22.6	36.8	3	40	57
重庆	34500	5340	8.4	55.4	36.2	39.1	55.02	0	53	47
西藏	20077	3107	12.3	34.5	53.2	1	22.71	4	10	86
全国	35198	5448	10.1	45.7	44.2	37.3	51.27	2	47	51

资料来源：根据有关年份《中国统计年鉴》和《中国工业经济统计年鉴》整理得出。

(四) 权重的确定

为了准确反映工业化各个阶段的特征，本书选择阶段阈值法进行指标的无量纲化，阶段阈值法的公式为：

$$\begin{cases} \lambda_{ik} = (j_{ik}-1) \times 33 + (X_{ik} - \min_{kj})/(\max_{kj} - \min_{kj}) (j_{ik}=2、3、4) \\ \lambda_{ik} = 0 (j_{ik}=1) \end{cases} \quad (4-2)$$

$\lambda_{ik} = 100 \ (j_{ik} = 5)$ \hfill (4-3)

式中，i 代表第 i 个地区，k 代表第 k 个指标，λ_{ik} 为 i 地区 k 指标的评测值，j_{ik} 为该地区 k 指标所处的阶段（1—5），j_{ik} 的取值区间为 1、2、3、4、5，则 $\lambda_{ik} = 100$（即 i 地区的 k 指标已经达到后工业化阶段的标准），如果 $j_{ik} = 1$，则 $\lambda_{ik} = 0$（即 i 地区的 k 指标还处于前工业化阶段），X_{ik} 为 i 地区的 k 指标的实际值，$\max_{kj}$ 为 k 指标在 j 阶段的最大参考值，$\min_{kj}$ 为 k 指标在 j 阶段的最小参考值，$\lambda_{ik} \in [0, 100]$。

阶段性阈值法的具体实施过程如下：

（1）首先确定某一地区某一指标所处的工业化阶段；

（2）如果该指标实际值处于第一阶段，则最后得分为 0（从该指标来看，该地区还未进入工业化阶段）；

（3）如果该指标实际值处于第五阶段，则最后得分为 100（从该指标来看，该地区已进入后工业化阶段）；

（4）如果该指标处于第二、第三、第四阶段，则最后得分 = 阶段基础值（分别为 0、33、66）+（实际值 - 该阶段最小临界值）/（该阶段最大临界值 - 该阶段最小临界值）；

（5）对该地区所有指标进行（1）—（4）的处理。

本书采用层次分析法确定地区工业化综合评价指标权重的同时借鉴了黄群慧、陈佳贵和钟宏武等研究者的研究成果。

表 4-4　　　　　　　　　　工业化指标的权重

指标	人均GDP	三次产业产值比	制造业增加值所占比重	人口城市化率	第一产业就业人口比
权重（%）	36	22	22	12	8

（五）评价结果

用"（I）"表示前半阶段（综合指数值未超过该阶段的中间值），"（II）"表示后半阶段（综合指数值超过该阶段中间值）。当综合指数为 0 时，用"一"表示前工业化阶段；综合指数大于 0 小于 33 时，用"二"表示工业化初期；综合指数值为大于等于 33 小于 66 时，"三"表示工业化中期；综合指数为大于等于 66 小于等于 99，"四"表示工业化后期；综合指数为大于等于 100，"五"表示后工业化阶段。

由表 4-5 可知，除了贵州地区处于工业化初期的后半期，西藏处于前工业化时期，内蒙古处在工业化发展的后期阶段以外，我国西部的大部分地区都处在工业化进程的中期的后半期。

表 4-5　　　　　　　地区工业化进程（2011 年）

指标地区	综合指数（百分制）	工业化阶段
内蒙古	71	四（Ⅰ）
宁夏	65	三（Ⅱ）
青海	58	三（Ⅱ）
四川	65	三（Ⅱ）
陕西	44	三（Ⅰ）
广西	58	三（Ⅱ）
新疆	50	三（Ⅱ）
贵州	33	二（Ⅱ）
甘肃	53	三（Ⅱ）
云南	46	三（Ⅰ）
指标地区	综合指数（百分制）	工业化阶段
重庆	62	三（Ⅱ）
西藏	0	一
全国	62	三（Ⅱ）

五　西部工业化发展模式的特征

（一）西部工业化发展模式的总体特征

工业化的总体评价主要包括地区生产总值、工业增加值、工业增加值占地区生产总值的比重、三大产业增加值的比重等。西部地区 2011 年人均地区生产总值为 28783 元，低于全国水平（全国为 35189 元）；人均 GDP 最高的是内蒙古为 57974 元/人，最低的为贵州 16413 元/人，地区发展极不平衡；西部地区 2011 年的工业增加值为 43116.75 亿元，全国 2011 年工业增加值为 188470.15 亿元，仅占全国的 22.8%。同时，西部地区的产业结构不合理，第一产业明显高于全国水平，但第三产业发展缓慢。由此可见，我国西部地区的工业化水平总体上处于中期阶段。

表4-6　　　　　　　　　西部地区工业化的总量评价

地区	地区生产总值（亿元）	人均地区生产总值（元/人）	工业增加值（亿元）	工业增加值占地区生产总值的比重（%）	三次产业的增加值之比
内蒙古	14359.88	57974	7101.60	49.45	9：56：35
宁夏	2102.21	33043	816.79	38.85	9：50：41
青海	1670.44	29522	811.73	48.59	9：58：33
四川	21026.68	26133	9491.05	45.14	14：52：34
陕西	12512.3	33464	5857.92	46.82	10：55：35
广西	11720.87	25326	4851.37	41.39	17：48：35
新疆	6610.05	30087	2700.20	40.85	17：49：34
贵州	5701.84	16413	1829.20	32.08	13：38：49
甘肃	5020.37	19595	1923.95	38.32	14：47：39
云南	8893.12	19265	2994.30	33.67	16：43：41
重庆	10011.37	34500	4690.46	46.85	8：55：37
西藏	605.38	20077	48.18	7.96	12：34：54
西部地区	100234.51	28783	43116.75	43.00	13：51：36

资料来源：根据《中国统计年鉴》整理得出。

（二）西部工业化发展模式的内部结构特征

西部地区的重工业增加值远远大于轻工业增加值，说明了西部地区工业结构发展不平衡，出现了畸形的现象。根据霍夫曼定理，将工业化过程分为四个阶段，四个阶段的霍夫曼比值分别为5、2.5、1和小于1，由表4-7知，西部地区绝大多数省份的霍夫曼系数大于1，即西部地区重工业的发展水平远远高于轻工业的发展水平。

表4-7　　　　　　西部地区工业化的内部比重　　　　　单位：亿元

地区	轻工业总产值 2010年	轻工业总产值 2011年	重工业总产值 2010年	重工业总产值 2011年	轻工业增加值	重工业增加值
内蒙古	2829.95	3388.43	10576.15	14386.3	558.48	3810.24
宁夏	315.31	366.15	1609.08	2125.3	50.84	516.22
青海	117.67	145.22	1364.32	1748.32	27.55	384
四川	7533.45	10115.95	15613.92	20369.14	2582.5	4755.22

续表

地区	轻工业总产值 2010年	轻工业总产值 2011年	重工业总产值 2010年	重工业总产值 2011年	轻工业增加值	重工业增加值
陕西	1662.05	2103.19	9537.8	12180.29	441.14	2642.49
广西	2661.51	3608.01	6982.62	9228.56	946.5	2245.94
新疆	729.87	801.51	4612.04	5919.33	71.64	1307.29
贵州	914.19	1182.81	3292.18	4337.14	268.62	1044.96
甘肃	542.26	669.1	4330.24	5506.14	126.84	1175.72
云南	1807.53	2113.32	4657.1	5667.51	305.79	1010.41
重庆	2704.43	3369.69	6439.12	8477.37	665.26	2038.25
西藏	23.57	25.95	38.66	48.91	2.38	10.25

资料来源：根据《中国统计年鉴》整理得出。

（三）西部工业化发展模式的速度特征

表4-8显示，西部地区各省的工业化综合指数都是不断提高的，呈现加速增长的趋势。工业化综合指数变化最快的是四川、广西、内蒙古、重庆四个地区，而陕西是发展速度最慢的省份。2004年发展速度最慢的贵州和广西的工业化综合指数平均值为12，与发展最快的内蒙古、宁夏相比，相差20.5。2011年，排在前两位的内蒙古以及宁夏两省份的工业化综合指数平均来说增加了23.5%，总共为68%；处于后两位的贵州和陕西两省的工业化综合指数平均来说增加了19%，总共为38.5%，二者之间的差距扩大了29.5%，说明西部地区工业化发展水平和速度极不平衡，缩小西部地区经济发展水平是一个漫长的过程。

在2000年，西部地区除西藏和新疆外，都处于工业化初级的前半阶段，到2004年都基本处于工业化初级的后半阶段，获得了一定的发展。到2011年，西部大多数地区的发展进入了一个新的阶段，工业化中期的后半阶段，实现了跨越式的发展。这说明2004—2011年的这段时间里，西部地区的工业化进程速度加快，发展迅速。

表4-8　　　　　　　　西部地区工业化进程

	2000年 综合指数	2000年 工业化阶段	2004年 综合指数	2004年 工业化阶段	2011年 综合指数	2011年 工业化阶段
内蒙古	13	二（Ⅰ）	33	二（Ⅱ）	71	四（Ⅰ）

续表

	2000 年		2004 年		2011 年	
	综合指数	工业化阶段	综合指数	工业化阶段	综合指数	工业化阶段
宁夏	15	二（I）	32	二（II）	65	三（II）
青海	15	二（I）	25	二（II）	58	三（II）
四川	8	二（I）	18	二（II）	65	三（II）
陕西	14	二（I）	28	二（II）	44	三（I）
广西	4	二（I）	13	二（II）	58	三（II）
新疆	17	二（II）	25	二（II）	50	二（II）
贵州	6	二（I）	11	二（I）	33	二（II）
甘肃	11	二（I）	20	二（II）	53	三（II）
云南	13	二（I）	22	二（II）	46	三（I）
重庆	15	二（I）	28	二（II）	62	三（II）
西藏	0	一	0	一	0	一
全国	26	二（II）	42	三（I）	62	三（II）

资料来源：根据有关年份《中国统计年鉴》数据整理计算而得。

第三节 西部工业化发展模式存在的问题分析

一 西部经济社会发展的困境

第一轮西部大开发战略已近十年，我国西部地区经济社会的发展水平还是远远落后于东中部地区，其主要体现在农业和服务业并没有作为实现其经济发展的主要渠道。西部地区经济社会贫穷落后的根本面貌没有改变，反而与东中部地区差距加大。其原因主要体现在交通运输条件受到地理位置的极大限制，导致了运输成本的增加；自然禀赋只对相关产业造成影响，并未产生综合效应。针对西部农业发展中的困境，有的学者认为造成这种局面的原因主要是：自然资源贫乏、农民素质相对低下、农民相对贫困化趋势明显、农业产业集群技术创新能力不足等。针对西部服务业发展中存在的问题，分析原因主要有：内部结构不合理，各个行业不能均衡发展，服务业层次较低，居民收入水平不高，生活和生产服务需求不足等。

工业化是现代化不可逾越的阶段，这是经济学理论所论证的结论，在世界经济发展的实践中也可看出其正确性。就像罗森斯坦·罗丹所说的发展中国家要得到发展，必须在整个工业或整个国民经济各个部门进行整体性的大规模投资。所以，要想改变我国西部地区落后的发展局面，就必须大力推进工业化，从而促进经济和整个社会的进步发展。

二 西部工业化发展模式所存在的问题

(一) 工业结构比重失调

西部重化学工业的发展是在其农业和轻工业基础十分薄弱的情况下，建立的大量原材料以及能源方面的企业，确立了我国西部地区集中于以重工业为主的工业发展体系，其重工业在"一五"、"二五"期间得到了迅速的发展。在重工业内部，采掘业和原材料工业盛行，因此西部地区主要产品大多属于上游产品，产业链条短，加工程度低。在轻工业内部，过于依赖农产品，导致了西部地区轻工业总体发展水平低。

(二) 所有制结构方面，国有经济占主导地位

1980年，西部地区国有工业占工业总产值的比重为83.6%，其中，贵州、云南、西藏、陕西、甘肃、青海、宁夏、新疆所占比重超过了80%，国有经济占据了绝对的主体地位。西部大开发以后，西部地区国有工业占工业总产值的比重不断地下降，虽然全国其他地区也在不断地下降，但是西部地区的下降比重远远低于东中部地区，西部地区国有经济的主导地位并没有改变。

(三) 产业组织结构不合理，企业规模偏小

在我国前500强的西部企业中，其中大部分是石化、烟草、电力以及石油开采等由国家严格控制垄断的国有企业，而大型企业的数量明显偏少导致地区经济实力的不足。企业的市场集中度不高，市场集中度反映了一个企业在市场上的地位和对市场的支配能力，生产的高度分散化致使西部地区的工业产业发展出现了严重的畸形，使西部地区的能源消

耗量大，工业发展分配不合理，没有合理地使用其所拥有的自然资源，使其经济集约性增长受到了严重的阻碍。

第四节 西部工业化发展模式的趋势及战略取向

一 工业化发展模式

工业化发展模式，是指一个国家或地区在经济发展的道路上如何协调与发展相关的各种要素，形成各种工业特色，推动自身向前发展。工业化模式问题一直是发展经济学研究的焦点，同时也受到产业经济学以及区域经济学家的广泛关注，形成了很多的理论和思想。

根据世界各国工业化的历史以及发展的社会形态，可以把工业化发展的模式划分为：传统社会主义工业化发展模式、西方资本主义工业化发展模式以及混合型工业发展模式。传统社会主义工业化发展模式的兴起以苏联为代表，它实行单一的社会主义公有制，排斥市场，实行高度集中的计划经济体制，只重视重工业的发展而忽视轻工业的发展；西方资本主义发展模式是在私有制的基础上借助于奴隶贸易等形式进行资本积累，采取由轻工业到重工业再到交通运输业和其他行业部门建立起来的，开始于18世纪的英国，随后法国、美国、德国、意大利等国家继续推行和发展这种模式；混合型工业化模式，是前面两大对立模式相结合而形成的发展模式，它实行出口导向型发展战略，较强的政府干预，重视科技和教育等。

按照工业发展的地域分布可以概括为分散布局的平衡增长工业化模式和工业化生产力集中布局的倾斜发展工业化模式。前面一种工业化发展模式，在社会主义国家中广泛存在，它以缩小地区间发展水平的差异，维护各民族的团结，实现社会各个地区的平衡发展为目标，但同时它也导致了很多问题的出现，如重复建设，不利于企业之间共同基础设施的建设，不利于企业之间的协调发展。后一种工业化发展模式注重资源和生产的集中，通过在有利于工业发展的地域加大工业的发展力度来实现企业的快速有效发展，从而辐射和带动周围地区的发展，促进工业化的进程由一个小的地区不断地向周围扩散，结果就很容易造成地区之间、企业之间的优势和劣势不能很好地弥补，降低了整个地区或国家工业化水平的提高。

按生产力发展的导向因素不同分为：基本外向的出口促进工业化发展模式、基本外向的进口替代工业化发展模式以及进口替代和出口促进相结合的平衡工业化发展模式。出口促进工业替代模式是一种通过减少贸易保护，鼓励外资的输入和产品的输出，将外资和先进技术引进以及产品打入国际市场的工业化发展模式，这种模式能够很好地促进经济的发展，推进工业化的进程；进口替代的工业化模式是一种通过采取贸易保护主义，打击出口产品工业的发展，严重损害消费者利益的发展模式；进口替代和出口替代相结合的平衡工业化模式既能够避免出口促进模式下国内幼稚工业所受到的国外竞争和破坏，又能充分地引进国外的先进技术和资金，从而取得良好的经济效益。

以上工业化发展模式的理论在不同的国家和地区与当地实际情况结合后会呈现其不同的特点，下面将对国内主要的工业化发展模式进行总结分类后找出其特点和优势。在工业发展方面我国主要采取示范性模式，集中大量物力、人力、财力在这些示范性区域进行着重的发展，体现了不平衡的重点型发展模式，主要的典型事例就是"温州、苏南、珠三角等模式"。

（一）温州模式

浙江东南部温州地区主要发展非农产品，采用的是以家庭为主体专业化的发展方式进行生产，从而形成了温州模式。这种自下而上发起和推动区域工业化发展模式的创立者大多都是农民，农民经营企业，承担风险，因此温州模式的核心是个体和私营企业。[①] 以市场机制为基础，市场需求为导向，以小企业为依托，自力更生，去实现产业结构升级，主要发展六种典型产业：低压电路、皮鞋、服装、灯具、纽扣、打火机。主要具有以下特点：一是以市场为导向，提高企业实力，家庭工厂为辅助，大量生产劳动力导向的小商品，做大做强小商品，使温州的小商品具有一定的品牌效应。二是富有冒险精神和善于经商的人力资本优势，温州是一个人多地少的地区，这种耕地短缺的状况，一方面磨砺出了温州人特有的冒险精神和创新精神，同时也造就了温州人大胆创业和

---

① 史晋川：《制度变迁与经济发展：温州模式研究》，浙江大学出版社2002年版。

对外开放的传统。三是温州产业的发展模式注重明确分工和善于与其他人合作，主要依托家庭式工厂，通过纵向专业化分工与协作，形成了"一村一品，一乡一业"的经济现象，在一些具有比较优势的产品领域形成了具有国际竞争力的产业集群。

（二）苏南模式

费孝通先生曾指出：由于苏南地区特殊的区域条件，可以分别发展不同层次的产业，而苏南模式主要发展三个层次：农副产业、乡镇产业和城市工业，并且有力地把这三个产业紧紧地联系在一起。这个新模式体现了中国特色的工业化，并且使工业化不再是城市的专利，农村也实现了工业化发展。苏南模式大体来说就是指苏州、无锡和常州等地区的发展模式，该模式发展乡镇企业，同时开启市场化、工业化的农村城镇化模式。一是政府在乡镇企业的发展过程中具有主导作用，苏南模式以政府为主导，主要体现在乡镇政府对乡镇企业的直接推动作用，政府直接干涉企业内部生产活动，收效快，消耗低。二是借助上海等经济发达地区的辐射作用，依靠"星期六工程师"起家。三是内向型的市场导向发展模式，生产要素的来源和产品出售的市场这两方面，主要依靠国内市场的需求和地方性需求，而不是海外市场。再者短缺经济时代造就的卖方市场也使产品销售主要依靠国内市场。该模式在产品的价格和质量方面特别重视，有一定的市场导向，从而才能在竞争激烈的市场里谋得自己的一席之地。四是协调城乡发展，苏南率先打破了我国传统的城乡分工格局，开创了城乡联手、加快工业化进程的新路。创造性地提出了工业反哺农业，保障农业的长期稳定高产。

（三）"珠三角"模式

"珠三角"模式体现了一种依附性发展，主要是我国香港特别行政区的外商投入，其生产的产品进行出口。一是地理位置优势明显，毗邻香港地区，具有以深圳为代表的区域极化效应和扩散效应。二是国家政策的大力支持，率先进行"放开价格"为核心的体制改革，在这里构建起了社会主义市场经济的基本框架，培育了市场主体，大大增强了其经济发展的竞争力。三是主要依靠持续的大规模外资，形成了"外源"式的发展模式，使"三资"企业在珠江三角洲迅速发展起来。四是城镇发展的辐射带动，珠江三角洲是以城镇为生产基地，以产业链为纽带，以小城镇为中心的专业化生产模式。[①] 从整个珠江三角洲来看，城市群呈现点轴式集聚发展特点，初步形成与港澳密切衔接、区内各城市紧密相连的三大都市区，即以广州为中心的珠江三角洲中部都市区、以深圳为中心的珠江东岸都市区及珠江口以西，包括珠海、中山、江门等地区的珠江西岸都市区，随着广州、深圳的凝聚力、吸引力和辐射力的进一步增强，珠江三角洲城市开始向现代化城市迈进。[②]

工业化是一个漫长的过程，永远没有既定不变的工业化发展模式。我们要根据本地区的比较优势，选择针对性的发展模式，充分发挥产业集群和规模效益的作用，提升产品竞争力，积极创新为推动工业化的发展提供不竭的动力，同时还要重视农业对于工业化发展的基础作用，充分发挥各个因素的作用，促进地区和国家工业化进程的合理进行。

二 西部工业化发展模式的影响因素分析和选择依据

（一）影响因素分析

一个地区工业化发展模式的选择是多种因素综合作用的结果，因为工业化的发展过程在不同时代、不同阶段的导向下进行着动态演进，同时发展过程中的重点也会不同。下面对工业化发展的影响因素进行细致的分析，从而给西部地区的工业发展提供一定的理论依据。

1. 资源禀赋

资源禀赋是指一个地区自然资源和环境状况，包括自然资源、地理区位以及人力资本等状况，甚至这个地区的历史背景和文化水平也是其自然禀赋的一个重要方面。西部地区的自然资源非常丰富，特别是有色金属和非金属矿产资源相当丰富，天然气、钾盐、云母、岩盐、钛、镍、汞等在全国资源总量中占有重要的优势，1985年全国已探明的45种主要矿产资源，西部地区占全国的39.66%。西部地区具有辽阔的土地资源和得天独厚的旅游资源，为西部地区工业化的发展提供了资金和市场来源。但是西部地区地理位置相对偏僻，没有东部地区的发达便利，由于地形、地貌等影响，交通设施建设发展缓慢，需要大规模的人力和物力的投入。从劳动力资源方面看，西部地区又具有其优势，由于

[①] 刘慧玲：《中国西部地区工业化发展问题研究》，博士学位论文，西南财经大学，2008年。

[②] 沈静、陈烈：《珠江三角洲专业镇的成长研究》，《经济地理》2005年第5期。

经济发展落后，工业化和城市化水平低，地区劳动力剩余率就高；特别是广大西部农村地区，大量的农村劳动力剩余不断地涌出，通过一定的教育培训，可以转换为丰富的人力资源，推动西部地区工业化的发展。

2. 经济基础

国家对西部地区的发展也投入了大量的心血和资本，有两千个大中型企业和科研单位着落于西部，拥有全国1/3以上工业固定资产原值（指企业、事业单位建造、购置固定资产时实际发生的全部费用支出，包括建造费、买价、运杂费、安装费等，反映企业在固定资产方面的投资和企业的生产规模、装备水平等），以国防和机械工业为主体的庞大工业体系。特别是"九五"期间，在政策上，中央政府做出了很多有利于西部地区发展的举措，有六个具体的政策措施，为西部地区吸引外商直接投资下放了审批权限。"十五"期间，沿海企业大规模向内陆转移，由于大量的外商投资，加快了西部地区的工业化步伐，同时也促进了西部地区基础设施的完善，比如说交通、电信、电力等，工业化体系正逐步形成。

3. 政策制度基础

政策制度对一个地区经济社会的发展具有先导作用，是影响工业化发展的重要因素。改革开放初期，我国大力发展东部地区，制定了很多适合东部地区经济发展的政策，促进了东部地区的工业化进程，实现了东部地区经济的快速发展。为了实现西部地区的发展，实现我国经济发展的总体均衡，我国逐步开始大力扶持和支持西部的发展，从2000年西部大开发的实施开始，我国对西部地区发展的扶持力度加大，但是我国西部地区在制度方面还存在很多的问题。首先，西部地区工业化步伐加快，对制度的需求加大，从而出现有效制度供给不足。其次，由于制度供给的不均衡导致了制度变迁的不均衡，导致地区发展的过程中对资金、技术、人力资本投资的激励不足。再次，西部地区在发展的过程中，一直是处于国家自上而下的强制制度之下，导致了主动性难以发挥，不利于制度与市场经济发展的融合。最后，制度的效率比较低，由于制度的因素导致了西部地区发展过程中的交易成本变高，制约经济竞争力的提高。

4. 教育科技发展水平

我国西部地区教育发展程度和水平一直远远落后于我国东中部地

区，人才资本严重缺乏，缺少专业化的人才。在西部只有西安、重庆、成都、兰州等地有大规模的高校和科研机构，其他地区对科技发展的投资力度欠缺。存在科技活动经费偏低且使用不合理，研究开发人员不足且人才结构不合理、企业创新能力不足等问题。技术创新具有高投入、高风险的特点，技术创新需要长期的投资并经历一个漫长的时期，但西部地区思想上还是有些落后，创新意识薄弱，从而对创新环境的建设和产业的发展都是不利的，同时也导致了西部地区技术的落后。

（二）选择依据

上面分析了西部地区工业化发展的影响因素。但为了更好地了解西部地区在工业化发展进程中的突出特点，下面以东部地区为对比对象，为我国西部地区工业化模式的选择提供更加深层次的依据：

1. 两个地区经济发展阶段和程度不同

我国东部地区具有有利的地理位置，工业化开始早，发展迅速，发展水平高，特别是我国东部地区在迅速发展工业化的时期，我国处于市场短缺时期，以卖方市场为主，产品的生产不能满足人们的需求，所以企业的资本积累迅速，经济在供不应求的情况下得到迅速的发展。而我国西部地区面临商品的过剩，在东部地区先发优势的竞争条件下，竞争力明显不足，加上我国西部地区本来就处于劣势的自然禀赋，市场不发达，技术落后，能够追赶上东部地区的发展速度和水平更成为难上加难的事情。所以，目前，我国西部地区的发展水平还远远落后于东部地区，要想实现我国西部地区的迅速发展，赶超东部地区，就必须寻找新的不同于东部地区并且能够真正地适应西部地区的工业化发展模式。

2. 市场化环境和市场化程度不同

一方面，改革开放以后，市场空间不断扩大，从而使我国东部地区的经济迅速从家庭作坊发展壮大起来，许多小企业发展成了具有国际竞争力的企业集团，在国内市场壮大的同时也占据了一定的国际市场。但是当我国西部大力推进工业化时，却是我国国内市场开放，出现经济全球化现象的时期，导致了西部地区工业化进程的压力增加，因此要实现工业化的发展，就必须面临复杂的市场环境和更大的风险。另一方面，我国东部地区的市场化程度比较高，在经济发展的构成中，政府减少了对资源配置的干预，能够充分发挥价格的市场调节作用以及增加市场配置资源的比重，有利于企业自主地发挥主体地位。而我国西部地区，一直以来都处于政府的强烈干预之下，市场发育畸形，技术程度低，不利于工业化进程的推进。所以，政府需要进一步的思考，如何加快西部地区的发展，在政策调控上去修正，努力找出促进西部发展的最优模式，为西部地区工业化的发展提供平等的市场环境，加快西部地区工业化的推进。

3. 国家实施的政策环境的不同

20世纪80年代以来，为了实现我国东部地区的迅速发展，国家给予了沿海地区一系列的优惠政策。在建设资金上，国家向东部地区倾斜，东部地区企业的出口经营权的范围远远高于西部地区，东部地区由此获得比较优势和经济优势，得到了迅速的发展。在西部地区发展的时候，我国实行了"有所为，有所不为"的行业管制，对西部地区的产业投资减少。所以，只有尊重市场的发展规律，才能又好又快地实现西部地区的发展，加强政府的调控和政策引导，推进西部的经济发展速度。

三 西部工业化发展模式的趋势与战略取向

推进西部工业化的进程，加速西部经济的发展，就必须转变其工业化发展模式，那么西部地区工业化发展的趋势是什么呢？

（一）"三大创新"和"四大统筹"

必须坚持"三大创新"和"四大统筹"，这是我国工业化进程的基础要求也是工业化的最终目标。三大创新是指动力创新、要素创新和产业创新。动力创新包括体制、机制和经济增长方式转变等方面的创新；资源创新是降低能源消耗，缓解工业化对资源环境依赖的最好方法；产业创新是促使第一、第二、第三产业共同的有条不紊发展的基石。

四大统筹是指统筹城乡发展、统筹区域协调发展、尊重自然协调发展、统筹国内外协调发展。

1. 统筹城乡发展

我国城乡之间收入差距扩大趋势看上去是无法避免的，所以统筹城乡发展成为我国全面建设小康社会的关键，特别体现在增加农民收入，减少农村贫困人口，实现农村地区小康社会的建设等方面。我国西部地区农村经济发展相比东部更加缓慢，农民生活水平低，生活困难，所以统筹我国西部地区城乡发展，是西部地区工业化发展的重中之重。

2. 统筹区域协调发展

我国西部地区在发展的过程中，需要协调多方关系，包括协调东中部、西部内部各省份之间的关系。地区间发展的不平衡，容易加剧城乡差距，贫富分化，激化社会矛盾。协调区域发展可以实现商品和要素的自由流通以及优化组合，也有利于西部地区的发展，同时与外部环境和系统进行互动。

3. 尊重自然协调发展

我国西部地区在发展的过程中，在资源和环境方面付出了巨大的代价，特别是粗放式的经济增长方式，过于依赖资源，并严重破坏了生态环境，要想实现西部地区工业化的迅速发展就必须合理地利用和保护自然环境，提高资源的利用率。

4. 统筹国内外协调发展

统筹国内外协调发展就是要更好地处理国内外发展与对外开放之间的关系，不能视国际竞争和国际资本为洪水猛兽而闭关自守，也不能听之任之，放任不管。要合理地对待和利用它们，为西部地区工业化的发展提供更加强劲的动力。

（二）发展现代农业

发展现代农业为工业化提供坚实的基础，马尔科姆·吉利斯说："每个发展中国家都要重视农业的发展，农业作为第一产业在经济发展中至关重要，无论在供给还是需求方面都是如此。"[①] 农业也是工业化的一个重要部分。传统的工业化模式理论长期坚持"唯工业论"，导致了西部地区在发展的过程中，忽视了农业的发展，造成了西部工业发展在本来就落后的情况下，由于失去发展的条件和动力陷入了一个无法自拔的陷阱中。忽视和忽略农业的发展，还导致二元经济结构的程度进一步加剧，不利于西部地区经济的合理和平衡发展。所以只有农业生产力提高了，农业部门现代化了，整个社会经济才算是实现了工业化。

（三）坚持可持续发展，发展循环经济

建设"两型社会"，节约资源，重视环境保护，实现又好又快的可持续发展。节约资源既是西部地区实现可持续发展重要的，也是首要的举措。首先，要做到资源的节约和合理利用：第一，由于资源的有限

---

① ［美］马尔科姆·吉利斯等：《发展经济学》，经济科学出版社1989年版。

性、不可再生性，要求我们在利用资源方面有节制；第二，资源的节约必须上升到国家层面；第三，采取法律、经济等手段节约资源；第四，大力推行循环经济发展模式，组成一个"资源—产品—再生资源"的物质反复循环流动的过程，减少废弃物的产生和再利用。其次，要加强生态环境的保护，从宏观层面上建立健全环境保护法，因为环保是一个社会性的问题。再次，加强生态工业园区建设，加速环保第三产业的发展。最后，提高企业的环境保护意识，是企业进行合理管理的前提，也是中国走新型工业化道路的关键。

（四）产业结构优化升级

实现产业结构的优化升级，地区结构的协调发展，城镇化和工业化的协调发展，工业文明与生态文明的协调发展：第一，加快第三产业的发展，促进结构优化；第二，在西部地区经济集聚方面下功夫，主要的措施是使产业集群，尤其是要集聚有竞争特色的产业；第三，依托资源比较优势，坚持以市场为导向，依靠特色经济，延长产业链；第四，发展特色产业，实现经济发展的专业化和规模化。

（五）重点加快科学技术进步，科技兴国，坚持对外开放

我国西部地区的科学文化素质水平低，是其生产和生活提高的主要限制因素之一。要想发展西部地区工业化，就必须转变其工业化发展的道路，走科技创新之路：第一，鼓励科技创新，深化科技体制改革，在关键领域掌握核心技术，并提高自主创新能力；第二，推进西部地区创新体系的建设，加强基础研究和高新技术的研究；第三，增加科技创新投资，为科技的发展提供有力的人力和物力保障等。

我国西部地区由于地理位置的原因，对外开放程度偏低。然而，增强对外开放程度，有利于资金、技术、管理经验、人力资源等的流动，为地区工业化的进步和经济的发展寻找更多的机会。我国西部地区应该学习东部地区，发挥"两个市场、两种资源"的优势，拓宽工业化发展渠道，优化资源配置，积极、合理、有效地引进和利用外资、先进技术和管理经验、降低地区经济发展的成本，增强西部地区经济发展的竞争力。

根据以上我国西部地区的具体情况，以及我国经济社会发展的总体战略趋势，总结出我国西部地区工业化发展模式的趋势和总体思路。那么根据这一思路，实现西部地区工业化的发展，就要采取一些具体的战

略取向和措施。根据当前国内外的经济环境以及我国西部地区资源和发展状况的特殊性，西部地区的工业化发展不能再单纯地复制东部地区工业化的发展模式，应该形成独特的适合自身发展的工业化发展模式。下面在对我国西部地区工业化发展提出一些具体的建议措施的基础上，总结出我国西部地区工业化发展的主要途径和方法。

1. 坚持信息化带动工业化的战略取向

21世纪是信息时代，为了面对来自世界的信息化潮流的冲击和挑战，跟上时代的发展脚步，2001年在《政府工作报告》中指出："发展高新技术，以信息化带动工业化"①，这是我国首次把信息化带动工业化提高到国家发展战略的层面。我国的信息化获得了快速的发展，通过用信息的指数作为技术因素中的信息部分对柯布—道格拉斯生产函数进行改进，证明了信息是比资本作用更加强大的因素。② 2002年党的十六大召开，强调了工业化和信息化之间的关系，提出了新型工业发展道路：以信息发展带动工业发展，以工业发展促进信息发展。由于西部地区经济十分落后，工业化还处于初级阶段，因此，西部地区的发展要坚持以信息化带动工业化，以工业化促进信息化，发挥其后发优势，实现生产力的跨越式发展。

（1）坚持政府的引导作用。西部地区在信息化的过程中面临着很多的政策环境因素，这就需要政府充分发挥其指导和宏观调控的作用，为西部地区信息化更好地带动工业化创造良好的环境；政府通过加大基础设施的建设和技术研究的扶持力度，为信息化带动工业化创造基础条件和技术支撑；深化和完善信息化管理体制的改革，为信息化带动工业化的发展创造良好组织基础。

（2）从微观层面上推动企业信息化。首先，推进企业制度创新和加强企业吸引信息化人才的机制建设，为信息化带动工业化提供良好的基础；其次，企业要高度重视信息化的发展，实现管理、生产和销售过程的信息化，之后使企业完全信息化。

（3）发展信息产业，促进产业的信息化。西部地区要大力发展以信息

---

① 朱镕基：《在第九届全国人民代表大会第四次会议上的政府工作报告》，人民出版社2001年版。

② 郭俊华：《西部地区新兴工业化模式的选择研究》，博士学位论文，西北大学，2005年。

产业为代表的高新技术产业,特别是加强信息基础设施建设,提高计算机及网络在西部地区的普及程度,超大规模集成电路、高性能计算机、超高速网络系统等核心技术的产业化是重中之重。同时,大力发展西部地区优势产业:如生物科技、航空航天、新能源等。充分发挥信息产业对社会资源的配置作用,还要通过信息产业改造传统产业,增加传统产业和企业的科技含量,增强产品的市场竞争力,是推进工业化的必然选择。

（4）从宏观层面上,促进国民经济和社会的信息化。如加强提高网络通达程度和通信普及程度,增加网络的容量,加速信息化向国民经济和社会的渗透;加强信息化的宣传和知识的普及教育,提高人们的信息化意识;在国民经济各个领域广泛应用信息化技术,主要表现是在劳动工具、社会生产力系统和社会生活方面实现信息化;进一步完成电信、广电、计算机三网的融合,从而促进高速公路的信息化,解决以前所存在的信息基础设施落后的尴尬局面。

2. 坚持可持续发展的战略取向

《我们共同的未来》一书中对可持续发展的定义是：既满足了当代人的发展,又不破坏后代人的发展。它提出了可持续发展的原则、要求、目标和战略,为可持续发展奠定了一定的理论基础。江泽民同志指出："良性发展才是王道,主要表现：坚持可持续发展的重大战略,要重视人口控制、资源节约、环境保护,使经济增长、环境优化、资源保护协同共进。"① 我国西部地区在发展的过程中,采用传统的高资源消耗、高能源消耗的工业发展模式,以生态环境和环境污染为代价获得了一定程度的发展。由于过度垦殖和乱垦滥伐,水土流失加剧,土壤沙化面积日益扩大,导致了自然灾害频发等问题；工业发展过程中,产生了大量的工业"三废",占据了大量的农田,导致了粮食减产和大气污染；以煤、石油等化石燃料为主的能源结构,使得大量的二氧化硫、烟尘和二氧化碳等空气污染物进入大气层,不少地区受酸雨影响逐年加重。西部地区只有采取可持续发展战略,才能解决工业化发展过程中的诸多问题。

（1）树立以人为本的发展理念。工业化的发展必须满足人民的利益,促进人类社会的进步。在大力推动工业化的同时,不忘发展教育,

---

① 江泽民：《江泽民论有中国特色的社会主义》,中央文献出版社2002年版。

提高人民的素质和生活质量。在工业化的进程中，把发现和解决人们生活中的问题，作为工业化发展的重中之重。

（2）处理好工业化与人口、资源和环境之间的关系。稳定西部地区低生育水平，促进优生优育，提高人口素质是一个长期的任务。同时，在工业化的进程中，一项重要环节就是加快寻找新能源的步伐，另外，各种原料相关的产业可以相互合作，使资源能够得到循环利用，提高资源的利用率，注意保护环境，提高环境的承载能力，实现人与自然、社会的和谐发展。

（3）处理好发展与环保的关系问题。西部工业化的发展应该走资源消耗低、环境污染少，采用清洁生产技术的新型工业化道路。发挥国家、集体和个人三方面的积极性，坚持"谁投入，谁使用；谁建设，谁受益"的原则；完善法制建设，增强全民环保意识。

3. 发展现代农业，建立现代农业发展的制度

现代农业是农业发展的最高形式，也是农业发展的必然选择。在发展中国家，像我国，新农村建设和发展就是要实现农业现代化，是促进农村经济又好又快发展的必然选择。党的十六大报告指出："实现小康社会的重要几个方面：城乡经济发展、农村经济发展、农业现代化、农民收入增加。"西部地区是我国的生态高地，需要高度重视其环境保护，守住我国的生态屏障。在西部地区产业结构中，农业所占比重超过3/5，在区域国内生产总值中，农业产值占1/2左右，农民收入3/4以上来自农业，西部地区是否可以实现农业的现代化成为西部地区经济社会发展的关键和基础性因素，也是我国农业现代化实现的关键。但是我国西部地区因为资源禀赋、人力资本等方面不具有优势，特别是近年来，生态环境恶化，水资源缺乏，土地荒漠化和沙漠化以及水土流失严重，进一步制约了农业的发展和进步，对现代化农业的发展提出了严峻的挑战。如何实现西部地区现代农业的发展，从而实现整个西部地区经济社会的进步成为社会发展的关键点。

（1）培育新型农民，提高劳动生产率。新型农民是农业发展的动力和主力军，农民的知识水平和技术水平决定了农业的发展问题，因此，农业现代化实现的关键在于农民现代化。现代农业的发展就是运用现代科技改造传统农业，而在改造的过程中，农民扮演着重要角色，而

只有新型农民才能胜任这个角色,所以要培养新型农民。①

首先,身体既是革命的本钱,也是农业发展的本钱,在现代农业发展的过程中,农民要有良好的身体素质。现代农业虽然比传统农业有了更多的技术要求,但是现代农业在发展的过程中,仍然需要农民有大量的体力劳动,工作环境也相对恶劣和简陋,有时候甚至要求农民超负荷劳动,这就需要农民有强硬的身体素质。需要提高农民的生活水平,加强身体的营养供应。同时还要求农民工作的时候要注意时间和体力的安排,减少超负荷劳动的量。

其次,通过给农民进行培训和教育,让他们掌握相关技术的基础知识,从而深刻学习技术,增强劳动技能。培育农民的受教育观念,加强义务教育,降低西部地区的辍学比重;改善农村的教育基础设施,提高教学质量,扩大教学规模,加强师资队伍建设;加强职业教育,使农民能够掌握机器、计算机等先进技术的运用,同时懂得简单的市场经济和经营管理知识;提高农民接受新观念、新技术和提供新技能的能力。

最后,还要通过广播、电视节目等多种载体,增强劳动者与外界信息、科学的接触,使农民快捷、方便地了解和学习国家的相关政策,了解国内外农业发展状况和动态,同时能够调整和改进农业发展。

(2) 加大资金和技术的投资力度。现代化农业是科技型的农业,资金和人才是现代农业发展的关键,所以发展现代农业就必须加强筹资渠道的多元化,加大西部地区农业发展的资金投入,增加政府政策性资金的投入。② 政府应该全面落实《农业法》的相关要求,加大财政支援农业的力度,建立农业的财政支农的长效机制,扩大支农的财政规模。同时制定优惠政策,吸引外资的投入,在招商引资时,应该立足本地实际,避免盲目引资和虚假引资等情况的发生。加强科研资金的投入,资金的投入方式有很多种,主要是通过科研项目进行资金注入,投入的原则是优先扶持前途远大、切实可行的项目。同时,注意科研项目配套资金的落实,确保科研项目的保质保量完成。

西部地区在发展的过程中,受软硬环境、主客观等多种因素的影响,导致了人才的严重浪费和流失,不利于科学技术水平的发展和进步。所

---

① 雷玲:《西部地区现代农业发展评价研究》,博士学位论文,西北农林科技大学,2012年。
② 庞凌霄:《吉林省农业资金投入问题探析》,《财会月刊》2011年第4期。

以西部地区在农业发展的过程中，应该在结合当地实际情况的前提下，引进人才，减少和避免人才的浪费，做到才有所用，才有所值。还要有计划地组织西部地区的人员进行学习，尤其是到技术和管理先进的地区学习，从而提高本地区的技术进步。

（3）优化农业产业结构，完善农业市场体系。西部地区在发展的过程中，存在产业结构单一的问题，以第一和第二产业为主，第三产业所占比重很小，所以必须从农业发展开始，调整整个西部产业结构，实现产业结构的合理化。增加资源的附加值的方式就是要充分发挥本地区的资源优势，对优势资源进行深度加工；大力推进第二、第三产业，实现三个产业的协调发展，大力发展现代服务型产业；大力发展农业重点龙头企业，扩大企业发展规模，发挥企业的带动作用，从而提高整个地区农业发展水平。

市场体系的完善，是现代农业发展的重要因素，完善农业市场体系，首先，要优化的是市场体系的布局，其主要措施是建立多功能、多层次农产品市场，包括初级市场、物流配送、批发市场、期货市场、连锁市场、拍卖市场等。[①] 其次，提高农产品的商品化率，建设适合西部地区的现代农业发展的新型农业科技创新体系，提高创新成果的转化率。最后，加快农业流通贸易组织的发展，引导工商、外资、民营企业进入农业生产、流通、销售领域，充分发挥其生产资料供应、技术规范、生产管理、市场开拓方面的服务功能。

4. 加快城市化进程，提高城市化水平

西部地区城市化水平低，发展不平衡，只有内蒙古和重庆的城镇化率超过了全国水平，其他省份普遍偏低。且西部地区的发展道路具有封闭单一，资源导向，计划主导，缺乏产业支撑，城市发展基础薄弱的特点。加快贵州的城市化进程，提高贵州的城市化水平，对于贵州的工业化发展具有重要的意义。

（1）着力提高西部城镇化水平和城镇现代化水平。西部地区城镇化发展的目标就是实现城镇现代化。科学合理的规划，基础设施建设，提高西部城镇化建设的森林覆盖率，打造生态园林城镇，发展和普及城镇经济技术产业，从而完成城镇居民生活社会化和资源利用的节约化，又

[①] 周艳恒：《西部地区现代农业发展的制约因素及对策》，《农业经济》2013 年第 3 期。

好又快地完成西部地区长期的发展任务。①

（2）对城镇发展的硬环境和软环境进行优化。硬环境的建设对城镇发展很重要，它既是促进发展的基础性工作，也是与其他国家进行竞争的优势所在。国内外成功经验可以给西部地区城镇化建设带来不少灵感，但是，其发展必须结合自身的特点，由于西部地区硬环境并不发达，需要边发展边建设，在城镇化过程中加强硬环境建设，如交通、通信、现代物流等基础设施和基础产业的建设。加快推进生态环境建设进程，让硬环境上升到一个新的台阶。同时，也要同步推进软环境的建设，其中软环境包括有效清廉的政务环境、优良的政策机制环境、文明公正的法治环境、诚实守信的公平竞争市场环境、积极向上的人文环境、优质高效的社会服务环境，这些环境对于解决西部城镇化建设资金问题及人才问题意义重大。②

（3）大力发展第二、第三产业，支撑城镇化产业发展。城镇产业的发展是城镇化的内在要求，而城镇化又是全面建成小康社会的内在要求，是"三农"问题得到解决的关键所在，实现城镇化的前提首先是以产业发展为基础的经济发展，没有经济发展作为支撑，城镇化就根本无从谈起。由于第二、第三产业发展的缺失，城镇化只是表现为人口的城镇化，而没有发展的前景。因此，在西部经济发展中，必须大力发展第三产业，提高第三产业的比重。在产业结构调整过程中，大力发展西部就业型经济，不但能拓展就业空间，增加就业容量，还能使人口增长与经济发展创造的就业岗位相协调。

5. 保护生态环境和进行生态文明建设

西部地区有其独有的地理和环境优势，在发展的过程中出现了不同于东中部地区的生态环境问题，主要包括土质流失、土地荒漠化严重、森林和草原的生态破坏以及水资源污染和水生态破坏。其中环境问题的产生有各种因素，包括不可抗拒的自然因素、落后的生活生产方式、产业结构不合理、资源利用不合理等因素。所以，保护西部地区的生态环境关键在于生态环境建设。

（1）坚持因地制宜和综合治理的原则。我国西部地区有其不同于东

---

① 刘海霞：《西部城镇化建设的困境与出路》，《特区经济》2010年第10期。
② 同上。

中部地区的独特的地理位置和环境,同时我国西部地区面积广阔,各部分的自然地理环境差异显著,有温带湿润的高山森林和草甸、干旱的沙漠戈壁、寒温带湿润的高山森林和草甸等不同的环境特点,相互交织在一起,形成了各种具有特色的自然景观、植被类型、生物种群。① 因此,我们需要因地制宜,根据各区域特点进行生态文明建设。

(2) 加强生态环境建设的宣传。广大人民群众是生态环境建设的主体,如何充分发动群众、调动群众和依靠群众进行生态环境建设,成为生态环境建设成功进行的基础,要反复地、耐心细致地做群众工作,为生态环境奠定坚实的群众基础。② 首先,要在西部地区开展大规模的宣传教育活动,让广大人民群众明白进行生态环境的保护、保护与自身的关系以及工程建设中相关的政策规定。其次,政府要在寻找与人民群众共同利益结合点的基础上,加大宣传的力度,在经济建设的过程中,把生态环境建设放到一个重要的位置,保护生态环境建设政策的长期性和稳定性。通过优化人的经济行为,同时采取各种生态工程措施来保护环境,从而实现经济与自然环境协调发展;在修复自然环境方面,主要依靠自然环境自身的修复能力,并辅之以人工建设,使社会、经济和环境能够协调发展。③

(3) 建立生态补偿机制。在西部大开发的过程中,出现了大规模的人口和企业从东中部地区转移到西部地区,对西部地区的生态环境产生了重要的影响,甚至造成了西部地区生态环境一定程度的破坏。如何实现人口和企业的生态转移,关系到社会各方面的利益。西部地区应该本着特殊的投资原则,即"谁投资,谁受益",坚持以政府投资为主体,中央政府是投资的主体,东中部地区政府也有投资的义务,建立西部地区生态环境的补偿机制,应该结合西部地区的特点和情况,通过多学科、多部门的相互配合,同时重视其与经济、管理、法律和社会政策的内在关系,构建出适合西部地区的生态补偿体系。

---

① 赵秉栋、赵庆良:《西部地区生态环境建设刍议》,《水土保持研究》2002 年第 9 期。
② 崔献勇:《我国西部生态脆弱区生态移民问题研究》,《新疆师范大学学报》2004 年第 4 期。
③ 马丽君:《西部地区生态环境建设与可持续发展的思考》,《青海民族大学学报》2012 年第 2 期。

第五章 西部生态文明发展模式研究

第一节 西部生态文明发展模式现状评价及特征

一 生态文明评价指标体系

生态文明建设是一个逐步推进的漫长过程，在这个过程中，需要进行合理的规划、采取适当的措施和客观的评价把握人与自然和谐相处的程度，才能不断深入、完善、扩展和提升生态文明建设。生态文明评价体系为评价资源、发展和环境的协调程度提供了可靠的工具，同时能够解决其出现在建设过程中的问题，同时为引导生态文明建设全面协调、持续发展提供促进作用，提高和完善生态文明建设的生态化评价体系。[①]

（一）指标体系建立的原则

1. 科学性与可实施性相结合

指标体系具有科学性。一定要对生态系统进行充分、合情合理的探究和认识，要能够客观地体现生态文明建设的现实状况，并能很好地度量生态文明建设程度。指标的来源和意义都要明确的表达，数据的可用性与合理性得到准确的依据，必须对每个指标进行合理、规范的计算和分类。该指标具有可获得性，主要表现在以下三个方面：一是计算简单；二是公式简单；三是信息资料容易获得。可实施性主要表现在如下两个方面：一是指标数据的来源清晰；二是数据要有利于统计和计算，为了指标的朴实性、应用的广泛性，应尽可能采用国际国内公认指标，使评价结果具有广泛的认可性和适用性，同时与国内外相关方面的工作相衔接。

---

① 廖福霖：《生态文明建设理论与实践》，中国林业出版社2003年版。

2. 系统性和层次性相结合

生态文明建设是由生态文明意识、行为、效应等因素组成的，是一个错综复杂的新型复合系统，涵盖经济系统、社会系统和生态环境系统。层次性原则是系统性原则的升华，其主要的注意事项是要对问题和对象进行分解，在观察和研究复杂问题方面做到粗细结合、表里合一、局部与全局相结合，从系统的角度，层次鲜明地分析和解决问题。整个系统是复合型综合系统，系统的层次鲜明，下级层次能够很好地解释上级层次，每个层次又组成一个新的子系统，形成多层次的子系统。以此，使各类指标能够充分地反映现阶段生态文明建设发展水平和特征。

3. 复合性和典型性相结合

生态文明建设不是一个孤立体，而是一个复合系统，它与经济、社会、自然等多领域都要相交叉，所以影响因素众多，由于时间和其他原因不可能把所有因素进行评价，把相似的因素合成一个指标，这样既减少了工作量，又不会失去指标的有效性。要消除指标间的相同或相似内容或信息，使指标具有典型性特征，客观反映评价目标，既对生态文明建设的全貌进行综合性的反映，又凸显了地方特色。由此看来，所建立的生态文明建设评价标准必须从系统整体出发，科学地体现生态文明的复合性和典型性。

4. 区域性和特色性相结合

中国人口众多，民族多样，地缘广阔，不同地缘区域的经济状况、技术水平以及资源种类和数量等都有很大不同，所以存在地缘性不平衡问题，因此从可持续发展的全局性问题和区域经济发展的不均衡性问题出发，在设计生态文明指标参考值水平和评价标准时要区别对待。同时充分挖掘地方环境资源优势，立足当地特色，并有针对性地制定能客观地反映系统发展的状态和适合本区域发展的指标体系，以切实保障生态文明建设的贯彻来实施政策，全面、真实地反映生态文明建设的各个方面，推动地缘经济、社会和生态文明全面发展。根据各地区的特色去设计生态文明指标，同时充分展现地方的环境资源的相对比较优势，将这些优势转化为经济优势。在开发利用资源时要讲求合理性，要尊重环境资源的结构，使环境友好发展，加强生态效益，使生态文明建设更好地服务于经济发展。

5. 运动性与可持续性相结合

生态文明建设既是一个复杂、庞大的系统工程，也是一个长期性建设工程，这个过程是主观对客观的认识，这个过程具有渐进性、周期性和阶段性。因此，要充分考虑这个系统工程的运动性，来确定评价指标体系。根据不同阶段的特征来修订生态文明建设的指标体系，制定不同的评价标准，协调近期与远期关系，使指标的导向性得以保障，从而更加深入、扎实、有序地、可持续地进行生态文明建设。在设计指标体系的过程中，由于指标间存在相关性，要对其充分考虑，合理、有效地选取生态经济发展、自然生态环境指标，在目标确定时，要充分考虑经济和自然生态环境和谐发展程度。

6. 定性和定量相结合理念

在选取生态文明建设指标时，尽量选取能够量化的指标，对于不能量化而对生态文明建设的评价又很重要的指标，先定性分析，采取特殊的方法对其进行量化处理。要结合定性和定量观念，特别是在确定评价标准时，定性分析是准确掌握量变转化为质变的"度"的前提，最后才能有效、合理把握生态经济建设目标。

7. 引导性和目标性相结合

生态文明建设的指标体系不仅要反映发展状况还要明确努力方向，正确处理各类关系，提高各级领导和广大群众生态文明意识。在评估的过程中，不仅评定生态文明建设水平的高低，更主要的还在于指标体系应充分考虑系统的动态演化，从而指导、协助实现其战略目标以及检测其实现的程度，紧紧围绕着生态文明建设目标逐步展开，这样才能综合考察指标体系的构成。目标性原则表现为评定指标体系所确定的目的和要求能否科学、全面地被评估和测量，是指标体系建设的出发点和根本。生态文明建设指标体系是一个有机整体，其内部既相互关联又相互独立，以生态文明建设模式作为指导来选取和设定指标，指标体系基本结构能够得到合理的体现。

（二）是生态文明评价指标体系基本框架

"生态文明"是一个崭新的名词，也是近几年的热点，当今我国的生态文明指标体系尚未成熟，同时我国学术界也没有形成一个权威的适应全国各地区的生态文明指标体系，加之各地区的差异很明显，因此，找到通用的指标体系是一件很困难的事情。这里所指的生态文明评价指标体系主要是针对西部地区各省市而建立的，根据这些省市的经济、社会和生态环境的特征，架构区域性的生态文明评价体系。

根据生态文明建设的科学内涵及时代特征，本书架构生态文明指标体系的过程，在明白生态文明建设的本质内涵和时代背景下，通过翻阅和学习国内外已经形成的研究成果，以及他们在研究过程中所积累的实践经验，同时依据西部地区的实际情况。本书拟定的指标体系分为三层，第一层为总体层，即用生态文明综合指数代表生态文明建设的总体效果；第二层为系统层，分为生态经济、生态社会、生态环境、协调程度和生态文化五个子系统；第三层为指标层，根据建设目标，在每个评价子系统项下细分为若干评价要素，形成一系列单项指标，整个指标体系共29项指标，构成了建设生态文明建设指标体系的总体结构，具体见表5-1。

表5-1　　　　　　　　　生态文明评价指标体系

总体层	系统层	指标层
生态文明建设综合评价	生态环境	人均耕地面积（公顷）
		人均淡水资源量（立方米）
		自然保护区占国土面积比重（%）
		城市绿化覆盖率（%）
		森林覆盖率（%）
	生态经济	人均国内生产总值（元）
		生产总值增长率（%）
		第三产业贡献率（%）
		单位国内生产总值综合能耗降低（%）
		能源消费弹性系数（%）
	生态社会	社会保障覆盖率（%）
		人口平均预期寿命（岁）
		居民可支配收入（%）
		城镇登记失业率（%）
		居民家庭恩格尔系数（%）
		卫生服务费用占国内生产总值比重（%）

续表

总体层	系统层	指标层
生态文明建设综合评价	协调程度	水土流失治理面积比率（%）
		工业废水排放达标率（%）
		生活污水处理率（%）
		工业二氧化硫去除量（万吨）
		固体废弃物处理利用率（%）
		环境污染治理投资占国内生产总值比重（%）
		城市生活垃圾无害化处理率（%）
	生态文化	国家财政性教育经费占国内生产总值比重（%）
		公共图书馆个数（个）
		博物馆个数（个）
		高等学校在校人数比重（%）
		三种专利申请授权数（个）
		研究与试验发展（R&D）占国内生产总值比例（%）

资料来源：根据有关年份《中国统计年鉴》数据整理计算而得。

（三）指标释义[①]

1. 生态环境

（1）人均耕地面积体现的是任何地区的耕地资源问题，它是任何地区总人口人均占有种植各种农作物的土地面积。

（2）人均淡水资源量是指某区域可使用的地下水和地表水的总和除以该区域的人口总数而得。

（3）自然保护区占国土面积的比重是我国衡量生物多样性的重要指标，计算方法是用自然保护区的总面积除以国土总面积而得。

（4）城市绿化覆盖率的计算方法是用包括公园绿地、生产绿地、防护绿地、附属绿地和其他绿地的面积总和除以城市土地面积而得。

（5）森林覆盖率是指有林地的面积占土地总面积的比重，森林覆盖率越高，生态平衡状况越好，同时说明野生动物、植物生活环境越好，人与动、植物的相处就越和谐。

[①] Mirjana, G., Olja, M. L., Definition: Characteristics and State of the Indicators of Sustainable Development Agriculture, *Ecosystems and Environment*, Vol. 130, 2009, pp. 67 – 74.

2. 生态经济

（1）人均国内生产总值是指一个国家或地区在一定时期（一般指一年）国内生产总值与年终总人口之比。

（2）生产总值增长率。反映的是一国或地区的经济发展速度，在经济分析的过程中扮演重要的角色。国内生产总值是以价值形式表示的一个国家或地区所有常住单位在一定时期内生产的所有产品与劳务的最终成果。

（3）第三产业贡献率反映的既是第三产业对国民经济发展的推动作用的大小，也是一国或地区经济发展水平和工业化程度的重要指标。

（4）单位国内生产总值综合能耗指标反映的是经济发展方式的可持续性，体现了区域能源利用率，表现方法是区域内单位国内生产总值所消耗的能源数量。

（5）能源消费弹性系数反映的是经济增长方式，是粗放型增长还是节约型增长，计算方法是能源消费增长速度除以国民经济增长速度而得。

3. 生态社会

（1）社会保障覆盖率是指参与养老保险人数占总人数的比重。

（2）人口平均预期寿命可以反映出一个社会生活质量的高低、社会经济条件、卫生医疗水平。

（3）居民可支配收入是指居民可以自由支配和分配的那部分收入，主要包括可用于最终消费支出、其他非义务性支出和储蓄。它既是决定居民生活水平的重要因素，也是衡量地区居民富裕程度的重要标准。[①]

（4）城镇登记失业率是指城镇登记失业人员与城镇单位就业人员（扣除使用的农村劳动力、聘用的离退休人员、港澳台及外方人员）、城镇单位中的不在岗职工、城镇私营业主、个体户主、城镇私营企业和个体就业人员、城镇登记失业人员之和的比。

（5）居民家庭恩格尔系数指城镇（农村）居民的食品消费支出占家庭总收入的比重，联合国粮农组织规定恩格尔系数60%以上为贫困，50%—60%为温饱，40%—50%为小康，40%以下为富裕。

（6）卫生服务费用占国内生产总值比重也是衡量生态文明的一个重

---

① Torras, M., Boyce, J., Income, Inequality and Pollution: Areassessment of the Enivronment Kuznets Curve, *Ecological Economics*, Vol. 25, 1998, pp. 147–160.

要的指标。卫生服务与经济社会有密切联系，健康和经济发展是相辅相成的，经济发展的目的是健康，健康是经济发展的最高目标。研究显示，发达国家人力资本对经济发展的贡献高达70%以上，而中国目前大致是在35%左右。中国人力资本对经济增长的贡献有很大的提升空间。

4. 协调程度

（1）水土流失治理面积比率是指在山丘地区水土流失面积上，按照综合治理的原则，采取各种治理措施所治理的水土流失面积总和占总水土流失治理面积的比重。

（2）工业废水排放达标率是指一个城市（地区）工业化带来的污染源问题，其计算方法是工业废水排放达标量占其工业废水排放总量的百分比。工业废水排放达标量是指废水中行业特征污染物指标都达到国家或地方排放标准的外排工业废水量。

（3）生活污水处理率一般是指城市的污染处理率，反映的是城市生态水平，其计算方法是经过处理的生活污水量除以污水排放总量而得。

（4）工业二氧化硫去除量是指燃料燃烧和生产工艺废气经过各种废气治理设施处理后去除的二氧化硫量。

（5）固体废弃物处理利用率是指固体废弃物综合利用量占固体废弃物产生量的比重。

（6）环境污染治理投资占国内生产总值比重反映了环境保护在整个国民经济中占有的地位和作用，它是环境保护与国民经济其他各部门在分配环节上进行综合平衡后的定量结果，投资的方式有主动和被动之分。一般来说，环境污染和资源破坏与经济、社会发展呈正相关关系，人体健康及国民收入所受到的损失越大，环境保护投资也相应越多。

（7）城市生活垃圾无害化处理率反映区域对生活垃圾二次污染的防治程度。

5. 生态文化

（1）国家财政性教育经费占国内生产总值比重，是衡量一国政府教育投入水平的重要指标。

（2）公共图书馆个数是某一行政区域由中央或地方政府管理、资助和支持的、免费为社会公众服务的图书馆的总数。生态文明建设需要社会人有较多的知识和技能，图书馆走入平民百姓当中，担负起了对人的科学知识文化教育的任务。

(3) 博物馆个数。博物馆是征集、典藏、陈列和研究代表自然和人类文化遗产实物的场所，并对那些有科学性、历史性或者艺术价值的物品进行分类，为公众提供知识、教育和欣赏的文化教育的机构、建筑物、地点或者社会公共机构。它是以学习、教育、娱乐为目的的非营利的永久性机构，对公众开放，为社会发展提供服务。

(4) 高等学校在校人数比重是指已入学人数（无论年龄多大）与适龄人口之比，主要用于反映一个国家或地区高等教育的发展现状和比较不同国家的高等教育发展水平。

(5) 三种专利申请授权数反映拥有自主知识产权的科技和设计成果情况。

(6) 研究与试验发展（R&D）占国内生产总值比例是指一定时期科学研究与试验发展经费支出与国内生产总值之比。

通过建立了一套生态文明建设评价指标体系，有利于协调发展过程中各方面的关系；对不同指标进展情况进行监测，可以找出生态文明建设进程中的薄弱环节及存在的问题和不足，从而为制定有关决策措施提供科学依据，促进生态文明建设目标的顺利实现。

（四）确定权重

权重是统计指标体系的重要内容，如何来确定权重也是学术界很热的话题，而研究生态文明、和谐社会等相关统计指标体系的构建，首当其冲的是研究各个指标的权重，权重系数可以分为两大类：一是主观权重法，主观赋权法带有个人主观色彩，它是通过人们对各个评价指标的重视程度来确定其权重的一类方法，常用的有层次分析法、专家咨询法、德尔菲法。该权重系数的真实性主要取决于相关学者专家的认知和偏好，所以总是有一定的主观偏见性。二是客观权重法，该方法能够客观地反映权重系数的真实性，其基本思路是：权重系数应当以各个指标总体中的变异程度所提供的信息量的大小来决定相应指标的权重系数；常用的客观赋权法有熵值法、均方差法、极差法等，变异程度越大，则该指标对评价系统所起的作用就越大；反之则越小。

对于同一个综合评价问题，主观赋权法和客观赋权法都有各自的长处和优点。主观赋权法在综合评价的过程中带有一定的随意性，而客观赋权法通常是利用比较完善的数学理论和方法，为使指标的赋权更加有客观性，本书采用客观赋权法中的熵值法。

熵值法是客观地反映了指标权重的系数，它是通过各项指标的初始值信息来确定的，具有原始效应。熵原是用于估计各种随机试验不肯定程度的指标。在信息系统中熵原是一个平均数，熵原可以度量信息的无序性，系统有序度的度量是其度量的核心，两者之和等于零。信息熵越大，则信息的无序度就越大，而信息效用值和指标的权重反而会减少。[①] 因此，信息熵反映系统信息的有序程度和信息的效用值，进行客观赋权从而做出综合评价。根据美国数学家申农（Shannon）的定义，假定随机试验∂有限个不相容的结果 A_1，A_2，…，A_m，其出现的频率分别为 P_1，P_2，…，P_m，则这 m 个结果的平均信息量，即熵为：

$$E = -\sum_{i=1}^{m} p_i \ln p_i (i = 1, 2, \cdots, m) \quad (5-1)$$

并且，熵值越大，说明 P_1，P_2，…，P_m 之间的差异越小，即这 m 个结果势均力敌，随机试验∂的信息效用值越小，指标的权重越小；随机试验的信息效用值越大，指标的权重越大。将这种思想应用到生态文明指标体系的确定中来，把每一个指标都看成一个随机试验，确定步骤如下：

$$X = \{X_{ij}\}_{m \times n} \begin{pmatrix} x_{11} & x_{12} & \cdots & x_{1n} \\ x_{21} & x_{22} & \cdots & x_{2n} \\ \vdots & \vdots & & \vdots \\ x_{m1} & x_{m2} & \cdots & x_{mn} \end{pmatrix} X_{ij} \quad (5-2)$$

其中，X_{ij} 表示第 i 个评价对象在第 j 项指标上的指标值。由于各项指标的量纲、数量级及指标的正负取向均有差异，不宜进行直接比较，需要对初始数据进行标准化处理。

1. 数据标准化处理

上述矩阵标准化后可得：

$$R = \{r_{ij}\}_{m \times n} \quad (5-3)$$

式中，r_{ij} 为第 i 个评价对象在第 j 项指标上的标准化数值，$r_{ij} \in [0, 1]$。对于越大越好的指标而言：

$$r_{ij} = \frac{x_{ij} - \min_i\{x_{ij}\}}{\max_i\{x_{ij}\} - \min_i\{x_{ij}\}} \quad (5-4)$$

[①] 王晖、陈丽、陈垦：《多指标综合评价方法及权重系数的选择》，《广东药学院学报》2007 年第 23 期。

对于越小越好的指标而言：

$$r_{ij} = \frac{\max_i\{x_{ij}\} - x_{ij}}{\max_i\{x_{ij}\} - \min_i\{x_{ij}\}} \quad (5-5)$$

其中，$\max X_{ij}$、$\min X_{ij}$ 分别为第 j 项指标下评价样本值的最大值和最小值。

然后在采用 Z-Score 标准化公式 $Z_{ij} = (r_{ij} - \bar{r}_j)/s_j$，进行标准化，其中，$\bar{r}_j$ 为第 j 项指标的均值，s_j 为标准差。①

由于计算信息熵时需要去自然对数，因此指标值必须为正数，令 $y_{ij} = z_{ij} + b$，其中，b 为 $b + \min z_{ij}$ 略大于 0 的一个正数。这样便得到了标准化矩阵 $Y = \{y_{ij}\}_{m \times n}$。

2. 计算指标信息熵值（e）和信息效用值（d）

首先，计算第 j 项指标下第 i 样本指标的比重（p_{ij}）：

$$p_{ij} = y_{ij} / m\sum_{i=1}^{m} y_{ij} \quad (5-6)$$

其次，第 j 项指标的信息熵 e_j 为：

$$e_j = -K\sum_{i=1}^{m} p_{ij} \ln p_{ij} \quad (5-7)$$

式中，$K > 0$，$e_j > 0$。常数 k 与系统的样本数 m 有关，对于一个信息完全无序的系统，信息有序度为零，其熵值最大，$e = 1$，m 个样本处于完全无序分布状态时，$p_{ij} = 1/m$。此时，$e_j = -K\sum_{i=1}^{m} \frac{1}{m} \ln \frac{1}{m} = K\sum_{i=1}^{m} \frac{1}{m} \ln m = K\ln m = 1$，于是得到 $K = 1/\ln m$，$0 \leq e \leq 1$。然后，计算指标的效用值 d_j。由于信息熵 e_j 可用来量度第 j 项指标信息的效用值，对于给定的第 j 项指标，x_{ij} 的差异越小，则 e_j 越大；当 x_{ij} 全部相等时，$e_i = e_{\max} = 1$。此时对于评价对象间的比较，指标 x_j 毫无作用，即 e_j 的信息对综合评价的效用值为零；当 x_{ij} 差异越大，e_j 越小，x_j 指标对于评价对象的比较作用越大。定义 d_j 为第 j 项指标的信息效用价值，则有：

$$d_j = 1 - e_j \quad (5-8)$$

3. 定义评价指标权重

利用熵值法估算各指标的权重，其本质是利用该指标信息的价值系

---

① 陈军飞、王慧敏：《生态城市建设指标体系与综合评价研究》，《环境保护》2005 年第 9 期。

数来计算，其价值系数越高，对评价的重要性越大（或者称权重越大，对评价结果的贡献越大）。第 j 项指标的权重为：

$$w_j = \frac{d_j}{\sum_{i=n}^{n} d_j} \qquad (5-9)$$

4. 类指数权重的计算

对于多层结构的评价系统，根据熵的可加性，可以利用下层结构的指标信息效用值，按比重确定对应于上层结构的权重 w_i 数值。在熵值法前面步骤中，已经计算了各个指标的效用值 d_j，对下层结构的各个指标的效用值求和，得到各类指标数的效用值，记作 D_K（$K=1, 2, \cdots, g$）。进而得到全部指数效用值的总和：

$$D = \sum_{K=1}^{g} D_K \qquad (5-10)$$

则相应类指数的权重为：

$$W = D_K/D \qquad (5-11)$$

本书以全国 2001—2011 年的数据为基础（资料来源：统计部门的统计年鉴、环保年鉴、环境状况公报、年报以及环境保护工作回顾、创建国家生态区资料汇编等文件资料整理计算而得），按照上述方法计算权重，计算得到信息熵、效用值和指标权重（见表 5-2）。由于数据的收集和统计的原因，个别年份的指标有缺失值，本书对此利用 SPSS 缺失值处理方法和线性插值的方法进行处理。

表 5-2　　生态文明建设综合指数的指标层权重（熵值法）

指标层（D）	信息熵（e_j）	效用值（d_j）	权重值（w_i）
人均耕地面积	0.9483	0.0517	0.1888
人均淡水资源量	0.9334	0.0666	0.2538
自然保护区占国土面积比重	0.9471	0.0529	0.1475
城市绿化覆盖率	0.9484	0.0516	0.0839
森林覆盖率	0.9474	0.0515	0.0846
人均国内生产总值	0.9450	0.0660	0.2329
生产总值增长率	0.9425	0.0575	0.2044
第三产业贡献率	0.9386	0.0614	0.0721

续表

指标层（D）	信息熵（e_j）	效用值（d_j）	权重值（w_i）
单位国内生产总值综合能耗降低	0.9152	0.0848	0.0831
能源消费弹性系数	0.9140	0.0832	0.0830
社会保障覆盖率	0.9556	0.0444	0.2246
人口平均预期寿命	0.9445	0.0775	0.0347
居民可支配收入	0.9453	0.0547	0.1341
城镇登记失业率	0.9388	0.0612	0.1545
居民家庭恩格尔系数	0.9546	0.0454	0.0370
卫生服务费用占国内生产总值比重	0.9225	0.0555	0.0927
水土流失治理面积比率	0.9146	0.0854	0.2236
工业废水排放达标率	0.9171	0.0829	0.0530
生活污水处理率	0.9225	0.0745	0.0448
工业二氧化硫去除量	0.9167	0.0833	0.0776
固体废弃物处理利用率	0.9336	0.0664	0.0967
环境污染治理投资占国内生产总值比重	0.9403	0.0597	0.3222
城市生活垃圾无害化处理率	0.9391	0.6090	0.0413
国家财政性教育经费占国内生产总值比重	0.9419	0.0581	0.2921
公共图书馆个数	0.9283	0.0717	0.1460
博物馆个数	0.9492	0.0508	0.1912
高等学校在校人数比重	0.9334	0.0666	0.2635
三种专利申请授权数	0.9417	0.0583	0.1009
研究与试验发展（R&D）占国内生产总值比例	0.9381	0.0619	0.1972

资料来源：根据有关年份《中国统计年鉴》数据整理计算而得。

表5-3　生态文明建设综合指数的各级指标权重（熵值法）

总体层	系统层	指标层	权重
生态文明建设综合评价	生态环境（0.2073）	人均耕地面积	0.0384
		人均淡水资源量	0.0517
		自然保护区占国土面积比重	0.0306
		城市绿化覆盖率	0.0186
		森林覆盖率	0.0179

续表

总体层	系统层	指标层	权重
生态文明建设综合评价	生态经济（0.3309）	人均国内生产总值	0.0741
		生产总值增长率	0.0554
		第三产业贡献率	0.041
		单位国内生产总值综合能耗降低	0.0225
		能源消费弹性系数	0.0239
	生态社会（0.2711）	社会保障覆盖率	0.0626
		人口平均预期寿命	0.0115
		居民可支配收入	0.0443
		城镇登记失业率	0.0511
		居民家庭恩格尔系数	0.0122
		卫生服务费用占国内生产总值比重	0.0307
	协调程度（0.1210）	水土流失治理面积比率	0.0455
		工业废水排放达标率	0.0418
		生活污水处理率	0.0143
		工业二氧化硫去除量	0.021
		固体废弃物处理利用率	0.0276
		环境污染治理投资占国内生产总值比重	0.0418
		城市生活垃圾无害化处理率	0.0136
	生态文化（0.0733）	国家财政性教育经费占国内生产总值比重	0.0214
		公共图书馆个数	0.0107
		博物馆个数	0.0193
		高等学校在校人数比重	0.0235
		三种专利申请授权数	0.0073
		研究与试验发展（R&D）占国内生产总值比例	0.0144

资料来源：根据有关年份《中国统计年鉴》数据整理计算而得。

二　西部生态文明发展模式评价

综合评价是建立生态文明评价指标体系的目的之一。要从整体上把握我国西部地区生态文明的建设情况，并进行不同地区、不同特征生态文明的比较研究，完成指标体系评价功能，一个比较有效的方法就是综合指数法。

综合指数法又称比重评分法，运用综合指数法分析评价我国西部生态文明的建设进程，最先是由财务状况综合评价的先驱者亚历山大·沃尔在评价企业财务状况时提出的。首先需要得出各项目标层权重，然后比较各项比率与选定的标准比率，计算得出相对比率，再根据相对比率与权重乘积评出每项比率的得分，综合评价得分由各项比率的得分之和得出。其计算过程用公式表示为：

综合评价得分 = $\sum$ 权重 ×（实际比重 ÷ 标准比重）

同样可以运用综合指数法来评价生态文明的建设情况。这种方法的主要步骤为：

首先，构建合理的生态文明评价指标体系，确定各项指标的目标值及权数。

其次，根据各项指标的实际数值与目标值的比率，计算相对比率。特别注意：一是对于逆向指标，通过目标值与实际值之比来计算相对比率；二是当计算出的相对比率大于1时，表示该指标已经实现了既定目标，为了避免个别指标值过大拉动总评值的上升，均衡各项指标，相对比率一律取1，相当于确定了最高比率。

再次，集散综合评价得分，其计算公式为：

综合评价得分 = $\sum$ 权重 ×（实际比重 ÷ 标准比重）

最后，对各项指标的综合评价得分进行比较。

生态文明是一个相对的、动态的概念。生态文明建设逐渐改善已经遭受破坏的环境，是一个从低层次文明逐步走向高层次文明的动态过程，这是一项伟大事业，人类必须永恒坚持。在各个不同的发展阶段，生态文明建设的目标各不相同。因此，本书以阶段目标（指某个特定的历史阶段，我国社会建设的文明状态）为立足点。本书以2020年为生态文明的一个有限目标，以党的十八大精神为指南，力求最大限度地体现生态文明的基本特征。参考国际上通用办法来衡量生态水平所处阶段，以及发达、发展中、落后国家的生态文明建设状况，依据党的政府报告及其他相关文件资料所列的全面小康与生态文明规划，再根据我国生态文明各项评价指标数值，采用趋势外推的方法来确定。

表 5-4　　　　　　　　2011 年西部生态文明建设评价

指标层	权重	实际值	目标值	相对比率	综合得分
人均耕地面积	0.0384	1.08	1.4	0.711	0.031
人均淡水资源量	0.0517	1800	2500	0.72	0.039
自然保护区占国土面积比重	0.0306	15.16	17	0.892	0.028
城市绿化覆盖率	0.0186	19	24	0.792	0.025
森林覆盖率	0.0179	21	30	0.7	0,013
人均国内生产总值	0.0741	2301	3500	0.651	0.040
生产总值增长率	0.0554	60.4	78	0.87	0.032
第三产业贡献率	0.041	40.7	55	0.740	0.030
单位国内生产总值综合能耗降低	0.0225	1.22	0.84	0.689	0.015
能源消费弹性系数	0.0239	1.23	0.74	0.634	0.015
社会保障覆盖率	0.0626	37.3	85	0.439	0.033
人口平均预期寿命	0.0115	71.4	90	0.79	0.027
居民可支配收入	0.0443	2280	3500	0.651	0.040
城镇登记失业率	0.0511	4.2	3	0.714	0.047
居民家庭恩格尔系数	0.0122	55	40	0.714	0.037
卫生服务费用占国内生产总值比重	0.0307	4.82	7.89	0.604	0.029
水土流失治理面积比率	0.0455	30	100	0.300	0.014
工业废水排放达标率	0.0418	37.8	100	0.378	0.005
生活污水处理率	0.0143	37.1	100	0.371	0.006
工业二氧化硫去除量	0.021	23.1	100	0.231	0.003
固体废弃物处理利用率	0.0276	25	100	0.025	0.005
环境污染治理投资占国内生产总值比重	0.0418	0.57	10	0.057	0.019
城市生活垃圾无害化处理率	0.0136	52.2	100	0.552	0.005
国家财政性教育经费占国内生产总值比重	0.0214	3.32	5	0.664	0.025
公共图书馆个数	0.0107	169	270	0.626	0.006
博物馆个数	0.0193	118	300	0.3930	0.009
高等学校在校人数比重	0.0235	21	35	0.6	0.021
三种专利申请授权数	0.0073	2.31	6	0.385	0.007
研究与试验发展（R&D）占国内生产总值比例	0.0144	1.34	2	0.67	0.009
合计				1	0.5816

资料来源：根据有关年份《中国统计年鉴》数据整理计算而得。

从表 5-4 的评价计算结果可以看出各项指标综合得分合计为 0.5816，说明到 2011 年，我国西部地区生态文明建设已经取得显著成效。但是从每个系统层来看得分不均衡，生态环境系统层得分 0.126，生态经济系统层得分 0.132，生态社会系统层得分 0.193，协调程度系统层得分 0.0379，生态文化系统层得分 0.058。在生态文明建设中西部地区的经济与社会发展取得了较大进步，同时生态环境也得到改善，但是协调度和生态文化建设还需要进一步加强。

从西部各省份的评价结果来看，具有一定的差别（见表 5-5）。重庆所得分数最高，说明重庆在生态文明建设过程中所取得的进步较大，而青海省所得分数最低，说明该省份在经济、社会、文化、生态环境以及环境保护方面较其他地区落后。排名靠前的地区还有四川、广西等省份，这些地区不仅有较好的生态环境，并且相对于其他西部省份经济发展水平较高，也就为建立生态社会、生态文化以及保护环境提供了物质保障，而像甘肃、宁夏、青海等这些省份的排名相对靠后，由于自然地理等原因，草地森林覆盖率低，气候干燥，生态环境较差，较弱的生态活力直接制约了生态文明建设水平。贵州、内蒙古这些排名靠中间的省份则是

表 5-5　　　　　　　　2011 年西部各省份生态文明评价

省份	生态环境	生态经济	生态社会	协调程度	生态文化	综合得分
内蒙古	0.098	0.145	0.201	0.0311	0.055	0.5301
四川	0.132	0.142	0.210	0.040	0.063	0.587
重庆	0.130	0.153	0.230	0.0403	0.069	0.6223
广西	0.141	0.134	0.200	0.0396	0.053	0.5676
云南	0.135	0.121	0.191	0.032	0.052	0.531
贵州	0.129	0.119	0.189	0.030	0.055	0.522
宁夏	0.085	0.125	0.186	0.033	0.051	0.48
甘肃	0.093	0.130	0.182	0.0376	0.050	0.4926
陕西	0.103	0.128	0.231	0.0398	0.062	0.5638
新疆	0.091	0.124	0.189	0.0356	0.051	0.4906
青海	0.087	0.120	0.182	0.0329	0.049	0.4709
西藏	0.090	0.138	0.193	0.0384	0.052	0.5114

资料来源：根据有关年份《中国统计年鉴》数据整理计算而得。

不能很好地协调经济发展和保护生态环境之间的关系，贵州虽然森林覆盖率在全国排名中等，但是经济发展水平落后于大部分省份，而内蒙古则相反，虽然经济发展水平不低，但是生态环境脆弱。

因此对于生态文明建设而言，国内生产总值的构成和质量比国内生产总值和人均量更重要。真正建设生态文明的标准是发展生态经济和循环经济，同时不断发展非物质经济。总而言之，生态文明建设不能唯国内生产总值论，也不能只保护环境而忽视经济发展，因为一国社会的发展和协调程度是通过人均国内生产总值来体现的。反过来，协调程度和社会发展对生态文明建设具有积极作用。生态文明的评价关系到单位国内生产总值二氧化硫排放量、城市生活垃圾无害化率和单位国内生产总值能耗，这一方面说明了协调程度对于现如今的西部生态文明建设至关重要，另一方面说明了我国西部生态文明建设要从污染治理、节能减排做起，即西部生态文明建设还处于初级阶段。因此，我国西部地区的生态文明建设的任务还十分艰巨，如果某个省份在生态文明方面的得分靠前，只能说明那个时间段的环境和经济发展良好，并不代表已经完成了生态文明建设的全部任务。

三 西部生态文明发展模式的特征

生态文明建设是一个阶段性过程，从初级阶段到高级阶段，初级阶段是过渡阶段，主要是为了转变工业文明发展方式，从而重点转变经济社会发展方式，有利于自然环境系统损害的减少，使经济和社会系统建立在资源环境的承载能力范围之内这是其最基本的要求，基本形成新型的产业结构、增长方式和消费模式，新的所在之处是合理利用环境资源和保护生态环境，同时还可以提高可再生能源利用率，有效控制主要污染物排放量，明显改善生态环境质量；在高级阶段，使经济系统发展适应社会系统发展，有效维护自然环境系统的健康安全，人与自然和谐相处。西部生态文明建设处于初级阶段，由于西部地区独特的地理位置和自然环境，使该地区的生态文明建设具有独特性。

（一）西部地理位置的特征

西部地理位置的特征决定了西部生态文明建设的重要性和必要性。西部地区面积广，资源丰富，范围包括西藏、甘肃、新疆、贵州、四川、广西和内蒙古等十多个省份，总面积达619万平方千米，占全国总面积的64.48%。西部的耕地、森林面积占全国的49.8%以上，草原面积占全国的81.3%以上,已探明煤炭储量占全国的60.1%,有色金属占全国的91.5%以上,作为世界上少有的优质能源基地的陕甘宁盆地,主要产集煤、气、油三大能源,新疆、青海、内蒙古、四川攀枝花分别以石油、钾盐、稀土、钒钛磁铁矿而闻名世界,它们矿资源的数量与质量堪称世界级。另外,我国特色的国民经济有一定的规模,主要是发展了科教、军工、能源,提高和改善了农业生产基本条件,主要表现在粗放的小农经济得到了改变,即向集约化的农业产业化转变,农业产业产品的产量和质量也提高不少,且具有巨大的发展潜力。由于西部丰富的物质资源,再加上技术创新,西部生态文明建设正在积极推进。

西部地区拥有一个关键性的地理条件,既是我国生态安全的保护屏障,更是国家未来经济能否提升的关键区域。在处理西部经济增长与生态文明建设两者之间的关系时,需要把两者放到同等重要的位置,在追求西部经济增长的同时也追求生态环境的保护与修复。因此,需要通过顶层设计,从政策、制度和方法的角度出发,使人类生产生活方式生态化,减少公地悲剧的发生,促进西部可持续发展。

(二)西部生态环境特征

由于西部独特的生态环境,西部生态文明建设相当的艰巨且紧迫。

西部生态环境具有生态脆弱、生态保护不足、易破坏不易恢复等特征;环境污染和生态破坏问题严重,总体恶化,治理水平较低。具体表现在以下几个方面:

1. 水土流失严重

水利部遥感调查得出西部地区土壤侵蚀情况非常严重,土壤侵蚀总量达到409.99平方公里,占国土比重高达60.66%,主要是由于风力侵蚀,主要表现如下:西北戈壁沙漠及沙地风沙区;西南地区的水力侵蚀(西北黄土高原区、东北黑土区、北方土石山区、南方红壤丘陵区、西南土石山区);青藏高原的冻蚀;等等。

水土侵蚀主要发生在黄土高原和长江中上游地区,其中黄土高原水土流失面积达45万平方公里,约占总面积的70%,成为黄河泥沙的主要源头和世界上水土流失最严重的地区。黄土高原及沙漠部分区域位于黄河中游,经历风吹水冲,导致大量的黄河泥沙堆积,西北地区每年以十六亿多吨的泥沙量流入黄河,长江中下游55万平方公里的水土流失,占总面积的34.99%,肥沃的土地不仅日益贫瘠,甚至石化,基本丧失耕作条件，江河湖泊泥沙淤积，长江中下游洪涝灾害频繁。在西北地区，由于水资源不足，采取大面积开荒的策略实施效果不好，开荒的土地不容易保持，即很容易被风蚀，土壤沙化，不能用作耕作土地。土壤沙化的原因还有地下水位降低、草场退化。在干旱的地区由于蒸发量大，使地下水位升高，在蒸发过后就残留大量的盐分在土壤表面，就形成土地盐碱化。新疆是一个典型的盐碱化地区，大量的对农田进行灌溉，导致25%的良田被盐碱化。宁夏也是一个盐碱化十分严重的地区，其水源主要来自黄河。由于青藏高原海拔高，冻融侵蚀严重，侵蚀面积约为104万平方公里。[1] 由于水土流失的严重性，水土流失治理迫在眉睫，这一指标必须列入生态文明建设指标体系中。

2. 荒漠化加剧

土地荒漠化主要有三种形式：一是土地荒漠化；二是土地石漠化；三是砾质荒漠化。西部地区的沙漠化面积扩大、程度加深、危害加剧的源泉就是西部地区的植被被破坏，这种破坏主要来自各种不合理的人为活动，包括人口增长、城市化、经济发展不协调等。西部地区的荒漠化主要表现为西北地区的荒漠化和西南地区的石漠化。现阶段，根据第三次（2004年）全国荒漠化和沙化监测资料显示，全国荒漠化面积为26361.68万公顷，占国土面积的27.46%，并且每年的增长速度也在不断加快。主要分布在18个省份，其中西藏、新疆、陕西、宁夏、甘肃、青海、内蒙古（自治区）7个省份是我国沙化最严重的地区，面积分别为107.16万平方公里、62.24万平方公里、43.35万平方公里、19.35万平方公里、19.17万平方公里、2.99万平方公里、2.97万平方公里，7省份荒漠化总面积达16511.61万公顷，占全国荒漠化总面积的97.576%，其他11省份占12.424%。由于土地沙漠化及土地退化使西部地区的资源不断减少，土地产能下降，阻碍了社会经济可持续发展。西部生态文明建设中也应将森林覆盖率、自然保护区占辖区的比重等与生态密切相关的指标纳入生态文明建设指标体系。

石漠化问题主要在西南地区，1987—1999年，石漠化面积从8.35万平方公里增加到10.55万平方公里，12年净增2.2万平方公里。其

---

[1] 胡鞍钢：《地区与发展·西部开发新战略》，中国计划出版社2001年版，第209—213页。

中近80%发生在贵州和广西，贵州是世界上石漠化最严重的地区之一。2006年，贵州省水利厅的调查显示，贵州有35920平方公里的土地存在轻度以上石漠化，占全省国土面积的21%。在短期内尚有43700平方公里左右的土地呈现潜在石漠化趋势。而且石漠化每年还以900平方公里的速度在扩展。

3. 水资源极度缺乏

目前，我国西部地区水资源的总量大约是14420亿立方米，除四川盆地以外，西部地区大部分都严重缺水，大部分地区的年降雨量都在420毫米以下，有的甚至只有100毫米，这反映了西北地区是水资源短缺的特严重的地区。在西北地区每年的年蒸发量为1000多毫米，而降水量和河流储量都很少，水资源的供需缺口大、矛盾突出。加上人类水资源不合理利用，造成湖泊干涸萎缩，冰川退化、河流断流等严重的水资源问题。

西部地区的河流断流不能引起国家的重视，而黄河及北方的缺水问题会引起国家和人们的广泛关注。下面通过举例来说明这个问题，例如，罗布泊湖和塔里木河沿河绿洲的干涸问题，沿河开荒面积达13万平方米以上，再加上在下游干流修建了库容1.8亿立方米的大西海水库，使下游340千米河道断流。沙漠中的绿洲和西部戈壁完全靠河流或冰雪化水来维持，河流水量大幅减少，从而导致沿河绿洲萎缩或消失。如塔里木河下游断流则使两岸的胡杨林大面积干枯死亡，各种野生动物也随之消亡。西北地区的干旱缺水率高达90%，其中新疆绿洲地区、甘肃河西走廊、石羊河流域和陕西关中地区缺水程度最高。西南地区的水资源丰富，年降水量高达1000毫米以上，但由于是暴雨居多，所以时常交替发生水灾、旱灾。由于西南地区大多为山地丘陵，土壤的蓄水功能低下，降雨多而储水少，且多为高谷深地，修建水利设施困难，水资源难以有效利用。

西部地区的缺水问题已经是一个历史性问题。从过去到现在，西北地区的水环境经历了很多次变化。从许多现有的资料显示，西部地区的水资源的变迁历史复杂、因素多样，主要包括自然因素和人为因素。自然因素主要表现是气候动荡，而人为因素主要表现是人类对树木的掠夺式利用。由于水资源的严重缺乏，西部生态环境和西部大开发计划都受到了不同程度的影响，人们生产生活的各个方面也都受到缺水的影响。①

资料显示，我国西北地区缺水是由于水资源本身在这一区域分布少，而西南地区是由于蓄水无能。西部水资源主要为固态冰川和地下水，有限的地表水由于复杂的地势而存在于沟壑中，在农业和工业利用不方便，西部地区发展的迫切问题就是水问题。因此，西部地区的发展要领是对水资源的利用要合理。

4. 森林植被减少

森林植被的丰富与否，关系到生态环境的有效保护，森林植被的减少会导致沙尘暴频发、水土流失、洪涝灾害发生。如今，我国西北地区的森林覆盖率大大低于全国平均水平。西藏为12.11%，宁夏为6.12%，新疆森林覆盖率只有3.05%，甘肃为6.78%，青海为4.9%。西北地区草原剧减现象也十分严重，退化率大大高于全国平均水平，以每年100万公顷的速度消失，陕西的草原退化率为58.78%，宁夏草原退化率高达97.56%，西藏则为30.89%。森林植被被破坏的主要原因包括不合理的水资源利用、过度垦殖和放牧及乱砍滥伐所造成的。② 西南地区森林资源丰富，但由于不合理地利用森林资源，主要表现是乱砍滥伐、过度垦殖、超载放牧等不合理的经济行为，尤其是西部大开发以来，使森林资源破坏严重。四川省20世纪50年代森林覆盖率30%—40%，80年代降至16.9%，90年代虽有上升，仍只有24.23%；植被破坏、森林资源减少带来的直接影响就是物种的减少。西部地区南北跨度大，地形复杂，气候条件复杂，决定了其物种的多样性。由于其生态环境脆弱，森林植被生态系统的失衡导致很多物种濒临灭绝。西部地区自然环境的特点，更加突出了西部生态文明建设的必要性。只有在西部地区建设的过程中，以科学发展观为指导，坚持人与自然和谐发展，处理好人口、资源与发展的关系，才能真正实现西部大开发的战略目标，才能实现西部地区的可持续发展。

---

① 王双怀：《五千年来中国西部水环境的变迁》，《陕西师范大学学报》（哲学社会科学版）2004年第33期。

② 胡鞍钢：《地区与发展·西部开发新战略》，中国计划出版社2001年版，第209—213页。

5. 生态灾害频发

西部地区由于环境因素和人为破坏导致的各种灾害时常发生。由于湿地不合理利用、滥牧、滥垦、滥伐，河流上游毁林开荒等，大大降低了森林、湿地的蓄洪调洪能力，再加上季节原因，导致旱涝灾害加重。还有草地退化、耕地沙化等环境问题，可以看到在20世纪后期，沙尘暴尤其是强沙尘暴明显频繁，环境更加危害严重。

6. 野生动植物遭遇威胁

西部地区拥有独特的地理优势和天然环境，保存了大量珍稀野生动植物资源。然而，近年来生态环境不断遭到破坏，严重威胁了野生动植物的生存环境，使部分珍稀动植物消失了，同时又威胁现存的珍稀动植物物种。我国很多地区都存在由于生态环境破坏和乱捕滥猎而使种群数量急剧减少的地区，由于商业价值观的泛滥，一些珍贵的野生食用植物和药用植物也被大量破坏。西部地区由于长期遭受掠夺式破坏而使相当数量的野生动植物濒临灭绝。[1]

7. 城市环境污染加深

西部地区的环境承载力和容量受到巨大压力，来自长期大规模开发浪潮和重化工业的兴起。西部地区的工业主要以有色金属、煤炭、石油化工、电力、天然气、盐化工、磷肥工业等能源和原材料工业为主，大都是能源密集型产业，耗电耗水十分严重，造成严重的空气污染、水源污染和白色污染，由于污染治理水平落后，生产技术和工艺水平低下，污染强度很高。虽然西部地区相对于东部、中部地区而言，其地区的工业污染总量不大，但主要分布在少数中心城市，城市环境污染依然十分严重。

目前，我国西部地区的空气污染越来越严重，主要原因在于能源、交通、城市人口膨胀及大型工业开发区的发展。随着环境污染范围的扩大、污染排放量的增加，严重威胁着西部地区可持续发展，尤其是以"三废"、二氧化硫、氮氧化物等为主要污染源的大气环境污染对资源、环境产生了巨大冲击。2005年我国二氧化硫排放量居世界第一位，其总量为2549.4万吨。据世界银行的研究显示，中国城市空气中悬浮颗粒物的浓度是世界卫生组织推荐标准的2—5倍，而二氧化硫在空气中

---

[1] 张文娟、高吉喜：《中国西部地区生态环境问题》，《环境教育》2001年第3期。

的浓度也是世界卫生组织推荐标准的 2—5 倍。① 2010 年西部地区国内生产总值接近全国国内生产总值的 20%，但工业废气的排放量占全国的 29.29% 左右，而二氧化硫的排放量占全国的 39.05% 左右；西部地区万元产值的污染物排放量比东部地区污染物的排放量高出 1—5 倍。可以预见，西部地区的生态环境受到东部企业的污染将进一步恶化。因此，水污染物（COD，NH3－N）排放强度和大气污染物（SOZ）排放强度将加入生态文明建设指标体系。

根据表 5－6 比较了东西部地区的不同特点和特色，不难看出东西部地区在生态文明方面所具有自身的优势是不同的。

表 5－6　　　　　　　　东西部生态环境特征比较

地区	西部	东部
地理位置	分布于我国的南、北、西三个方位，南北跨越 28 个纬度，东西横贯 37 个经度，远离海洋，深居内陆腹地，与 14 个国家接壤，与东南亚的许多国家隔海相望	背负大陆，面临海洋，处于太平洋的西岸，毗邻港澳地区和日本、东南亚，与美、加、澳、新隔海相望，地理位置优越
地形地貌	地势较高，地形复杂，高原、山地、盆地、沙漠、草原相间	地势平缓，以冲积平原为主，气候湿润，土地肥沃，水土资源匹配较好
气候条件	气候类型复杂多样，以干旱和高寒气候为主，跨越从北热带到寒温带的 7 个纬度气候带	属季风气候，温暖湿润，雨水丰沛
自然资源	矿产资源、石油、天然气、煤炭、水能、太阳能、地热能、风能、动植物资源、旅游资源丰富	有良好的农业生成条件，水产品资源丰富，但能源、矿产和土地资源相对短缺
生态环境	生态系统相当脆弱，生态环境日趋恶化，生态问题十分突出，如水资源短缺、水土流失严重、自然灾害频繁、环境污染加剧等	生态环境污染与破坏严重，外来物种入侵、地下水位下降与地面沉降、干旱与洪水灾害、湿地破坏和江河断流等生态问题突出

资料来源：根据有关年份《中国统计年鉴》整理。

---

① He, J. W., Kujs, L., "Rebalancing China's Economy – Modeling a Policy Package", World Bank China Research Paper No.7 (2007－09－10), http://www.scribd.com/full/500176?access－key=46exds72hnp6h.

西部地区发展的优势如下：一是地域辽阔，能源矿产资源储量大，主要包括水能、石油天然气、煤炭、稀土、钾磷、有色金属等，光能、热能丰富，生物物种种类繁多，拥有丰富的生态旅游资源；二是劳动力丰富，可以成为劳动密集型产业基地，劳动力市场潜力巨大；三是与十几个国家和地区接壤，区位优势非常明显，是我国与亚欧国家建立关系的纽带，为发展周边经济贸易合作提供了便利；四是随着老工业基地、国防工业企业、科研机构和大专院校的形成和发展，引进了一大批专门人才，为产业发展和协作提供配套条件。

但是，西部地区经济和社会发展受到自然条件、历史文化和政策体制等多方面原因的影响，与东部地区相比而言，还存在很大差距，甚至差距还在不断扩大。西部地区的基础设施相当落后，主要表现在：缺乏水利设施；交通路网不发达；电网建设十分滞后。尤其是交通路网十分落后的局面亟待改善；荒漠化规模大，水土流失面积广，生态保护占国土面积比重高，生态环境恶化，生态补偿机制不健全；资源优势转化为经济优势不足，主要表现在农业生产条件差，工业和服务业发展水平较低，企业机制不灵活，市场化程度较低，对外开放水平不高，技术创新能力不足，自我发展能力不强，产业结构不合理，产业链条不长；科教事业发展相对落后；"三农"问题得不到解决，城乡就业、差距矛盾尤为突出，开发扶贫工作十分困难；基本公共服务水平偏低，人才不足和人才流失现象相当严重。[①]

（三）西部生态文明发展模式特征

西部地理优势与生态环境特征决定了西部生态文明发展模式特征。

1. 西部地区的生态文明建设是以政府作为其强有力的后盾

无论从西部地区的经济发展水平、生态意识观念还是从法律法规的健全等方面，都需要政府在生态文明建设中发挥其宏观调控的作用。

（1）西部经济发展水平较低，与东部地区差距大。西部地区的经济发展水平较低有多方面因素，其主要包括历史、社会和自然等因素，无论是人均收入，还是工业化进程都滞后于中东部地区。

随着1990年我国实施西部大开发，给西部的发展带来了欣欣向荣

[①] 国务院西部地区开发领导小组办公室：《"十五"西部开发总体规划》，2002年。

的一面，但与东部地区的差距以及差距的扩大局面没有根本改变。根据《中国统计年鉴》（2012）统计，2011年西部国内生产总值总量为100235.0亿元，较2010年的81408.5亿元增长了81.22%。人均国内生产总值较上年增长了81.33%，其总量为27731元。第一产业12771.2亿元，第二产业51039.3亿元，第三产业36424.5亿元，第一产业比重为12.74%，第二产业比重为50.92%，第三产业比重为36.34%。地方财政预算支出27396.7亿元。全年完成社会固定资产总投资是全国的24%，其总量为72104.0亿元。农民人均纯收入5247元，城镇居民人均可支配收入18159元（见图5-1）。

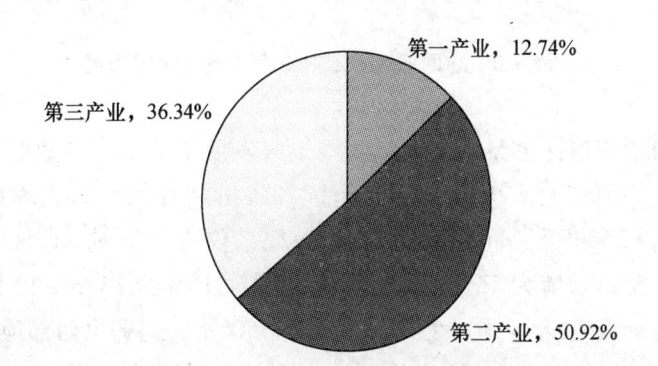

图5-1 西部三产业产值比重

东西部地区国内生产总值占全国比重的差距大这是由于东西部发展的差距较大表现出来的。根据《中国统计年鉴》（2012）统计，2011年全国国内生产总值为472881.6亿元，东部地区国内生产总值总量为271354.8亿元，占全国国内生产总值的52%；西部地区国内生产总值总量为100235.0亿元，仅占全国国内生产总值的19.20%。与2001年（东部60.15%，西部17.10%）相比，2011年东部地区国内生产总值比重下降了8.15%，西部地区上升了2.1%。从2001—2011年东西部地区国内生产总值占比重变化看，虽然东西部地区的差距在缩小，但边际缩小率很小，东西部地区的差距仍然较大（见图5-2）。

西部地区还属于欠发达地区，生态文明建设中还是要把经济发展放在重要的位置。因此，地区生产总值增长率、工业产值占国内生产总值比重、单位土地面积国内生产总值和人均国内生产总值等指标必须要列

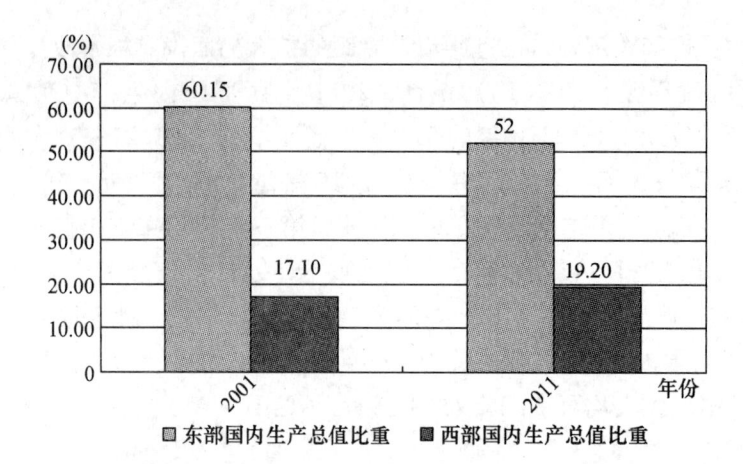

图 5-2 东西部地区国内生产总值占全国比重

入评价和考核指标体系中。同样我国地区发展不平衡，各地区人均国内生产总值差别较大。2011 年位列全国各省份之首的上海人均国内生产总值高达 82560 元，而贵州仅为 9214 元，仅占上海的 11.16%；甘肃为 12882 元，云南为 13687 元，也仅分别为上海的 15.6% 和 16.57%。2011 年东部地区人均国内生产总值为 53350 元，达到了西部地区 27731元的 1.92 倍，东西部地区人均国内生产总值差距大。因此，人均国内生产总值该指标在西部地区生态文明建设指标体系中起到非常大的作用（见表 5-7）。

表 5-7 2011 年西部地区各省份人均国内生产总值全国排名

省份	人均国内生产总值排名	人均国内生产总值（元）	国内生产总值排名	国内生产总值（万元）	国内生产总值增速（%）
内蒙古	07	37287	15	10130	13.7
四川	24	17289	09、	15567	10.1
广西	26	16576	18	9150	12.4
陕西	17	20497	17	10006	12.6
重庆	18	20219	23	7230	10.9
新疆	21	19119	25	5026	11.8
宁夏	19	19642	29	1580	13
青海	23	18346	30	1342	14.5
江西	27	15921	20	8724	11.8

续表

省份	人均国内生产总值排名	人均国内生产总值（元）	国内生产总值排名	国内生产总值（万元）	国内生产总值增速（%）
西藏	28	15294	31	626	12.1
云南	29	13687	24	7002	12.2
甘肃	30	12882	27	3970	10.6
贵州	31	9214	26	4274	11

资料来源：根据有关年份《中国统计年鉴》数据整理计算而得。

近年来，西部地区经济增长速度虽然较快，但是国内生产总值在全国国内生产总值中所占比重小，人均国内生产总值在全国排名中居于末尾。

对于西部地区生态文明建设中所需的大量资金，私人单位无法提供，并且在经济建设中若要考虑生态环境的因素，将会使投资成本上升。根据外部性理论，虽然生态文明建设具有正外部性，社会效益高于私人效益，但由于私人成本高于社会成本，很难吸引私人投资，需要政府采取税收优惠、补贴等一系列政策来支持生态文明建设。

（2）科技水平低，产业结构不合理。人类生态环境系统的主要部分就是产业结构。而产业结构的组合类型和强度又与经济效益直接相关，如果企业资源利用效率低，就会对生态环境产生不利影响，因此需要优化产业结构，提高资源效率，使其与生态环境和谐发展。

产业结构的合理化也是彻底解决环境问题的正确方向。由于产业结构不合理，创新力度不够，粗放的发展模式与生产方式使经济发展的同时，环境受到严重的破坏，包括资源浪费、生态破坏、环境污染、粗放经营、生态经济恶性循环等。目前，西部的农业生产还处于传统粗放农业模式，而土地资源又受到严重的破坏，主要表现为水土流失严重、耕地破坏等，严重缺乏可利用水资源，粮食增产难以实现，农业现代化进程难以推进。西北畜牧业发展模式落后，还是盲目地以数量来作为评价指标，同时草原资源也受到不同程度的破坏，草原及草原畜牧业在今后较长的时间内发展困难。

工业发展还是以粗放的传统农业为主，科技含量不高，环境友好型经济、循环经济发展意识不强。西部产业的高效快速、持续协调发展由于西部资源、生态及环境条件的局部恶化，受到不同程度的限制，甚至具有比较优势的产业也丧失了其应有的优势,这些因素给西部地区引进资金、人才、科技都带来诸多不便。2011年西部地区12省份工业总产值达43116.8亿元,占全国的18.6%,第三产业产值占全国比重的36.34%,低于同期全国平均水平(43.35%),第二产业产值占全国的比重(50.92%)和第一产业产值占全国的比重(12.74%)均高于全国平均水平(46.61%和10.04%)。与此相对应的是,西部的劳动力市场潜力巨大,西部地区第一产业就业人数比重明显高于全国平均水平。由于第三产业产值总量较低,因此,西部第三产业产值所占比重以及第三产业就业人数比重相对较低。受资源条件和工业基础的约束,西部地区的产业结构不合理,主要还是农牧业、重型化的产业,采掘业和原材料工业在重工业中所占比重较大。西部经济的发展主要是以牺牲环境为代价,主要表现为消耗资源过多,引进污染大的企业,依赖不再生的资源,导致了经济与生态环境的矛盾日益突出(见图5-3)。

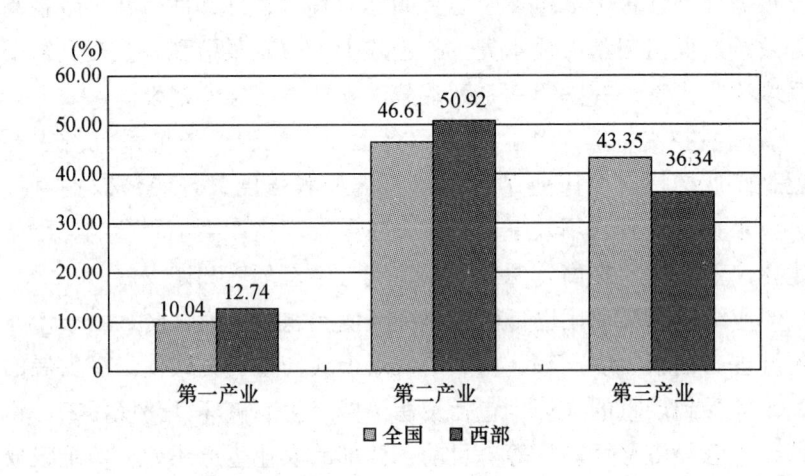

图5-3 西部与全国三产业产值比重

世界上大多数的旅游资源都集聚在中国西部,随着西部大开发的不断推进,西部的基础设施包括水利设施、交通路网、电网建设等逐渐得到完善,生态旅游开始得到发展,并迅速成为西部经济发展的支柱型产业,西部的自然资源优势转变为西部的经济优势。生态文化建设的核心就是构建绿色、和谐社会,其中提高第三产业的比重为首要任务。旅游业是真正的环境友好型产业,因此,我们必须重视诸如旅游等第三产业收入占地区生产总值比重,并将其列入生态文明建设指标体系中,以促进西部旅游业发展。

因此,关于建设西部生态文明的问题,主要做法就是优化产业结构,加快发展第三产业,提高第三产业占国民收入的比重,必须坚持走中国特色新型工业化道路,并且优化第二产业内部结构,信息化与工业化相互促进,共同发展,同时促进农业化、现代化和信息化的强强联合。同时,结合国家的基本国情和西部特殊的实际,引导消费结构合理升级,培育新型城乡建设模式和消费模式,以节约能源资源和保护环境。更加完善西部旅游基础设施,提升西部旅游业整体水平,使这项环境友好型产业得到持续健康发展。

(3) 生态意识弱。从意识形态角度来看,生态文明的标志就是生态意识。生态意识是指在处理人与自然关系的基本立场、观点和方法,主要表现是处理短期利益和长远利益、局部利益和整体利益、经济效益和环境效益,应具备开发与保护、生产与生活等关系的基本生态观念。生态意识关系到经济、环境协调发展的命脉,如果不普及和提高人们的生态意识,从不自觉走向自觉,那么经济发展将止步不前。出现生态危机主要原因是人们只注重眼前利益,而忽视长远利益,即生态意识低下。我国西部生态环境的恶化存在多方面的因素,但主要原因是两方面:一方面是西部地区生产力落后,发展经济的动力不足,山区的人们观念陈旧;另一方面劳动者的素质水平低,没有强烈的生态意识。从长期发展过程来看,西部地区发展采取的是只顾眼前利益和局部利益而忽视长远利益的掠夺式经营方式。[1] 同时,传统的经济学从劳动价值观出发,由于没有正确认识自然资源也有自己独特的商品价值,掠夺式发展造成了资源的枯竭和环境的恶化。因此,西部大开发的当务之急就是提高全社会的生态意识和正确认识市场经济规律。

2. 西部生态文明建设的根本是科学发展观

生态文明是以科学发展观为指导逐步形成的文明形式,转变经济发展方式是生态文明建设的关键。生态文明建设是一项系统的、复杂的、艰巨的、长期的工程,对西部大开发地区来说,任务艰巨、责任重大、

---

[1] 李红卫:《生态文明建设——构建和谐社会的必然要求》,《学术论坛》2007年第6期。

意义深远，不仅要把探索科学发展模式作为国家西部生态文明建设的主线，西部地区各级党政领导也要消除唯国内生产总值论，树立科学发展、环境友好型经济思想观念，积极发展绿色经济、循环经济，大力推进节能减排，努力建设生态文明，实现可持续发展。① 因此，新的科学发展模式是西部生态环境保护建设最有效的模式，根据地区特色，分清事情的轻重缓急，利用有限的资源和时间，达到既定的目标，产生出预期的效益。这种要求是国力经济规律的展现。

3. 以不同生态示范区、试验区为例来建设西部生态文明

西部生态文明建设的典型特征是通过试点示范，来探索生态文明建设模式。中国西部有它独特的地方，这里有世界最高的高原——青藏高原，有世界最高的山峰——珠穆朗玛峰，有世界最大的峡谷——雅鲁藏布大峡谷；有从热带雨林到高寒山地的各种植被；有高山峡谷、荒原沙漠的各种自然景观；有多种此处独有的珍稀奇特物种。西部各地地貌形态多样，自然景观优美，更重要的是各具特色，根据各具特色的地方建设各具特色的生态示范区、试验区，为西部整体生态文明建设提供很好的依据和素材，探索整个西部不同区域的生态文明建设模式。

西部生态文明建设具有其独有的特征，在其实施过程中，只有严格严肃地把包括人口、自然环境、经济因素、政治因素和思想文化因素五大类基本要素相互结合起来，以及从生态文明的基本构成要素及各要素之间的相互关系的角度进行分析，才能够切实贯彻国家实施西部大开发的方针，才能够真正合理有序地进行西部生态文明建设。

第二节 西部生态文明发展模式存在的问题分析

2015 年 1 月，15 年的西部大开发战略所取得的成就主要是西部地区经济得到发展、社会取得进步、民族更加团结、边疆越来越稳定，为全国经济发展开辟了新的道路，对区域经济协调发展有促进作用。过去

---

① Daniel, D. M. Mathis, W. J., Kitzesaa, S. H., Goldfingera, A. B., "Measuring sustainable development nation by nation", *Ecological Economics*, Vol. 24, 2008, pp. 470 – 474.

的十五年，在生态文明建设方面也取得了一定的功绩。但在人口、环境、资源压力等制约因素下，也还存在很多迫切需要解决的问题，主要表现在：

一 西部人口超载对生态环境和资源的压力大

人口问题与生态问题有密切的关系，在同样的自然环境和生产力水平下，人口增长率是有限的。环境的人口承载力是与时空有很大关系的，以及与经济的发展也是相关的，所以经济水平、人口数量、资源、环境以及生活水平都是相互关联的。可用如下函数表示[①]：

$$C(t) = f(F(t), L(t), P(t), R(t), E(t), A, t),$$
$$(F, L, P) \leqslant (Rs, Es), R \in Rs, E \in Es$$

式中：$C(t)$ 表示人口承载能力；$F(t)$ 表示经济发展；$L(t)$ 表示生活水平；$P(t)$ 表示人口数量；$R(t)$ 表示资源；Rs 表示资源总量；$E(t)$ 表示环境；Es 表示环境总容量；A 表示空间区域；t 表示时间；$(F, L, P) \leqslant (Rs, Es)$ 表示人口在一定经济水平条件下的生活水平应限制在资源与环境的允许范围。

西部地区人口总量低于中东部地区，但由于西部地区特殊的自然地理环境和相对落后的经济发展水平，使其人口承载能力远低于东部地区。目前，西部地区的人口总量已经接近和超过了资源、环境和生态的承载能力。此外，西部地区人口数量快速的增长，对环境造成了巨大的冲击，导致了西部自然资源的绝对短缺，因而出现了对资源无节制开发的现象，同时伴随着惊人的浪费，给我国西部地区经济可持续发展战略的实施造成了极大的压力。

二 生态环境保护与经济发展的矛盾突出

西部地区独特的自然地理环境，相对落后的经济发展水平不平衡是西部地区生态环保与经济社会发展的主要矛盾。主要表现在两方面：由于农业生产与生态环保有着直接的联系，所以一方面要从西部地区的农业生产和农民收入上分析。农村地区人口增长率高于经济增长率，是由于政策实施力度的削弱和传统观念影响，为了解决这些新增人口的生存问题就涉及了人与自然的关系。当前西部地区的农业收入仍是农民收入

---

① 赵建世、王忠静、杨华、李涌平、翁文斌：《可持续发展的人口承载能力模型》，《清华大学学报》2003 年第 43 卷第 2 期。

重要组成部分，非农业收入占比重非常少，并且农业市场化水平较低，农业生产还处在自给自足模式中。西部地区人均耕地面积不足，新增人口的需求缺口还很大，即使技术进步，生产更多的粮食也无法弥补这个缺口，因此，为了满足需求，当地居民加大对自然的索取力度，过度开荒，进一步恶化生态环境，更别说保护了。另一方面，从西部地区工业化程度来分析，西部地区工业化程度低，环境友好型经济和清洁生产发展意识才刚刚起步，国民经济中主要成分还是资源转化、资源型产业粗加工产业，而生态工业、生态农业和现代服务业比重还很少，工业污染较严重。经济增长方式粗放，高耗能、高耗材、高污染以及低附加值，产业结构亟须优化，局部区域生态环境容量已经饱和，经济社会发展对环境需求不断增加与生态环境容量有限之间的矛盾日益突出。

此外，一些地方政府只关心政绩，大肆进行"寻租"行为，为了追求个人利益而忽视社会利益，盲目追求国内生产总值的提高，忽视环境保护，生态环境和经济社会发展之间的矛盾日渐突出，西部地区经济进一步发展，必须考虑如何解决这项矛盾，党的十八大提出的科学发展观，为此提出了指导思想和出路。

三 环境污染转移问题对西部生态文明建设影响较大

转移环境污染，又称转嫁环境污染，它包括跨国转移污染和国内转移污染，是指为了避免高昂的环境污染治理费用而将污染源转移到较低环境污染治理费用的地区，即一国或者地区为了自身的利益不惜一切的代价进行环境污染转移的行为。① 实质上是一种以牺牲他人的权益为代价换取自身的经济利益的社会行为，主要做法是一个国家、地区或行业、企业将环境污染所带来的负担、损失、危害转移到其他国家、地区或行业、企业。目前，污染转移不仅存在于国家之间，还存在于地区之间和城乡之间，这种转移主要源于地区间经济发展的不平衡引起的，环境污染转移会损害弱势者的可持续发展能力，其危害范围广、速度快、治理难度大，它不利于生态环境的保护。②

西部经济发展不足，生态环境脆弱，发展的两大问题就是经济与环

---

① 唐钊：《论污染转移的综合应对》，《对策与战略》2010年第2期。
② Panayotou, T., *Empirical tests and policy analysis of environment degradation at different stages of economic development*, World Employment Research Programme, Geneva: Working Paper, International Labor Office, 1993.

境的协调发展，西部可持续发展的长远选择是生态文明建设，它所强调的不仅是经济的发展，更强调生态环境的保护，生态环境保护不仅该考虑减少生产者和消费者对环境的不利影响，还应该考虑如何在经济发展中减少环境污染转移。总体来说，污染转移的表现形式可分为四种：(1) 环境污染的国际转移，即污染从发达国家向发展中国家转移；(2) 环境污染的国内区域转移，即污染从中国东部发达地区向中西部欠发达地区转移，污染从城市向农村转移；(3) 环境污染的领域转移，即污染从生产领域向消费领域转移；(4) 环境污染的产业转移，即从第二产业向第三产业转移。

环境污染转移主要通过两种途径来转移环境污染，一是投资转移；二是区域贸易转移。近年来，发达的东部地区为了发展高科技含量、高附加值的新兴产业，在调整产业结构的过程中，向西部欠发达地区转移那些污染环境、低附加值的夕阳产业。对于西部来说，由于自身的发展不足，与东部发达地区的产业结构还有一个巨大的鸿沟，技术创新能力不够，没有能力建立新兴产业和改造传统产业，只能通过引进技术和接纳产业转移来实现产业结构升级。这就决定了西部在产业结构的调整中处于不利地位，接收发达地区转移过来的污染产业是被迫的选择。由于经济发展水平和技术水平较低，没法发挥西部丰富的能源资源的功能，在区域贸易及国际贸易中以资源类初级产品为主，其价格和环境污染后的治理成本不相当，甚至没有反映环境破坏的费用和控制这种破坏的成本，因而导致生态环境破坏的加剧。发达地区从欠发达地区获得严重破坏环境的初级产品，从而把环境污染转移给了欠发达的西部。

四 生态文明建设没有从当地实际出发，缺乏地方特色

西部地区各具特色的生物资源、地貌资源和文化资源，主要源于西部地区南北跨度大，气候地理环境复杂，是我国少数民族积聚的西部边界决定。西部地区的生态文明建设有其自身的特点，不能一概而论，没有固有的发展模式和框架，应该从当地的实际情况出发，充分利用所具有的相对优势，建设具有地方特色的经济社会文化，从而更好地协调人与自然、生态环境保护和经济社会发展之间的关系。

一些着装一致的高楼大厦正在不断地湮没一些原来颇具有地方特色及民族特色的地方。西部地区很多地方忽略了整个生态系统的和谐发展，更有一些目光短浅的地方政府为了追求政绩，盲目地追求城市亮化美化，不顾一切地破坏原有的自然生态系统，创造越来越多的人工环境，异化了城市建设，使城市演变成典型的人工复合生态系统。城市发展应该同自然生态环境系统和谐发展，不能以牺牲自然环境为代价，追求眼前利益，要尽可能地保护原有的自生态系统。

五 生态文明建设需要广泛的群众基础和政府重视

生态文明的建设是社会中全部经济个体共同的责任，而政府的角色只是起引导作用，政府应当充分、合理利用各种经济手段、法律手段进行宏观调控，引导和鼓励个体经济走环境友好之路，为生态文明建设提供环境保障。而目前，西部生态文明建设中政府成了主体，缺乏广泛的群众基础，存在本末倒置的现象。

据调查，西部地区人民对于生态环境的态度大多是不积极的和无知的，很多人对生态问题的了解也甚少，甚至是根本不了解，并且由于西部地区文化教育水平较落后，平均文化素质低于全国水平，很多人意识不到生态环境保护的重要性，大多数人对环境认识有误，认为为了生存而向自然无限地索取是理所当然的。此外，政府也对公众的环境意识有很大的影响，公众的环保意识存在错误的观念，这不仅存在于西部地区，全国都普遍这样。

在西部地区的生态文明过程中，政府没有扮演好自己的角色，主要表现在两个方面：第一，西部生态文明建设具备不完备的法律法规。西部地区生态文明建设的保障是良好的生态法制环境。然而完善我国的生态环境法制体系仍有很长的路要走，缺乏先见性和可实施性，亟待完善中央生态环境法结构和内容，西部地区生态法制基础更是薄弱。第二，对生态环境破坏行为监管不当，问责制存在缺陷。生态环境遭遇污染和破坏，主要由于人们盲目地追求眼前利益和局部利益，而忽视对生态环境的治理。一方面是由于企业盲目追求利润最大化，同时缺乏自律能力，对环境污染和破坏置若罔闻；另一方面是由于地方政府监管不力造成的，他们的执法行为意识缺失，唯 GDP 指标论，对环境污染和破坏行为监管不充分，甚至有包庇和袒护等违纪行为。这两种行为造成一种恶性循环：企业肆无忌惮的不惜以牺牲资源、环境为代价，追求利润最大化。政府的不作为和企业行为"默契配合"，滋生了腐败，最终使监管成为空谈，问责制沦为一种摆设。

此外，在生态文明建设过程中，人们忽略了生态资源在生态文明建设中的重要性，过多地强调经济建设，而过少去注意生态资源再造问题。对生态文明建设出现了错误认识，认为只是建设大城市，而忽略了人与环境的协调，忽略了自然环境在人心中的认可度，最后导致生态文明建设的效果不明显，甚至生态环境更加恶化，国家进行西部大开发没有什么显著的效果。

到目前为止，西部生态文明建设存在的问题，除了上述所阐述的客观因素外，还有其主观因素，就是生态文明建设尚处于探索阶段，对于西部生态文明建设所需的独特理论、方法、原则以及建设的方面没有一个明确的把握度，同时还受西部经济发展的制约、城市建设管理工作滞后的影响，这些都是西部生态文明建设所存在的主观问题。建设生态文明，必须依法打击破坏生态环境的行为，并严厉惩罚环保执法过程中出现的腐败分子。如此才能加强全社会人民的生态保护意识；广泛的群众基础以及坚强的法律保障是生态文明建设的两个必要条件，也是实现西部生态文明建设和经济腾飞的重要保证。

第三节　西部生态文明发展模式的趋势及战略取向

西部大开发以来，西部地区生态文明建设在西部大开发战略实施的影响下收获显著成效。但是西部地区长期以粗放型经济为主，长期积累形成生态环境的脆弱性，西部在快速发展经济的同时伴随着生态环境出现了新的问题。此外，东西部地区的产业结构进行了调整，东部由于经济、科技的发达，主要发展低耗能产业，西部由于发展落后，成为国内乃至世界高耗能产业基地，这更进一步地加重了环境的负荷。长期过程中，污染存在的结构性、压缩性特征，使西部地区采取节能减排、减碳和环境污染治理的措施难以实施。因此很难在短期内明显地改善生态环境质量，生态系统的各种功能仍呈继续下降趋势，例如，调节功能、再生功能、净化功能、循环功能及承载功能等。这对西部地区经济发展造成巨大压力和严重制约。因此，从目前来看，西部生态文明建设的趋势有以下几点。

一 将科学发展观贯穿于生态文明建设的各个环节

在西部生态文明建设过程中,科学发展观具有重要的指导价值,同时它也是西部生态文明建设的指导思想。西部地区需要以科学发展观为指导,重新审视生态文明建设全局。出路源于思路,行动源于理念,西部生态文明建设在科学发展观指导下,实现全面开发和建设西部生态文明建设,需要创新思路,更新理念。在现阶段的发展中,创新改革旧的产业结构、发展模式、消费方式势在必行,努力发展循环经济,提高可再生能源所占比重,有效控制主要污染物排放量,严惩破坏环境的生产商和个人,从而从制度和行动上去保护生态环境,使全社会人牢牢树立生态经济观念。[1] 这些都是进行西部生态文明建设的目标和内容。既要使西部经济得到发展,提高人民的生活水平和质量,又要保护自然环境,与自然和谐相处,最终实现社会、经济、环境的可持续发展。所以,以往的西部建设规划,需要在科学发展观作指导下重新规划,接受监管,改善不足,查漏补缺,使生态和经济平衡理性增长,使之全面发展和建设西部生态文明。

二 传统工业化向新型工业化转变

工业发展新常态是高含量科技、高利润、低污染和人尽其用的工业发展状态。工业发展新常态更加看重对环境、社会和个人的影响,它不再是单纯地追求以牺牲环境为代价的利润最大化。工业发展新常态要求低耗高产,传统的粗放型经济增长方式是高耗低产需要对其改变,而西部地区的工业化还处于"高投入、高消耗、高排放、不协调"的生产方式。而环境资源有限,没法满足日益增长的环境资源的需求,同时环境的负荷能力和自我净化能力也非常有限,如果不改变经济发展方式,经济发展和环境保护的矛盾将会激化,加快生态危机的发生。向"低投入、高产出、低污染"转换,要最大限度地去保护环境和节约资源。工业发展新常态,产业结构优化升级、发展绿色循环经济是基本要求,在此基础上还要考虑西部地区的经济社会发展现状和生态环境状况,要透彻地分析经济增长与资源环境之间的尖锐矛盾,从而能够从根本上解决,加快且有效建设西部地区的生态文明建设。

---

[1] 郭静利、郭燕枝:《我国生态文明建设现状、成效和未来展望》,《农业展望》2011年第11期。

三 建设西部生态文明，优化工业结构是重点

生态文明建设的重点就是产业升级，而产业升级的关键就是产业结构的升级，调整和优化升级工业结构，必须坚持走"信息化和工业化融合"，"高科技、强经济、低耗能、少污染、人尽其能"的中国特色工业发展新常态道路。

（一）构建现代生态循环工业

将生态经济理念引入工业领域，构建现代生态循环工业。一方面将绿色生产理念用于企业，建立企业循环经济，在生产的过程中，使每个企业资源利用生态化，主要表现为废弃物最少化、低污染化，同时建立企业污染责任延伸制，产品的设计注重生态化；另一方面就是园区经济发展注重生态性，在园区内形成循环生态机制，在工业集中的地区，积极发展产业生态园区，为了实现产业废弃物最少化，甚至实现"零污染"目标，主要表现在如下方面：下游企业的资源来自上游企业的废弃物，实现废弃物的再利用，通过资源的再利用、相互利用、阶梯性利用等方式，使企业的经营效益规模化和生态化。[①] 大力发展高新技术产业，从全国看，我国目前的工业结构中，高新技术产业增加值与高耗能行业比重成正比，增加1个百分点的高新技术产业，冶金、化工等高耗能产业就会下降1个百分点。换句话说，减少了2775万吨标准煤的消耗，相当于每1万元GDP降低1.3个百分点的能源消耗。因此，要提高高新技术产业在国民经济中的比重。

高新技术主要包括有竞争优势和发展的现实基础的生物工程、新材料、电子工程等，运用高技术和先进技术来改造我国的传统技术，尤其是有关环境方面的节能减排技术。一方面，淘汰落后的工艺装置或设备；另一方面，延长传统工业产业链，鼓励企业加工更加精细，生产科技含量高、高溢值、低耗的产品。关键是进行技术改造和升级，技术所涉及的面主要包括技能减排，同时推广技术的示范范围，尤其是将该技术用于钢铁、煤炭、金属、化工、建筑、电力等高耗能行业，让这些行业要充分有效地使用节能减排技术，让其发挥最大功效。[②]

（二）建设西部生态文明，培育生态农业是重点

坚持走中国特色农业现代化道路，利用现代物质条件、科学技术、

[①] 廖才茂：《生态文明的内涵与理论依据》，《中共浙江省委党校学报》2004年第6期。
[②] 单晓娅：《贵州生态文明建设的探索与实践》，光明日报出版社2010年版。

产业体系、经营形式、发展理念来装备、改造、提升、推进、引领和发展农业，在保证粮食安全基础稳固和粮食产量稳定增加的前提下，结合西部各个地区的实际情况，突出地域环境、气候、珍稀物种等特色，以市场导向，依托资源优势，保护自然环境，利用科学技术，兼顾农业的社会功能、经济功能，尤其是自然生态功能，坚持动态优化，培育现代化生态农业。大致上，首先是巩固发展传统优势产业，其次是大力发展新兴优势产业。

（三）建设西部生态文明，积极发展服务业是方向

按照有关部门的测算，在全国范围内，第三产业的发展，会导致第二产业的减少，从而可以减少能源的消耗。如提高第三产业一个百分点的比重，可以坚守第二产业一个百分点的比重，就相当于有2500多万吨的煤被节约下来了。因此，积极发展服务业，提高第三产业比重，是建设生态文明的重要方向。西部地区应该充分利用本区域的各种资源，积极改造传统服务业，大力发展现代服务业。旅游业能够产生很强的经济效益，同时对环境又是"零污染"，是大家公认的前景美好的产业，可以用"联动效应"和"脱贫效应"来形象地阐述该产业。[①] 西部的自然生态旅游资源、生态旅游资源和人文生态旅游资源都十分丰富。但传统的旅游经济粗放发展模式，使许多旅游资源遭到破坏。生态文明建设在面对这样的局面时，需要明确开发和保护各自的责任和作为，它们的相互依存和矛盾关系，必须正确处理这种关系，才能实现生态社会经济效益。

四 技术创新引领生态文明建设

影响经济增长的关键因素是科学技术，科学技术也是资源得到充分利用和保护环境的重要手段。[②] 在中国特色自主创新道路的指引下，加快构建以企业为主体、以市场为导向、产学研紧密结合的技术创新体系是生态文明建设的核心。因此，在生态文明建设中，大力强化生态文明的技术，就必须清晰归属权、明确权责、严格保护措施、产权制度顺畅流转，健全现代企业制度，为确立企业的技术创新主体地位提供制度保障。

[①] 单晓娅：《贵州生态文明建设的探索与实践》，光明日报出版社2010年版。
[②] 王建：《论建设生态文明的技术创新路径》，《理论前沿》2007年第24期。

大力支持技术创新，鼓励企业、科研院所、高等院校进行新技术、新工艺、新材料、新产品的开发。大力推进产业集群，不断开拓资源技术基础的深度和广度，全程监督其是否合理、专业，从而优化产业结构。鼓励发展有产业特色的企业，注意在引进国内外先进技术的基础上必须有意识地再创新。积极推广环保新技术，在保护环境的同时提高产业核心竞争力，为生态文明建设奠定物质技术基础。大力开发和推广使用先进技术的发展，从而使资源循环利用，实现可持续发展。鼓励高新技术产业和战略性新兴产业发展，实现与生态环境的和谐发展。人才对新兴产业的发展十分重要，要充分挖掘德才兼备的人才，同时要为人才营造一个和谐的环境，搭建一个友好舒适的平台，完善的激励机制，引进和培养高端科技人才和行业领军人物，充分发挥其创造力，特别是青年一代人才的选拔与培养。

五　建设生态文明，有力的政策和健全的法律法规是保障

生态文明建设是一个系统工程，具有很强的外部性特征，我们需要做大量的工作，要有雄厚的经济实力做支撑，特别是政策支持，这是由其外部性决定的。由于资源是一种共享资源，可以免费使用，所以当所得到的利益远高于产生污染所失去的利益时，污染就会发生。坚持贯彻生态经济原则，从源头上克服生态环境难题，从物质的角度引诱人们关心生态环境保护。因此，中央和各地方政府在生态文明建设中应增加政府政策支持，综合运用价格、税收、财政、信贷等经济手段，实现经济效益和环境效益的联动发展，拓宽融资渠道，保障资金支持。各地政府应参照国家要求和周边县市的投入比重，在财政预算中有一定表示，并采用激励机制鼓励民间资本的投入。对高效节能减排的重要工程和产品政府要给予重点扶持，推广节能新机制，优化节能管理能力；要建立污染责任制和管理受益制，坚持奖罚分明的原则，严厉惩罚污染者，全面奖励保护和管理者。促使企业承担污染治理责任，建立生态环境保护和建设的投融资体系。

政府要从政策上去扶持节能环保项目，比方说，中鼎区域的工业废水治理项目中，健全矿产资源有偿使用制度，完善生态资源开发补偿机制，并制定和完善相关税收政策，有效落实节约能源、提高资源利用率，推广环保产品（设备、技术）的使用。政府可以采用两种方式支持环保产业，一是实行企业所得税减免；二是对于企业投资专用设备实行免所得税政策，鼓励资源综合利用，并对其实施增值税优惠政策，对于有关节能环保的进口产品实行税收优惠政策。鼓励企业采用节能环保设备，比如环保型车船、节能省地建筑等。从金融层面对生态文明建设保驾护航，支持金融机构对有关绿色经济、环境保护、节能减排等项目的信贷支持，优先为这些相关项目提供融资服务。采用多种经济、金融手段保护生态环境，从生态环境保护与开发建设权益交易体系等多方面探索生态建设资金的投入保障问题。

六 将生态消费模式作为西部生态文明建设的内在动力

西部生态环境退化由多方面因素引起，除地理环境、历史条件和自然因素外，一个重要的因素就是传统的不可持续的生产与消费方式。生态消费是一个新的概念，是一种新的生活理念和消费模式，它提出的背景使人类经济社会发展与人口、资源、生态环境之间矛盾日益尖锐。发扬生态文明建设精神是人类社会可持续发展的重要举措，把生态理念融入消费领域，探寻适合人类自身可持续发展的消费模式。生态消费理念指的是既考虑现有的物质生产发展水平，又兼顾环境的循环发展水平，不仅能满足人们的偏好又能不对生态环境造成危害的一种理性消费，体现了人们科学的道德观、价值观和人生观，彰显出高层次的消费文化内涵。[①] 目前国内外对生态消费模式的内涵还处于探索阶段，尚未形成统一的界定。我们认为，所谓的生态消费模式，就是追求社会经济与自然环境协调发展，将资源的高效利用和环境的最少污染作为人类的消费活动和消费结果的核心理念，这样就保证了人类自身及经济社会的可持续发展。生态消费包括生活生态消费和生产生态消费，它是生态文明理念下的一种新的消费行为，所强调的是人们在生产和生活消费过程中对消费资源最有效利用和消费环境最大化保护。生态消费指从消费品的选择开始到消费完成之后的处理全过程都要以实现最小化的环境为目标。因此，在西部地区提倡科学、健康、文明的生态消费方式，培育生态消费市场，以市场为引导，从根本上转变消费方式。

---

① 余颂：《贵州可持续消费模式构建研究》，贵州人民出版社2008年版。

第六章 西部工业化与生态文明发展模式的相关性及其研究

第一节 西部工业化与生态文明发展模式总体评价及横纵向分析

一 西部工业化与生态文明发展模式总体评价

(一) 西部地区工业化发展模式总体评价

自从国家实施西部大开发战略以来,西部地区就在不断探索工业化的发展道路,同时也逐渐迈入了工业化社会。在工业化发展的带动下,西部的经济得到快速发展,西部地区在 2012 年达到 113914.64 亿元的国内生产总值,其中 12642 亿元为净增加的国内生产总值,按可比价格的方式计算,比 2011 年增长了 12.48%,高出东部地区 3.18 个百分点,高出中部地区 1.54 个百分点,高出全国平均水平 2.16 个百分点,占全国国内生产总值 19.75% 的比重。相比 2011 年时,2012 年提高了 0.38 个百分点,对中国经济增长的贡献率为 23.44%,比 2011 年提高了 1 个百分点。2012 年西部地区三次产业的比重为 12.6∶50.9∶36.5,与前一年相比,第一产业比重进一步持续下降,第二产业比重由升转降,第三产业比重出现回升,经济结构调整出现高级化优化的趋势。三次产业对国内生产总值的贡献率分别为:6.38% 的第一产业的国内生产总值贡献率、60.38% 的第二产业的国内生产总值贡献率、33.24% 的第三产业的国内生产总值贡献率,与前一年相比分别提高约 1 个百分点、下降约 5 个百分点、提高近 4 个百分点。总体来看,第一产业的比重仍然较高,第三产业发展仍然有限,第二产业比重还在 50% 以上,依靠工业化实现经济追赶的特征明显。2012 年西部地区的人均国内生产总值（按现价的方式计算）已达到 31538 元，全国有 12 个省份的人均国内生产总值都已进入 3000 美元的中等收入区间。其中内蒙古成为西部地区首个人均国内生产总值过万美元的地区，从而进入高收入省份的行列，同时贵州人均国内生产总值也已经超过 3100 美元（达到人均国内生产总值 3106.2 美元）。2012 年西部工业总产值为 51599.6 亿元，占全国工业总产值的 19.5%，人均国内生产总值为 27584 元（约合 4378 美元，按汇率 1 美元兑 6.3 人民币换算）。[①] 在西部地区中的大部分地区都已经进入了工业化中后期发展阶段，而其中少数地区已进入发展的成熟期。

1. 西部地区以工业化带动经济发展的模式和特点

蒋伏心（2005）根据不同因素的影响，把工业化的发展模式分为自发的工业化模式与自觉的工业化模式；市场推动的工业化模式和行政推动的工业化模式；倾斜式的工业化模式和均衡式的工业化模式；以公有制经济为主体的工业化模式和以非公有制经济为主体的工业化模式；进口替代工业化模式和出口导向工业化模式；内源性工业化模式和外发性工业化模式六种。西部地区以行政驱动的"开发区模式"，是经济转型期的工业化模式。[②] 受特定历史条件的影响，西部地区工业化的发展模式形成过程艰辛，并不具备单一性。西部不同地区，由于其自然资源、地域条件和环境等因素的不同，使其发展模式并不相同。

(1)"传统工业化"发展模式。适合能源及矿产资源富集区，如西部地区。相对其他地区而言，西部地区具有发展传统重工业的比较优势。在政府的关怀和支持下，西部地区形成了以汽车、机械、冶金、化工、建材等产业为支柱的工业体系，诞生了一批拥有较强竞争力的优势企业和市场占有率较高的名牌产品。如广西柳州的上汽通用五菱、柳工集团和东风柳汽，云南的铜业、锡业、铝业和昆明钢铁等。但是这些传统工业发展模式原料和能源消耗大、运输量大，极易造成严重的污染问题。

(2)"类原始工业化"发展模式。适合城市（镇）边缘地带。西部

---

① 方行明、甘犁、刘方健、姜凌等：《中国西部工业发展报告》，社会科学文献出版社 2013 年版。

② 蒋伏心：《中国工业化模式的发展与转换》，《江海报》2005 年第 4 期。

一些地区城镇率较低，大多数人属于农村户口。自改革开放以来，由于紧邻城市（镇），交通能力较强，再加上拥有生产和生活资源优势，众多低层次的轻工企业（或乡镇企业、小作坊）选址都在西部地区各城市的边缘地带（或城郊结合带）。城乡结合部的乡镇企业促进了乡村向城镇的转变。但是，由于许多城市边缘地区仍与规划相脱节，存在明显的企业规模小、技术低劣、污染严重以及发展规划不明朗的问题，导致经济发展难度增加，城市边缘地带工业布局散乱无章，空间景观受到严重破坏，最终给这些地方的生态环境和可持续发展造成严重的困难。[1]

（3）"现代工业化"发展模式。适合城市经济枢纽区。城市是生产要素的集聚地，对经济和社会发展影响深远。以昆明、成都、西安、南宁、重庆、兰州为中心的西部地区城市经济枢纽区因其交通便利，在发展现代加工工业时有比较优势。近些年来，整合区域优势资源，推动西部地区经济快速发展是政府重点的工作，区域经济发展规划相继出台，如今上升到了国家战略层面。如广西的环北部湾经济区规划、关中天水经济区规划、云南的滇中城市经济圈发展规划、重庆的成渝经济区规划、贵州黔中经济发展区规划以及桥头堡发展战略规划等。各个省份经济区发展规划各不相同，但是，在关注城市群的联动发展上是相同的，特别是工业园区建设以及产业的集群式发展。只有加强区域核心竞争力，才能加速推进西部地区工业化发展进程。[2]

（4）"特色工业化"发展模式。适合特色农业资源富集区。工业化发展总是与农业和服务业的发展密切相关，推进西部地区工业化进程的重要手段之一就是使农业发展产业化。西部地区地域辽阔，农业资源丰富，区域差异大，在西部农业资源富集区，正在形成一个集种植、加工和销售为一体的特色产品产业链。其中，青海的枸杞产业、广西的热带作物产业、云南的生物产业、新疆的水果产业等，都取得了不错的成果。特色农产品产业是西部地区生态产业的组成部分，也推进了西部地区探索绿色发展道路的步伐。

从上述可以发现，虽然西部地区发展较东部落后，但凭借自身的比

---

[1] 秦成逊、周惠仙：《西部地区经济发展方式转变探析》，《经济问题探索》2008年第3期。

[2] 王雨辰：《论生态学马克思主义与我国的生态文明理论研究》，《马克思主义研究》2011年第3期。

较优势、技术条件和国家的政策支持,也形成了符合自身情况的工业化发展模式:以资源为支撑,国家纵向支持,政府行政主导,产业布局分散,属于高投入、高能耗、粗放型。

2. 西部地区工业化发展模式存在的问题

(1) 西部地区工业化发展模式层次较低。2012年,全国规模以上工业企业数343769个,其中只有42480个在区域相对广阔的西部地区,仅占全国的12.34%。全国规模以上工业企业的就业人数为8831.22万人,西部地区全部从业人员年平均人数为9167.29万人,西部地区只占其中的13.06%。全时当量为209590人·年的西部地区大中型工业企业研究与试验发展(R&D)人员,只占全国2246179人·年的9.33%,占东部1545413人·年的13.56%,占中部378492人·年的55.38%。大中型工业企业研究与试验发展(R&D)经费为6890751万元,只占全国的9.57%,占东部49211620万元的14.00%,占中部11499015万元的59.92%。大中型工业企业新产品开发及生产的新产品销售收入为91155508万元,只占全国的8.25%,占东部785063415万元的11.61%,占中部169909736万元的53.65%。资本稀缺,整体处于落后水平的企业技术,缺少人才,不够完备的现代工业体系,都是阻碍西部地区发展的重要原因。另外,西部大多为制造工业企业,它们布局分散,技术水平低,没有形成规模,缺乏产品竞争力。[①]

(2) 西部地区工业化发展模式是不可持续的发展模式。严重依赖能源、资源的粗放型开发是西部地区工业化的发展模式。能源资源的可耗竭性和不可再生性的特点决定了西部地区工业化发展模式是不可持续的发展模式。根据资料显示,西部地区国内生产总值每增加一元,所需要的能耗和资本投入都高于全国平均水平,并且每一元国内生产总值的工业废水、废气及固体废弃物排放量也均高于全国平均水平。2012年,在全国单位地区生产总值的前10个高能耗省区中,西部地区占一半以上(6—7个)。西部地区每增加一元国内生产总值所产生的工业固体废弃物为7.16千克,比全国平均水平高出两倍;西部地区每增加一元国内生产总值,其工业二氧化硫排放量为1.6968立方米,比全国平均水平还要高出42.15%。目前,由于过度开采,不少城市某些资源已经枯

---

① 俞可平:《科学发展观与生态文明》,《马克思主义与现实》2005年第4期。

竭，如广西壮族自治区合山市（县级）、甘肃省白银市（地级）和玉门市（县级）、内蒙古自治区阿尔山市（县级）、重庆市万盛区（市辖区，地级）、陕西省铜川市（地级）、宁夏回族自治区石嘴山市（地级）、贵州省铜仁地区万山特区（县级）等。西部地区现存的工业化发展模式是依托能源、资源进行粗放型开采利用，已经呈现出不可持续性。

（3）西部地区工业化发展模式有生态风险性。自然风险和社会经济实践活动产生的风险是生态风险产生的两个主要原因，特别是西部地区工业化进程中的社会经济实践活动。高投入、高能耗造成了高排放，西部一些地区为追求高发展速度、吸引资本流入而选择刻意降低环境保护门槛，对环境带来了不可逆转的伤害。近年来，西部地区的一些江河湖泊遭受到了严重的工业污染，生态风险也越来越高。如云南省阳宗海2008年发生的砷污染事件，使这个一直保持二类水质的、明净的大湖（它是云南省九大高原湖泊之一），变成水质为劣五类的重污染湖泊（水体中关于砷浓度的全湖平均值为0.116毫克/升，相比较于五类水质，其比标准高出0.16倍）。又如云南省曲靖市于2011年发生的铬污染事件，该事件涉及范围大，影响深远，由于该市陆良化工实业有限公司无视法规，将剧毒工业废料铬渣倒入生态环境中，造成了严重的环境污染，且治理困难。类似的重污染事件在西部地区屡有发生。由于地形地貌地质构成等原因，西部大部分地区环境容量相对较小，对受污染的环境进行治理和恢复难度大，生态环境脆弱。[1] 生态风险是西部地区一个受到普遍关注的敏感问题。

3. 西部地区工业化发展模式的思考

随着工业化进程的脚步加快，日益扩大产业基础，西部地区不断增加对于能源和资源的需求量，所造成的生态风险也不断加大，西部地区工业化进程推进困难重重。西部地区必须在生态保护的隐性政绩与加快工业化显性政绩之间进行取舍。西部地区在工业化进程中，如何选择合适的工业化发展模式，需要相关政府部门认真考虑。

综观西部地区现存的工业化发展模式，由于过度夸大对物质的需求，单向追求国内生产总值，其不可持续性和高生态风险性十分明显，

---

[1] 许冬梅：《党的生态文明理念和国家可持续发展战略探索——访中共中央政治局原委员、九届全国人大常委会副委员长》，《中共中央党校学报》2010年第4期。

这是由于采取了与西方资本主义发展初期相同方式的发展模式的原因。实践"以人为本"的科学发展观，积极建设生态文明才能实现人与自然和谐发展。以马克思主义生态理论为指导，超越工业文明形成的价值观、发展观、世界观，走生态文明建设之路是解决西部地区工业化发展的生态危机的方法。当生态环境保护与加快工业化道路之间出现严重矛盾的时候，应首先考虑建设生态文明。

生态文明在人类文明发展中是一个新的发展阶段，是在工业文明之后的文明发展形态。它以人与自然、人与社会的协同发展为其存在的客观前提，生态文明吸收农耕文明和工业文明中的精华，它是在深刻反思工业化带来的沉痛教训中所取得的物质与精神成果的总和。众所周知，人类的生存和健康发展离不开环境这一基础，经济社会都要依托于这个基础而发展，并且生态文明的实质就是时刻以生态环境承载力为出发点。这就要求：必须把工业化发展纳入生态文明建设整体规划之中，以确保西部地区可持续发展，西部地区应走产业生态化的绿色发展道路的工业化发展，西部地区进行工业化发展离不开生态文明建设，最终从而实现由高投入、高能耗、粗放型的发展模式转向低碳化、生态化的绿色发展模式。

4. 西部地区工业化发展模式的转型策略

（1）西部地区特色农（牧）业产业的生态化转型。目前西部地区城乡之间的差距还很大，城乡之间特殊的二元经济结构依然很明显。农（牧）业产业化和现代化是实现农业向工业转变的重要途径，借助生态资源优势，实现特色产业的生态化转型是西部地区农村发展的重要方向。在生态农（牧）业资源丰富的地区，大力发展"生态种植基地＋（龙头）公司＋农户＋市场"四合一模式的产业化运作和产业链组合，使农（牧）业产品生产走向种（养）植基地化、生态化、生产标准化、品牌化、产业化，消除布局分散的缺陷，走良性"产业生态群"发展道路。例如，在内蒙古自治区积极发展草原畜牧业，在现代牧业产业化的带动下，内蒙古自治区的主导产业是乳、绒（皮革、皮毛）、肉等产业，形成了一批在全国甚至全世界都有很强竞争力的产业：以伊利、蒙牛两大企业为主，地方企业为辅的乳产业体系；以鄂尔多斯集团、鹿王集团为主导的羊绒加工产业；以草原兴发为主的一批肉加工产业。云南省也利用生态农业产业的诸多优势，大力实施各项绿色发展战略措施，实现了特色农业产业向生态化转型。

（2）西部地区制造业的园区化、生态化和集群化发展。如今，西部地区的制造业园区化已经初见成效。要在现有基础上继续推进西部地区城市群（或经济区）的协调发展，需要在借鉴东部发达地区制造业园区式、集群式发展经验的基础上，结合西部地区资源优势，加快资源节约、环境友好的战略性新兴产业发展，积极培育以排放低碳为特征的新型经济增长点，积极推动节能环保产业、生物产业、精细化工产业、信息技术产业、新材料产业的发展，从而带动西部整体经济发展。通过建设绿色技术创新体系，引进高新技术之后再创新或自主创新，推动产业集群的发展，充分发挥聚集产业的比较优势和后发优势，增强产品的科技含量，提高产业综合竞争力，实现产业的健康升级，促进西部地区制造业及其相关配套产业的联动。[①]

彻底改变一般制造业在西部地区散、乱、差的状况，促进形成与生态文明内涵相一致的产业集群。

（3）优先发展西部地区新能源产业。低碳和节能减排是进行生态文明建设的核心要求，同时也是国家基本的发展战略。西部地区具有包括风能、电能、太阳能等多项优势能源，西部地区需要以绿色经济发展为战略高度，积极利用国家政策，出台相应的优惠措施，鼓励企业积极投资并且朝新能源产业方向倾斜，提高新能源在西部未来能源结构中的比重，积极鼓励相关企业优先发展新能源产业，进而实现国家关于产业结构调整、经济增长方式转变、节能减排等的低碳战略化目标，从而发挥西部地区在我国生态安全建设中的重要作用。目前，西部地区逐年扩大新能源产业投资规模，以宁夏回族自治区为例，新能源产业总投资达120亿元，其中风电项目总装机规模达到153万千瓦，太阳能光伏发电项目投资金额达20亿元，总规模达100兆比。在宁夏能源项目中，新能源项目投资总额高达60%。正是依靠该地区丰富的自然风能和太阳能资源，加上闲置的荒漠化土地，宁夏地区的新能源产业才得以蓬勃发展，同时也直接带动了风机制造、光伏材料生产等配套产业的一体化发展。宁夏新能源发展模式为西部地区的低碳生活建设、低碳经济发展开

[①] 高煌：《关于我国重化工业化争论的反思及发展道路的新阐释》，《求是》2005年第6期。

辟了新方向,值得西部其他省市区研究借鉴。

(4)西部地区工业化转型发展与创新需要制度层面的支持。由于西部地区工业化程度较低,技术创新能力与制度创新能力较为薄弱,因而出现了产品层次低,产业聚集性、延伸性差,产业升级缓慢等问题。西部地区在选择工业化发展模式方面,面临着诸多挑战,尤其表现在经济发展给环境保护带来巨大压力方面的挑战。西部地区的环境保护制度需要进一步完善,西部地区需建立严格的环保奖惩机制,扩大环保执法权,以公开、公平、公正为原则,确保执法的独立性,从制度本身上消除地方政府为政绩工程对环境执法施加的干扰。中央政府应一方面考虑到西部地区在我国生态安全建设中的重要性,以及工业化发展选择路径上做出的牺牲(如为了生态安全与保护环境,刻意减慢工业化发展进程),另一方面要认识到西部地区当前面临的资金、技术、人才"瓶颈"给工业化转型发展带来的消极影响,从国家战略层面出发,不断建立并完善横、纵向生态补偿机制。①

(二)西部地区的生态文明建设总体评价

党中央自党的十六大以来,高度重视建设生态文明。2007年10月,对生态文明建设的要求在十七大报告中首次提出并加以强调,对于生态文明建设在党的十七届四中、五中全会作出进一步战略部署,基本形成以节约能源资源、保护生态环境为核心的经济增长方式、产业结构模式。在中国特色社会主义事业的总体布局中,生态文明建设被党中央摆在新的战略高度,强调了积极推动生态文明建设的重要性,促进产业结构优化升级,改善生产生活方式,将生态文明建设的相关理念、原则和目标渗透到我国的经济、政治、文化、社会建设中。对于党中央关于建设生态文明的部署和要求,西部地区各省市积极响应,纷纷成立和加强组织机构,出台文件,制定措施,采取特色做法,大力倡导和推进生态文明建设。具体情况如下:

(1)四川省。由四川省生态办和四川省发改委作为推进机构,出台了《四川省环境保护"十一五"规划》《四川生态省建设规划纲要》《四川省生态功能区划》等相关文件。采取的具体措施如下:大力恢复

---

① 秦成逊、王珂、董树:《西部地区工业化发展模式的现状分析和转型策略》,《昆明理工大学学报》2011年第6期。

与保育森林生态系统、积极修复草原生态系统、鼓励相关人才投身于生态工程建设中、创建一批生态工业园区、生态农业园区、自然生态小区、文明生态村和绿色学校等示范性工程。有重点生态功能区和自然保护区建设工程、生态省建设着力灾区生态修复三个典型案例。开展循环经济试点工作、积极开展各级生态示范区建设、建立节能减排统计监测及考核制度等特色做法。

（2）云南省。由云南省环保厅、云南省政府"七彩云南保护行动"领导小组办公室作为推进机构，联合出台了《云南省生态功能区划》《云南省社会主义新农村建设小康环保行动计划》《云南省环境保护"十一五"规划》等相关文件。出台的一系列文件鼓励相关部门采取措施，比如：进行天然防护林的生态建设、规范石漠化的相关治理措施；加强自然保护区的建设和相关管理力度；创建生态园林城市；积极推进集镇和村庄绿化；保护生物的多样性特征，建立物种及遗传资源数据库和信息系统。特色做法是大湄公河次区域生物多样性保护走廊建设西双版纳示范项目、长江流域自然保护与洪水控制示范项目。[①]

（3）贵州省。由贵州省环保局和贵州省发改委作为推进机构，出台了《贵州省环境保护"十一五"规划》和《赤水国家级生态市建设规划》等相关文件。采取的具体措施如下：西部实施石漠化治理工程、大力实施农村沼气工程、实施生态工程、推广循环经济发展模式、构建生态工业和生态农业体系、建设生态示范基地。典型案例是深入开展"521"节能降耗工程、加快建立生态补偿机制。特色做法是实施矿区生态恢复和开展绿色生产总值核算试点。

（4）重庆市。由重庆市环保局和重庆市发改委作为推进机构，出台了《重庆市生态建设和环境保护总体规划》《中共重庆市委、重庆市人民政府关于加强生态环境建设和保护的决定》《重庆市环境保护"十一五"规划》《重庆市生态功能区划（修编）》等一系列相关文件。采取的具体措施如下：实施社区公园建设、生态林建设、加强生态文化建设、积极倡导绿色消费、大力发展"通道林业"、"产业林业"和"旅游林业"；大力开展生态环境宣传教育；积极创建生态文明社区；大力

[①] 王坷、秦成逊：《基于生态文明的现代服务业发展模式探析——以云南省大理州为例》，《昆明理工大学学报》（社会科学版）2011年第3期。

发展绿色生态产业和环保产业。典型案例为重点推进三峡库区生态治理与保护。特色做法是统筹城乡园林绿化"三百工程",重点实施城市园林绿化"5个一批"工程。

(5) 内蒙古自治区。作为推进机构的内蒙古自治区人民政府,出台了《内蒙古自治区人民政府关于印发自治区节能减排实施方案的通知》《内蒙古自治区人民政府关于"十一五"加强节能减排工作的实施意见》《内蒙古自治区人民政府关于建设工业循环经济示范区的指导意见》等相关文件。采取的具体措施如下:加大农村基础设施建设力度,确保三个生态文明试点村达标,继续向其他村延伸,建设环境优美乡镇。典型案例有:包头生态工业(铝业)园区成为包头铝业生态工业循环经济示范区;阿尔山"生态文明体验区"。特色做法是:包头市将节能减排工作摆在重要的位置上,将环保目标也作为经济社会发展评价范围和干部实绩考核,对形成的污染减排工作格局制定严格的责任制度,严格减排减量工作的考核和监督标准,实行问责制和一票否决制。

(6) 广西壮族自治区。由广西壮族自治区生态办和广西壮族自治区发改委为推进机构,出台了《广西壮族自治区漓江流域生态环境保护条例》《中共广西壮族自治区委员会、广西壮族自治区人民政府关于推进生态文明示范区建设的决定》《广西壮族自治区党委、人民政府关于落实科学发展观建设生态广西的决定》等一系列文件。采取的具体措施如下:严格控制"两高一低"项目,对不符合国家产业政策、能耗超标或未取得排放总量指标的项目,一律做到"三不"处理,即不受理、不审批、不批准。从源头上有力、有效地保护好广西山清水秀的生态环境。积极培育石漠化治理试点,加强综合治理工作,大力推进退耕还林、湿地保护、重点防护林规划、中小流域综合治理等工程建设;创建生态示范区。典型案例为"中国糖都"制糖企业水污染必须建设污水生化处理设施;素有中国"锰三角"之称的崇左市的电解锰生产企业完成整治任务;"两江四湖"工程重点生态功能区和自然保护区建设工程;生态省建设;着力灾区生态修复。特色做法是广西各城市以"城考"平台为依托,开展城市环境综合整治工程,逐年提高城市质量,打造城市特色品牌,南宁市荣获"全国文明城市"称号和"联合国人居奖",柳州市荣获"国家园林城市"称号和"中国人居环境范例奖",桂林市荣获"国家环境保护模范城市"和"全国绿化模范城市"

称号，北海市荣获"国家级生态示范区"和"中国历史文化名城"称号。积极开展生态示范区建设，建立节能减排统计监测及考核制度。

（7）甘肃省。由甘肃省政府、甘肃省发改委和甘肃省生态环境监测监督管理局作为推进机构，出台了《甘肃省农村生态文明小康村建设指导意见（试行）》《甘肃省生态功能区划》《甘肃省生态省建设规划纲要》等一系列文件。根据甘肃省的地貌特征，政府相关部门组织退耕还林还草、小流域的综合治理、四旁的相关绿化（宅旁、村旁、路旁和水旁的绿化）等生态环境建设，根据国家制定的排污标准积极开展污水治理工作，鼓励工业企业发展生态循环经济，采取积极措施营造优美、和谐的农村社会发展环境。加大黄土高原地区和陇南山地水土流失综合治理力度。大力发展生态经济，以国家减排标准为指导，调整节能减排相关步骤，在西部推广节约型生产模式、低碳型生活方式和绿色型消费模式，开展生态文明示范工程试点。典型案例有：武威洪水河百里生态经济长廊建设工程、三大内陆河以节水防沙为主的综合治理工程、长江上游关于水土保持的重点防治工程、西部地区生态省建设。特色做法是：深入实施生态屏障的相关行为，努力开展甘南水源补给区的生态恢复与保护工作，着力打造生态安全屏障；感知生态文化、建设生态文明——"丝绸之路生态文化万里行"。

（8）陕西省。由陕西省发展和改革委员会、陕西省环境保护厅、陕西省生态文明建设促进会推进机构，出台了《2013—2015年中小河流治理规划》《临潼区渭河综合整治规划》《陕西省湿地保护条例》《陕西省湿地保护规划（2008—2012）》《陕西省秦岭湿地保护工程专项规划（2009—2014）》等一系列文件。采取的具体措施如下：渭河综合整治工程、南山支流应急分洪利用工程、陕西渭南区东部生态公园建设工程。陕西根据自身的地貌特征，消耗大量的财力、人力开展湿地资源保护工作，并取得了显著成绩。大力恢复与保育森林生态系统，积极修复草原生态系统，大力推进建设生态细胞工程，创建了一批生态工业园区、自然生态小区、文明生态村和绿色学校等示范工程。典型案例有：渭河综合整治工程、重点生态功能区和自然保护区建设工程、生态省建设、着力灾区生态修复。特色做法是：使中小河流的治理工作走在全国其他河流治理前列，根据所搜集的资料深入挖掘关于渭河的历史价值和社会人文价值，改善原有的文化内涵和品位，积极展示了人文渭河的巨大魅力；积极开展水污染治理建设；建立监测及考核制度建立。

(9) 宁夏回族自治区。由宁夏回族自治区生态办和宁夏回族自治区发改委推进机构，出台了《宁夏回族自治区环境保护"十一五"规划》《宁夏回族自治区生态功能区划》《宁夏生态省建设规划纲要》等一系列文件。采取的具体措施如下：努力构筑祖国西北边陲重要的生态屏障，防沙治沙，减少水土流失，维护国家生态安全与国土安全，推动全民治理水土流失。典型案例有：启动农村清洁工程重点生态功能区和自然保护区建设工程；贺兰山封山育林区生态省建设；着力灾区生态修复。特色做法是从2002年开始在全国率先实施的封育禁牧工程、全国防沙治沙综合示范区；开展循环经济试点工作；积极开展各级生态示范区建设；建立节能减排统计监测及考核制度。

(10) 青海省。由青海省政府、青海省发改委和青海省环保厅作为推进机构，出台了《青海三江源国家生态保护综合试验区总体方案》《湟水流域水环境综合治理规划》和《青海三江源自然保护区生态保护与建设总体规划》等一系列文件。采取的具体措施如下：湟水流域水污染整治、建设国家循环经济发展先行区、生态文明的发展先行区，全力推进"三区"建设；大力推进森林生态系统恢复与保育工作、积极开展草原生态系统的修复工程、大力推进建设生态细胞工程；创建了一批生态工业园区、生态农业园区、自然生态小区、文明生态村和绿色学校、绿色社区示范工程。典型案例有：重点生态功能区和自然保护区建设工程；生态省建设；着力灾区生态修复。特色做法是开展循环经济试点工作、积极开展各级生态示范区建设、建立节能减排统计监测及考核制度。

(11) 新疆维吾尔自治区。由新疆林业厅和新疆发改委作为推进机构，出台了《新疆维吾尔自治区生态文明建设教育基地管理暂行办法》《新疆环境保护"十一五"规划》《新疆生态功能区划》和《新疆生态省建设规划纲要》等一系列文件。采取的具体措施如下：新疆维吾尔自治区从四个方面入手构建生态文明建设，主要包括开展森林生态系统的保护、荒漠生态系统的治理、湿地生态环境的恢复、物种多样性的保护等工作，大力开展林业重点生态工程建设，构建三大林业体系，推动生态文明建设。在"十一五"期间，新疆地区的城市、农村和基地从生态文明建设中获益匪浅，新增了11个国家园林城市，14个自治区园林城市。阿克苏市成为新疆首个"国家森林城市",新疆地区的野马繁殖研究中心由于研究方向偏于生态,为野马繁殖做出了贡献,被政府评为生态文明教育基地。同样,第一批在自治区设置的生态文明教育基地被新疆林业学校等5家单位包揽。新疆地区积极开展荒漠化防护和治理工作,同时新疆防治荒漠化纪念馆也顺利落成了,这是我国第一个防治荒漠化纪念馆。大力恢复与保育森林生态系统;积极修复草原生态系统;积极推动生态工程建设工作;努力建造了一批生态工业园区、生态农业园区、人居活动小区、自然生态小区、文明生态村和绿色学校、绿色社区等示范工程。典型案例是:积极开展自治区生态文明教育基地建设工作,命名了5家自治区生态文明教育基地;继阿克苏市,石河子市是新疆第二个荣获"国家森林城市"称号的城市,并且与布克赛尔蒙古自治县江格尔村一起夺得新疆"全国生态文化村"的荣誉称号;新疆首个荒漠化防治纪念馆,同时也是全国首个防治荒漠化专项纪念馆顺利建成;建设重点生态功能区和自然保护区工程;生态省建设;着力灾区生态修复。新疆成为西北地区国家生态文明教育基地、国家森林城市、生态文明村命名最全的省区;开展循环经济试点工作;积极开展各级生态示范区建设;建立节能减排的统计监测及考核制度。

(12)西藏自治区。由西藏自治区人民政府、环保局、交通厅、农业厅作为推进机构,出台了《西藏生态安全屏障保护与建设规划》《西藏自治区生态功能区划》和《西藏自治区农牧区环境综合整治规划》等一系列文件。建设西藏生态文明需要抓住四个重心:全社会的广泛参与是基础,生态安全、良好的生态环境是根本;科学发展观的推进是关键,社会和谐是目标。生态文明建设致力于建设一个以自然规律为准则,以可持续经济社会文化政策为手段,以环境资源承载力为基础,构造环境友好型社会。在环境友好型社会建设过程中,全面体现了和谐社会的六个特征:一是以人为本,反对功利主义与极端物质主义,提倡互帮互助,重视人文精神文明建设,为诚信友爱提供良好的文化氛围,这些都是环境友好所倡导的。二是环境友好通过环保问责和绿色 GDP 强化正确政绩观,通过信息公开促进公众的参与,为民主法制创造了制度基础。三是通过环境公平促进社会公平。四是环境友好强调经济发展与环境保护的"双赢",为大量高新科技人才和创新型人才实践活动提供了一个富有活力的平台。五是保障人民健康、避免环境风险、化解群众矛盾、关注社会热点，为安定有序提供稳定的保障是环境友好所致力于的。六是人与自然和谐就蕴含环境友好之意。因此，要加强环境友好型、资源节约型社会建设，从而促进社会和谐，实现生态文明建设。将生态文明理念贯穿在整个发展布局、规划以及开发建设各个环节，建设西藏高原国家生态安全屏障，实施综合配套措施。近年来，生态文明建设取得了一系列的成果，生态环境建设与保护得到了不断加强，《西藏生态安全屏障保护与建设规划》的评估工作基本结束，西藏生态补偿研究工作逐步展开，自然保护区建设、湿地保护工程以及天然林保护工程稳步实施，森林生态效益补偿范围扩展工作快速推进，节能减排任务扎实开展，饮用水水源地环境保护工作不断加强，农牧区环境保护工作也得到了重视，环境保护监管力度、执法力度不断加大，全区第一次污染源普查工作基本结束，第二次土地调查工作正稳步推进，可持续发展能力得到进一步增强。

二 西部与全国及其他地区工业化与生态文明建设情况横向比较分析

根据对相关文献研究的分析，我们选取了大中型工业企业研究与试验发展 R&D 经费占国内生产总值比例（%）、规模以上工业开发新产品经费占国内生产总值比重（%）、规模以上工业企业新产品产值占国内生产总值比重（%）、工业固体废弃物综合处理率（%）、单位国内生产总值二氧化硫排放量（吨/亿元）、生态建设与保护完成投资占国内生产总值比重、森林覆盖率（%）与单位国内生产总值能耗（吨标准煤/万元）8 个指标对工业化和生态文明建设协调发展进行了分析。

表6-1　西部与全国及其他地区工业化与生态文明建设情况比较（2012年）

区域	规模以上工业企业新产品产值占国内生产总值比重（%）	大中型工业企业研究与试验发展（R&D）经费占国内生产总值比重（%）	规模以上工业开发新产品经费占国内生产总值比重（%）	工业固体废弃物综合处理率（%）	森林覆盖率（%）	单位国内生产总值能耗（吨标准煤/万元）	生态建设与保护完成投资占国内生产总值比重（%）	单位国内生产总值二氧化硫排放量（吨/亿元）
西部	10.31	0.548918	0.638822	55.05	17.05	1.39	0.405039	80.71
全国	19.35	1.149469	1.312889	60.48	20.36	0.79	0.091168	42.53

续表

区域	规模以上工业企业新产品产值占国内生产总值比重（%）	大中型工业企业研究与试验发展(R&D)经费占国内生产总值比重（%）	规模以上工业开发新产品经费占国内生产总值比重（%）	工业固体废弃物综合处理率（%）	森林覆盖率（%）	单位国内生产总值能耗（吨标准煤/万元）	生态建设与保护完成投资占国内生产总值比重（%）	单位国内生产总值二氧化硫排放量（吨/亿元）
东部	23.91	1.596967	1.642008	67.00	35.68	0.70	0.160953	8.35
中部	14.28	0.895591	1.01275	66.79	33.3	0.98	0.239193	50.1
东北	12.58	0.897763	0.952278	45.52	40.22	1.02	0.349272	45.42

资料来源：根据《中国统计年鉴》（2013）整理计算得到。

（一）西部与全国及其他区域规模以上工业企业新产品产值比较

从图6-1看，西部规模以上工业企业新产品产值占国内生产总值比重，与全国及其他区域相比是较低的。与东部差距最大，相差约13.6个百分点，与全国比较，相差约9个百分点，与中部相差近4个百分点，与东北相差约2.26个百分点。

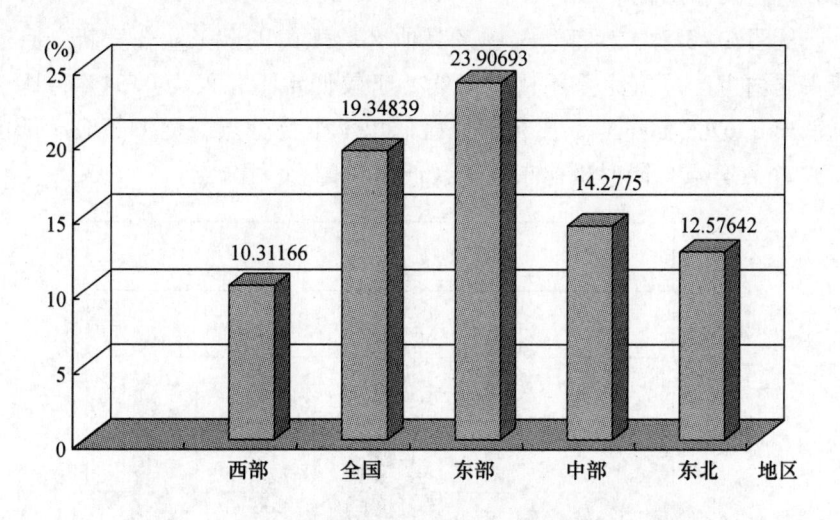

图6-1 西部与全国及其他区域规模以上工业企业
新产品产值占国内生产总值比重

176 / 西部工业化与生态文明协调发展模式研究

（二）西部大中型工业企业研究与试验发展R&D经费占国内生产总值比例情况比较

从图6-2可见，西部大中型工业企业研究与试验发展R&D经费占国内生产总值比例是最低的，仅为0.55%，比全国低0.6个百分点，比东部低1.05个百分点，比中部和东北低0.35个百分点。

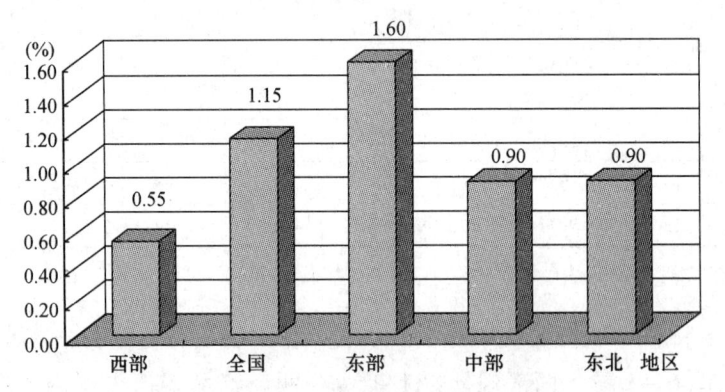

图6-2　西部与全国及其他区域大中型工业企业研究与试验发展（R&D）经费占国内生产总值比重

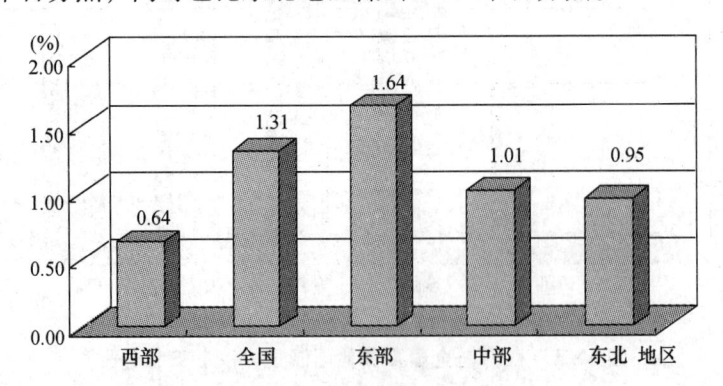

（三）西部与全国及其他区域规模以上工业开发新产品经费占国内生产总值比重比较

从图6-3看，西部与全国及其他区域规模以上工业开发新产品经费占国内生产总值比重相比，仍然处于较低水平，仅为0.64%，比全国低出0.67个百分点，比东部地区低出1个百分点，比中部地区低出0.37个百分点，同时也比东北地区低出0.31个百分点。

图6-3　西部与全国及其他区域规模以上工业开发新产品经费占国内生产总值比重

第六章 西部工业化与生态文明发展模式的相关性及其研究 / 177

（四）西部与全国及其他区域工业固体废弃物综合处理率比较

从图6-4看，西部工业固体废弃物综合处理率为55.05%，与全国的60.48%相比低5.43个百分点，与东部的67%比较，低近12个百分点，与中部地区的66.79%比较而言，低出了11.74个百分点，同时也就仅仅高于东北地区的45.52%，可见西部对于工业固体废弃物综合处理率还应有待提高。

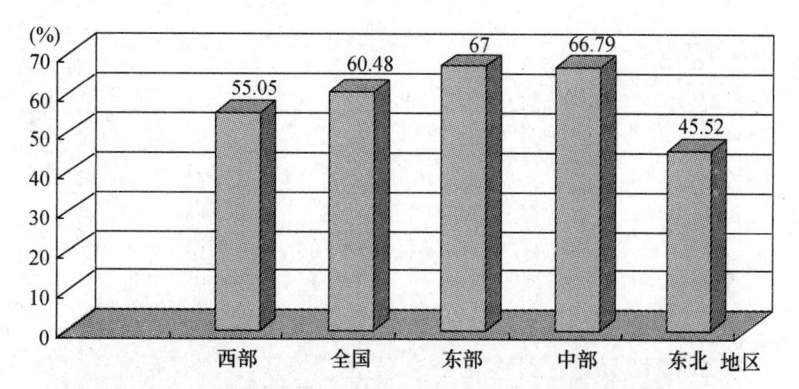

图6-4 西部与全国及其他区域工业固体废弃物综合处理率

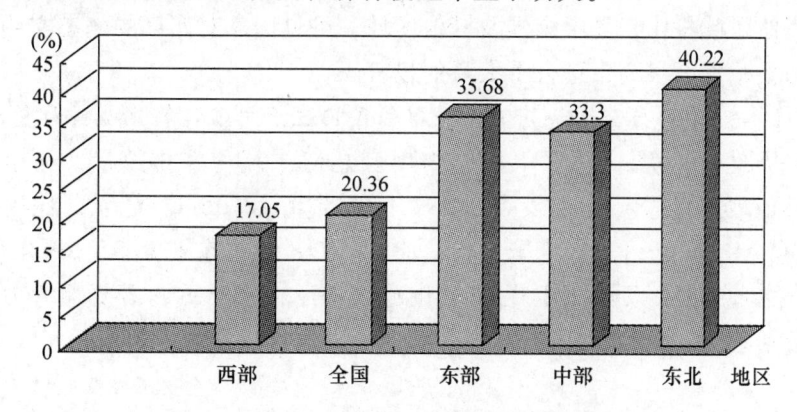

（五）西部与全国及其他区域森林覆盖率比较

从图6-5看，西部森林覆盖率，与全国及其他区域相比是最低的，仅为17.05%，与东北相比，相差近23个百分点，与东部比较，相差18.63个百分点，比中部少近16个百分点，比全国少3.31个百分点，可见西部的生态建设还需要在森林覆盖率上下功夫。

图6-5 西部与全国及其他区域森林覆盖率

(六) 西部与全国及其他区域单位国内生产总值能耗比较

从图6-6看,西部地区的单位国内生产总值能耗,与全国及其他区域相比是最高的,西部地区的单位国内生产总值能耗为1.39吨标准煤/万元,而东部地区仅为0.7吨标准煤/万元,全国平均为0.79吨标准煤/万元,同时中部地区为0.98吨标准煤/万元,东北地区为1.02吨标准煤/万元,说明西部地区应该在降低能耗方面多下功夫。

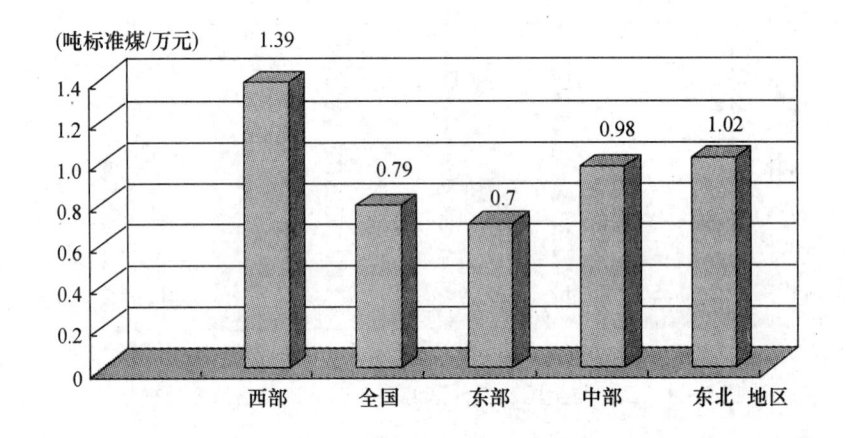

图6-6 西部与全国及其他区域单位国内生产总值能耗

(七) 西部与全国及其他区域生态建设与保护完成投资占国内生产总值比重比较

从图6-7看,西部生态建设与保护完成投资占GDP比重,与全国及其他区域相比,高于全国及其他区域,可见国家对西部的生态文明建设的重视程度很高,进行了大量的投资。

(八) 西部与全国及其他区域单位国内生产总值二氧化硫排放量比较

从图6-8看,西部单位国内生产总值二氧化硫排放量,与全国及其他地区比较,处于最高水平,比东部高72.36吨/亿元,比中部高30.61吨/亿元,比全国高38.18吨/亿元,比东北高35.29吨/亿元,由此可见,西部地区的二氧化硫污染还相当严重,需要加大力度进行治理。

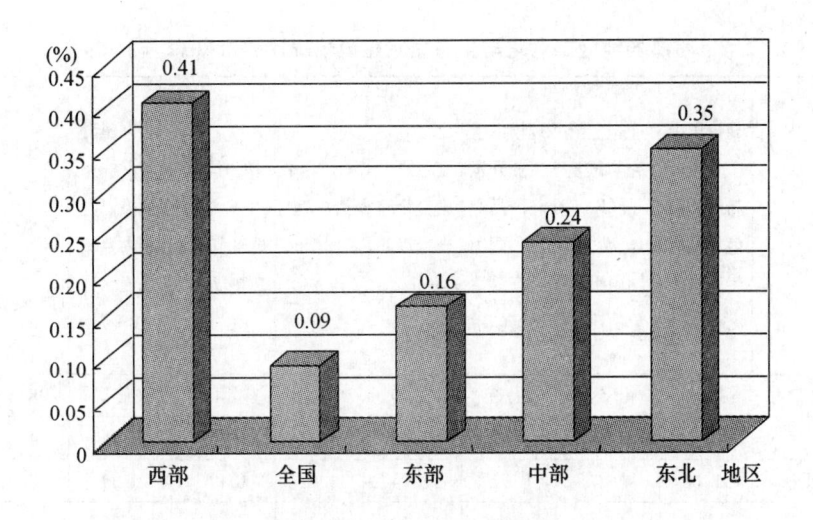

图 6-7 西部与全国及其他区域生态建设与保护完成投资占国内生产总值比重

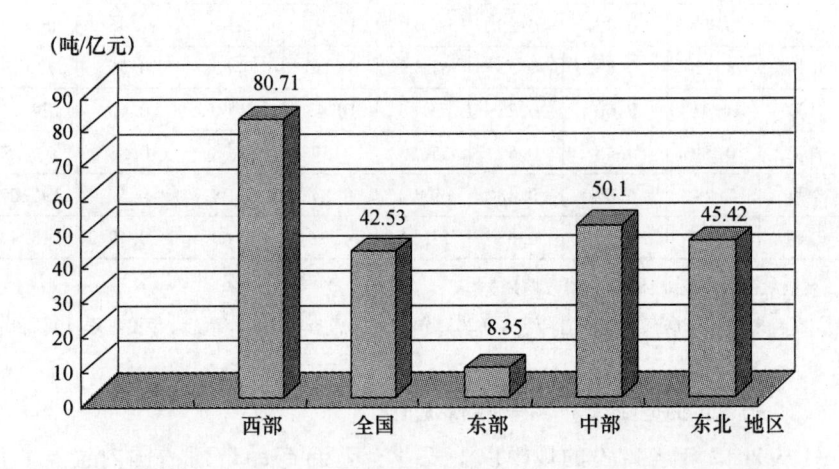

图 6-8 西部与全国及其他区域单位国内生产总值二氧化硫排放量

三 西部各地区工业化与生态文明建设情况纵向比较分析

我们从前面分析的 8 个指标出发,对西部 12 个省份进行比较分析,希望找出西部各地区工业化和生态文明建设协调发展的问题及规律,以便找出一个较好的适合西部各地区发展的模式,促使西部各地区经济更好地发展。

表6-2　西部各地区工业化与生态文明建设情况比较（2012年）

地区	规模以上工业企业新产品产值占国内生产总值比重(%)	大中型工业企业研究与试验发展(R&D)经费占国内生产总值比重(%)	规模以上工业开发新产品经费占国内生产总值比重(%)	工业固体废弃物综合处理率(%)	森林覆盖率(%)	单位国内生产总值能耗(吨标准煤/万元)	生态建设与保护完成投资占国内生产总值比重(%)	单位国内生产总值二氧化硫排放量(吨/亿元)
内蒙古	3.78	0.54	0.63	45.10	20.00	1.41	0.54	98.15
广西	10.40	0.54	1.07	67.42	52.71	0.80	0.84	44.45
重庆	31.66	1.02	0.71	81.94	34.85	0.95	0.34	58.63
四川	9.82	0.60	0.64	45.89	34.31	1.00	0.28	42.90
贵州	16.67	0.46	0.44	60.90	31.61	1.71	0.49	193.67
云南	4.01	0.37	0.05	49.00	47.5	1.16	0.44	77.73
西藏	0.28	0.08	0.85	1.64	11.91	—	1.96	6.89
陕西	8.72	0.83	0.55	61.29	37.26	0.85	0.36	73.27
甘肃	10.16	0.60	0.21	53.86	10.42	1.40	0.66	124.27
青海	0.51	0.45	0.57	55.53	4.57	2.08	0.81	93.75
宁夏	7.28	0.62	0.48	69.03	9.84	2.28	0.50	195.22
新疆	4.06	0.36	0.63	51.56	4.02	1.63	0.49	115.44

注："—"表示该地区此项数据缺失。

资料来源：根据《中国统计年鉴》（2013）和西部各省份2013年统计年鉴整理计算得出。

（一）工业企业新产品产值情况

从2012年各省份的规模以上工业企业新产品产值占国内生产总值比重数据来看，其中比重最高的重庆规模以上工业企业新产品产值占国内生产总值达到31.66%，贵州其次，为16.67%，广西、甘肃、四川、陕西、宁夏再其次，分别为10.40%、10.16%、9.82%、8.72%、7.28%，内蒙古、云南、新疆较低，为3.78%、4.01%、4.06%，青海和西藏最低，为0.51%和0.28%（见图6-9）。

（二）大中型工业企业研究与试验发展R&D经费情况

2012年，西部各省份大中型工业企业研究与试验发展（R&D）经费占国内生产总值比例，重庆最高，达到1.02%；陕西其次，为0.83%；

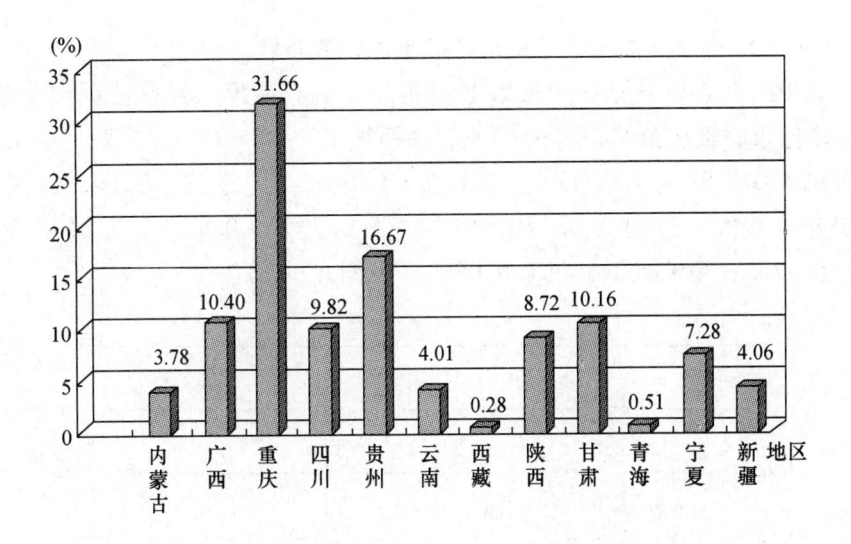

第六章 西部工业化与生态文明发展模式的相关性及其研究 / 181

图6-9 西部各地区规模以上工业企业新产品产值占国内生产总值比重

内蒙古、广西、四川、贵州、甘肃、青海和宁夏再其次，为0.5%左右；云南和新疆较低，为0.37%、0.36%；西藏最低，仅为0.08%（见图6-10）。

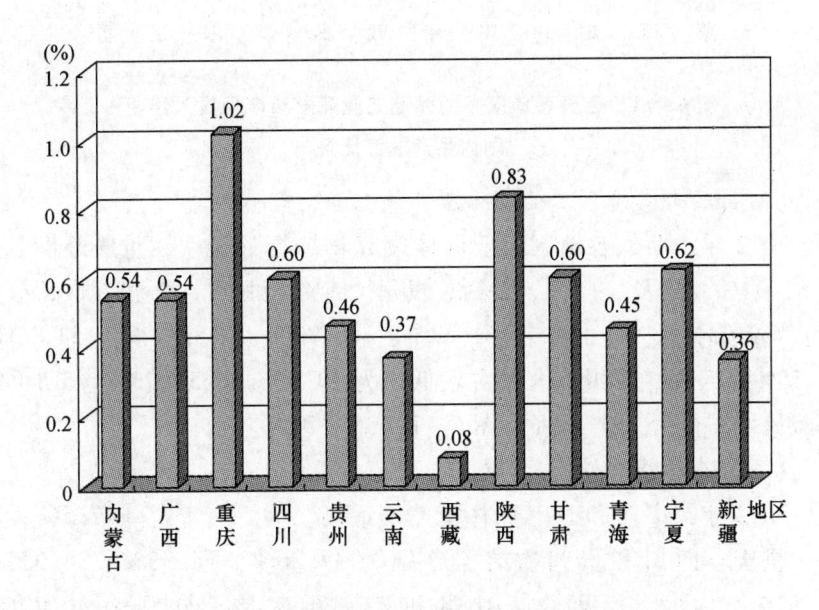

图6-10 西部各地区大中型工业企业研究与试验
发展（R&D）经费占国内生产总值比重

(三) 规模以上工业开发新产品投入经费情况

2012年西部各地区规模以上工业开发新产品投入经费占国内生产总值比重，重庆最高，为1.07%；陕西第二，为0.85%；广西、四川、贵州其次，分别为0.63%、0.71%、0.64%；内蒙古、云南、甘肃、宁夏再其次，分别为0.49%、0.44%、0.55%、0.57%；青海较低，为0.21%；西藏最低，仅为0.05%（见图6-11）。

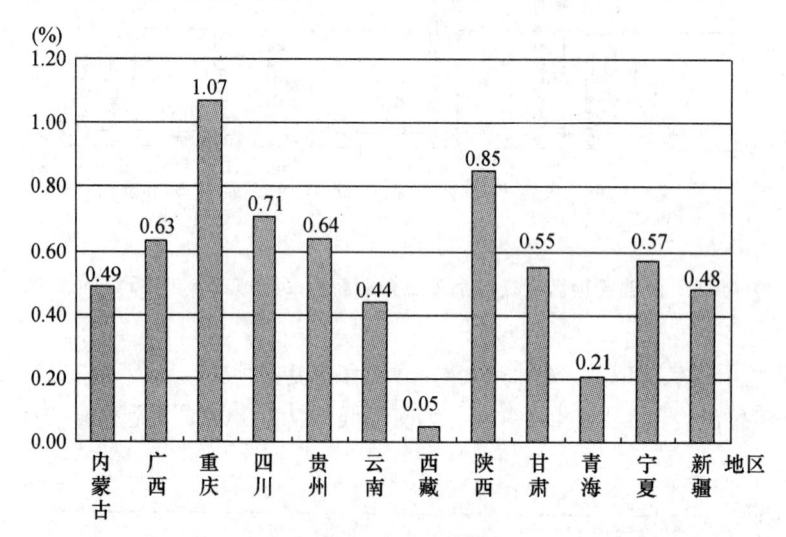

图6-11 西部各地区规模以上工业开发新产品投入经费占国内生产总值比重

(四) 西部各地区工业固体废弃物综合处理情况

2012年，西部各地区工业固体废弃物综合处理率，重庆最高，达到81.94%；宁夏、广西、陕西、贵州、青海、甘肃、新疆其次，分别为：69.03%、67.42%、61.29%、60.90%、55.53%、53.86%、51.56%；云南、四川、内蒙古较低，为49.00%、45.89%、45.10%；西藏最低，仅为1.64%（见图6-12）。

(五) 森林覆盖情况

2012年，广西和云南森林覆盖率最高，为52.71%和47.5%；陕西、重庆、四川和贵州次之，分别为37.26%、34.85%、34.31%、31.61%；内蒙古、西藏、甘肃和宁夏再次之，分别为20.00%、11.91%、10.42%、9.84%；青海和新疆森林覆盖率最低，为4.57%和4.02%（见图6-13）。

第六章 西部工业化与生态文明发展模式的相关性及其研究 / 183

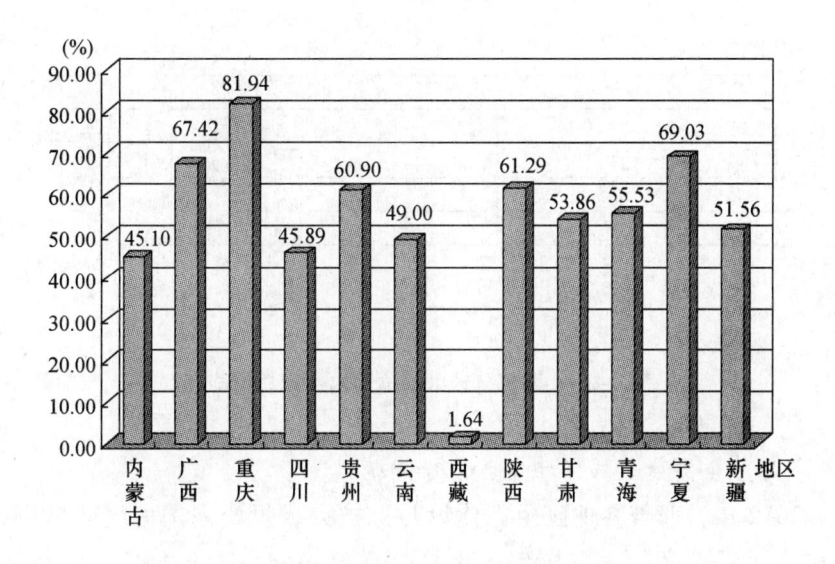

图6-12 西部各地区工业固体废弃物综合处理率

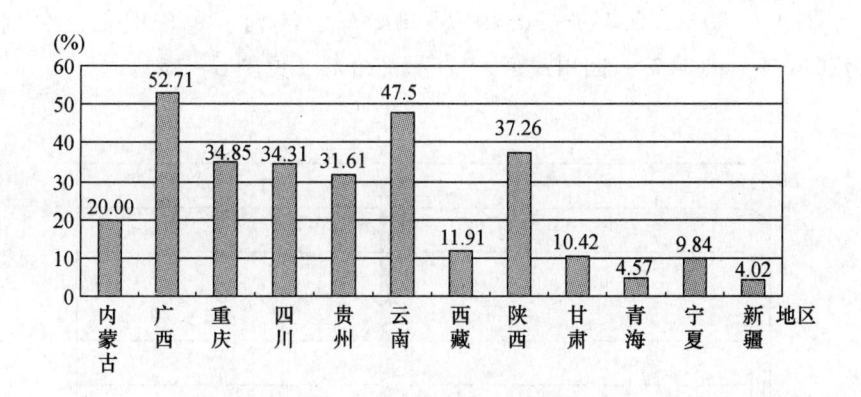

图6-13 西部各地区森林覆盖率

（六）单位国内生产总值能耗情况

2012年，西部各地区单位国内生产总值能耗中，宁夏最高，为2.28吨标准煤/万元；青海第二，为2.08吨标准煤/万元；贵州和新疆分别为1.71吨标准煤/万元和1.63吨标准煤/万元；内蒙古、甘肃次之，分别为1.41吨标准煤/万元、1.4吨标准煤/万元；四川、重庆、陕西略低，分别为1吨标准煤/万元、0.95吨标准煤/万元、0.85吨标准煤/万元（见图6-14）。

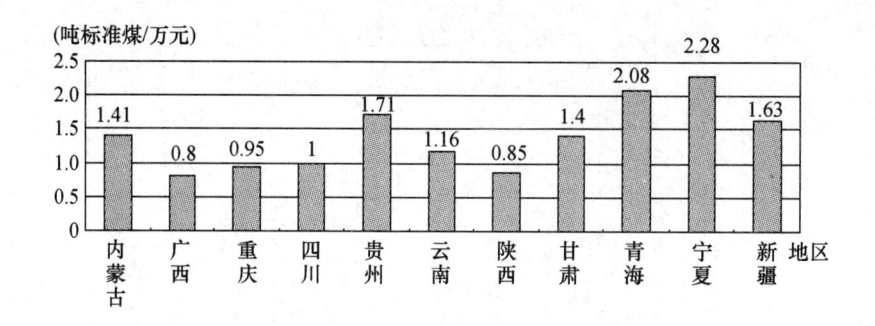

184 / 西部工业化与生态文明协调发展模式研究

图 6-14 西部各地区单位国内生产总值能耗

（七）生态建设与保护完成投资情况

2012年，西部各地区生态建设与保护完成投资占国内生产总值比重中，西藏最高，为1.96%；广西、青海第二，为0.84%、0.81%；甘肃、内蒙古、宁夏、贵州、新疆、云南次之，分别为0.66%、0.54%、0.50%、0.49%、0.49%、0.44%；陕西、重庆略低，分别为0.36%、0.34%；四川最低，仅为0.28%（见图6-15）。

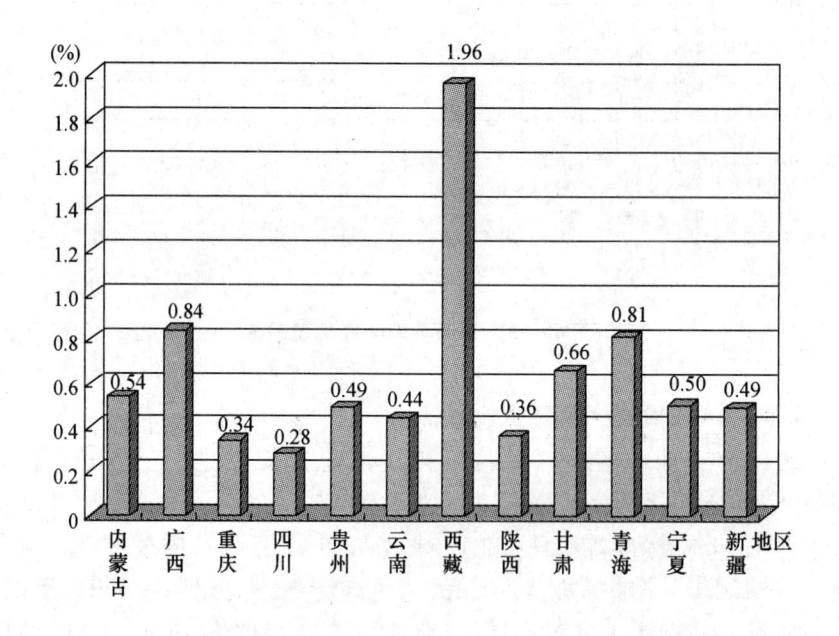

图 6-15 西部各地区生态建设与保护完成投资占国内生产总值比重

(八) 单位国内生产总值二氧化硫排放量情况

2012年，贵州和宁夏的单位国内生产总值二氧化硫排放量在西部各地区中最高，为193.67吨/亿元和195.22吨/亿元；甘肃、新疆、内蒙古、青海较高，分别为：124.27吨/亿元、115.44吨/亿元、98.15吨/亿元、93.75吨/亿元；云南、陕西、重庆、四川、广西次之，分别为：77.73吨/亿元、73.27吨/亿元、58.63吨/亿元、42.9吨/亿元、44.45吨/亿元；西藏最低，仅为6.89吨/亿元（见图6-16）。

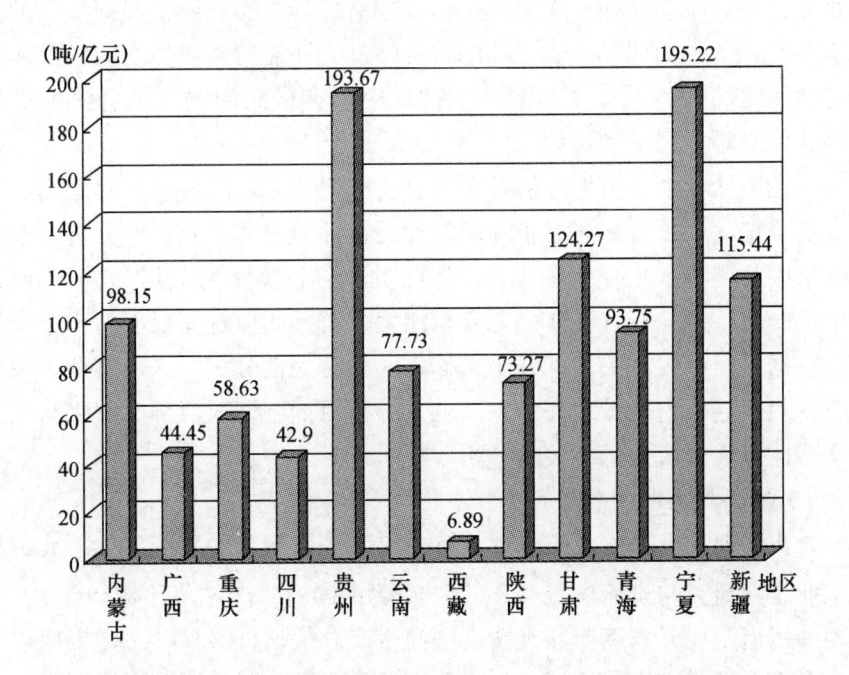

图6-16 西部各地区单位国内生产总值二氧化硫排放量

通过以上分析可以看到，目前西部工业化与生态文明建设还存在发展不协调的问题，我们应该对西部工业化与生态文明发展模式进行研究，找到问题的关键所在，制定相关法律法规，采取相应措施，使西部工业化与生态文明建设协调发展。

第二节　西部工业化与生态文明发展模式的相关性分析

一　西部工业化与生态文明发展模式的相关性分析

相关，即为相互关联，它可以是两者之间也可以是两者以上事物的相互关系。相关性在广义上是一个比较宽广的概念，除了提到狭义的关于在统计学中的二元变量之间的相关性外，还有对象属性之间以及属性与时间之间的关系也囊括其中，这其中既有横向的关联也有纵向的顺序、因果等方面的相关性。

在统计学中相关性分析是指对事物或者某系统的多重指标之间，以及所确定的评价目标与其指标间的相关性评价过程。相关性分析涉及统计学中的一些基本分析方法，采用相关性分析方法对数据集进行分析，常见的相关性分析方法有二元变量相关分析，我们选择前面的 8 个指标的数据进行组内相关性和各个指标之间的相关性分析。采用典型相关分析，找出这两组变量之间的关系就是分析目的，即对西部工业化与生态文明建设发展模式的相关性分析。

（一）组内相关性

我们把指标分成两组变量，第一组（工业化相关指标）：X_1 大中型工业企业研究与试验发展（R&D）经费占国内生产总值比例（％）、X_2 规模以上工业开发新产品经费占国内生产总值比重（％）、X_3 规模以上工业企业新产品产值占国内生产总值比重（％）、X_4 工业固体废弃物综合处理率（％）。第二组（生态文明相关指标）：Y_1 森林覆盖率（％）、Y_2 单位国内生产总值能耗（吨标准煤/万元）、Y_3 单位国内生产总值二氧化硫排放量（吨/亿元）、Y_4 生态建设与保护完成投资占国内生产总值比重。其目的是找出这两组变量之间的关系，即对西部工业化与生态文明建设发展模式的相关性分析。使用的软件是 SPSS 19.0，结果分析：

1. 两组变量（工业化相关指标和生态文明相关指标自己以及之间的相关系数矩阵）及分析

可见，X_1 与 X_2、X_2 与 X_3、X_1 与 X_3 的相关系数较大，说明 X_1 大中型工业企业研究与试验发展（R&D）经费占国内生产总值比例（％）

与 X_2 规模以上工业开发新产品经费占国内生产总值比重（%）及 X_3 规模以上工业企业新产品产值占国内生产总值比重（%）有很强的相关性，X_2 规模以上工业开发新产品经费占国内生产总值比重（%）与 X_3 规模以上工业企业新产品产值占国内生产总值比重（%）有很强的相关性。

表6-3 工业化指标的相关系数矩阵（Correlations for Set-1）

指标	大中型工业企业研究与试验发展（R&D）经费占国内生产总值比例（%）X_1	规模以上工业开发新产品经费占国内生产总值比重（%）X_2	规模以上工业企业新产品产值占国内生产总值比重（%）X_3	工业固体废弃物综合处理率（%）X_4
大中型工业企业研究与试验发展R&D经费占GDP比例（%）X_1	1.0000	0.8104	0.7461	0.3545
规模以上工业开发新产品经费占GDP比例（%）X_2	0.8104	1.0000	0.8452	0.2918
规模以上工业企业新产品产值占GDP比重（%）X_3	0.7461	0.8452	1.0000	0.3657
工业固体废弃物综合处理率（%）X_4	0.3545	0.2918	0.3657	1.0000

由表6-4可见，Y_2 与 Y_3 的相关系数较大，Y_2 单位国内生产总值能耗（吨标准煤/万元）与 Y_3 单位国内生产总值二氧化硫放量（吨/亿元）有较强的正相关。Y_1 与 Y_2 的相关系数为 -0.7856，说明 Y_1 森林覆盖率与 Y_2 单位国内生产总值能耗有较强的负相关，能耗越大，森林覆盖率就越低。

表 6-4　　　　　　　生态文明相关指标的相关系数矩阵

指标	森林覆盖率（%）Y_1	单位国内生产总值能耗（吨标准煤/万元）Y_2	单位国内生产总值二氧化硫排放量（吨/亿元）Y_3	生态建设与保护完成投资占国内生产总值比重（%）Y_4
森林覆盖率（%）Y_1	1.0000	-0.7856	-0.5218	-0.0226
单位国内生产总值能耗（吨标准煤/万元）Y_2	-0.7856	1.0000	0.7895	0.2738
单位国内生产总值二氧化硫排放量（吨/亿元）Y_3	-0.5218	0.7895	1.0000	0.1751
生态建设与保护完成投资占国内生产总值比重（%）Y_4	-.0226	0.2738	0.1751	1.0000

由表 6-5 可见，X_2 与 Y_2 的相关系数为 -0.6143，说明 X_2 规模以上工业开发新产品经费占国内生产总值比重与 Y_2 单位国内生产总值能耗（吨标准煤/万元）存在较强的负相关，即 X_2 规模以上工业开发新产品经费占国内生产总值比重越高，Y_2 单位国内生产总值能耗就会降低。

表 6-5　　　　　　工业化与生态文明指标之间的相关系数矩阵

指标	森林覆盖率（%）Y_1	单位国内生产总值能耗（吨标准煤/万元）Y_2	单位国内生产总值二氧化硫排放量（吨/亿元）Y_3	生态建设与保护完成投资占国内生产总值比重（%）Y_4
大中型工业企业研究与试验发展（R&D）经费占国内生产总值比重（%）X_1	0.1846	-0.3372	-0.2171	-0.2537
规模以上工业开发新产品经费占国内生产总值比重（%）X_2	0.4645	-0.6143	-0.2616	-0.4249
规模以上工业企业新产品产值占国内生产总值比重（%）X_3	0.3314	-0.3867	-0.0937	-0.2239
工业固体废弃物综合处理率（%）X_4	0.3878	-0.2210	-0.2146	-0.2705

2. 四对典型变量的相关系数

从表6-6中可看出,第一对典型变量的相关系数为0.891,说明第一对典型变量具有较高的相关性。

表6-6　　　　　　　　四对典型变量的相关系数矩阵

1	0.891
2	0.614
3	0.352
4	0.014

3. 标准化的典型变量系数（用来给出典型相关变量的表达式）

表6-7　　　　　　工业化相关指标的标准化典型变量系数矩阵

指标	1	2	3	4
大中型工业企业研究与试验发展（R&D）经费占国内生产总值比例（%）X_1	0.842	-0.135	1.255	-0.905
规模以上工业开发新产品经费占国内生产总值比重（%）X_2	-1.771	-0.026	0.461	1.190
规模以上工业企业新产品产值占国内生产总值比重（%）X_3	0.403	-0.498	-1.506	-1.055
工业固体废弃物综合处理率（%）X_4	-0.266	1.051	-0.056	-0.114

第一对典型变量:

$$U_1 = 0.842X_1 - 1.771X_2 + 0.403X_3 - 0.266X_4 \tag{6-1}$$

$$V_1 = -0.288Y_1 + 0.961Y_2 - 0.647Y_3 + 0.428Y_4 \tag{6-2}$$

工业化相关指标的典型变量 U_1 中,X_1 和 X_2 的系数比较大,说明 U_1 主要由这两个变量所决定。生态文明相关指标的第一个典型变量 V_1 中,Y_2 和 Y_3 系数比较大。

表 6-8　　生态文明相关指标的标准化典型变量系数矩阵

指标	1	2	3	4
森林覆盖率（%）Y_1	-0.288	1.553	-0.823	-0.173
单位国内生产总值能耗（吨标准煤/万元）Y_2	0.961	2.341	-0.131	0.216
单位国内生产总值二氧化硫排放量（吨/亿元）Y_3	-0.647	-1.164	-0.961	0.482
生态建设与保护完成投资占国内生产总值比重（%）Y_4	0.428	-0.609	-0.276	-0.782

第二对典型变量：

$$U_2 = -0.135X_1 - 0.026X_2 - 0.498X_3 + 1.051X_4 \quad (6-3)$$

$$V_2 = 1.533Y_1 + 2.341Y_2 - 1.164Y_3 - 0.609Y_4 \quad (6-4)$$

生态文明相关指标第二个典型变量 V_2 中，Y_2 单位国内生产总值能耗（吨标准煤/万元）系数比较大。X_2 系数为负，说明 X_2 规模以上工业开发新产品经费占国内生产总值比重（%）与 Y_2 单位国内生产总值能耗（吨标准煤/万元）负相关。X_1 大中型工业企业研究与试验发展（R&D）经费占国内生产总值比例（%）与 Y_2 单位国内生产总值能耗（吨标准煤/万元）正相关。

4. 典型载荷结果显示

表 6-9　　工业化指标及其自身典型变量之间的相关系数矩阵

指标	1	2	3	4
大中型工业企业研究与试验发展（R&D）经费占国内生产总值比例（%）X_1	-0.387	-0.156	0.486	-0.768
规模以上工业开发新产品经费占国内生产总值比重（%）X_2	-0.826	-0.250	0.189	-0.468
规模以上工业企业新产品产值占国内生产总值比重（%）X_3	-0.563	-0.237	-0.200	-0.766
工业固体废弃物综合处理率（%）X_4	-0.337	0.813	-0.027	-0.474

第六章　西部工业化与生态文明发展模式的相关性及其研究 / 193

续表

	大中型工业企业研究与试验发展（R&D）经费占国内生产总值比例（%）	规模以上工业开发新产品经费占国内生产总值比例（%）	规模以上工业企业新产品产值占国内生产总值比例（%）	工业固体废物综合处理率（%）	森林覆盖率（%）	单位国内生产总值能耗（吨标准煤/万元）	单位国内生产总值二氧化硫排放量（吨/亿元）	生态建设与保护完成投资占国内生产总值比例
森林覆盖率（%） Pearson 相关性	0.301	0.510	0.397	0.400	1	−0.782**	−0.324	−0.230
显著性（双侧）	0.342	0.109	0.202	0.197	—	0.004	0.304	0.472
单位国内生产总值能耗（吨标准煤/万元）Pearson 相关性	−0.337	−0.614	−0.379	−0.221	−0.782**	1	0.789**	0.273
显著性（双侧）	0.311	0.059	0.250	0.513	0.004	—	0.004	0.417
单位国内生产总值二氧化硫排放量（吨/亿元）Pearson 相关性	0.173	0.109	0.080	0.317	−0.324	0.789**	1	−0.381
显著性（双侧）	—	0.591	0.750	0.804	0.316	0.304	—	0.221
生态建设与保护完成投资占国内生产总值比重 Pearson 相关性	−0.681*	−0.693*	−0.370	−0.849**	−0.230	0.273	−0.381	1
显著性（双侧）	0.015	0.018	0.237	0.000	0.472	0.417	0.221	—

注：**表示在 0.01 水平（双侧）上显著相关；*表示在 0.05 水平（双侧）上显著相关。

根据生态文明指标与自身典型变量之间相关系数的结果，可看到 Y_1 与 V_1 的相关系数是 -0.715，而 Y_2、Y_3 与 V_1 的相关系数都为正。根据经验表明，单位国内生产总值能耗和单位二氧化硫排放量是会在一定程度上影响森林覆盖率的，因此 Y_1 与 Y_2、Y_3 的载荷符号相反。

（二）指标间相关性

结果中的"显著性"即为 P 值，表 6-13 中标记 ** 的两个指标在 0.01 水平（双侧）上显著相关；标记 * 的两个指标在 0.05 水平（双侧）上显著相关。因此，根据结果显示，可以看出 X_1 与 X_2、X_3 在 0.01 的显著性水平下显著相关，与 X_4 和 X_8 在 0.05 的显著水平下显著相关；其余以此类推。得到以下结论：

大中型工业企业研究与试验发展 R&D 经费占国内生产总值比例与规模以上工业开发新产品经费占国内生产总值比重、规模以上工业企业新产品产值占国内生产总值比重、工业固体废弃物综合处理率有很强的正相关关系，和生态建设与保护完成投资占国内生产总值比重存在负相关关系；规模以上工业开发新产品经费占国内生产总值比重与规模以上工业企业新产品产值占国内生产总值比重、工业固体废弃物综合处理率存在正相关关系，与生态建设与保护完成投资占国内生产总值比重负相关；工业固体废弃物综合处理率与生态建设与保护完成投资占国内生产总值比重在 0.01 水平（双侧）上显著负相关；森林覆盖率与单位国内生产总值能耗（吨标准煤/万元）在 0.01 水平（双侧）上显著负相关；单位国内生产总值能耗（吨标准煤/万元）与单位国内生产总值二氧化硫排放量（吨/亿元）在 0.01 水平（双侧）上显著正相关。

二 西部工业企业发展与生态文明发展模式的分析

工业企业是一种依据法律、法规成立的，以工业商品生产为主要经营活动，在经济上以独立核算、自担风险为原则，且具有法人资格的经济组织。许多实际的案例证明，工业企业通过对附属产品和废弃物的循环利用可以有效地降低工业企业的生产成本，提高企业的经济效益。所以，发展循环经济是工业企业所应选择的，以节能服务市场中的工业企业为例，我们进行博弈分析。

节能项目建设是保障我国西部地区能源供给、促进经济可持续发展的重要战略之一，而实现我国西部节能项目建设的必由之路就是发展节能服务产业。但实际上，由于诸多原因的影响，很多用能企业不相信节能服务模式,从而在进入我国西部后,这种有效的节能模式并没能很快地在我国西部地区发展成完善的节能产业体系。这种情况出现的原因主要表现在两个方面:一是用能企业作为节能服务市场的需求方,由于其存在外部搜寻、讨价还价、执行节能服务等方面高昂的交易成本,进而抑制了对外包节能服务的需求;二是因为节能服务企业作为我国西部节能服务市场的供给方,难以保证其所提供的节能服务质量,还有一些节能服务企业存在机会主义思想,这也阻碍了节能服务产业的良性发展。对于用能企业在外包节能服务中存在的一系列需求障碍问题,田小平[1]、陈剑和吕荣胜[2]等都在其相关论著里进行了论述。因此,本部分用博弈论的方法从节能服务企业的角度,分析了节能服务企业的一些机会主义行为对节能服务产业发展造成的一系列消极影响,同时探索了节能服务模式在我国西部地区发展受限制的原因,并提出了能够促进节能服务产业发展的方法。

(一)节能服务企业及其运作模式

1. 节能服务企业

节能服务企业(Energy Service Company,ESC)是一类为用能企业提供一系列包括能源效率审计、原材料和设备采购、节能项目设计、监测、施工、培训、运行管理等相关服务,并在项目实施后与用能企业共同分享节能效益产生的利润,实现滚动发展的专业化公司。20世纪70年代中后期,节能服务企业开始在西方国家迅速发展壮大,逐步成为加拿大、美国和欧洲等国家和地区的一种重要的新兴节能产业。节能服务企业的特殊性在于节能服务不同于传统意义上的销售节能产品、设备或技术,这类企业销售的是一个完善的节能解决计划或方案。

2. 节能服务企业的运作模式

节能服务企业是以合同能源管理机制为基础进行专业化运作的一类公司。合同能源管理,即用能企业与节能服务企业通过签订一系列节能服务合同,按照合同中的规定,把先进节能技术、全新的服务机制应用于客户企业实施节能项目,并以节省能源费用与节省能量为主要形式支

---

[1] 田小平:《基于交易成本经济学的节能服务外包决策研究》,《中南财经政法大学学报》2011年第4期。

[2] 陈剑、吕荣胜:《节能服务的经济学分析》,《南京社会科学》2011年第6期。

付项目成本，得到相应利润的一种新型市场化节能机制。

这种模式与目前主流的节能减排措施存在本质上的区别。在这种模式下，用能企业无须为节能改造而过多投资，用能企业都是以改造后用能企业节省下来的能源费用来支付给节能服务企业的。

合同能源管理是把节能作为有利可图的投资项目，把项目实施后节省下的能源费用作为投资回报，各个投资方根据事先的协议从中分享利润。合同能源管理主要是为了实现节能盈利的目标，它与传统的节能运作管理模式相比，具有以下优点：通过把实施节能项目可能带来的风险与负担转移给节能服务企业，那么用能企业进行项目建设所遇到的风险可能性降低，也大大减少麻烦问题的出现；由于节能项目中存在低经济效益、花费企业太多时间等问题，部分企业便把开发节能项目产生的资金成本以及不良后果转嫁到节能服务企业中；为了达到降低实施节能项目成本的目的，节能服务企业便可以通过开发同类项目来促进其本身的相关节能项目的运转能力，增加节能产业链上相关产业的企业效益，并且节能项目投资的主要来源是投资项目其自身产生的能源利润，进而使用能企业在实施节能项目中面对来自投融资方面的压力显著减小。

3. 我国节能服务产业发展

我国节能服务产业的发展和兴起在一定程度上受到 WB/GEF（世界银行/全球环境基金）的影响，其目标是在中国市场上推广能源管理节能新机制，并且推动中国新兴节能服务企业走向产业化。根据中国节能协会节能服务产业委员会相关统计，在"十一五"期间，我国利用合同能源管理机制的节能服务企业仅有 76 家，但后来迅速增加到 782 家，这些企业都是以合同能源管理机制为运用方式的节能服务企业。节能服务产业是属于横跨国内外的新兴产业，它从一个国际合作的项目中开始萌芽，不断地发展壮大，并渐渐趋向成熟。在 2010 年我国出台了多个规章办法，主要包括《合同能源管理财政奖励资金管理暂行办法》《合同能源管理通则》《关于促进节能服务产业发展增值税、营业税和企业所得税政策问题的通知》等规定，这些政策措施在制度建设、投资环境及市场供需等方面为这类企业提供了广阔的发展前景和难以预估的盈利局面。根据《"十一五"中国节能服务产业发展报告》预测，未来五年内全国节能服务企业数量将从目前的 782 家大幅增长到 2500 家，总产值将扩大到 3000 亿元。① 除此之外,合同能源管理的相关推广工程已经被"十二五"规划纲要草案划定为四大节能重点工程。在不久的将来,我国西部地区节能服务产业必将进入高速发展的新时代。

(二)节能服务市场主体博弈分析

在 WB/GEF 节能推广项目实施之后,由于在中国该行业尚未形成产业准入标准,同时我国西部大多节能服务企业属于自发成立,质量难以得到保证。在这当中一些原本不具备核心技术的中小型节能服务企业随意制定基准线,使用劣质材料,大幅缩减售后服务,不计实施成本,恶意低成本中标,一方面对产业形象和信誉产生了严重的消极影响,直接导致节能服务产业健康发展面临极大的困境;另一方面使用能企业蒙受了巨大的经济损失。

在节能服务市场发展过程中,在用能企业与节能服务企业之间存在着博弈,这两个群体都面临着多种不同的策略组合。"自制"与"外包"是用能企业可以选择的策略方案,其中,"自制"是指用能企业自己购买节能设备,获得节能效益;"外包"是指用能企业与外部节能服务企业寻求合作以符合自己的耗能要求。在节能服务市场上,用能企业和节能服务企业属于有限理性的博弈方,这些企业可以运用生物进化的复杂动态模型进行策略调整,研究其"进化稳定策略"(Evolutionary Stable Strategy, ESS)。② 由此构建一个非对称进化模型,其支付矩阵如图 6-17 所示。

		节能服务企业	
		提供合格节能服务	不提供合格节能服务
用能企业	外包	$R_{EU}+R_1$, R_{ES}	$R_{EU}-R_2$, $R_{ES}+R_3$
	自制	R_{EU}, 0	R_{EU}, 0

图 6-17 用能企业与节能服务企业之间博弈的支付矩阵

---

① 谌树忠:《"十一五"中国节能服务产业发展报告》,http://www.emca.cn/bg/hyxw/qt/20110113122955.html,2011 年。

② 谢识予:《经济博弈论》第三版,复旦大学出版社 2010 年版。

用能企业与节能服务企业之间博弈的支付矩阵为（R_{EU}, 0）、（R_{EU}, 0）、（$R_{EU}+R_1$, R_{ES}）、（$R_{EU}-R_2$, $R_{ES}+R_3$）。

假如用能企业使用"自制"策略，节能收益为 R_{EU}（这里下标 EU 代表用能企业），而相对应地由于节能服务企业未能承接业务，无论其能否提供有质量保证的节能服务，其收益总是 0。如果用能企业选择"外包"策略，而节能服务企业提供合格且有质量保障的节能服务，则用能企业可获得 $R_{EU}+R_1$ 的收益，用能企业利用外包节能服务所增加的收益量为 R_1。此时节能服务企业可获得 R_{ES} 的收益（下标 ES 代表节能服务公司）是因为获得了外包业务。如果节能服务企业未能提供合格且有质量保障的节能服务，此时用能企业产生的节能收益会下降至 $R_{EU}-R_2$，用能企业由于没有享受到应有的节能服务，使收益量下降为 R_2，而节能服务企业得到的收益为 $R_{ES}+R_3$，这当中提供不合格服务带来了 R_3 的投机性收益。

设用能企业群体中策略选择是"外包"的比重为 x，则策略选择是"自制"的比重为 $(1-x)$。节能服务企业群体中策略选择是"提供合格节能服务"的比重为 y，则策略选择是"不提供合格节能服务"的比重为 $(1-y)$。对用能企业来说，策略选择是"外包" u_{1OUT}、"自制" u_{1IN} 的期望收益、群体平均收益分别为：

$$u_{1OUT} = y(R_{EU}+R_1) + (1-y)(R_{EU}-R_2) = (R_1+R_2)y + (R_{EU}-R_2) \tag{6-5}$$

$$u_{1IN} = yR_{EU} + (1-y)R_{EU} = R_{EU} \tag{6-6}$$

$$\bar{u}_1 = xu_{1OUT} + (1-x)u_{1IN} = x(R_1+R_2)y - xR_2 + R_{EU} \tag{6-7}$$

在用能企业位置博弈的复制动态方程为：

$$F(x) = \frac{dx}{dt} = x(u_{1OUT} - \bar{u}_1) = x(1-x)[(R_1+R_2)y - R_2] \tag{6-8}$$

令 $F(x)=0$，可得到两个可能的稳定状态点：

$$x_1^* = 0, \quad x_2^* = 1 \text{ 以及 } y^* = \frac{R_2}{R_1+R_2}$$

根据该动态方程，当 $y=y^*$ 时，$F(x)$ 始终为 0，这意味着所有 x 水平都是稳定状态，也就是说，当节能服务企业群体选择"提供合格节能服务"策略的比重达到 $y^* = \dfrac{R_2}{R_1+R_2}$ 时，则用能企业"外包"和"自制"节能服务的比重达到均衡。当 $y > y^*$ 时，由 $F'(x) = (1-2x)[(R_1 + R_2)y - R_2]$ 可知，$F'(0) > 0$，$F'(1) < 0$，故 $x_z^* = 1$ 是 ESS（进化稳定策略），也就是说，当节能服务企业群体选择"提供合格节能服务"策略的比重超过 $y^* = \dfrac{R_2}{R_1 + R_2}$ 时，用能企业将会选择"外包"策略。当 $y < y^*$ 时，则 $F'(0) < 0$，故 I_i 是进化稳定策略，也就是说，当节能服务企业群体选择"提供合格节能服务"策略的比重低于 $y^* = \dfrac{R_2}{R_1 + R_2}$ 时，用能企业的最优策略是"自制"。而对于节能服务企业来说，选择"提供合格节能服务""不提供合格节能服务"策略的期望收益 u_{2T}、u_{2N} 和群体平均收益 $\overline{R_i}$ 分别为：

$$u_{2T} = x \times R_{ES} + (1-x) \times 0 = xR_{ES} \qquad (6-9)$$

$$u_{2N} = x \times (R_{ES} + R_3) + (1-x) \times 0 = x(R_{ES} + R_3) \qquad (6-10)$$

$$\overline{u}_2 = yu_{2T} + (1-y)u_{2N} = x[(R_{ES} + R_3) - yR_3] \qquad (6-11)$$

在节能服务企业位置博弈的复制动态方程为：

$$F(y) = \frac{\mathrm{d}y}{\mathrm{d}t} = y(u_{2T} - \overline{u}_2) = y(y-1)xR_3 \qquad (6-12)$$

令 $F(y) = 0$，可得到两个可能的稳定状态点：
$y_1^* = 0$，$y_2^* = 1$ 以及 $x^* = 0$

根据该动态方程，当 $x = x^* = 0$ 时，$F(y)$ 始终为 0，即所有 y 都是稳定状态，也就是说，节能服务企业群体选择"提供合格节能服务"和"不提供合格节能服务"策略的比重达到均衡。当 $x \neq x^*$ 时（此时必然 $x^* > 0$），$y^* = 0$ 和 $y^* = 1$ 是两个稳定状态，由 $F'(y) = (2y - 1)xR_3$ 可知，$F'(0) < 0$，$F'(1) > 0$，所以 $y^* = 0$ 是进化稳定策略。

进一步，可以把上述两个群体比重变化复制动态的关系，在以两个比重为坐标的平面图上表示出来，如图 6-18 所示。

根据图 6-18 所反映的复制动态和稳定性可知，本次博弈中进化稳定策略（0，0）仅一点，图中其他点都未能满足复制动态中收敛且具有抗扰动性等稳定状态要求。这说明，节能服务企业群体中存在机会主义行为，当部分节能服务企业提供的节能服务不合格时，经过用能企业群体与节能服务企业群体反复长期的博弈之后，用能企业最终都会选择"自制"策略，并且节能服务企业会选择"不提供合格节能服务"

策略。

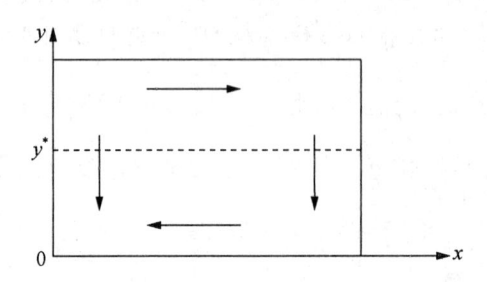

图 6-18　非对称博弈两群体复制动态的关系和稳定性

（三）促进我国西部节能服务产业发展的相关对策

根据上述的分析可知，对节能服务企业而言，存在于节能服务企业之中的机会主义行为有很大的益处，它们将会采取机会主义行为来谋取更大利润，这样将对于节能服务策略选择为外包的用能企业产生非常不利的影响。因此，从长期来看，双方企业在签订节能服务合同之后，应该根据规则，对合同中明确出现的条款严格遵守，尤其是节能服务企业需要为用能企业提供专业合格的节能服务，如若不然，长此以往，节能服务企业终将失去企业信誉与产业市场。在这当中，我国政府也要从政策上给予节能服务企业相关支持，并制定相关的政策规划，规范提供节能服务的企业行为，努力破除节能服务企业中存在的机会主义行为对节能服务业发展的阻碍，从而促进我国节能服务产业的健康发展。

1. 完善相关法律法规

从查阅的相关法律法规看，现阶段，我国缺少专门针对节能服务企业的相关立法，就算有法律，也限制了立法范围。《公司法》中出现的适用于节能服务企业的规定也只是关于公司的一般性规定。在合同能源管理流程、标准、风险等方面，目前颁布的法律没有做具体细节的规定，在《合同法》中也找不到与节能服务合同相类似的有名合同。考虑到当前节能工作推进极为迫切，必须尽快制定《节约能源法》配套法律的专门单项法，需明确强化节能服务企业的主体地位，并做出原则性规定加强节能服务企业的运行以便规范节能服务企业的行为，建立符合我国国情的、具有可操作性的相关节能配套标准体系，如行业准入标准、合同评价标准、强制性能效标准等。以此为基础,将节能标准法制化,当用能企业和节能服务企业出现纠纷时,能够依法处理,可尝试将节能服务合同列为有名合同,以纸质形式更加明确地划定双方权利范围与义务责任,并在明确权利和义务的基础上,大大降低双方的交易风险和交易中花费的资金成本,从而达到节能资源实现最优配置这一目标。①

2. 建立节能服务企业资质认证制度

目前现行条例还未规定节能服务企业以及第三方认证评估机构的市场准入条件,除此之外,也缺少满足节能设备与技术服务要求等相关配套法规制度,致使节能服务市场出现了良莠不齐、能效评价不公正以及缺乏权威性等问题。② 因此必须尽快推进该方面市场规则的制定与完善,建立节能服务市场准入机制与清出机制,使节能服务标准条件和市场的相关准入条件能够明确地向社会公布。除此之外,能够采取措施健全信用体系,规范市场主体行为,严格监管质量监督体系,实施规范化、标准化动态管理,对违法违规的一系列行为,绝不能姑息纵容,并且应该加大打击力度,积极促使节能服务市场朝健康、稳定、持续方向发展。

3. 建立节能服务监测制度

合同能源管理模式必须能够有效计量并且计量清晰,通过能效测评,使节能服务市场与供需双方认识到节能服务所带来的巨大的经济社会效益。在节能量核准与评估方面,节能服务企业通常缺少统一、标准的评价标准,并且不能积极利用专业化、权威性的第三方机构进行核准与评估节能量。所以,这也容易发生与用能企业自身想法出现分歧的现象。因此,为了节能服务的整个项目实施过程能够充满效率,可以委托拥有相关资质的机构进行第三方监测,这样能够得到一个科学的节能量,最终能够保障项目的顺利实施。③ 在合同能源管理过程中的节能监测、事前能源审计以及最终节能效果评定等多个领域,节能服务效果测评机构都应有所涉及,理顺程序,使更加有效地实施合同能源管理。

---

① 王昕:《推进我国节能服务产业发展对策研究》,硕士学位论文,中国石油大学,2009年。

② 《中国统计年鉴》(2009),中国统计出版社2009年版。

③ Davidc, *The Social Control of Technology*, New York: Martin's Press, 1980, p. 16.

4. 强化地方政府责任

国务院公布了《2014—2015年节能减排低碳发展行动方案》(以下简称《方案》),《方案》要求中国在 2014—2015 年单位 GDP 中二氧化碳的排放量分别至少下降 4%、3.5%。西部地区相关政府部门应该严格控制单位国内生产总值能耗和二氧化碳排放强度,降低目标责任考核,对于未完成年度目标任务的地区,有关政府部门应该按照相关规定,采取相应处罚措施,如果在考核结果公布的一年内,政府部门仍然没有达到年度目标的任务要求,那么政府相关负责人的评选和提拔重用就受到极大的影响,他们还要继续降低二氧化碳排放量,直至向社会公布的考核结果达到了最终目标要求。将节能减排与官员"乌纱帽"直接挂钩[1],这样,才能杜绝出现官员们为了政绩,盲目追求高国内生产总值而造成高能耗、高污染和不顾生态发展的现象。

---

[1] 顾国维:《绿色技术及其应用》,同济大学出版社 1999 年版。

第七章 西部经济结构转型与生态文明发展

第一节 西部三次产业结构变化与生态文明发展

一 西部三次产业结构变化

(一) 区域产业结构

区域产业结构是指区域内各个产业经济活动之间存在的相互联系与比重关系,主要包括区域产值结构和就业结构。现代区域发展进程表明:区域的经济发展,不仅表现在收入或产值等其他总量指标的升高,而且必然出现该区域产业结构的演变和调整。一些学者通过研究世界各国、各地区的经济发展过程,得出以下结论:随着某一地区经济的发展,其产业结构会呈现规律性变化。还有些学者以此为基础,得出了区域产业结构演变的一般规律,在这当中影响较大的要数配第一克拉克定理以及库兹涅茨法则。克拉克定理以三次产业中就业人数所发生的变化为视角,其认为随着国民经济的增长,人均国民收入水平不断提高,国民生活质量不断改善,劳动力逐渐由第一产业向第二产业转移,再由第二产业向第三产业转移。而库兹涅茨法则是以克拉克研究成果为基础建立起来的,其侧重于从三大产业占国民收入比重变化为视角进行统计分析,并且结合劳动力与国民收入在三大产业中的演变趋势,进一步验证了产业结构的演变规律:随着经济的发展,农业部门的国民收入在整体国民收入中所占比重、农业劳动力在全部劳动力中所占比重呈现下降趋势;而工业部门的国民收入在整体国民收入中的比重则是上升的,但其劳动力在全部劳动力中所占比重则大体不变;服务行业的劳动力在全部劳动力中所占比重基本上都是上升的,但它的国民收入在整个国民收入中所占比重却在某些时间段不与劳动力的比重一样同步上升。①

表7-1　　　　　1997—2012年西部三次产业数据及比重

年份	第一产业(亿元)	比重(%)	第二产业(亿元)	比重(%)	第三产业(亿元)	比重(%)
1997	11898.93	54.0	5693.25	26.0	4474.39	20.0
1998	3727.48	25.0	6007.63	41.0	4912.27	34.0
1999	3652.39	24.6	6297.03	42.3	4925.55	33.1
2000	3706.78	22.3	6913.24	41.5	6034.60	36.2
2001	3833.07	21.0	7430.58	41.0	6984.79	38.0
2002	4025.76	20.0	8294.79	41.3	7760.38	38.7
2003	4450.37	19.4	9836.13	42.9	8668.17	37.7
2004	5365.82	19.5	12229.98	44.3	9986.37	36.2
2005	5924.63	17.7	14331.62	42.8	13237.06	39.5
2006	6396.07	16.2	17879.62	45.2	15251.53	38.6
2007	7645.08	16.0	22172.11	46.3	18046.94	37.7
2008	9065.13	15.6	28018.59	48.1	21172.86	36.3
2009	9198.33	13.7	31782.86	47.5	25992.29	38.8
2010	10705.72	13.2	40486.12	50.1	29633.65	36.7
2011	12771.16	12.7	51039.27	50.9	36424.54	36.3
2012	14332.60	12.6	57104.20	50.1	42468.00	37.3

资料来源：根据1998—2013年《中国统计年鉴》和各省份的年度国民经济和社会发展统计公报进行计算整理。

(二) 产业结构的演化趋势

1997年以来，西部地区第一产业结构比重逐年下降，从1997年的54%下降为2012年的12.6%，降幅高达41.4个百分点。尤其在1997—1998年降幅最为明显，第一产业结构比重由54%迅速降到25%，降幅达29个百分点，此后第一产业结构比重缓慢下降，平均每年约下降1%。而第二产业结构比重逐渐上升，由1997年的26%上升为2012年的50.1%，升幅超过了24个百分点。第三产业结构比重平稳升高，从1997年的20%上升到2012年的37.3%，累计升幅超过了

---

① 郭爱君、武国荣：《改革开放以来我国西部地区产业结构的演变分析》，《甘肃社会科学》2007年第5期。

17个百分点①,如图7-1所示。

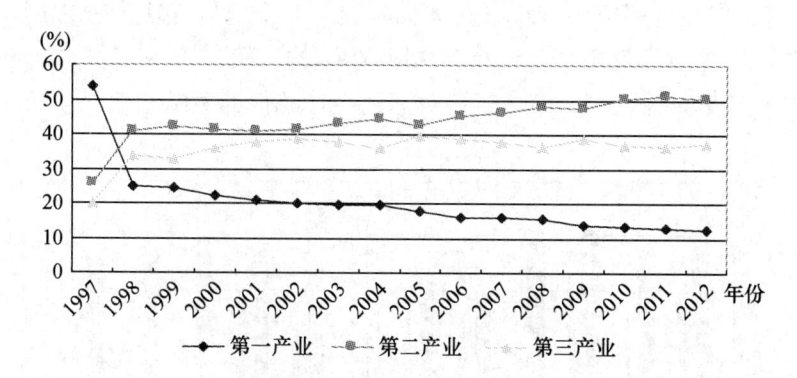

图7-1 1997—2012年西部地区三次产业结构比重演化趋势

(三) 西部各地区产业结构变化

表7-2　　2012年西部各地区三次产业占国内生产总值比重

地区	第一产业占地区国内生产总值比重	第二产业占地区国内生产总值比重	第三产业占地区国内生产总值比重
内蒙古	9.096873	55.97324	34.92989
广西	17.46654	48.42064	34.11291
重庆	8.435609	55.36745	36.19694
四川	14.18916	52.45303	33.35781
贵州	12.73659	38.48459	48.77882
云南	15.86631	42.50837	41.62532
西藏	12.29223	34.46346	53.24431
陕西	9.757599	55.43018	34.81222
甘肃	13.51992	47.36364	39.11644
青海	9.283782	58.37863	32.33759
宁夏	8.759353	50.23999	41.00066
新疆	17.23179	48.80296	33.96525

资料来源:《中国统计年鉴》(2013)。

---

① 蓝英:《西部产业结构与就业结构调整互动研究》,《重庆三峡学院学报》2013年第2期。

从图 7-2 可以看到除了贵州和西藏三次产业占国内生产总值比重均呈现"三二一"型产业结构，西部其余 10 个地区三次产业占国内生产总值比重均呈现出"二三一"型产业结构，第二产业对国内生产总值的贡献率普遍较高，第一产业对国内生产总值的贡献率明显较低。

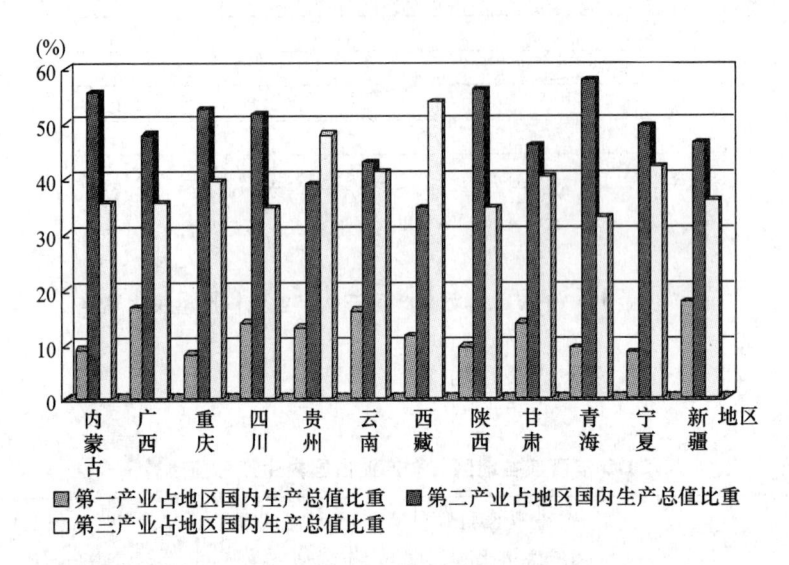

图 7-2　2012 年西部各地区三次产业占国内生产总值地区比重示意

1. 第二产业

西部地区在经济快速发展的同时，也经历了经济结构的全面调整，各省份第二产业增加值在国内生产总值中的比重虽然有所波动，但总体上呈上升趋势。2012 年西部 12 个省市中，除去西藏与贵州，其他地区的第二产业在国内生产总值中的比重都超过 40%，这表明西部地区的工业化程度大体一致。2012 年各地区第二产业占比均有所上升，内蒙古、四川、青海、陕西、重庆五个省市第二产业比重都超过了 50%，超过了第一、第三产业对国内生产总值的总贡献值。但值得注意的是，各省市区工业上升幅度有所差异，重庆、西藏、内蒙古、青海、广西增速均超过了 10 个百分点，并且人均国内生产总值增幅较大，也有一些省份如云南、甘肃、贵州等地区第二产业所占比重并未产生较大程度的改变，人均国内生产总值的增幅也略低于其他地区，这间接地说明了第二产业在促进西部经济发展和提高人民生活水平等方面具有较大的推动作用（见图 7-3）。

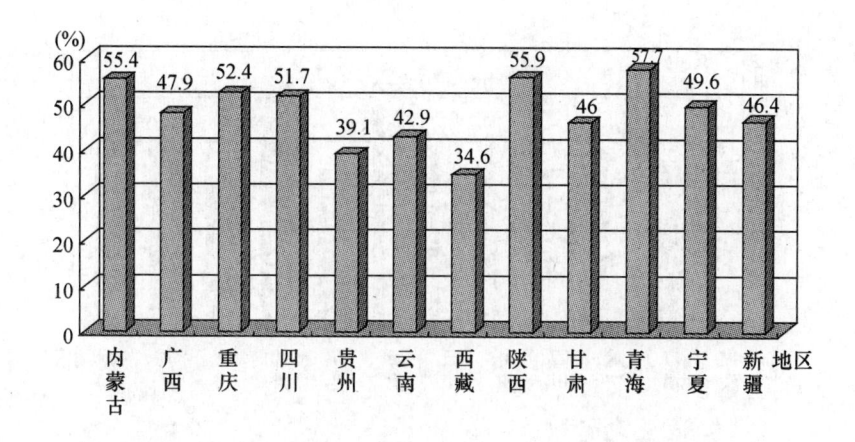

图 7-3　2012 年西部各省份第二产业占国内生产总值比重

2. 第三产业

西部地区不仅地域辽阔,气候多样,自然旅游资源非常丰富;而且西部还是华夏文化的重要发源地,人文历史十分悠久,民族文化底蕴深厚,人文旅游资源丰富多样。因此,在西部地区大力发展旅游业成为西部经济发展的必然选择。

随着时间的推移,西部大多数省份的第三产业增加值在国内生产总值中的比重已呈现出上升趋势。例如,西藏地区因其独特的藏族风情、险峻的自然地理风貌,使之拥有了推动旅游产业发展的强大动力,目前西藏民族地区已表现出明显优于其他地区的产业结构格局,第三产业已经成为西藏最大的产业。2012 年,西藏第三产业增加值在国内生产总值中的比重超过了第一、第二产业的总和,达到了 53.24%,第三产业在国内生产总值中的构成比重位居全国首位。贵州省第三产业的比重也表现出了大幅度的提升,截至 2012 年已达到 48.8%。其他省份如内蒙古、广西、云南、甘肃、重庆的第三产业比重呈现较平稳上升趋势,而陕西、新疆等省份的第三产业比重在微弱上升之后,又出现了下降趋势。①

---

① 张涛涛:《我国西部 12 省环境与经济发展关系研究》,硕士学位论文,西南财经大学,2011 年,第 16—19 页。

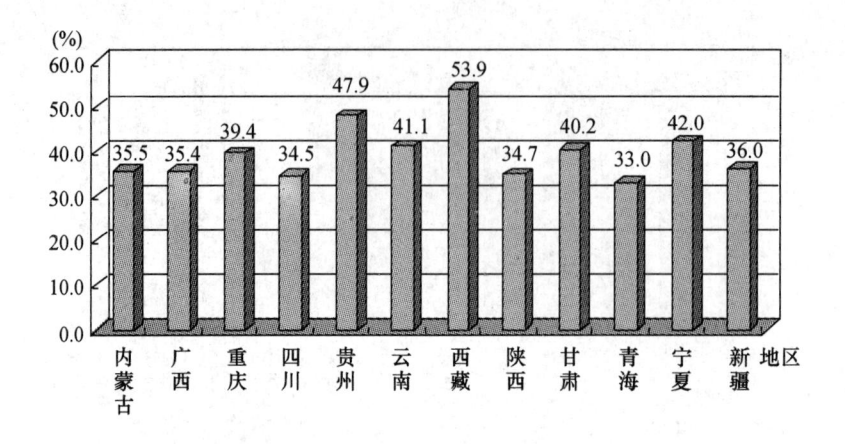

图7-4　2012年西部各省份第三产业占国内生产总值比重

　　通过以上分析表明，随着时间的推移，西部地区第一产业的主导地位逐渐丧失。与此同时，第二产业的比重并没有出现显著的变化，第三产业的地位则在不断上升。由此判断，当前西部地区的产业结构已经处于高度化阶段，然而根据产业结构理论，产业结构的演变首先应该是由第一产业向第二产业转变，然后才是由第二产业向第三产业转变，第三产业的发展应当建立在第二产业高度发达的基础之上，也就是非物质性产品的丰富是建立在物质产品极大满足的基础之上的。

　　因此，西部地区的产业结构变化并不合乎常理。究其原因，主要是受到政府为加快发展第三产业而出台相关政策的影响。在过去很长一段时间里，无论是地方政府政策制定还是学者们的学术研究，都过多强调发展第三产业，提高产业结构的高度，反而使市场自身的调节机制得不到有效的发挥。由此可见，西部三次产业结构发展仍然极不平衡，第一产业的地位依然相对较高，第二产业的发展相对滞后，第三产业的发展则相对超前。[①]

二　以生态文明理念推动产业结构调整

　　党的十八大报告对产业结构调整有了新的指示，西部地区必须以生态文明理念为指导，积极优化产业结构，根据市场状况，改善需求结

---

① 庞智强、李云发：《中国西部地区产业结构的调整》，《重庆工商大学学报》2007年第17期。

构，促进区域协调发展，推进西部地区城镇建设，解决制约经济可持续发展的一系列结构性问题。把生态文明作为经济工作的基本指导思想，并且融入宏观决策当中，使环境保护和生态建设成为综合决策的一个重要的组成部分，既要在生态环境保护中发展西部经济，也要在社会经济发展中保护生态环境，政府部门应当自觉遵循自然规律与社会发展规律，积极推进西部工业化与生态文明建设的协调发展。

（一）建立生态与经济相结合的决策机制

在生态文明建设中要加强生态管理体制机制的不断创新。第一，要建立并完善生态文明建设综合决策机制，使之与经济发展相一致。西部各地区在城市发展建设、经济结构调整、国土资源开发、重点区域开发等重要项目规划编制当中，均需要各级环保部门的配合参与，尤其是重点发展规划与调整规划以及其他重大经济技术政策需要在审批前，全面制定并推行环评体系，使各项规划政策变得更加标准化和制度化。对一些有可能带来重大环境污染的项目，有关部门在审批之前需要召开听证会，让普通公众也能够参与到公共决策当中。第二，要积极开展区域环境影响实时评估工作。以国家环保法规定为依据，根据西部的实际情况，实行与之相契合的规范准则，为总量控制方案确立技术规范与法律依据。研究并确定各地区在不同时期环境能够承受的承载能力、资源容量以及对城镇建设的支持能力，逐步推进绿色国内生产总值核算工作，从稳定持续提高西部地区可持续发展能力出发，根据不同时期、不同阶段，分别提出排污总量控制计划，为西部经济结构调整确定方向、选择相应技术提供了科学依据。第三，开展划分功能区相关工作。对各区分别制订相应经济发展、环境保护和生态建设方面的规划，根据功能区环境质量标准制订相应的产业布局计划、产业结构调整、优势主导产业培育，结合西部各地区实际情况制订不同地区的生态建设和经济发展计划。第四，理顺管理体制。部门联席会议作用需要得到增强，能够顺利审议协商重大决策，并且能够协调处理环境问题和经济建设决策，从而确保产业结构调整政策与环保法规政策是相一致的。建立统一办证制度，尽快完善部门协调机制。第五，加强部门协作。以环保部门为中心，其他有关部门协作完成环境保护事业。加强环保部门的人才队伍和能力建设，合理调整环保部门行政结构，进一步完善环境保护统一监管体制。

（二）调整优化配置结构

通过市场配置环境资源实现以最低费用进行污染控制的目标，已被西方发达国家的成功经验实证过。引入市场竞争机制可以避免传统的行政手段导致的配置环境资源所导致的资源利用效益低下、资源浪费、资源闲置等不经济的弊端情形的发生。首先，要提高环境配置效率，为高收益和低污染企业扩大生产规模提供资源使用权，引导西部产业结构向低污染、高附加值、高收益、高加工度产业转变。其次，要从排污治理和污染控制、环境装备、洁净产品生产、环境资源管理、环保技术服务、环境保护设施运营等多方面开拓环境保护产业的发展以达到抑制高能耗、低收益、高污染企业排污，从而督促这些企业进行技术改造和结构调整的目的。另外，同时也需要结合西部地区的实际情况，环保产品发展的重点应该是环保汽车、汽车尾气治理产品、环保药剂、有机食品生产、环境检测产品和环保材料加工，环境保护设施建设的重点应该是垃圾处理和城镇污水的处理。将市场机制引入环保公共设施的建设与运营之中，应积极调动进入环保领域的民间资产和外资。最后，要不断地提高环境承载能力。遏制生态环境不断恶化的趋势，并不断改善环境质量，努力提高在生态环境方面的自净能力，最终推动产业结构的调整。

（三）调整优化经济结构，促进绿色循环经济发展与环境的和谐

在人类、科学技术以及自然资源三者组成的大系统内，绿色循环经济是在资源投入、企业生产、产品消费及其废弃的整个经济过程中，把过去依赖资源消耗来发展经济，逐步转变为依靠绿色资源循环利用发展经济，这是一种新型的经济发展模式。

想要实现发展绿色循环经济的目标，第一，要制定以良性循环为生态经济理念推进经济结构调整和社会的可持续发展，积极推进绿色循环经济、生态社会、生态城市建设，努力改善环境，增强可持续发展能力，促进经济和生态环境的协调发展的生态建设规划；第二，要改变单纯依靠资源消耗来发展经济的传统模式，并同时引导企业调整自身产业结构；第三，要发挥科技的作用，推进经济不断向前发展以及与生态环境协调发展，并研究如何利用高新技术、企业群集、关联产业互动等途径，使废弃物综合利用和工业小区生态型体系建设结合起来，解决企业聚集引起的环境污染问题。

（四）调整优化农业经济结构

为了实现特色农产品规模化、大宗农产品生态化必须以市场为导向，科技为动力，资源为依托，效益为中心，不断加快农业结构调整。第一，发展高效性生态经济作物。在努力稳固提高粮食生产能力的同时，并以优质、生态、高产为原则，以地区优势与市场需求为基础，大力实施推进优质农产品产业工程。第二，发展优质生态牲畜品种。要以提高效益、提高质量为原则，改良畜种，稳步发展畜产业，同时推动养殖业朝现代化、集约化以及生态化方向发展。根据加工的需求在乳品加工集中的地区，努力培育高产出的良种奶牛。并结合退耕还林还草的相关政策，种植优质牧草，发展饲养业，倡导饲草饲料加工，改进饲养方式，逐步由粗放经营向集约经营转变。在草饲料相对充足的地方，推行牛羊育肥。发展农畜相关产品市场，不断健全质量监督体系，加快建设产地交易市场，规范交易市场的秩序。第三，发展渔农结合的生态混合型渔业。在湖泊与大中型水库要积极推行网栏养殖和网箱养殖，把养殖、捕捞和加工三者相结合，努力提高水面产出率与利用率。要提高在天然中小型水库人工精养水平，并同时发展池塘养殖和相关特色产品，调整养殖的模式，渔农相结合的生态渔业模式要得到推行。

（五）调整优化环保结构

生产方式和经济结构战略调整的重要环节是调整优化环保结构，同时也是当前面临的一项紧迫的重要任务。第一，改造传统产业链要用先进技术，并同时要倡导绿色生产和污染的预防。积极推进传统产业优化升级，充分利用比较优势，使传统产业能够通过调整自身结构来解决污染问题。第二，发展利用高新技术的相关产业。发展高新技术产业才能降低结构性污染比重，把解决结构性污染问题并入经济调整主渠道，保持国民经济持续健康稳定发展。在工业调整产能和技术改造过程中，政策要倾斜于高新技术产业的发展，不管在技术改造的立项还是资金支出上都应该优先对待有潜力的高新技术产品。在不违背市场经济规律作用下，努力构建面向市场的环境保护技术服务体系与良好的市场运行机制，引导环保产业在结合重点实用技术示范工程与技术政策之下健康地发展。第三，不断坚持朝着新型工业化道路迈进。依靠科技进步和转变经济增长方式，朝着经济效益好、科技含量高、资源消耗低、充分利用人力资源的新兴工业化道路不断前进。

（六）调整优化科研结构，促进生态科技创新

发展高新技术是生态科技创新的重点，加强创新生态技术，加快引进、推广及应用先进的生态适用技术。第一，持续推进创新环保工作的理念。通过各个渠道，采取多样形式，引导创新理念，解放思想，应当树立保护环境就是稳固生产力、改善环境就是提高生产力、营造环境就是创造生产力的观念，正确处理好发展经济和保护环境之间的关系。并要调整好产业结构，坚定不移地向可持续发展道路迈进。第二，推进有关社会服务功能网络化方面的生态科技中介服务体系的建立。大力推进生态科技园区的建立，大力推进生态高新技术开发的辐射拉动作用力，大力加快建设生态高新技术孵化基地及开发园区。第三，加大生态科技型中小企业的扶持力度，在招投标、投融资、风险担保等方面，确保生态科技型中小企业享受与国有企业相同的优待政策，鼓励个体成立生态私营科技企业。推动生态技术成果转化风险基金、生态科技型中小企业创业基金与创新基金的成立，并推动社会资金的集中，带动相关生态科技技术进步、创新相关事业。第四，大力推动生态科技培训工作开展，科技人员应该被鼓励和支持流向生态科技推广应用第一线。积极推动倡导生态科研项目招投标制与专家责任制，财政部门应当重点支持以活动项目为主的生态科技的投入。第五，要加大对外合作方式的创新，着力推动更多国内外大集团、大企业的总部与研发中心的引进，提升开放合作的水平，把我国加快建设成为生态产业创新与承接生态产业转移的重要基地。

（七）以工业化推进城镇化，以产业化支撑城镇化

推动以工业化促进城镇化，以产业化支撑城镇化的发展战略的实施，充分发挥城市产业积聚和产业辐射的带动作用。第一，在重视城市基础设施建设的基础上，做好相关城市规划，以及做好城市的绿化和城市环境、供热供气、道路交通等工程的建设、完善城市的排水系统。逐步使雨污分流得以实现，并配套建设相关污水处理设施，提高污水集中处理的能力，最终才能使城市整体环境质量不断提高。加大改造旧城区力度，逐步让城市中心区技术相对落后、损害城市景观的工业淘汰。第二，大力推进小城镇建设。生态产品加工企业应当被鼓励去小城镇投资，推动本地区的生态产品加工基地和集散中心的形成。要科学规划合理布局小城镇建设，并注重实效和体现相关特色，要重点发展县城以及

部分发展潜力大、基础条件好的建制镇，集聚人口，完善功能，发挥农村地区经济、文化中心的作用。第三，推动相关切实可行的政策措施的制定，加大迈进城镇化的步伐。推动户籍制度的改革、城镇用地制度的完善，引导社会资金投入城镇建设。

（八）调整优化服务结构，加快生态服务业发展

发展生态服务业应当被西部地区作为经济重要的增长点，主要目标为增加就业、扩大消费、利用市场化、城镇化、社会化、产业化等方式带动现代服务业的发展，使以服务业为主的第三产业在国民经济中的比重得到提高。第一，大力推动生态旅游的发展。推动"生态旅游城市"活动的开展，推动生态旅游新产品的开发，推动生态旅游业规模的扩大，使生态旅游业尽快发展成为服务业的支柱。制定优惠政策，鼓励社会各界投资主体开发经营生态旅游业，加大对生态旅游业发展的投入力度。培训好生态旅游专业方面的人才，大力加强建设生态旅游队伍与管理生态经营，大力提高旅游服务质量。第二，加强生态产品市场建设。推行连锁经营、物流配送、在线销售等组织与服务方式，提高商贸流通等传统服务业的质量和效益，并且在主要产品集散地，努力形成大宗生态商品批发市场。第三，大力推动生态服务业的发展。大力加快会计、审计、评估、咨询、法律等中介服务的发展，大力促进生态服务业整体水平的推高。大力培育、发展生态资本市场，大力促进金融保险业的开放。社区服务行业应当积极发展以居民住宅为主体的规范的生态物业管理，最终逐步促进多种生态经营方式并存、服务种类齐全、方便人民生活的高效益、高质量的社区服务体系的形成。

（九）合理开发使用生态人才

调整人才结构，注重生态人才的培养和引进。第一，加强培养生态化人才。技能复合型、信息敏感型、开拓创新型、协作共事型人才被生态化所需要，应当以人才队伍建设作为战略举措来抓，要利用多方式、多途径，强化培养生态人才，快速增加生态化所需要的科研、管理、技工和销售等各方面人才。有前途的优秀学术带头人、中青年科技攻坚骨干以及高层次管理人才，要重点资助到海外去进修深造。通过博士点、博士后工作站以及重点实验室，培养和造就一支掌握现代生态科学和管理知识的，并具有实践经验的高素质生态人才队伍。第二，建立有利于生态人才脱颖而出的管理机制。把对生态人才的管理由行政管理逐渐转

换为以经济和法律手段为主的间接管理，逐步把以管理为主过渡到以服务为主，同时需要解决的问题是生态人才如何引进、留住、用好。第三，要积极吸引国内外人才。有目标性地引进生态急需人才，特别是那些能够带动一个产业、一个学科、一个产品发展的生态方面的拔尖人才。①

（十）建设生态特区和发展生态产业

把生态文明发展模式明确为国家总体战略，重建与生态文明发展相适应的经济基础和上层建筑，并发展新的生产力与生产关系以推动生态文明发展的实施。人们通过对全球环境问题和经济社会发展趋势的分析，以及对我国目前的生态问题和实施可持续发展战略过程中取得的成绩及存在的问题的深入思考，提出了建设生态特区的新思想。第一，建设生态特区。主要由生态产业、生态文化和生态城乡等多个模块组成的一个特定的生态区域单元便是生态特区。绿色的生态文化是生态文明的灵魂，建设生态特区在西部地区具有战略意义既有利于防范和消除生态风险，又保护了我国多样性的历史文化、民族风情。例如，深厚的文明积淀和人文历史集中优势得以充分利用，现代生态文化以及具有重大影响的战略性民族文化产业得以培育。通过在生态特区规划、建设生态文化工程之中，模拟具有民族特色的园林建筑，生动具体地诠释区域文明的起源与发展过程等。第二，发展生态产业。生态特区尤其适合构建以旅游业为龙头、以生物能源产业为核心的生态资源产业链。针对独有的自然资源，配套建立沼气发电、生物原料和农牧养殖等生态循环的相关产业体系，形成长生态链条的产业相互依托以及社会受益广泛的支柱产业群，提供良性支持给予解决建设生态城乡，解决城乡就业等问题。经过三年至五年的孵化、发育和发展，并全面进行推广开来，这种生态产业体系可为我国探索出一条自主主导的，并具有战略意义的产业之路，促使化石能源体系向先进的生态能源全面转型。发展生态健康产业，中医中药不仅是健康之神，同时也是中华文明的瑰宝。应着眼于中国传统医药复兴的生态特区发展，需要倚重现有的名医名药名方，大力推动种植中药材、中医医疗、中药保健餐饮、中药方及制药开发、中医药保健

---

① 许尔君：《美丽中国视域下以生态文明理念推动产业结构调整的路径思考》，《新能源产业》2013年第2期。

养生、中医药文化传媒、中医药人才培养及中医药其他配套项目的相关产业的现代化。第三，需要做好顶层设计和妥善具体部署。生态文明具有重要意义的空间载体是绿色城乡。建立生态特区，大力实施生态文明发展战略，而领导者需要能够审时度势并进行科学决策，以解决在这一过程中将会面临如新旧观念、新旧增长方式、新旧产业之间等一系列错综复杂的矛盾，也可能会面临许多急需开拓、创新的领域等问题。生态特区应该研究落实相关体制编制，拟由中央直辖或计划单列为宜，并应当赋予相应的行政特权，以便于中央国家机关的协调与西北地区的协作，也便于后续向西部12省区的辐射发展。生态特区的周密规划的相关建设方案，要明确中央可能特批给生态特区的特殊政策是核心问题。近些年来，对西部进行了深入调研，再基于处于国家战略转型期，建设特区的初步设想的提出，为各级政府在中央决策后及时地制定总体规划提供了相关的参考。建设生态特区的筹资方式需要明确，通过社会动员或是利用银行资本与中央企业资产等方式，解决特区的启动资金难题，这关系到发展特区以及建设国家未来全局发展的生态文明产业和项目，如开发生态战略型资源，传承民族文化产业、研究民族基因等，但同时应谨慎使用国际性招商引资，尤其应当关注西方跨国集团资本的介入，防止国家的利益遭受损失，始终坚持民族资本占据主导地位。

第二节 西部重工业结构变化与生态文明发展

在工业化进程的推动中，重工业在其中起着十分重大的作用。在重工业的发展过程中，西部地区不仅要抓住东部地区工业结构升级与产业转移带给西部地区重工业发展的机遇，而且要探寻西部重工业发展与生态文明建设的协调发展路径，找出其中存在的问题，并对西部地区工业化后期重工业发展和生态文明建设的协调发展进行具体探讨。

一 西部重工业发展对工业的影响

在新中国成立以后，我国实施了"优先发展重工业"的发展战略，并且西部是工业化发展战略的重心，这一有效的战略促进了西部地区重工业的发展，推动了西部地区工业化进程。

（一）我国工业地区结构的变化与西部工业化

东部沿海地区在新中国成立初期拥有超过全国70%的工业与交通运输设施，致使西部地区几乎没有任何近代工业。以均衡发展工业为方向的国家的区域经济政策，这就意味着西部地区是工业投资重点地区，这一政策改变了过去不均衡的工业布局情况。"一五"时期，由苏联援建的156个工业建设项目有80%就投资于中西部地区，中西部占694项限额以上重点工程中的68%。"二五"到"三五"期间，中西部基建投资额占全国总投资额的比重从56%上升到64.7%。因为国家在新中国成立初期又实行了"优先发展重工业"的工业化战略。由于西部地区自然资源丰富，在西部地区的建设项目以原材料、能源、重加工业为主的国家政策决定了西部地区早期的重工业体系，并推动了西部工业化的进程。

（二）西部重工业的发展与西部工业化进程

一般可用霍夫曼定理即霍夫曼系数来对重工业的发展与工业化的关系进行说明。消费资料工业净产值在资本资料工业净产值中所占比重就是霍夫曼系数。著名的经济学家霍夫曼曾提出，如果某种产品有75%以上产量用于消费活动，这种产品所属产业就该归入消费资料产业。同样，如果75%以上是资本资料，则这种产品所属产业就该归入资本资料产业。霍夫曼系数的大小与重工业化程度呈反向关系，即霍夫曼系数越小，则重工业化水平越高，工业化水平也就越高。在工业化早期阶段，工业加工程度较低，以轻工业化为主。随着工业化的推进，得到优先发展必定是加工程度较高的重化工业与机械工业，并且其在工业总产出中的比重也会有所增长。

根据相关理论研究和实践，为了分析和研究之便，我们用轻工业与重工业产值之间的比值来表示霍夫曼系数，用来表示重工业发展和西部地区工业化的关系以及西部地区的工业化水平。虽然在西部某些省份重工业具有较好的发展基础，但从改革开放到现在，西部地区内部发展差异逐渐扩大，各省区的工业化水平和重工业的发展水平不一样，其中有些省份重工业的发展处于较高水平，如宁夏、新疆、陕西和贵州，这四个省份的霍夫曼系数2012年分别为0.163、0.134、0.233、0.270，都低于0.3。有些省区重工业发展水平较低，如广西、重庆、四川、西藏等，2012年的霍夫曼系数分别是：广西0.46、重庆0.40、四川0.478、西藏 1.102、甘肃 0.149、内蒙古 0.429、云南 0.44、青海 0.1。综合来看，重工业的发展不仅加速了西部的工业化进程，而且促进了西部地区工业经济增长。重工业的发展为西部大开发奠定了良好的经济基础，重工业在西部工业化进程中发挥了重要作用，对工业经济的增长有着举足轻重的作用，整个西部的霍夫曼系数由 1981 年的 0.838 下降为 2012 年的 0.424，下降了近一半。

二　西部重工业发展中存在的问题

西部地区在重工业获得较大发展的同时，一些问题也随之出现，这其中主要包括：低层次结构、不合理的所有制结构、比重过高的国有经济、突出的"二元结构"、不合理的组织结构以及科技创新能力相对较低等。

（一）低层次结构

以资源开发为基础、初级加工为特征的西部重工业，形成了与东部地区的垂直分工关系，是东部的工业能源与工业原材料基地。除云南、广西等省份外，在工业总产值中所占的比重，西部其他省区的重工业产值均高于全国平均水平，在重工业中占有很大比重的是冶炼业、采选业等上游行业与初加工行业。从西部各省区的具体情况来看，重工业分为资源密集型与劳动密集型，必定包含了自我循环和服务的运行机理的这些特征：一是西部地区重工业的消费需求关联性低。日用消费品生产（轻工业）、服务业等行业是与城乡居民消费需求关联性较高的。这就直接导致了很难适应市场需求的变化以及消费结构的变化，这是西部地区重工业行业的布局与居民生活间的低相关性，以及其自身的资产非流动性的特征。然而适应居民消费需求与消费结构的变化恰恰可以极大地推动一个产业增长或经济增长。如果一个产业缺乏居民消费需求推动，其增长空间必定会受到限制，那么产业的增长也是难以持续的。二是西部重工业的产业关联性弱。重工业主要集中于上游产业与初加工工业，其中产业前向联系强，后向联系弱是这类型产业的较为显著的特点。这一特征决定了西部重工业对其他工业依赖性有限，也反映出西部重工业推动其他产业的效果不强。大量的资本和劳动力是其发展所需要的，这就表现出了自我循环与自我服务西部重工业发展的特征。

西部地区与全国相比，重工业占工业总产值的比重一直高于全国平均水平，但是，近年来，这一差距有所降低。数据表明，1978 年高

6.66%，1980年高5.39%，1990年高5.86%，1993年高9.21%，2001年高6.22%，但到2012年低了将近1个百分点。而且重工业所占份额较大，轻工业所占份额较小。以贵州省为例，2012年重工业产值为5154.31亿元，占78.76%；轻工业仅为1389.71亿元，占21.23%。

由于价格低廉的基础性工业产品，因此，以基础工业为主的西部地区的重工业结构效益不尽如人意。

（二）不合理的所有制结构

处于转轨过程的西部地区的经济，由于占比过高的国有经济成分，转变机制十分缓慢，同时设备老化、人员冗杂、社会负担重等问题的出现，致使西部地区不少国有企业都陷入这种困境。但是非国有经济却利用自身的优势获得迅速的发展，并使其与生俱来的生机与活力成为推动经济向前发展的主要动力。对各个行业分别进行的实证研究表明，在比较多种所有制经济体制之下，效率最高的是私营个体企业的生产和服务，平均效率是国有企业的2—4倍；"三资"企业位居次席，平均为国有企业效率的2倍左右；集体企业与股份制企业大致相当，处于第3位，平均为国有企业效率的1—2倍。东、西部地区之间经济发展差距的日益加大，东部地区与西部地区之间经济所有制结构不同是其中很重要的一个原因。不同的所有制结构会导致生产的效率有所差异，初始条件和改革条件都是与经济结构调整速度紧密相关的，促进东、西部地区经济之间非均衡发展的关键因素之一就是调整所有制结构速度的快慢。以工业部门为例，由1981年的75.56%调整为1999年的37.98%的东部地区国有工业产值占工业总产值的比重，共降低了37.58%，每年平均降低1.98%；同期由1981年的84.51%调整为1999年的74.21%的西部国有工业占工业总产值的比重，这其中总共下降了10.30%，每年平均只下降了0.54%，并且比东部地区低了1.44%。由此可见，东部地区经济增长速度高于西部地区，在一定程度上取决于调整经济所有制结构的速度，在关系国民经济命脉的重要行业与关键领域之中，在继续加强国有经济的同时，并逐渐提高个体、私营、"三资"企业以及其他高效率的非国有经济在国民生产之中的比重。统计显示，在2000年，东部地区"三资"企业的数量达25695家，每个省份平均为2141.25家；"三资"企业的总产值为21332.37亿元，每个省份平均产值为1777.70亿元。2000年西部地区"三资"企业一共只有884家，每个省份平均为 80.34 家，这仅仅为东部地区的 3.75%；"三资"企业总产值为 628.93 亿元，在每个省份的平均产值就仅为 57.18 亿元，这仅仅相当于东部地区的 3.22%。所以，调整东、西部地区之间经济所有制结构速度的不同导致了东、西部地区经济增长差距的不断加大，1978 年东部地区人均 GDP 达到 460.6 元，而西部地区为 255 元，东部比西部高 205.6 元；但是到了 2012 年，东部地区人均 GDP 高达 62532 元，西部地区仅为 31538 元，比东部低 30994 元；人均 GDP 相差幅度由 1978 年的 205.6 元增长为 2012 年的 30994 元。上述现象从三大区域工业经济调整所有制结构和区域经济非均衡发展在改革开放以来之中的相互之间的关系中可以看得更为清晰。因此我们认为，造成东西部地区经济发展水平加大的一个原因就是改革开放以来所有制结构调整速度之间差异的扩大，西部地区远远落后于东部地区的所有制结构调整的速度，这不仅导致西部地区各种资源配置发生了一定程度的扭曲，而且减缓了西部地区的经济增长速度。

（三）突出的"二元结构"

在西部地区，存在许多由中央投资兴建的资源开发型大型工业企业，具有"单株移植"特点，属于"镶嵌式"企业，近距离辐射能力较弱而远距离辐射能力较强，表现出明显的"二元结构"特征。主要通过原材料输出到区外加工并且生产链条也在区外的大企业的这种生产方式造成与当地中小企业的关联度低、同地方融合度差等一系列问题。一方面，由于地方性企业与中央企业之间的联系较为松散，没有相关配套服务的提供，这就使大企业的运营成本有所增加，从而使营运效率降低，导致产品市场的竞争力也相应减弱；另一方面，中央企业也难以将经济技术关联向地方中小企业传递和扩散先进技术，推动西部地区工业产业结构升级。

（四）不合理的组织结构

从 2012 年统计的数据来看，如果分析大、中、小型企业工业产值占工业总产值的份额，明显可以知道西部工业企业组织结构是稍稍优于全国工业企业组织结构。全国大、中、小型企业占工业总产值的比重分别为 46.95%、13.14% 和 39.91%，东部地区分别为 44.17%、13.18% 和 42.65%，中部地区分别为 53.01%、11.57% 和 35.42%，西部地区分别为 54.40%、15.00% 和 30.60%。但如果比较分析工业企业平均产值规模，那么西部的工业组织结构依然是不合理的，需要更进一步地去优化调整。全国平均每个企业的年产值为 5573.5 万元，东部地区平均每个企业的年产值为 6026.1 万元，中部地区平均每个企业的年产值为 4846.3 万元，而西部地区平均每个企业的年产值仅为 4573.8 万元。同时全国大型企业的平均产值规模为 52178.36 万元，东部地区的大型企业的平均产值为 54862.83 万元，中部地区的大型企业的平均产值为 50770.80 万元，而西部地区的大型企业的平均产值仅为 44056.26 万元。由此可知，在西部地区，不仅仅工业企业的规模比较小，而且大企业的规模也是远远低于全国以及东、中部地区的平均水平。因此，西部地区的企业规模较小在很大程度上影响了西部地区的竞争力，很多处于西部的企业的竞争力与东部、中部相比都是比较弱的，其综合实力不如东部和中部。

（五）科技创新能力相对较低

西部企业的创新能力与全国以及东部相比是处于劣势的，其一表现在 R&D 的投入不足。统计显示，2012 年全国 R&D 投入经费达 72006450 万元，其中东部为 49211720 万元，西部仅有 6890751 万元，占全国的 9.57%，占东部的 14%。二是西部地区工业的科技创新人才严重不足。东部地区占全国 R&D 人员当时总量的 68.80%，西部地区仅占 9.33%；西部新产品项目数为 35608 项，占东部 224875 项的 15.8%，占全国 323448 项的 11%。

三 西部重工业发展与生态文明建设

要促进西部重工业科学的发展，保证重工业发展战略的基础上，选择重点领域，需采取以下对策与措施，协调生态文明建设发展。

（一）科学合理地进行西部重工业发展战略转向

1. 第一转变战略：由资源导向型转变至市场导向型

资源非常丰富的西部重工业，煤、天然气、镍、铅、铬、铜、磷分别占全国总储量的 38.5%、71.2%、89.4%、43.3%、80.4%、52.3% 和 53.4%。在工业化初期，凭借得天独厚的资源矿产优势条件，西部省份用以发展重工业，使西部的工业化进程向前推进。可以使用出口具有比较优势的初级产品赚取的外汇来购买发达国家的中间产品、技术以及资本品，从而使西部的工业化进程向前推进。如美国、加拿大等较晚崛起的发达国家都是依靠本国优势资源导向型工业，快速推动了本国的工业化。长久以来以资源的消耗为代价而推动西部地区的工业化，西部一直以来承担着为东部沿海发达地区提供原材料与初级产品的重要任务。

而现在已经有不少资源型工业企业面临着资源枯竭、环境恶化等现状，工业化是一个不断发展与演化的过程，企图一直依靠资源优势推动西部工业发展的道路是不行的，因此如何改善自身生存状况、实现企业经营转型成为目前西部工业化面临的重大课题。在西部地区工业化的初级阶段，资源利用型工业化战略能够利于充分发挥西部的资源优势，可以积累大量资金快速推动西部地区的工业化。

但是随着长期的大规模的开采资源，使西部地区的生态环境日趋脆弱。而且随着全球经济一体化进程的推进，同时我国市场化的改革不断深化，初级产品与原材料之间的比较优势也日益衰弱。因此，随着工业化进程的推进，西部地区应实施由资源导向型向市场导向型重工业发展转变战略。尤其在西部工业化发展的后期，必须进行战略转移重工业的发展，由资源导向型战略向市场导向型战略进行转变。西部地区重工业的发展，一方面需要考虑世界经济一体化的大背景，根据不断发生变化的世界市场从而及时调整自身重工业结构与品种结构，另一方面需要顺应国内市场与亚太市场的变化，努力及时进行战略性调整与升级西部重工业结构。

2. 第二战略转变：由资源导向型向出口导向型转变

西部应当充分利用其资源优势，实行与市场导向型相适应的发展战略，从资源导向型战略转变为出口导向型。西部各省份在将生产的重工业产品向欧美国家出口的同时，还需要充分利用云南等省份与东南亚国家相邻的地理位置上的优势，从而便于向这些国家出口机械、电子以及重工业产品以增加外汇收入推动自身相关产业的发展。从西部所属省份的现有条件来看，在出口方面西部各省区已经具备了相当的优势。综合以上的资料来看，具有自身比较优势的西部地区的产品出口总额大于产品进口总额，为西部地区实施重工业出口导向型战略奠定了基础。

3. 第三战略转变：由劳动密集型向资本密集型转变

在西部地区，一些地方长期以资源开采行业等重工业为支柱产业，走劳动密集型的发展道路。在发展重工业的初级阶段，在资本积累不够充足的情况下，这无疑是一条非常有效的发展策略。但问题是，随着提高工业化程度的同时，还需要提升西部重工业在行业之中的竞争力，那么要提高企业综合水平的话，重工业企业则必须引进相应的新技术、新设备。因此，西部地区重工业的发展战略需要逐步从劳动密集型战略转变至资本密集型战略。

4. 第四战略转变：由资本密集型向科技创新方向转变

工业化虽然在工业生产的高级阶段有了长足的发展，但是如果想要继续保持并提高西部重工业的核心竞争力。从世界目前制造业的发展趋势与调整产业结构的状况可以说明，欧美国家的重工业特别重视科技的引入，把科技创新、知识创新和产业企业生产结合起来，不断改造重工业，升级重工业的竞争优势和比较优势，那么其发展战略势必要从资本密集型向科技创新方向转变以达到改造重工业、推动重工业产业升级的目的。实施科技创新战略的西部地区重工业的发展不仅适应了知识经济的兴起对工业化发展所带来的挑战，同时还影响工业产业，推动制造业向知识化转变，不少制造企业已经成为科技与知识的创新中心。所以，发展西部重工业，是离不开实施科技创新战略和相应的科技创新，抑或是知识创新体系的构建，从而从整体上提高西部重工业的竞争实力。

（二）抓好西部重工业发展的重点领域

要想实现上述西部重工业发展战略转变，就应该从西部重工业发展的实际情况出发，确定西部地区重工业发展的优势领域、重点领域，大力推动西部地区重工业的发展。人们常用区位商和增长指数两个主要指标来选择一个地区工业发展的优势领域，比较某一地区的这两个指标的实际水平和全国平均水平（标准化为1），以此来判断某一行业在当地是否称得上是优势行业，并且通过这两个指标可以把某一地区的工业行业分为四种类型：其一，强优势行业是指增长指数与区位商都大于1的工业行业。这类型行业不仅比其他行业和地区的同类型的行业增长速率要快，而且该行业在该地区的行业地位也是明显高出其他行业，这类行业又叫作战略性行业，政府应当鼓励其进行优先发展。其二，潜力行业指是增长指数大于1但区位商比较低的行业。该类型的行业地位比较低，但该行业具有潜在的发展能力，在该地区已经表现出强劲的向上的增长势头，所以也应当大力发展该类型的行业。其三，实力型行业是指区位商较高但是增长指数比较低的行业。该类型的行业虽然已经具备比较强劲的实力，但却已经呈现出萎缩态势，因此适合采用收缩性发展战略，不宜过度扩张。其四，弱势行业是指区位商与增长指数都是比较低的行业，这种类型的行业应该选择退出或向其他地区进行转移，从而集中资源大力发展前面两种类型的行业。对西部地区部分产业通过利用区位商与增长指数这两种指数进行计量分析，研究结果显示西部地区重工业中的强势行业主要有石油与天然气开采业、医药制造业以及印刷与记录媒介的复制业；潜力行业主要有化学纤维制造业、橡胶制造业、道路设备制造业以及石油加工与炼焦业；实力行业主要包括非金属矿采选业、木材及竹材采选业、非金属矿物制品业、有色金属矿采选业、煤气的生产和供应业、有色金属冶炼及压延加工业。尤其需要强调的是，西部地区重工业发展的重中之重应当是强势行业，但西部各省区还需要根据自身实际情况和能力，将部分实力行业与潜力行业发展作为西部地区重工业今后发展的重点领域。

(三) 推动西部主导产业与优势产业的发展

1. 作为国家区域创新体系与知识创新体系必不可少的一部分的产业创新体系不仅关系着一个产业的发展前景，同时还决定着产业素质和产业竞争能力的高低

在当今知识经济高速发展的时代，发展西部地区重工业不仅要充分利用西部自身所具有的资源优势和劳动力优势，同时也要积极构建西部独有的产业创新体系，只有以知识创新和科技创新为核心，才能使西部重工业的发展大步向前迈进。西部地区重工业产业创新体系的构建有助于重工业创新资源的集成利用和高效配置的实现。在由公共部门和私营部门中的多种相关机构共同组成并且建立综合运行网络的西部地区重工业产业创新体系之下，机构间的活动和相互作用共同决定了西部地区重工业技术与知识的扩散能力。依照 OECD 对国家创新体系的界定，西部重工业产业创新体系的创新主体应当包括西部重工业产业组织、政府部门及其下属科研机构、高校、民间科研组织等部门。

2. 组织结构优化

优化西部地区重工业的组织结构：一是实行择优扶强策略。通过重点技术扶持资金和产业创新基金支持符合西部大开发战略的重工业企业的发展壮大，使之在较短的时期内成长为大型企业或国际性的超大型企业，提升其在国内和国际市场上的竞争能力。二是关闭不符合市场需求的企业。第一类是产品质量低、浪费资源、污染严重的小煤炭、小水

泥、小玻璃、小钢铁企业。第二类是资源枯竭的矿山，目前存在一些资源枯竭的煤矿、有色金属矿和核工业的原料矿。其中多数企业已经处于停产边缘，依靠国家财政补贴勉强维持生存。三是提高中小企业的专业化水平。积极扶持中小企业尤其是科技型企业，促使它们朝专业化方向不断发展，并且建立与大企业的分工协作体系，让中小企业成为大企业的专业化服务和专业化配套的有机组成的一个部分。

3. 工业行业结构的战略性调整

西部重工业需要从多方面调整行业结构：一是改造现存的具有一定基础的装备工业。装备产业具有产业关联度高和需求弹性大的特点，对于西部地区重工业的整体素质与产业竞争的提高具有重要意义。要以发动机、石化设备、汽车及零部件、环保设备等为重点改造西部重工业，并且通过关键技术和科技创新以提高工人的素质。二是积极推动高新技术产业的发展，充分发挥科技创新的外溢作用，推动西部重工业产业的升级换代。在这个方面，要以西安、重庆、成都、兰州等中心城市的科技和人才优势为依托，大力推动高新技术产业，尤其是大力发展集成电路设计与开发、新型元件等电子信息技术的发展，并且推动基因工程等生物制药技术向产业化的道路迈进，同时积极推动复合材料、无纤维等新材料产业的发展。三是实现工业化和信息化的双向联动，走出一条经济效益好、资源消耗低、充分利用人力资源优势的新型的西部工业化道路。

4. 从战略层面调整西部重工业所有制结构

对西部重工业所有制结构进行战略性的调整的目的是推动西部地区重工业的发展与产业升级。一是以增量调整为层面进行投资策略调整，大力培育私有抑或是混合所有的重工业经济。在这方面，各省、市政府一方面要允许非国有经济投资于重工业领域，尤其是要重视民营重工业经济发展；另一方面政策要放宽，有选择性地去开放一些领域以便于外资进入并参与西部地区的重工业建设。二是以存量调整为层面进行重工业所有制结构，优化西部地区国有重工业行业的布局。提高西部地区国有重工业的影响力、辐射力与控制力是可以通过资产存量流动来实现的。

5. 投融资政策的改善

建立相应的投资机制和融资机制并且取得相应的正常支持，才能更快使对重工业组织结构、行业结构、所有制结构的调整有效地推动西部地区重工业的发展。一是需要国家信贷向西部地区进行倾斜，努力引导资金向西部地区流动。在这一方面，要合理利用国内三家政策性银行，应明确其贷款的投向是以西部为主，用以支持发展西部地区的工业发展。二是要大力积极推动西部金融改革。为了能够支持西部的工业建设和西部工业化的推进，应吸取东部沿海地区相关的成功经验。以重庆、兰州、西安等中心城市为基地，成立区域性的金融机构，如总部设立于西安的西北发展银行等、总部设立于重庆的西南发展银行。三是设立西部发展基金用来推动西部经济发展与工业建设。西部发展基金的原始资金应由中央与地方共同分担，其中中央财政应占据了主要的份额，各省份依据地方财政状况进行部分配套。该基金会除了要支持西部地区基础设施建设和重点产业发展外，还应该推动西部工业改造与工业行业升级换代。

6. 在中央和地方之间形成优化的产业链，转变西部地区重工业内部的"二元结构"

一是需要改变在西部地区工业化进程的过程中不同性质主体间的分割运行体制，并且需要强化中央企业和地方企业间的前向联系和后向联系，从而推动西部地区重工业前向一体化和后向一体化。

二是以西部地区丰富的自然资源为立足点，中央企业与地方企业需要进行合理的分工，建立起开发—加工综合产业链条，从而逐渐形成以大中型企业为核心的工业集群和产业集群，使西部地区重工业的发展得到有效促进。[1]

第三节 西部技术进步与生态文明发展

一 科技进步是通向生态文明的桥梁

自然力与自然资源被人类用于创造人工自然与全新的社会，实际上这就是人类文明的实质。人类文明不断演进的动力源泉是作为第一生产力的科学技术，科学技术也伴随着人类文明进程而不断进步。但是，科

---

[1] 洪名勇、董藩：《西部地区重工业发展构想》，《民族研究》2003年第4期。

学技术是一把"双刃剑",可能会产生双重效应。科学技术推动了人类文明进步的同时,也带来了许多严重的生态环境灾难。[①] 在工业文明之后,生态文明是人类新型的社会文明形态,同样也是人类反思工业文明的结果。发展生态文明需要科学技术的支撑,而科技的创新与发展,是通往生态文明的桥梁,也是改善与提高人类生存环境质量、通往生态文明的必经之路。

(一)经济、技术与环境

经济发展、科技进步和环境问题三者间存在明显的相关性。经济的发展提出了对科学技术新的要求,推动科学技术的不断向前进步与变革,而能够促进经济持续发展的是科技成果的创新、应用以及推广。在此期间,环境系统也随之发生了相应的改变。

环境冲击(Impact)与富裕度(Affluence)、技术(Techenology)和人口(Population)因素的方程式被著名人口学家埃里西(Paul Rehrlich)(1971)提出:

$$I = A \times T \times P \tag{7-1}$$

其中,I 表示环境冲击,理解为环境负荷或是资源消耗量;A 表示富裕度,利用人均 GDP 指示;T 表示污染排放强度或者资源消耗强度,利用单位 GDP 污染物排放量或资源消耗量来表示;P 表示人口数量。式(7-1)进一步表示为:

$$I = G \times T = G_0 \times (1 + \alpha)^{\nabla t} \times \frac{1}{T'} \tag{7-2}$$

$$G = P \times A = G_0 \times (1 + \alpha)^{\nabla t} \tag{7-3}$$

其中,G 表示期末经济规模,G_0 表示期初经济规模,α 表示经济增长速率,∇t 表示时段,T' 表示技术进步指数,一般可用资源或环境效率表示:$T' = 1/T$。从式(7-1)和式(7-2)可以看出:

(1)环境冲击影响和经济增长速率之间的关系是正相关的,而与技术进步水平之间的关系是负相关的。技术产生的污染减排效应就是指在经济增长规模一样的时候,技术进步水平的提高幅度越大,会使经济增长对环境造成的影响作用减小,而经济增长产生的规模效应是指在如

[①] Winner, L., *Autonomous Technology: Technics - out - of Control as a Theme in Political Though*, Cambridge: The MIT Press, 1977, p. 36.

果技术进步指数在保持不变的情形下,随着扩大经济规模的同时,环境所受到影响的程度也会增大。

(2) 客观上自然生态系统是有一个承载阈值,即承载极限。假定某一地区保持自然生态系统承载水平不变,即 $I_t = I_{t0}$,那么经济发展水平会随着科技的进步而提高。

(3) 在受到资源与环境有限性或稀缺性的制约之下,人类只能是开发利用资源与环境的自然生态系统的剩余量。这就意味着,可以被人类所利用的自然资源会在人口与经济增长之下,逐渐减少,并且最终会逐步向承载极限靠近。当 $I_t < I_{t0}$ 时,由式(7-2)可得出:$G_t/G_0 < T_t/T_0$。由此可知,科技进步速率大于经济发展速率是经济可持续化发展的必要条件。

根据相关年份《中国统计年鉴》,分别对全国二氧化硫排放量与二氧化硫排放强度、全国废水排放总量与人均国内生产总值进行曲线拟合(见图7-5)。

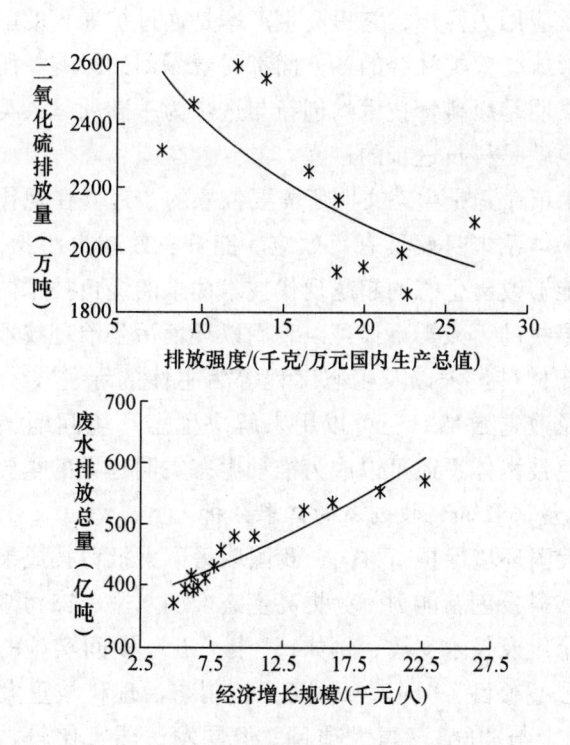

图7-5 环境负荷、经济增长与技术进步之间的关系

从图 7-5 可以发现，污染物排放量与表示技术水平的污染物排放强度之间呈负相关关系，而污染物排放量与经济增长规模之间的呈正相关关系。

(二) 科技进步与文明演进

科技进步与生产力极大提高是人类文明每一次飞跃的基础，具有根本性和具有强大带动性的重大技术的革新是每一次技术革命的前提。因此新的技术体系的建立与形成，是推动产业升级与社会进步至关重要的因素。

到目前为止，人类社会已经经历了以蒸汽机与纺织机应用为标志的第一次技术革命，实现了工业生产由手工工具向机械化的转变与以电力技术的发明、发展及应用为标志的第二次技术革命。依靠大量使用能源资源提高生产率是这两次技术革命的主要方式，从而实现了包括钢铁、化工、内燃机等技术的全面进步与发展，前所未有的生产力被创造出来。但是与前两次技术革命不同的第三次技术革命是以电子计算机与电子技术的广泛应用为标志，它提高生产率是通过扩展人的脑力、减少能源消耗量等形式，人类社会的各方面都受着深刻的影响。所以，我们可以认为当代文明是以科学技术的创新与进步为基础的，人类文明的这一过程其实质也就是科技进步的过程。

绿色技术革命正是生态文明所需要依靠的，建立在现代文明基础之上的科学技术体系本身就具有负效应。能够有效减少污染，降低能耗，治理污染或能够改善生态的超越现代技术体系的绿色技术体系正是人类目前所需要寻找的。人类不仅可以利用以环境污染治理技术、清洁能源生产技术、新材料技术以及生态工程等为主体的绿色技术体系用来认识、利用以及改造自然，还可以用来解决生态环境问题、保护自然环境，同时绿色技术体系还可以成为推动生态文明建设的重要力量。

(三) 环境工程和科技创新的需求分析

为探索我国环境保护新方向，我国取得了大批科技成果的不断提升的环境工程和科技创新能力，为提高生态文明水平、减污减排等提供了强有力的理论以及技术支撑，例如，"十一五"期间实施的国家环境保护宏观战略公益项目、"国家水体污染控制与治理科技重大专项"以及一大批"973"与"863"重大项目。但同发达国家比较之下，我国环境保护工程和科技发展水平还存在一定的差距，依旧不能符合全面建设小康社会与建设生态文明社会对环境工程和科技的要求。

虽然我国局部生态环境系统状况已经得到改善,但是依旧有不少地区环境在不断恶化,并且没有从根本上遏制这一趋势,也并没有真正解决过去存在的环境污染问题,不断出现的化学有机物污染、重金属污染等隐性环境问题具有多重污染叠加、点面污染复合、多类污染伴生、多种污染耦合、多污染并存的多种特点。从环境要素方面来看,正在不断加剧的复合型与区域性大气污染,已经凸显的农村生态环境问题,开始退化的生态服务功能与脆弱的区域生态,呈现流域性污染态势的水环境问题,质量令人担忧的土壤环境,以及全球气候变暖问题都成为关注的焦点。针对我国不容乐观的环境问题,急需加快针对重大、关键、共性的科技产业与环境工程进行系统性的集成创新。[1]

(四) 结论

(1) 以现代工业文明为基础的人与自然环境关系的调整与重构是生态文明的本质。生态文明的本质与科学发展观的根本内涵是一致的,二者的前提都是地球生态系统可持续发展,建立资源节约型与环境友好型的生产、生活方式以及绿色消费模式,目标是实现环境和经济之间的协调发展,人与自然之间的和谐共融。

(2) 促进生态文明建设的重要支点是科学产业和环境工程。日益严峻的资源与环境的约束是我国目前所面临的,能够减缓经济持续增长对资源与环境巨大压力起到很重要的作用的是要把握生态文明科技观,培养科技产业和环境工程的自主创新能力。

(3) 应该从国家战略需求出发进行环境工程和科技创新,需要敏锐地把握世界环保科技的最新动态,争取在环境工程与技术产业的关键与重点的领域取得重要突破,形成别具中国特色的产业化、系统化、耦合化的环境工程与技术体系,使其能够保护环境、引导和优化经济的发展,最终为我国探索环保新道路、保障生态环境安全、改善民生提供相当重要的科技保障。[2]

---

[1] 孟伟:《地球系统工程与区域环境问题调控的原则》,《环境科学研究》2009年第4期。

[2] 孟伟、傅泽强:《生态文明创新环境工程与科技的发展模式》,《环境工程技术学报》2011年第1期。

二 西部产业高端技术创新示范效应研究

随着社会经济的发展,产业高端化的趋势不可阻挡。高端产业是一个新兴的含有较高利润率、较高技术含量、较高附加值同时资源消耗较低的产业,它处于产业链条中、国民经济产业体系中,或各次产业中的控制或优势地位。切除传统产业体系链条中的某些生产环节,只包括产品的研发、包装与销售等环节的高端产业就是俗称为"微笑曲线"两端的一些环节。利用高新技术改造传统产业是高端产业的核心与基本目标。高端产业同时也可以看作是在第一、第二、第三产业在较高层次上的发展,同时聚集了高端的农业、制造业与服务业,它是以现代产业为基础的产出的一个新概念。它在产业高端领域,包含生产技术水平高、投入要素相对高级、产品附加值高等多种要求,同时还涉及产品价值链的分工、产业内产品间与分工产业间分工。产业高端技术创新对产业本身能够起到升级效应,同时还能为产业结构的调整与产业整体的提升起到带动作用与示范效应,相比之下这一方面的意义更大。

(一)国内外研究及发展现状

1. 国内的产业高端技术创新研究与发展情况

通过对杭州产业高端技术创新示范效应的研究,韩振华(2009)发现,只有建设完善的现代产业体系,促进城市经济的发展,才有可能把握国际产业发展趋势。并且同时指出,只有高端化产业结构,才会对产业布局产生明显的影响,具有带动作用与示范效应。

因此,需要加大力度鼓励创新,加快现代服务业的发展,倡导集群发展,发展新型工业化,加强提升传统农业,培养具有特色和高端化的产业,才能使传统产业向高端化道路迈进。[1]

对河南产业高端技术创新进行相关研究之后,袁伟(2009)指出,产业结构调整与经济结构调整研究的新方向是产业高端化,通过研究产业高端化,促进农业高端化、工业高端化及服务业高端化。[2]邓玲(2010)指出"城市国际化需要配套产业结构的升级,发展的业态要面向国际化,要努力占据高端"。通过研究产业链条,让"断链"变"通

---

[1] 韩振华:《杭州市产业高端化研究》,《现代城市》2009年第2期。
[2] 袁伟:《河南产业发展的高端化研究》,《郑州航空工业管理学院学报》2009年第6期。

链","短链"变"长链"。王小琪（2011）的研究指出按照优势产业链构建需求，引进国内外龙头企业，打造集研发、采购、投资为一体的中心产业园区，建设区域性、国际性的总部基地，大力支持具有示范作用的高端产业。

目前，我国的一部分人已经"先富了起来"，进入富裕阶层，他们可以用于消费的钱更多了，从而市场的发展也能够有所促进，这部分人的消费需求对市场的引导具有极大的效应。同时在一定程度上，国家的长假政策、带薪休假等政策也对消费有所促进，尤其是旅游业受惠于此。

从图7-6不难发现，我国平均旅游资金收入年增长率高达20%，远远高于GDP的增长率。近些年来，越来越多的人的钱更加充裕，并且想要去旅游的想法也越来越多，国家的政策也起了推动作用，不断发展的旅游产业意味着产业高端化趋势正得到逐步加强，产业高端化带动整体经济的发展具有极为明显的效应。

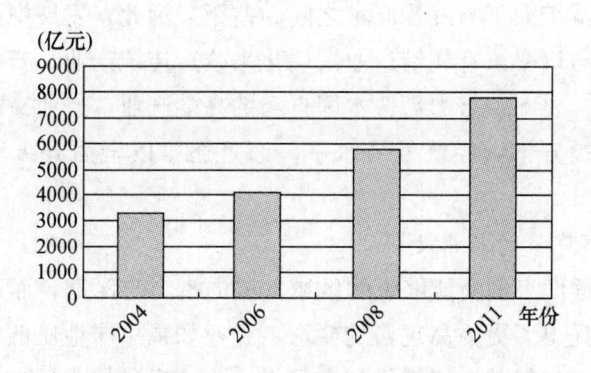

图7-6 2004—2011年我国旅游资金收入变化

2. 国外的高端产业化发展情况

以美国为例，随着经济水平和人民收入的逐步提高，对服务业需求的增加是由于对生活质量需求的增加，低端的传统制造业已经不能满足这种消费需求的变化。美国近些年来的发展方向主要以高科技作为中心，以现代服务业作为龙头，发展产业高端化，并利用产业高端技术创新所带来的示范效应促进新一轮国家经济的发展。不断提高的劳动力工资造成制造业的生产成本的增加。因此，以美国为首的不少发达国家都陆续发生了产业转移，将企业的工厂建在发展中国家，将一些劳动密集型的制造业部门由现在的劳动成本高的发达国家向劳动力成本较低的发展中国家进行转移。目前，拥有这个世界上最为发达的高科技产业的美国的服务业产值已经占据国内生产总值的75%以上。金融业以及其他服务业高度的发达为美国的经济稳定发展提供了深厚的基础。第二次世界大战以后，美国经过数十年的稳定发展，资本积累与产业结构发生了极大的转变，随着高端产业的诞生，发达国家产业高端化已经成为发展一致的趋势。①

3. 现实问题

但是实体经济由于受到金融危机的影响，未能快速走出困境。重拾贸易保护的"大伞"已成为发达国家新的经济手段，而由于产品低端化发展中国家，其产品的出口率已经大大地缩减了。并且随着经济全球化发展和对国家战略的考虑，发达国家高端技术与资金转移至发展中国家的速度也已有所放缓，而且还不能依靠自身的力量进行产业高端化的发展中国家就扩大了与发达国家之间的差距。为此，发展中国家要提升高端产品的出口率只有凭借产业高端化来改造传统产业，升级换代产业结构。所以，要不断努力创造本国自身的高端产业。产业高端化布局不仅能够有效提升本国经济发展水平，而且还可以全面升级和发展本国产业。②

（二）研究目的与意义

在一定程度上创新能够说明区域发展的潜力与深度，而高端技术又对创新能力提出了更为高规格的要求。企业如果一味地压低成本，就无法保证研发与创新基金能够得到充足供给，这样科技成果转化的环境也会越来越差，最终就会使科技与经济出现脱节。这样，在现实环境中科技的生产力的转化能力就会减弱，同时会降低技术产业化与商品化的程度，而这发生的一切都会阻碍经济的发展。因此，只有不断推进产业高端技术创新，降低增长的成本，提高经济增长的质量，保障科技成果能够有效转化，才能起到为整体经济与全社会产业链发展的示范作用。因

---

① 邓玲：《生态文明发展战略区域实现途径研究》，《原生态民族文学学刊》2009年第1期。

② 韩振华、王崧：《国外产业高端化发展经验借鉴研究》，《特区经济》2009年第5期。

此，产业高端化的最为突出的意义是技术创新为产业发展而发挥的带动作用与示范效应。

（三）产业高端技术创新的示范和促进效应

1. 利用高端化改造传统产业

利用高端化改造传统产业已经成为发展产业高端的一种重要方式，包含两个主要方面：一是目标旨在提高创新工农产业的先进性与控制力的改造传统工农产业的新的产业精神或理念、自主创新创造的高新技术成果；二是旨在实现通过改造传统产业的产业链来实现高端化的目标而去引进海外先进的相关生产理念、生活流程以及先进技术等。然后会使因为引进海外的先进技术作为产业发展的外部因素而导致的过分依赖国外技术，所以我们需要将自主创新放在一个更为重要的位置之上。另外，需要根据市场的需求对传统产业进行改造，这一点也要格外注意，例如光伏玻璃、风能设备等这些没有市场需求的产品的大量生产必然会导致产能过剩。国家所需要的只是提供合适的相关贸易政策和产业政策，并不需要进行过多的人为干预，更没必要随意花费纳税人的钱，最好是交由独立的市场主体进行自发的改造。

2. 通过实施高端化战略在国际市场竞争中占据全球价值链的高端

从表7-3中可以发现，主要包括三大环节的全球产业价值链分别是技术环节、生产环节以及服务环节。其中，能够体现高附加值水平的是研发与设计环节，销售环节与关键零部件加工则居于中间的水平。从宏观方面进行考虑，占领国际高端市场是需要得到重视，关键还要加强研发与设计环节。从微观方面进行考虑，企业所需要做的是，高端战略的实施、高端标准的建立、高端人才的聚集、高端品牌的打造，在高端市场上多下功夫。

表7-3　　　　　　　产业价值链中的各个环节分类

产业价值链												
技术环节			生产环节					服务环节			
研发	创意设计	技术培训	采购	生产	质量控制	中断加工	测试	包装	库存管理	批发	零售	销售	后勤	品牌推广	售后服务

3. 利用多元化产业聚集激励竞争

从当前的状况研究来看，多数产业聚集区中的企业虽然具有一定数量但自身规模却较小，并且自身发展的水平也比较低，同质化程度十分严重。存在激烈竞争的同类型之间的企业的趋势是愈演愈烈的，这将会导致它们之间进行价格战，它们将会拼命地降低成本，从而造成利润越来越低，这就会使它们无法支撑提升自身科研技术的支出，同时也不能营造自身过硬的品牌，最终这类企业的创新能力也越来越缺乏。如若在产业高端聚集区之中能够有效地建立起一个占据主导性的企业，与其他小企业的类型有所区别，就会避免硬碰硬地竞争的情况发生，同时也会有利于企业自身的创新。

（四）全国和西部的资料分析

目前，我国已经拥有了56个把新材料与电子信息作为主导产业的国家级高新区以及一些具有区域性质的产业集聚区，而大多这些高新区发展电子信息产业是需要一定的人力资源与知识资源，但是在这一方面很多高新区未能真正符合要求。另外，各自优势不同、发展基础不同、技术创新来源不同的高新区应有不同的发展定位。值得注意的是，其中一些发展成熟的产业高端集聚区已拥有了自身独特的产业网络。企业、科研机构以及大学之间紧密的合作，产学研一体化等都有助于科研成果有效运用于产业高端，技术的创新，技术水平的提高，特色产业集聚区的形成。

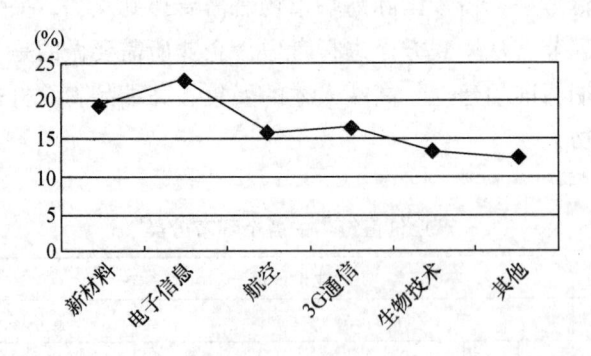

图7-7 产业高端技术创新在各个领域的贡献

2011年12月，被成都高新区所引入的三个大型产业化项目分别为：成都高新国际低碳环保产业孵化器、成都天河生物医药科技研发与产业化中心、新川创新科技园起步区。这些新兴产业高端集聚区是由多家企业联合打造，目标是建设成具有高水平的富有创意而又独特的产业聚集区。三大产业项目总投资额高达 150 亿元。这说明产业高端化已成为未来的趋势所在，技术创新与相互间动态合作对企业生存意义重大，同时对该生物科技行业具有示范效应。[①]

2012 年，贵州省的高新技术产业航空航天器制造业创造的工业总产值达 87.6 亿元，实现净利润 1.9 亿元，较 2011 年同期相比略有增长。另外，通过深入调研贵州省贵阳市十家民营加工企业发现，通过技术创新，民营加工企业大都已实现了良性的发展，并且发展的势头十分的良好，并且具有巨大的潜力。这 10 户企业在 2012 年实现产值达到 8000 万元，创造 2500 多人的就业岗位，上缴 800 多万元的利税，达 9000 万元的总固定资产，并且同时多次荣获省市科级奖。贵阳的企业坚持抓科技进步与科技创新，先后涌现了一批先进获奖企业。它们被市委、市政府以及市科技局授予"优秀科技企业""科学技术二等奖""科技进步与先进集体"等荣誉。在这些行业中的荣誉产生了激励效应，优秀企业也为其他企业树立了示范。截至 2012 年，贵阳市国家高新技术企业总计达 133 家，占贵州省的 64.6%，实现增加值 98.4 亿元，占规模以上工业增加值的 20.5%。用于科技成果转化的基金总额累计 5.1 亿元，已实行科技成果转换、研发等科技项目 460 个。贵阳市科技成果转化项目所带动的产值达 200 多亿元，科技进步在经济增长中的贡献率高达 53.69%，西部高技术产业实现利税 1050.2 亿元，利润总额 650.7 亿元，产业高端技术创新的示范效应可见一斑。

在进行对我国陕西省制造业高端技术创新调查研究时，乔为国（2009）也发现了其明显的示范效应。作为典型代表企业的三原石油钻头厂，始终坚持以创新求发展，以质量求生存，企业规模日益扩大，总资产由最初的几十万元到 2009 年的 1.3 亿多万元的产值，企业的员工也由最初的十几人快速增加到现在的将近两百人，现在已经是陕西省最大的石油钻头生产基地，同时它也是石油钻头品种最全的企业。近十几年来，该厂始终坚持自主研发，设计出了 23 种石油钻头，改进 39 项生

[①] 谭清美：《区域创新资源有效配置研究》，《科学研究》2004 年第 5 期。

产工艺，自主创造 240 个工装夹具，这当中有多个品种已经被科技部、环境保护部、商务部以及国家技术监督检验局加入国家重点新产品行列，确立了企业长期发展的战略地位，成为这一行业具有典型特征的成长型企业，为相关产业的发展提供了良好的示范效应。①

表 7–4　　2006—2011 年钻头厂自主创新技术示例

年份	创新技术
2006	71/2 英寸镶齿滑动钻头
2007	81/2SHX6 标准型钻头
2008	45/8 英寸单牙轮滑动镶齿钻头
2009	国际领先水平的热处理工艺方案
2010	金刚石钻头，顺利实施在长庆油田
2011	81/2 英寸双压力平衡系统浮动轴瓦式牙轮钻头

该厂通过 ISO 9001—2000 国际质量管理体系认证，以及美国石油学会 API 认证，并荣获国家高新技术企业和"三石"牌石油钻头获陕西省著名商标。在 2008 年该企业被评为陕西省共青团创业基地，成为相关产业高端技术创新的典范。

（五）深度分析与结论

我们不能通过行政方式和政治手段来强制发展产业高端技术创新的示范效应，而是要遵循市场规律、利益规律和竞争规律等基本社会法则来完成。利用政策引导、高低端产业的比对、创新基金的流向、高端化的利润吸引等方式来推动整个产业向高端化发展道路迈进。不断进行技术创新，缩短产业高端化所需的时间，促进经济的增长。尤其是需要完善科技成果转化过程中企业收益分配有效机制，保障科技成果的有效转化。② 获取经济收益不是企业最终的、唯一的目的，企业的最终目的还是旨在能对企业未来发展起到推动作用。但还是有很多企业依旧没有取得成功，主要因为它们的发展方向没有明确，也不能将高新科技

---

①　曲向东：《转变经济发展方式　实现经济又好又快发展》，《中共珠海市委党校珠海市行政学院学报》2008 年第 1 期。

②　杜传忠：《中国市场结构发展的目标模式及其实现机制》，《理论月刊》2009 年第 8 期。

成果合理地运用。对于某些企业来讲，科技成果转化存在较大风险，就好比把投资当作分母，风险当作分子，收益便在二者之间表现出负效应。因此，在科技成果转化时期中企业经济发展成败的关键是企业能否对投资收益与风险进行合理分配。① 因此，产业高端化本身具有风险，要通过产业高端化对整个产业起到示范效应，是需要付出成本和作出牺牲的。

建立一个基于多元函数微分学原理与"投资多少、风险分担和收益共享"原则的企业利润合理分配机制的数学模型，即建模。数理模型实际上就是把实际问题通过数学方式抽象描述的产物，其原型可以描述具体对象及其性质、关系。从广义上说，数学概念，比如说数、集合、向量、方程，都可称为数学模型，然而从狭义的角度来说，我们理解为只有反映特定问题和特定的具体事务系统的数学关系结构才用于建立数学模型。在建模的过程中，我们需要把本质要素及其相关关系反映进去，把非本质性的、对客观事实影响程度不大的因素除去，在保证一定精度的条件下使整个模型保持简化状态，易于收集数据。构建科学的数学模型，以分析企业在高新产业转化下的发展状况，其中尤为重要的是数据的准确性。

收益的实现是每个企业的原则，这也是综合体现经济活动效率、效益以及企业生产经营活动。所以，不仅可以反映企业经营活动状况的企业利润，同时也是衡量企业经济效益和经营活动好坏最合适的方式方法。企业之间的联合与合作不仅能够帮助产业高端更为顺利地展开，更能为实施创新科技提供更多的人力、物力和资金。不妨假设科技成果转让过程中有 n 个企业合作。②

获得收益是企业的现实需求，收益的多少是反映企业经营状况和生产效益的重要指标，因此在下面的建模中，我们以企业的收益作为考察企业经营状况和生产效益的基本指标。首先，假设有 n 家企业在科技成果转化过程中保持合作关系。其中，V_i、β_i、I_i、R_i 分别为企业的收益、投资额和风险系数和收益分配比重，基于投资多少、风险分担、收益共享等相关原则，由于投资有不可逆性与机会成本，综合分析可得企业的

---

① 李婷：《苏北后发优势的实现机制及发展的策略建议》，《科学理论》2009 年第 24 期。
② 郭志仪等：《地方政府、利益补偿与区域经济整合》，《经济问题》2010 年第 8 期。

收益分配比重应是自身的 R_i 和 I_i 的函数 $i(R_i, I_i)$，即 i 由 R_i，I_i 共同决定，$i=1, 2, \cdots, n$。另外，在确定收益分配比重时必须考虑如下原则：

1. 多劳多得原则，用于激励企业在合作中的投入

根据参与合作企业投入不同、所做的工作的不同，每个企业最后分到的利润也必然有所区别，多劳多得的模式能有效激励企业的工作的积极性。这不仅包括企业所投入的资金、劳动力，还包括企业所承担的风险。

（1）这样在收益分配的数学模型中，企业要共同分享科技成果转化出的收益。

$$\sum_{i=1}^{n} \beta_i = 1 \qquad (7-4)$$

（2）各个企业得到的收益应随企业所承受的风险 R_i 和投资 I_i 的增大而增大，设 $\beta_i(R_i, I_i)$ 为风险 R_i 和投资 I_i 的增函数，则

$$\frac{\partial \beta_i(R_i, I_i)}{\partial R_i} > 0 \qquad (7-5)$$

$$\frac{\partial \beta_i(R_i, I_i)}{\partial I_i} > 0 \qquad (7-6)$$

2. 多赢原则，促进产业高端化

企业之间的合作目的不仅是获得经济利益，同时也是获得市场利益，那么企业在科技成果转化的过程中也要以此为目标。从高端产业技术创新的新模式来看，合作就会带动一起发展，但根本的企业利益关系是不能变的。因此，为了在企业相互之间建立信任、稳定的合作关系，收益分配比重的制定要特别注意，应该争取让每个参与合作的企业都能拿到满意的利益，并且按照"多劳多得，少劳少得"的原则公平公正地获取利润，同时信息要透明公开，这样高端产业技术创新的示范效应才能达到最优，否则，不但起不了带动效应，反而会破坏产业的健康发展[①]。

假定：若 $V_i = 0$，则 $V_j = 0$，$i \neq j$；若 $V_i > 0$，则 $V_j > 0$，$i \neq j$ ($i, j = 1, 2, \cdots, n$)

---

① 黄泰岩：《转变经济发展方式的内涵与实现机制》，《求实》2007 年第 18 期。

则，$V_i = \dfrac{I_i R_i}{\sum_{i=1}^{n} I_i R_i} V(i = 1,2,\cdots,n), V = \sum_{i=1}^{n} V_i$ （7-7）

（六）结论

从上述分析可以得出：在不断进行技术创新的高端产业生产之中，让合作的企业们能够按照各自付出的多少而获得相应合理收益。这样不仅有利于产业长久的发展，还能让企业拥有更多创新的条件与空间，更能使合作企业之间的关系更加牢固，共同承担各自相应的风险，实现互惠共赢，避免恶性竞争。

西部落后地区要赶上东部发达地区，最主要的方式就是要转变经济发展的方式，要使西部加快经济转变发展方式，通过开展技术创新的形式加快发展高端产业与产业高端，并且追求效益与速度的双重目标的实现，与此同时还要提高相关企业的技术含量，并且激励更多的企业以这样的发展模式来发展。从更高的层面上看来，还能够有利于突破本地区自身的发展"瓶颈"，提升自身的综合竞争力，从而抢占国际产业价值链的高端环节。[1]

同时，西部在利用技术创新促进产业高端发展的过程中，也要注意的是，不利于产业高端发展的是急于求成、不符合实际的技术创新，我们不能完全脱离之前的发展经验与传统产业的基础，去创新出一个新产业，并且我们需要认识到一切可行的科学技术一定要符合学科发展规律。西部地区应该在不断推动产业聚集的同时，还应以传统产业作为基础，逐渐调整、优化产品的结构，除去高能耗的因素。高投入、高回报固然是产业高端的特点，但企业仍需要注意到高风险等问题，在促进产业高端发展的过程中，还需要思考如何尽力避免风险以及获得最广泛的支持等问题。[2]

三 西部科技进步与生态文明发展指标体系研究

（一）国际和国内科技指标的情况

1. 国际科技指标的情况

出于对科技政策的需要，科技指标和科技统计已逐渐被世界各国与

---

[1] 马秀贞：《论初次分配公平的评价标准与实现机制》，《理论前沿》2008 年第 22 期。
[2] 赵付春、焦豪：《产业升级的微观实现机制研究——基于双元性理论的视角》，《科学学与科学技术管理》2011 年第 5 期。

国际组织所关注。作为世界上最早系统性地收集各国科技统计数据的经济合作与发展组织（OECD），在国际科技统计界一直处于领先位置，为科技统计的国际规范化与标准化做出了巨大的贡献。OECD 的科技统计和科技指标具有以下特点：组织层面设有一套机构，并安排专业人员进行统计调查、数据分析与指标研究等工作，并把科技统计指标和管理策略紧密联系在一起；注重统计数据的国际可比性，制定了一套完整的科技统计手册，使科技统计工作拥有了共同遵守的统一标准和规范；系统性地进行数据的收集，建立并完善了统计数据库；为了达到制定相关科技政策对科技指标的要求，格外重视科研能力、创新能力以及与知识经济有关的指标体系建设；定期出版科技统计与科技指标的相关刊物，并且充分地加以利用互联网传送信息；在科技统计指标建立、数据收集方面，加强与非经合组织成员国的合作，收集非成员国的科技数据并建立统计数据库。

中国科技促进发展研究中心高昌林执笔的国际科技指标发展的新趋势提到：早在 1995 年召开的经合组织"科学技术政策委员会"（CSTP）部长级会议上，科学技术政策委员会时任主席发表了名为"知识经济在未来科技政策制定中的意义"的报告。对经合组织在推进科技统计、理论研究、指标国际标准化等方面积累的丰富经验做出了肯定，但与此同时，目前采用的大多数科技指标未能充分描述知识生产、获取及其产出成果。如果继续使用现有科技指标检测知识经济中的科技活动，会限制政策制定所能起的作用。他认为：经合组织作为在这一领域处于领先地位的国际组织，目前有必要建立决策者更为关注的知识经济新型指标，改进科技统计体系。OECD 成员国的科技部长们达成以下共识："成员国之间需要积极开展合作，共同建立能够衡量创新绩效的指标与知识经济产出有关的其他新型指标"。会议也指出，有必要进一步探索 OECD 科技系统的发展趋势以及今后面临的挑战，应特别注重与监测、评价与决策的有关数据收集。在会后，OECD 科学技术与产业司（DSTI）把"知识经济的新指标"列入了 1997—1998 年的核心工作计划，并被 CSTP 视为高度关注领域。经过近两年的研究，已经取得了积极进展。有关新科技指标已经在 OECD 的一些项目中得到了应用，如国家创新系统、生产力与创造就业等项目中，取得了较为显著的效果。创新研究的系统方法强调各种影响创新和其产出的市场机构与非市场机构间相互作用的重要性。所以，对国家创新体系的测度与评估主要在于测度知识与信息的流动状况。在 OECD"国家创新系统"研究之中，研究人员对构造测度知识与信息流动的指标方面进行了许多积极的探索。例如：通过技术合作协议的数据检测企业间的相互作用；通过联合专利和合作发表论文数、联合研究活动的数据、科研机构和大学为企业创造信息源的重要性程度的数据分析公共部门和企业间的相互作用；通过机器设备等资本商品类技术产品的扩散数据分析技术流动性；通过研究人员流动状况的数据分析因人力资本流动而引起的知识流动，尤其是"意会知识"的非正式流动。上述测量国家创新系统的指标的工作已取得了初步成果，OECD 以这些研究为基础，发表了明确国家创新体系中知识流动的类型与其相应的主要指标的《国家创新系统》的国际研究报告。随后 OECD 发表了建立分析创新系统的主要指标框架的《国家创新系统的实证比较：各种方法及初步发现》，其中选取了新的指标，并对美国、德国、法国等国家的数据进行了对比研究，得出了有意义的一些发现。

1998 年 11 月 26—28 日，OECD 联合 APEC 在澳大利亚首都堪培拉举办了一次名为"以知识为基础的新科技指标"的国际研讨会。会上 OECD 秘书处、美国、澳大利亚、法国以及其他 OECD 成员国的专家们着重介绍了他们早期已启动的 7 个新科技指标优先研究项目的研究成果和进展情况，并与来自中国、巴西、印度、墨西哥等发展中国家的多名学者进行了广泛的探讨和交流。

无法否认，发展中国家在科技统计方面与指标研究方面起步较晚，科技统计制度不太完善，科技指标开发不足，在科技政策与经济政策中的应用相对欠缺。

然而，就科技指标而言，具备国际可比性十分必要，如果没有发展中国家的参与，经合组织开展的新的科技指标活动将受到质疑。因此，新科技指标活动的国际化已成为今后的必然趋势，国际组织在这一领域加强国际合作非常必要。

2. 国内科技指标情况

江苏省无锡市在 2008 年 9 月率先开展了科技进步监测指标体系建设工作，该指标体系监测以科技指标为指标主体，以科技推动经济与社会持久发展的相关指标为辅助指标，以科技统计部门与无锡市财政局以及无锡市知识产权局等相关部门提供并确定的数据，对无锡市的科技进步活动状况进行了考察监测，并且做了系统性的评价。该指标体系共有4个一级指标、8个二级指标以及28个三级指标。其中，一级指标以"科技环境""科技投入""科技产出"以及"科技推动可持续发展"四项内容为主。需要明确的是，该指标体系在指标选取上不只局限于"高新技术产业工业总产值""电话普及率"等指标，而且加入了很多"新元素"。

如添加了"科技投入"即R&D指标，并从中细化出"从事R&D活动的人员在全部科技人员中所占比重""企业R&D经费支出在销售收入中所占的比重""全社会R&D支出在GDP中所占比重"等指标。细化R&D指标一方面能使R&D指标和其他数据的统计工作保持一致，有利于有关部门对科技创新过程中出现的情况及时掌握，另外也充分体现了无锡市政府鼓励与支持社会各界加大科技投入、转变发展方式的政策导向。无锡市的科技进步统计监测工作已经建立公报制度，每年度进行一次公告（少数指标半年公告一次）。统计监测结果由无锡市科技局和无锡市统计局联合发文公布。

(二) 建立西部科技进步与生态文明发展指标体系的重要性

为了叙述的简便，我们把西部科技进步与生态文明发展指标体系简称为西部科技与生态指标体系。2006年2月，国务院发布了关于《国家中长期科学和技术发展规划纲要（2006—2020年）》，其中指出：新中国成立50多年以来，经过几代人脚踏实地的艰苦奋斗，我国科技事业已经取得了令人瞩目的巨大成就。以"两弹一星"、杂交水稻、巨型计算机等为标志的一大批重大科技成果，极大地提高了我国的国际地位，增强了国家的综合国力，振奋了人民的民族精神。同时，我们还需要认识到，与发达国家相比，我国科技水平整体较低，存在较大差距。主要表现在：关键技术自主研发能力弱，专利发明数量少；特别是在西部农村地区，科研质量不够高，技术水平仍比较落后；优秀人才较为匮乏；同时，科技投入也相对不足，体制机制有待完善。目前来看，已经成为经济大国的我国依然不是经济强国的原因是缺少创新能力。党的十八大报告指出：建设生态文明，是一项关乎人民福祉与民族未来的长久之计。在我国现代化建设的实践中，生态文明建设在西部地区尤其是西部民族地区的重要性已愈加凸显。保护与建设好西部地区的生态环境，不仅是有利于奠定区域经济社会可持续发展的基础，而且有利于建设美丽中国，铸造中华民族的永续发展。西部民族地区经济、社会和自然环境发展一方面具有欠发达地区的普遍特点外，另一方面还具有民族性与生态性等特点，这些特点共同决定了西部民族地区在建设生态文明方面，选择的重点应不同于其他区域。[1]

当前，我国西部地区的经济发展取得了比较快的增长，处于高速的发展时期，但是这种发展使生态环境遭到破坏，西部的生态环境面临严峻的形势，长此以往，会破坏西部地区生态系统的经济承载能力。[2] 而且这种问题目前已经出现，正在成为制约经济的最大问题。自然资源的消耗，人口的急速增长以及对大型的工业开发区的建设等，使西部生态系统遭到严重破坏并日益恶化，主要的表现在：饮水资源的短缺、森林资源的破坏、土地荒漠化的加剧和频繁的自然灾害等。因此，保护好西部的生态，建设良好的生态文明已成为西部发展的关键。西部生态文明建设面临一系列科技问题，需要科技进步来支撑。因此西部科技和生态指标体系的建立是重点，实施可持续发展战略，开发西部经济，制定科学、实际、有利于西部生态文明建设的科技政策有着非常重要的意义。

（三）西部科技与生态文明建设指标体系设计

1. 西部科技与生态文明建设指标的选取原则

第一，科学性原则。选取的指标需要真实、客观地反映西部地区的科技和生态文明建设水平与质量，指标体系一定要建立在科学的基础上。指标的选取与权重应该通过实践，经过专业的分析讨论，并不断修改与完善，从而使整个指标体系能够全面地、客观地反映西部生态文明建设的科技支撑情况。

第二，全面性原则。选取的指标要在能反映西部地区科技发展速度的同时，把生态文明建设的质量也考虑进来。指标体系充分展示了"科技基础、科技活动投入与产出、科技促进生态、经济社会发展"，进一步丰富了这些方面的内涵，扩大了与西部科技和生态相关内容的覆

---

[1] 李锐、鞠晓峰：《技术创新的生态化转向及其实现机制研究》，《哈尔滨商业大学学报》2008年第3期。

[2] 国务院：《国家中长期科学和技术发展规划纲要（2006—2020年）》，2006年2月9日。

盖面，综合反映西部地区科技与生态文明建设的水平与质量。

第三，可采集原则。在选取的指标当中，绝大部分指标能够直接利用西部地区各级统计年鉴、西部地区各级科技统计年鉴、中国科技统计网（http：//www.sts.org.cn）、西部各地区统计局社会科技处、西部各地区科技厅发展规划处取得，少数指标可以通过政府对外公布的数据获取，还有的指标通过简单的计算获取，还有些指标需要通过调查问卷取得。① 总体来说，所选取的指标基本可以通过收集、计算和调查得到。

2. 西部科技与生态指标体系的构架和具体指标

按照西部经济发展纲要，以西部"十二五"科技支撑计划需求建议为基础，结合西部科技与生态支撑需要的具体实际，参考国际和国内科技指标体系设计，并考虑到与以往几年科技统计指标体系保持连续性来设计的，其主要构架和指标体系如图7-8所示。

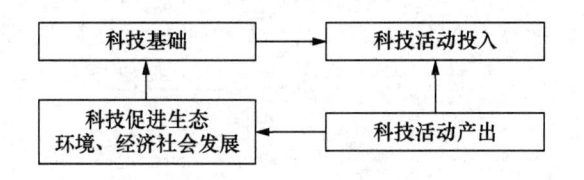

图7-8 科技与生态系统构架

这一系统构架是依据科技进步的基本内涵确定的。科技进步的基本内涵包括两个方面的内容：一是科技活动规模与水平的提高，包括在一定的时间与空间范围内，用于科技活动的人、财、物的投入以及其成果产出规模和水平的提高。其提高的幅度和程度既可以以自身前期的规模和水平为参照，也可以与其他类似空间进行比较。二是科技活动对经济、社会发展及生态环境影响力的增强，体现为科技与生态环境、经济社会发展的结合程度，它与其他要素结合在一起，共同对生态环境、经济社会的发展起到推进作用。

西部科技与生态指标体系包括4个一级子系统、10个二级子系统、35个三级指标，详见表7-5。

---

① 《江苏省科技进步统计监测结果与科技统计公报》，http：//www.jssb.gov.cn。

表 7-5　　　　　　　　西部科技与生态文明建设指标体系

一级子系统	二级子系统	三级指标
科技基础	科技人力资源	1. 每万人拥有专业技术人员数（人/万人） 2. 每万人口中中专及以上在校生数（人） 3. 初中毕业生升学率（%）
	科研物质条件	4. 科技活动机构人均科研仪器设备费（万元/人） 5. 科研与综合技术服务业新增固定资产占全社会新增固定资产比重（%） 6. 科技机构数（个）
	科技创新	7. 每万人口中专利申请数（件/万人） 8. 每万人口拥有发明专利数（件/万人）
科技活动投入	科技活动人力投入	9. 每万人拥有科技活动人员数（人/万人） 10. R&D活动人员占科技活动人员比重（%）
	科技活动财力投入	11. R&D经费支出与国内生产总值比重（%） 12. 国家级科技支撑计划项目资金占国内生产总值的比重（%） 13. 政府科技拨款占财政经常性支出比重（%） 14. 企业科技活动经费支出占销售收入的比重（%）
科技活动产出	科技活动直接产出	15. 国家级科技支撑计划实施项目效益（万元） 16. 省部级以上成果净利润（万元） 17. 省部级科技成果数（件） 18. 每万人口专利授权数（件/万人） 19. 每万名科技活动人员科技论文数（篇/万人）
	高新技术产业	20. 高新技术产业增加值占工业增加值比重（%） 21. 高新技术产品出口交货值占工业出口交货值比重（%） 22. 新产品销售收入占全部产品销售收入比重（%） 23. 高新技术产业利税率（%）

续表

一级子系统	二级子系统	三级指标
科技促进社会经济、生态环境发展	经济增长方式的转变	24. 人均国内生产总值（元/人） 25. 第三产业增加值占国内生产总值比重（%） 26. 单位国内生产总值能耗（吨标准煤/万元）
	生态环境改善	27. 生活垃圾无害化处理率（%） 28. 污水处理率（%） 29. 人均公共绿地面积（平方米/人） 30. 工业固体废弃物综合利用率（%） 31. 石漠化综合治理率（%） 32. 单位国内生产总值二氧化硫排放量（公斤/万元）
	社会进步	33. 每万人拥有国际互联网户数（户/万人） 34. 数字电视覆盖率（%） 35. 城镇化率（%）

部分指标的说明：

（1）专业技术人员。特指已经在1983年之前取得专业技术职称或是在1984年之后被聘请为专业技术职务从事专业技术工作的群体以及在专业技术管理岗位工作人员。

（2）初中毕业生升学率。高等中学招生人数除以初中毕业生人数。

（3）科技活动。指在自然科学领域、工程与技术科学领域、医药科学领域以及农业科学等领域中与科技知识的产生、发展和应用相关联的科技活动。

（4）研究与试验发展（R&D）。是指一类具有系统性的、创造性的活动。研究与试验发展主要包括基础和应用研究等活动，它的目的是增加知识总量并且运用这些知识去创造新的应用。

（5）试验发展。通过多项工作获得现有的知识，从而产生并开创新的产品、材料、装置、工艺系统与服务。并且对已产生或建立的各类活动通过系统性工作做出本质性的改进，其成果形式表现为专有技术、专利或新产品原型等；一般来说，科技管理职能科室不属于统计范畴；这一指标也不包含在我国境外设立的科研机构。

（6）科技机构数。科技机构是一个相对独立的科技活动机构，一般是自办或与外单位合办，它的功能如设立实验室、技术中心以及试验基地等。科技机构的升级可以通过资源整合进行，被确立为国家级或是省级技术中心的，可按一个机构填报。

（7）专利申请数。是指在报告年度内国家的专利机关受理申请人的申请专利件数。

（8）拥有发明专利数。是指专利持有人由国内外法定专利行政部门授权拥有，且仍属于有效期的专利件数。

（9）机构科技活动人员。是指从事科技活动的总人员数，是机构中从业人员总数减去为科技活动提供非直接服务人员（如保卫、司机、食堂人员等）和全年从事科技活动未满全部工作时间10%的工作人员。

（10）研究与试验发展人员。是指从事基础、应用和试验发展三方面研究活动的人员，也简称为R&D人员。包括直接参与上述三类活动的所有人员。他们可以按照R&D项目活动人员占全部科技项目人员比重进行计算。

（11）科技活动经费支出总额。在报告期实际支出的所有科技活动费用，其中包括经费支出、技术改造资金以及相关的其他支出。但是这里面不包括生产性和归还贷款的支出。

（12）研究与发展实验经费支出。简称为R&D经费支出，企业在报告年度期间的基础、应用与发展实验三种项目中花费的所有支出。计算办法如下：先将所有科技项目中已确定为用于上述三种活动的支出费用进行加总，再加上按照上述三种项目支出占科技项目经费总支出比重来计算分摊的科技管理与服务费用。

（13）国家科技支撑计划。是指面向国民经济和社会发展需求而实施的一系列国家科技计划，旨在解决经济社会发展中存在的重大科技问题。该支撑计划以《国家科技规划纲要》中规定的重点领域为主要支撑目标，把重点工程建设和重大装备开发项目相结合，以产业共性技术开发研究、应用示范以及重大公益技术研发为重点，加强集成创新与消化吸收后再创新，面向全局集中解决跨行业和跨地区的一系列重大技术难题，攻克核心技术，突破"瓶颈"制约，提升产业竞争力，推动我国社会经济向全面、协调、可持续方向发展。①

（14）研究与试验发展占国内生产总值比例。是指一定时期试验发展和科学技术研究经费支出在国内生产总值中的比重，用于评价科技投入水平。

（15）科技论文。在情报学中科技论文被称为原始论文，科术人员以科学实验为基础，对自然科学或工程技术领域里的现象进行分析和阐述，从而揭示出问题本质的学术论文。它是对科技研究成果的书面表达。

（16）高新技术产业。是指一类以高新技术为基础，利用一种或多种高新技术对产品或技术服务进行研究、开发和生产的企业集合，高新技术产业是知识密集、技术密集的产业。这种产业的核心技术开发难度较大，但如果开发成功，就拥有超出普通产业的经济、社会效益。产品的核心技术必须在确定的高技术领域处于行业领先地位，而且必须在高技术前沿领域拥有技术与工艺的突破。根据这一标准，目前高新技术领域主要包括信息技术、生物技术和新材料技术三大方向。

（17）单位国内生产总值能耗。是指单位国内生产总值所消耗的能源数量，反映能源利用效率及经济发展的可持续性，也是衡量科技对贵州经济增长方式转变促进作用的主要依据。

（18）生活垃圾无害化处理率。生活垃圾无害化处理率反映对生活垃圾一次污染的防治程度。

（19）石漠化综合治理率。是指石漠化综合治理的面积在总面积中的比重，其中综合治理面积包括封山育林的面积、草地改良的面积和人工造林的面积等。由于贵州的石漠化在我国最严重，因此该指标可以很好地衡量科技对其生态环境治理的推动作用。

（20）单位国内生产总值二氧化硫排放量。是指二氧化硫排放总量与国内生产总值的比值，形成酸雨的主要化学物质是二氧化硫。该指标可以用于衡量科技在贵州省生态安全建设方面的促进作用。

（21）人均公共绿地面积。城镇中非农业人口每人平均拥有的公共绿地（包括向公众开放的各类公园或游园）面积。

（22）城镇化率。农村人口不断转化为城市人口的过程被称为城镇

---

① 中国主要科技指标，华中科技大学管理学院科技统计信息中心，2004年11月。

化，该指标反映了人口向城市或者城镇聚集的过程与聚集程度，既可以作为一个国家或地区经济社会发展的重要标志，也可以用于说明一个国家或地区的社会组织管理水平。城镇化水平的提高是一个西部社会进步的一个重要标志。

3. 结论

建立该指标体系的目的是期望该指标不但能较好地反映西部科技进步与生态文明建设的状态，也可以预测西部科技进步与生态文明建设的趋势，从而为制定西部科技与生态文明建设政策提供有效的依据。而且通过对指标的监控，可以及时发现西部科技进步与生态文明建设的运作信号，进而及时进行有效控制。不难预见，因地制宜建立西部科技与生态文明建设评价指标体系将是今后西部实施发展生态文明建设战略中的科技支撑研究的一个重要趋势。有鉴于此，以下几个方面仍需不断改进：（1）指标体系，入选指标具有一定的动态性，不存在一成不变的指标体系；（2）系统稳定状态的范围，生态文明建设的系统只有在一定的阈值范围内才能稳定地运行，然而如何准确确定这个临界值是研究的一大难点；（3）指标体系中数据的获得性，应成立反应及时且迅速的指标体系数据库，为西部建设提供良好的科技平台，为评价及预测科技建设的进度和成效等工作提供量化的数值支撑，建立综合数据库对其进行动态的监控和管理；由于生态文明建设系统的复杂性，大多数情况下利用众多的指标体系来反映科技和生态系统的现状及变化，但过多的指标容易造成数据获取困难，或是超出了调查的范围，使可操作性变差。① 本书运用主客观相结合的方法，选取了与系统变化密切相关的指标，并对这一系统进行了适当评价，因此研究成果具有重要意义。当然，由于时间原因，本书提出的西部科技与生态文明建设指标体系只是理论设计，未进行实证验证，有待于在实践中进行进一步检验、修正和完善。

---

① 国家科委综合计划司主编：《加拿大科技指标和统计方法》，科学技术文献出版社1993年版，第38页。

第八章 西部工业化与生态文明协调发展存在的问题分析

第一节 西部工业化与生态文明协调发展存在的问题

我国改革开放以来经济发展速度飞快,同时西部地区也相应地取得可喜可贺的成果。经济的持续高效性增长使社会主义社会稳定繁荣,人民生活水平高速度提升,人类活动的规模效应强度也因此增加。西部生态环境的承载能力正在突破极限,这使我国的经济社会安全受到威胁。日趋紧张的人与自然的关系、人与自然的矛盾逐渐演变成目前的紧张局势。构建和谐社会难以调和的一个方面就是人与自然的不和谐,其最突出明显的问题就是环境污染严重、能源危机问题。我国不断恶化的生态环境局面不但阻碍了社会主义社会经济的可持续发展,也使环境安全受到牵连,各级政府领导也逐渐意识到生态破坏和环境污染所带来的现实问题。① 目前,推进工业化与生态文明建设的良性互动在国际上也是一项十分艰巨的任务,其面临着众多严峻的挑战,西部地区也存在不少制约的因素。

一 生态环境资源利用不合理

西部地区经济发展极度不平衡,差异性较大,部分地区为保护赖以生存的生态环境而放弃了一些发展机会。而一些地区则享受到了这种保护成果的待遇,经济迅速发展起来。除此之外,一些地区在发展经济的同时,对其他地区的环境也造成了严重的破坏。中国的自然资源地域性

---

① 杨乾明:《经济发展和保护环境的对立统一关系分析》,《环保论坛》2013年第17期。

比较强,多分布于西部地区,与此同时,西部地区面临着摆脱贫困与提高经济效益和生态效率的双重压力,资源要开发,环境要保护。现实的情况是资源的开发利用没有给西部人民带来经济上的收益,贫困人口依旧没有减少,而生态环境却越来越恶劣。贫困问题和生态问题叠加在一起,迫使西部地区"富饶的贫困"现象突出。因此提高西部生态经济效率是重点也是难点。

(一) 区域差距的扩大

一方面是由于区域经济发展基础的差异。从空间结构上来看,区域经济发展较好的地区,大部分都具有较好的地势优势,同时自然条件和交通都相对比较好。而这些地区在过去长期形成的经济文化优势和人才物流等优势也对当地的经济发展产生很大作用。特别是一些经济较发达的地区,不仅当地工业基础发达,而且市场化程度高,有的地区已经进入工业化中期,另外城乡差异也导致了区域差距的扩大。很显然,经济较发达的西部地区,距离中心城市比较近而且有着较高的城镇化,而经济较为贫困的地区,很多还处在比较原始的农村自然经济状态,工业化仅在当地矿产和自然资源上进行,严重缺少工业化思路,妨碍了城镇化的进程,导致很多地方的农民为了生存只能外出打工,乡村经济因此更加缓慢地发展。

(二) 自然生态环境恶劣

西部地区丰富的生态资源,种类繁多的自然资源也不能改变我国西部脆弱的生态环境的现状。长期以来,西部地区过快的人口增长、森林资源减少、石漠化程度扩大、历史上对生态保护不够重视等自然、经济、社会和历史等方面的原因,使生态环境正在不断恶化。持续高速的经济增长严重破坏了生态环境。一方面,各地虽然响应政府号召发展区域内经济,积极推进工业化和城镇化战略,但是由于劳动密集型企业的低技术含量和落后生产工艺的特点,使消耗的能源资源污染了城镇环境。而且由于西部天然的历史环境导致传统农业经济仍占主体地位,滥用化肥、农药提高农作物的产量,后果之一就是水土资源的不断恶化。另一方面,对资源的粗放式开发经营,使土地流失、沙漠化、盐碱化的程度加深。有关数据显示,由于水土流失,全国约有1/3的耕地受到危害,还有的农田和草场受到沙漠化的威胁,妨碍了生态文明的发展,又阻碍着经济的可持续发展。①

虽然生态文明发展已经取得了较大的成绩，但是这些日益突出的生态资源与环境问题，已经长期制约着整个社会经济的可持续发展。并且，我国一些重要江河发源于西部地区，该地区恶化的生态环境必定影响我国其他地区的经济发展和生态文明建设。

二 工业污染严重

西部地区不断增加的污染物排放总量，以及存在的局部改善环境质量问题将影响国家西部大开发的举措。国家竭尽全力全面建设小康社会，在未来几年内，要求中国7%以上的增长幅度，以保证社会能够给公众提供足够的就业机会，从而提高公民的生活满意度。经济规模的扩大和经济的高速增长都需要以自然资源为基础，但也产生了大量的废弃物，中国未来经济快速发展将付出环境代价，极有可能给中国原本脆弱的生态环境带来更大的压力，从而降低公众的幸福指数。我们受到的环境破坏的外部压力越来越难承受，需要我们寻求新的发展途径来减轻经济发展对资源和环境的压力。考虑到技术进步、产业结构优化和升级等因素，需要做到按照国家环保总局"十五"规划提出的每年单位经济规模的污染物排放强度降低2.8%，污染物五年降低15%的目标。②

同时，生态破坏必然会造成经济损失和精神损失，生态恢复的问题应引起我们的高度重视。生态环境破坏的恢复比环境污染的治理要难得多。比如，在30多年前，美国的一条河流出现自燃使空气污染程度加重，以至于汽车在白天行驶也要开灯的现象。然而经过很长一段时间的治理，现在美国的环境质量已相当好，这一点不仅美国人能感受到，到美国旅游或居住的外国友人也能深深感受到。这就从一个侧面说明了生态恢复的长期性和艰巨性。

三 工业资源短缺

（一）能源的需求量是与一定的产品结构和技术路线相联系的

工业技术路线总是青睐于储存数量多、同时获取和加工的成本比较低的资源，而尽最大可能减少对储存数量少、获取和加工成本比较高资源的需求。以此推断，储量丰富的自然界资源往往易发生"短缺"现

---

① 朱春江等：《论农业与生态文明建设》，《生态经济》2013年第11期。
② 同上。

象。世界上确实存在少而稀有的资源，人们往往珍惜使用，通常不会发生影响全局意识的工业性短缺的情况。

由此推之，从本质上看，工业资源短缺是关于经济问题，而不是关于物质技术问题。比如，虽然石油和煤炭在地球上的存储量十分丰富，但却最容易面临短缺性的问题。在人们的思维里，水资源是无穷尽的，但是目前水资源的短缺性问题却令人担忧。我国600多个城市，供水不足的将近2/3，有110个年缺水总量达60亿立方米的严重缺水的城市。据世界银行数据显示，中国的人均水资源占有量仅2200立方米，只相当于世界人均水资源占有量的1/4。有关专家预测，当中国的人口总数增至16亿时，人均水资源将会下降到1750立方米，这个数字接近国际公认的水资源紧张标准。据水利部《21世纪中国水供求》的预测，2010年中国的总需水量为6988亿立方米，总供水量为6670亿立方米，属于中等干旱。而到2030年，中国将出现缺水高峰。

（二）价格问题是资源短缺的本质问题

自然资源是否短缺的关键是以需求与供给之间的关系来体现的，这些又和一定的价格有关。从某种意义上说，工业生产中所需的重要资源常常是储量丰富的。但是，由于物质资源供应丰富，与之相连的价格也比较低，有的甚至免费。低价格吸引着更大的市场需求，使资源的短缺性问题更加突出。从理论上说，由于价格无限浮动弹性的特性，资源短缺现象不会那么普遍。由价格的特征而论，工业性资源分为三类：第一类是有效需求一定，资源可以无限供应。即这种资源供应可以免费获得，比如阳光、海水、空气等。第二类是资源供应有限，完全由市场价格调节决定。从资源的特质来说，不存在普遍短缺的资源，因为储量少会导致资源价格的提升，所以不会出现短缺现象。第三类是必须使所需要的稀缺性资源得到普遍供应的保证。那么既然要求资源能普遍供应就不能定价太高，所以，政府往往为协调资源的供应，采取控制或者干预价格的措施。由此推断，资源供应不足的问题与价格控制相挂钩，价格变动的不可忍受性也与之相关，这种不可忍受的价格特性也算是价格控制的导因之一。

上述第三类资源供求往往是人们的关注所在，尤其是总是充斥着人们大脑的可能产生资源短缺性危机的问题。它实际上是价格问题，主要针对供求两个问题：一是市场价格在多大程度上怎样调节某种可以普遍利用的工业资源的供求，二是资源价格变动在多大程度上冲击社会。而这两个问题是相互制约、相互影响的。比如，市场价格不能不受任何限制，任由政府干预供求调节，这主要是由于社会不能承受资源价格的过大变动冲击所导致的；或者是某种资源供不应求社会所能承受的价格水平情况。这就可以解释普遍性"短缺"情况一般不会出现在工业制成品中，而往往发生在资源产品供应中。因为，一方面，一般工业制成品受自然条件的约束较小，它的供给弹性大；另一方面，大部分的工业制成品由于自身特性，被政府制定了特别的价格浮动规则。而社会对普遍利用的资源性产品所产生的价格有很高的敏感性，人们能够明显地感觉到价格浮动的容忍度。这一限度如果被超越，政府将采取一系列干预措施来限制产品价格。

（三）中国经济的价格承受力的弱化是解决资源问题的重难点

一些工业资源物质的类型是多变的，并非一成不变，在不同的时期，不同的国家对待同一种资源也会具有不同的表现。所以，在目前的社会现实经济中，处于不同的状况很难界定资源的短缺性。一是自然禀赋决定着自然储量的多少，这毋庸置疑。二是资源勘探的投资量极大地影响着不可再生资源的探明储量或可再生资源潜在的供应量。三是产能和运输能力的大小决定着资源性产品的现实生产量和供应量，而一切又与发挥生产能力的技术、投资等各种因素密切相关。四是市场价格影响着实际的供求关系。简言之，工业资源问题的四个基本层面主要是储量、投资、产能和价格，它们和自然储量问题是产生中国目前和将来所面临的工业资源短缺性危机的重要原因。

中国的工业发展影响着经济的发展，我国现阶段社会对资源价格浮动的承受力有限，资源价格过高会带来居民生活愈加困难的消极影响，普遍上升的工业成本令人头疼不已，严重降低了经济效益，在一些方面甚至引起了社会经济生活的紊乱。所以，政府严格控制和干预资源价格受到了社会的肯定。也正是以此为媒介和基础，更多的计划经济因素存在于资源价格的形成机制以及有关产业部门的价格体制上。经过历史检验的价格机制又无法避免地加剧了资源供求的矛盾，特别是"短缺"与"过剩"现象交替出现的局面时有发生。

西部地区的工业发展与生态文明仍面临一些突出矛盾和问题，粗放式的经济增长方式仍然是西部的主要经济增长方式。目前，我国西部地区仍属外延型的经济发展模式,是典型的经济效益差的投资拉动型经济模式,经济高投入低产出,增长主要依靠增加要素投入来推动。① 有些地区采取一系列措施招商引资、申请科研项目,这些措施在一定程度上推动了当地经济的快速增长,但是较小的新项目却大量消耗了有限的资源。那些依靠劳动力和资金投入的一些地区的经济发展仍以技术水平低下的传统产业为主,使经济发展难以扩张,技术改造和科技进步的推动十分困难,制约了西部地区的经济,使持续快速发展经济效益的措施难以发挥作用。因此,在大多数的西部地区经济的运行中,产业结构不尽合理的现象时有发生,低层次的工业产业、落后的技术装备,发展滞后的高附加值的技术产业;企业发展过多看重外延扩张,内在价值的提高往往被忽视;有待进一步加大环境保护、节能减排的力度等问题。

多年来,我国通过消耗资源的方式换取经济的增长,使经济社会的发展同人口资源、环境、生态之间的矛盾愈加突出,制约县域工业和县域经济发展的"瓶颈"主要是资源短缺、生态恶化、环境污染等方面。同时县域经济的发展受到不断恶化的自然资源的约束,持续弱化的资源基础日益影响着一些主要的自然资源,短缺现象严重,保证度持续下降,严重制约了西部地区经济社会的发展,不容乐观的资源供需前景引人深思。我国经济社会发展面临的严峻挑战众多,深深影响公众日常生活的主要是资源环境约束和经济快速增长的矛盾,在这个经济增长方式下,资源环境、产业结构不合理、社会发展滞后越来越制约着经济的发展,资源供给不足的矛盾日益尖锐。由于环境治理成本相对较高,导致保护标准也不断变化,劳动力效率虽然提高了,但成本也逐年上升,人民币升值导致的国际贸易摩擦增加,在这种大背景下粗放型的高增长将难以持续。②

虽然我国的经济目前处在高速发展中,但是发展的模式依旧是传统粗放型方式,我们的经济发展是依靠大量的资源消耗和生态环境的严重破坏换来的。众所周知,我国人均自然资源非常少,远低于世界的人均水平。而且随着工业化和城镇化的进行,对土地的需求和主要矿产资源

---

① 徐春:《对生态文明的理论认识——兼论中国生态文明建设的道路选择》,《马克思主义与生态文明论文集》。

② Fred Magdoff, "Harmony and Ecological Civilization Beyond the Capitalist Alienation of Nature", *Review of the Month*, 2012, pp. 1 – 8.

的对外依存度都在迅速增长，使能源资源的紧缺状态和环境压力更加严峻。而且，我国水资源的利用效率、经济效益远不如国际先进国家的水平，我国的水资源综合利用率远低于世界发达国家。在未来相当长时间内，我国的资源都将处于人口过多所带来的资源负荷过重的临界点，甚至会超过资源承载的极限。[①] 人口的飞速增长给资源环境带来非常大的需求压力。相关数据显示，预测在2030年我国的资源承载能力将达到极限，情况令人担忧。

四 区域间污染嫁接

我国经济建设在改革开放的30多年以来取得了显著的成果，成绩斐然。逐年加强的综合国力、日渐改善的人民生活皆验证着改革开放的正确性。但不可否认的是我国已经进入到大范围的生态退化和复合性的环境污染阶段。同时，在产业上我国重点发展重工业、原材料工业，逐日扩大的资源消耗以及日益增加的污染排放量致使生态系统愈加恶化，爆发的各种环境问题层出不穷。尤其是随着我国对外经济愈加活跃，频频发生的外国污染物进入我国的事件，我国政府虽然于1990年签署了《巴塞尔公约》，采取了更严厉的控制措施制止危险废弃物的越境转移，但我国屡禁不止的转移污染现象令人担忧。从20世纪80年代开始，外国垃圾不断充斥着我国境内，加大了堆置、处理难度，到处都弥漫着洋垃圾的臭味。

我国除了成为倾倒海洋垃圾的场所之外，也成了外国高污染行业大量涌入的地方。沿海地区在接受外国投资过程中带来了污染型产业转移。虽然产业转移有着不可否认的积极作用，可以提高我国的经济发展，使人民的物质需求得到满足，大量就业岗位随着增多等，但它也带来了巨大的环境污染。近年来，调整产业结构和产品结构、进一步发展高科技和高附加值的新兴产业已经成为发达国家正在积极倡导的口号，而向发展中国家转移污染物，引进低附加值的夕阳产业也是发达国家近年采取的措施。随着在全世界出现的国际贸易自由化和经济全球化，环境侵略发展中国家的可能性大大增加。不到位的控制措施，致使改革初期我国沿海地区驻满了港澳地区污染较严重的纺织、电镀、制革等行业。通常，在产业结构调整中，发达国家通常向发展中国家转移传统的

---

① 峥嵘：《论资源社会性理念及其制度实现》，博士学位论文，重庆大学，2012年。

几类产业：第一类是资源密集型企业，即企业开发的重点是煤炭、石油、天然气等不可再生资源。而发达国家对自己的领土上的不可再生资源所采取的态度是限量或者禁止开采的政策。第二类是劳动密集型企业。对于发达国家而言，由于人口稀少导致了劳动力成本的上升，所以劳动密集型产业的平均利润率在发达国家很低，企业为了盈利把生产转移到发展中国家，利用发展中国家的廉价劳动力来降低成本，从而获取利润，欠发达地区的经济也因此得到发展。第三类是污染密集型企业。发达中国家的环境标准低于发达国家，所以它们将污染密集型企业转移到发展中国家。

据中国环境科学研究院的研究表明，1986—1995年，我国出现了污染由东部向西部转移的问题。在我国提高环保标准后的几年间，中西部地区被动承受着转移的高污染企业，我国的污染转移模式呈现出一种由东向西、由沿海到内陆的逐渐演变的发展势态，日益扩大的影响范围致使控制污染转移的举措势不容缓。海洋垃圾带入的各种病菌进入水体，污染大气，危险的外来生物隐藏在各种垃圾中，洋垃圾中的电子废弃物还会发出辐射，危害人体，高污染行业产生的"三废"对环境造成极大的破坏，已远超过了它所带来的经济效益。

（一）欠发达地区难以避免污染转移

接受产业转移，欠发达国家或地区将面临污染转移的风险。难以避免产业转移带来的污染转移，原因主要有：其一，产业转移是一些地区的发展战略之一。接受国外或者大城市的产业转移在某种程度上能促进地区经济发展。历史证明，欠发达地区把企业吸引过来比较困难，即使是重污染企业在欠发达地区的投资生产，也经常是在生产之后补办相关的环保手续。其二，高新技术产业的企业投资基本不会在欠发达地区展开。这不仅仅因为核心技术的转让困难，而是难以满足高新技术产业发展所要求的人员素质、基础设施等条件。其三，地区之间的发展阶段存在差异。对于绝大多数地区，首要任务是发展，把国内生产总值作为一些国家衡量经济发展的统计指标的做法比较普遍，这也成为地区间互相攀比的推动力，但只看国内生产总值就衡量经济发展有欠妥当。很多地区都以牺牲环境为代价换取国内生产总值的提高，虽然"环境保护"是国策，但如果不把它与政府官员的政绩相联系，环境保护将很难被当作重点。发达地区向接受地区产业转移的有效否决，对经济发展与环境保护的选择影响着产业转移接受与否。若不接受工业转移，发展工业难度加大，财富积累量少，人民的生活质量也就得不到改善，这是我国新型工业化进程中的两难选择，我们必须解决这个问题，防止产业转移所带来污染的转移。①

(二) 转移环境污染压力是发达国家的重中之重

历史上，发达国家在对贫穷落后民族的剥夺和对人类生态环境大肆破坏的基础上，经济实力逐渐壮大。但随之带来了环境污染和资源能源浪费问题严重。本国的环境，以及外国的环境同时被污染了；本国的资源，而且更多的是外国的资源被消耗了。到了当代，依借着自身科技与经济的实力，发达国家通过高科技和高投入的办法治理了污染。但是发达国家仅治理了它们国内的污染，而忽视了全球性的污染。此外，发达国家采取各种措施把污染转移到别国去，它们利用已有的别的国家的资源支持自己的经济，大量进口国外的原材料。表面上看起来发达国家的环境有所改善，但是从全球范围来说环境破坏更加严重。逐年恶化的环境状况导致公害事件屡屡发生，发达国家的人们从大量环境危害事件领悟到了可怕的环境污染后果。大量建立起的民间环保组织的势力日益壮大，影响也越来越深。统治阶级迫于公众压力，不得不采取一系列举措控制污染行为，保证国家的安定与和谐。

(三) 相关的跨国环境污染的法律法规还不健全

发达国家依靠这个漏洞肆无忌惮地转移工业污染。为了迅速发展经济、增强国家竞争力，发展中国家对发达国家输入的废弃物、引进的污染产品和设备"睁一只眼、闭一只眼"，甚至还鼓励污染行业，匪夷所思。由于我国大部分民众的环保意识薄弱，政府环保立法难以在民间环保组织的推动下实施起来，法律法规的真空地带之一仍是跨国污染的转移活动，再加上发展中国家缺少对设立专门的废弃物处置管理机构的重视，很难使废弃物处置管理机构有效发挥作用，由于管理体制不善、受限制的管理人员水平，即便制定了相关的环保法规条例，执法不力仍是实际操作中难以避免的。

同大多数发展中国家一样，我国的环境法规条例也不健全，所以经

---

① 包晴：《中国经济发展中地区之间污染转移现象的表现形式及其原因分析》，《北方民族大学学报》2009年第3期。

济与环境共同发展的目标很难实现。现阶段一部综合性环境资源保护法律维护着我国的生态环境,并且以五部防治环境污染方面的单行法律、九部开发利用保护自然资源方面的单行法律辅助综合性环境资源保护法律在我国顺利实施,除上述所说的法规条例之外,国务院及各部门、地方制定的具有针对性的环境行政法规、规章也发挥着重大作用。我国还缔结和参加了有关国际环境与资源保护的条约、公约,制定了关于大气、噪声、水质等的各级环境标准。我国环境保护法律体系总体看来基本形成,但依然有很明显的不足之处。[①]

第二节 西部工业化与生态文明协调发展问题的深层次原因

一 思想认识的偏差性

我国的工业化与生态文明建设以科学发展观作为指导思想,并且在建设过程中彻底贯彻这一思想,使工业化与生态文明建设协调发展,恰当处理工业化与生态保护的关系。但在身不由己的现实社会经济活动中,一些思想认识上的偏差仍然影响着工业化和生态文明建设,这主要表现为:

(一)把工业化当作工业发展传统模式

一直被使用的工业发展传统模式是盲目追求工业产值的增加与规模扩张,而轻视资源与环境的保护,环境代价造成的后果严重,加剧了工业化与生态文明建设的矛盾,产生一系列的冲突。在工业化发展过程中不可违背跨越的规律之一常常被认为是"先污染,后治理",忽略工业化后发国家与工业化先行国家进行工业化的历史条件发生变化,导致了不同的历史发展轨迹,不能把握好工业化后发国家的优势因素,想当然地认为工业化过程的必经阶段是生态环境污染,这是错误的认知反映。

当前,矛盾主要集中在生态文明建设与生态文明的理论研究、理论建设之间。由于生态文明建设理论研究起步晚,刚刚被了解和重视,产

---

① 陈彬:《环境正义视野下的环境安全与国家生态安全》,《环境资源法论丛》2010年第8期。

生的后果之一是成果较少且系统性较差,在对环境科学知识的传播方面,自然这部巨著博大精深,人类对它的认识还远远不够,尤其是在环境容量和资源承载能力方面缺乏深入的探讨,致使对自然资源过度开发与破坏,常常遭到自然界的报复。由于大部分都是从西方引进的理论研究,这些理论与西部地区具体实际的生态文明建设结合的难度大,将理论转化为具体措施还需要进行历史和实践的验证。长期以来,生态环境限制了经济发展,这主要是由于社会对生态环境的不够重视引起的,社会的经济发展观依旧停留在传统的工业文明发展模式上面,建立在工业文明基础之上的发展观是片面、狭隘、非生态的发展观。[1]它首先表现在单一的物的现代化的价值目标,总是重视经济增长的结果,而忽略人的发展;只注重经济的价值,而缺少对生态和人的价值理解。其次这种经济发展观的核心是经济增长,把GDP看作最终目标,而导致生态失衡、环境恶化的消极影响,资源被大量浪费的事件时有发生。最后,这是一种只追求短期发展速度的狭隘发展观,为了实现过高的经济发展目标,而忽视对自然资源的保护和治理,不重视人口与生态、资源与发展、生产与消费之间的可持续关系,会对当代人和后代人的继续发展产生不良的影响。生态危机日益加剧,严重制约经济的发展,因此人们开始倡导现代的发展观,一方面追求经济的持续性,在保护自然资源和它提供的服务前提下,使经济利益达到最大化,另一方面也遵循生态持续、高效和自我调节的原则,在生态系统的承受范围内使经济能够可持续增长,否则人们以牺牲生态效益的发展会埋下隐患。

(二) 薄弱的环保意识

具体地讲,环保意识是由环境法律意识、环境道德意识、环境忧患意识、自觉参与意识四个方面组成。人们在当前的生态困境中对环境的保护意识比较薄弱,而且在全社会还缺乏有利于环境友好的文化氛围。

除此之外,人们并没有提高对环境污染和生态破坏的警觉性,缺少环境忧患意识的觉悟,仍然觉得毁坏公共生态环境理所当然,没有任何负罪感,保护环境比不上自身利益,更能带来满足感,人们也缺少环境保护权利的意识,除非环境污染和生态破坏侵害了自身的利益,否则公

---

[1] 包双叶:《当前中国社会转型条件下的生态文明研究》,华东师范大学出版社2012年版。

众不会有行使参与和监督权的觉悟；所谓环境道德讲究生态文明中人与自然的和谐共生，荣辱与共，应积极培养保护自然环境的道德意识，倡导公民建立健康的生活和生产方式，以有序的生产方式改造自然，以合理的方式追求物质生活、物质消费适度环保等，尽每一分力量进行生态文明建设。我国公民在理解环保权益性的同时还要加强环保责任心，要用行动证明自己的环保意识和决心以及对环境保护的真挚责任感。把环境保护意识发展成为环境伦理意识的道路还很漫长，污染、破坏环境和侵犯他人利益的行为应被制止。共同对人类、生命和自然界讲道德，无差别对待，培养崭新的人与自然和谐发展的道德情操，把对他人的诸多要求转变到对自身要求环保行为上面，自觉参与环境保护问题，使环保意识不断提升。对环境负面问题和关注程度的上升，有利于采取措施保护生态环境。与公民参与其他社会经济建设有所差别，生态文明建设对人们的生态观念要求较高，需要加以实施具体措施。目前，低层次的公民生态文明意识致使我国公民参与生态文明建设的总体水平较低。在全国尤其是西部地区，人们一方面呼吁提高保护环境的生态意识，另一方面冷漠和不参与的行为方式却表现出了理念与行为的严重脱节，使其陷入尴尬境地。从目前中国的国情看，公民参与生态文明的最高层次是监督层面的政策执行，一个鲜活的现实就是仅少数公民通过投诉、上访的方式解决影响自身利益的环境污染问题，参与政治层面生态文明的行为很少，所以中国公民生态文明参与程度还需要进一步提高。[①]

（三）淡薄的生态消费意识

生态文明政策实施的前提之一是正确看待人与自然的关系。根据国家环保总局对公众生态文明意识的调查报告可以看出，大部分公民的自然观不符合环保观念。居于各种观点之首的是"人应征服自然来谋求幸福"，只有33.9%的人认为，这种自然观会阻碍生态文明建设政策的实施和社会可持续发展的实现。公民作为一名消费者，非常需要树立合理的消费观，因此提倡可持续发展的生态消费方式。[②] 近年来，在环保运动的发展下，我国公民的生态消费意识正在逐渐提高。但是，由于对

[①] 高炜：《生态文明时代的伦理精神研究》，博士学位论文，东北林业大学，2012年，第77—86页。

[②] 郭守亭、俞彤晖：《生态文明视角下的消费文明刍议》，《湖北社会科学》2014年第7期。

人与自然和谐相处这种生态消费意识的认识关系模糊,多数情况下,公众难以采取实际的行动实现可持续的发展。公民"绿色"消费意识薄弱的后果之一是缺乏行动上的主动性和自觉性。可以说,在中国只有少数公民倡导绿色消费观念,并身体力行。

(四)"政府依赖"型的生态文明意识

中国鲜明的政府主导色彩在环境保护和生态文明建设中体现得淋漓尽致,我国采取的是与西方国家的环境保护管理模式相反的自上而下的管理模式。在20世纪中期,由于西方公众对环境污染和生态破坏的强烈关注,吸引政府注意的群众性的环保运动被掀开。当时的环保运动包括向群众宣传生态文明的意识和发动群众采取多种方式对政府施压,有效地发挥了群众的团体优势,对于政府决策表现出民众的思量。环境污染的受害者为自身利益考量,发起环境保护运动,随着环境破坏的规模和力度不断加大,环保运动影响层面更深、更广,最终形成了公众化的环保观念。在这个过程中,对环保运动和现代生态文明意识公众化起催化作用的往往是西方社会的文化精英和政治精英。他们积极地推动公众的环保运动,使环保运动得到延续和壮大。环保运动在20世纪七八十年代时达到高潮,受公民自发性环保活动的影响,政府制定了相关的环境保护政策和法规,群众环保运动推动了环境保护政策的制定,并监督政策的有效实施。

由于历史和现实原因,西部地区的人群普遍缺乏生态意识,加上传统习俗和落后观念难以改变,人们为了自身利益不顾生态环境的承载能力,使生态道德建设很难被提上日程。然而,目前面临的生态环境问题要求人们要迅速转变思想,为了经济的长期发展和给子孙后代留后路,人们必须要保护生态环境。衡量一个国家国民素质的重要标志之一是当地人们怎样对待人与自然的关系,促进环境保护的重要力量之一是国人的积极参与。仅依靠少数人的力量是无法实现人与自然和谐共存的,所以倡导让更多的公民参与到环保的行动上,因此现在最重要的是建立人民的生态意识,提升生态观念。生态环境问题的出现是很多因素的共同作用,要充分认识这一客观现实,更好地建设生态文明。①

---

① Junhong, Ma, Life and love, Thoreau's Life Philosophy on Man and Nature in the Age of Industrialization, *Neohelicon*, Vol. 36, 2009, pp. 381–396.

政府部门工作人员不能完全理解工业化与生态文明建设共同发展的重要意义。发展工业化所面临的资源环境问题不被重视，也没有意识到工业化与生态文明建设之间的相互关系，由于粗放型经济的思想观念深入人心，只把国内生产总值指标作为发展最终目标的观念对经济发展产生了不良影响。有的地区频繁调动干部，领导班子换了，领导风格也会不同，就会导致发展思路难以统一。经济发展的长期性，尤其是在贫困地区体现得淋漓尽致，统一发展思路，战略规划起码需要 10 年。很多县域的发展太急功近利，脱离了实际需求，做足了表面功夫，只关注于国内生产总值数据的增长速度，而不关注人民群众是否安居乐业，屡见不鲜的重复建设没有给民众带来积极作用，反而使群众缺乏自力更生的精神，认为经济是否发展在于上级拨的资金是否充裕，严重的"等、靠、要"的依赖思想充斥着群众的思维方式。在经济的发展观念上，没有充分地发挥出市场在资源配置中的基础作用，尊重市场经济客观规律，如果盲目做出经济决定，错失了发展良机，造成很多无谓损失。在具体经济发展的实践活动中，县域经济难以发展平衡，发达地区发展势头猛进，但是欠发达地区工业基础薄弱，基层工业文明越来越弱的渗透力使人们的反思未能达到预想的高度和深度，人们必须更加积极主动地建设生态文明，扫清阻碍西部地区生态文明建设中的各种因素。

西部的环境保护和经济发展步调不一致，使西部的生态环境危机更加严重，人类的生存也面临着严重的危机，同时社会的制度危机也接踵而来，严重影响了社会的有序运转。生态环境问题是由人们的思想意识和动机造成的，它不是凭空产生的，但是一切都不是凭空产生的，人们的思想意识和动机受一定的制度支配，并且反映这种制度。因此判断一个人的某种行为是否合理需要看它行为背后制度的合理性。要想成功设计制度，直接和决定性地影响生态环境，那就要在生态环境问题上走出"边治理、边污染"的道路，只有有效解决这个问题，才能自信勇敢地面对新问题滋生出来的恶性循环的怪圈。

(五) 经济制度存在的问题

现阶段，在多种经济成分中，集体所有制经济问题最为突出。从现实状况出发，正确界定集体所有制经济成分，恰当估计集体所有制经济的发展趋势，要解决好公众的理论认识问题，始终坚持公有制经济为主体，多种所有制经济共同发展的道路。党的十三届七中全会上通过的

《中共中央关于制定国民经济和社会发展十年规划和"八五"计划的建议》中总结了改革开放近十年的经验教训，提出了建设具有中国特色的社会主义道路。为了成功实现道路建设的伟大创举，政府提出了具体的"逐步壮大集体经济实力"的战略目标。我国宪法规定了我国社会主义经济制度的公有性，在社会主义经济建设中把集体经济和国民经济放在同等重要的地位，这是针对我国基本国情所做的明智选择。西部地区在历史中长期处于落后状态，发展西部地区的集体经济是由历史和现实共同决定的战略方针，在现阶段逐渐扩大集体经济实力是必需的，也是响应政府号召的举措。坚持集体经济的发展有利于西部深化经济体制改革，更有利于建设具有中国特色的社会主义道路。于情于理，我们都要对此有明确的认识。

集体所有制生产力容量大，灵活性高。集体所有制经济中的生产资料归部分劳动群众所有，集体所有制经济根据生产力状况的不同也存在不同的规模。集体所有制中的劳动者和生产资料是直接相互联系的，这与其他所有制经济的形式不同。由于劳动者具有所有者和经营者两种身份，它的主人翁意识非常明显，并且责任感也比较强，劳动者生产的积极性得到激发。除此之外，生产经营方式的灵活性更加适应市场的需求。所以说，集体所有制经济对不同层次的生产力发展水平都可以得到满足。我国经济的蓬勃发展验证了集体所有制经济在发展中的重要性。所以，以集体所有制的形式来兴办许多领域和生产建设事业，它不是暂时的和过渡性的所有制形式，从长期看，集体所有制与国有制经济长期并存，相互促进。根据集体所有制经济的发展特征，并结合现实的经济发展状况，只有正确估计集体所有制经济的发展态势，才能掌握集体所有制经济的动向，以便采取不同的措施有效率地管理不同类型的集体所有制企业。

目前在西部工业化与生态文明发展的过程中，我们发现集体企业成为导致生态问题最严重的地方。

具体来说，集体企业导致生态问题的主要原因如下：

（1）低下的劳动力素质、短缺的技术人才以及欠佳的管理水平。企业长期的内部管理落后致使管理体制漏洞百出，集体企业的发展因为这些困难和阻碍而止步不前。在乡镇集体企业和街道集体企业中，突出表现了如下特征：技工学校毕业的技术工人在工人中占比较少，更是缺乏专业技术人才，根本不敢引进现代化的先进技术和设备，根本无法掌握高科技的低污染、低能耗的生产方式；企业里的管理干部缺乏掌握专业管理知识和现代化的职能，没有专门人员针对企业管理专业毕业的人才提出过建议，有的甚至不了解企业管理的基本法律常识，在管理考核中企图滥竽充数的人比比皆是，更不用说带领下属职工高效清洁生产了。

（2）过时的机器设备和落后的生产工具使生产出来的产品质量低下。这是西部大部分地区的集体企业生产正面临的问题。很多集体企业都在使用国有企业过去淘汰的机器，这些机器的劳动生产率低下，很多产品质量不过关，难以保证集体企业的持续发展。

（3）短缺的原材料，高价格的产品。因为各个行业都有集体企业，它们生产需要种类繁多且数量庞大的原材料，但市场却不能给予充足的供应。国家按照指标供应国有企业所需的原材料，不但价格低廉，质量也上档次，非常有利于生产。但是，国家基本上没有对集体企业的原材料计划供应，仅仅依靠市场调节原材料的供应，在价格上没有任何优势。再加上生产资料市场发展的不成熟，集体企业生产所急需的原材料很多都不能得到及时供应，阻碍着集体企业的发展。

（4）资金供应的短缺。很多集体企业生产所需的资金得不到及时的供应，造成这样的结果是多方面的，首先与集体企业的自身积累有关，自身积累不够，同时又需要把较多的利润交给主管部门。其次缺少充足的资金渠道，资金链易断裂，通过实地调研发现，集体企业的主要资金来源渠道是银行贷款，但通常情况下银行不会批给集体企业申请贷款的全部数额，而是只批准申请数额的一半左右，使资金缺口。而且集体企业的固定资金和流动资金所占总资金的比重不尽合理，导致从节约的角度来看，许多集体企业不得不去购买陈旧的机器设备和劣质的原材料，长此以往，资源浪费和环境污染时有发生。由此可见，集体企业想要有更大的发展，必须要解决资金不足的问题。

西部地区的工业主体，绝大多数是新中国成立后在计划体制下所建立的，在所有制结构方面形成了国有经济占主导地位的局面。在几十年的发展历程中，虽然经历了改革开放、市场经济体制等变革，但由于经济体制和传统观念的束缚等原因，西部地区国有工业居于主导地位的局面依然没有改变。改革开放之初，西部地区工业中国有经济的比重明显高于其他地区。如在 1980 年，政府以工业总产值来计算，西部地区国有工业产值占工业总产值的比重为 83.6%，其中就有 8 个省份（贵州、云南、西藏、陕西、甘肃、青海、宁夏、新疆）超过 80%，最高的甘肃省达 92.2%，最低的内蒙古也达到 77.8%，国有经济占据绝对统治地位。20 世纪 90 年代，随着市场改革的逐步推进，非国有、非公有经济迅速在东南沿海各省萌动之时，西部地区非国有经济虽也开始崛起，但强度远弱于东部地区。小型工业企业产值占工业总产值的比重为 28.8%，也就是说，在吸纳就业、增加产出等方面，小型工业企业起了非常重要的作用。但西部小型工业市场被水泥、造纸及制糖等小型企业占据着，并体现出了极大的规模效应。虽然这些企业的生产规模小，但它们影响了行业竞争力，也对环境造成极大的压力。虽然小企业对外排放污染量的占比并不高，但它的污染强度非常大，有的甚至超过了大中型企业。造成小型企业的较严重污染有以下几点：

第一，相比较大中型企业的管理者素质，小型企业的管理者素质更低。再加上企业生产产品所用的设备落后，使生产使用的资源回收率低于全国平均水平，导致了更多污染排放物的产生。

第二，现阶段西部仍是采取末端治理污染的方式。一般来说，大中型工业企业比小型企业的生产技术先进，大中型企业的资金比较充裕，而且本身也拥有污染防治的能力，而小型企业资金少，即使借助融资途径也没有充裕的资金购买污染防治设备，企业技术升级换代更是难上加难。总的来说，大中型工业企业在治理污染物排放中的成本比较低且具有一定的规模效应，这一点小型企业是不能比的。

第三，由于环境管理部门更重视排污总量大的大型工业企业，并采取更加严格的方式监督与管理环境污染，大中型工业企业往往也主动积极地采取措施治理污染。由此得出相比较大中型企业，小型工业企业的污染强度更大。以贵州省的工业企业产值为例，大中型企业产值比重已由 2000 年的 45.6% 上升到 2009 年的 71.2%，而小型工业企业的产值比重则由 54.4% 下降到 28.8%，在一定程度上，大中型工业企业的规模效应降低了工业的生产对环境的压力，这也给公众带来极大的思考：要想推动市场经济体制的改革，并以此促进中小民营企业的发展，需要对中小型企业的发展采取措施，使工业企业生产的集约化程度得到提高。

(六) 西部地区现阶段市场体制不够完善，影响市场机制的推动力

按照全国的统一布置进行西部工业化的进程，这样是更多地考虑政府的任务和目标。站在国家的视角来看，国家投资来进行国家建设，理所当然应该强调国家工业化的目标和任务。在工业发展的过程中，一些西部地区往往过分强调计划任务，而忽视了市场调节。主要表现为：一是不足的市场驱动力。假冒伪劣商品屡屡进入市场主要是由于缺乏完善、健全的市场监督体系，挫伤了企业的创新能力，同时也对环保产品市场产生了不利的影响。二是对市场价格的调节力度不够。主要表现为：一方面资源价格的偏低，通常情况下资源的过度开发和浪费使价格不能真实反映资源市场上的供求关系。另一方面是真正的环境损害成本和资源稀缺的价格尚未形成，环境污染的总成本比重较大，这表明所造成的成本不是由污染者承担而是由社会承担，不能遵循污染者付费的原则。而且通常情况下节能的价格措施力度还不够大，对资源合理使用的控制力度不够，影响工业化与生态文明建设的协调发展。①

(七) 行政体制与生态文明建设的矛盾

西部长期以来盛行的模式一直是赶超型的现代化模式，并且形成了"压力型体制"的行政管理方式。这种自上而下的压力型体制促使各级政府只重视指标的完成情况，而忽略生态文明的建设。同时，在面临赶超型现代化模式时，各级政府容易产生强烈的发展冲动，加上现阶段施行的财政体制使发展冲动被进一步地放大而增大了控制难度，追求更多的财政收入和国内生产总值，也更加关注经济增长速度，只是一味地追求经济而忽视环境，这与建设生态文明的理念相悖，也是制约西部地区的生态文明建设的结构性因素。

当前的情况是通过对县级统一调度来进行行政体制条块的分割，并且由此产生了很多影响。在区域生态文明建设的工作中，政府要具备有系统性和全局性的观点和思路，统筹兼顾、全面把握发展动态，也要以整体协调的能力来进行资源的调度使用，而不能以偏概全。从生态文明建设的角度来看，完整的生态系统的组成要素包括山、水、空气、道路等，但是从行政资源的角度来看，这些要素又分属于不同的行政管理部门，有时候也会出现"买棺材的钱不能买药吃"的现象，这主要是从

---

① 冒佩华、王宝珠：《市场制度与生态逻辑》，《教学与研究》2014 年第 8 期。

资金和资源的使用方面来体现的。具体体现在：

（1）信息公开制度在环境污染的公开状况上没有体现出来。理论上，生态环境信息是一种要求对称和公开的信息，相对来说是稀缺的公共物品。而我国没有颁布相关政策规范制度，导致的不良后果就是政府部门对生态环境信息的垄断。信息的不完全对称，使公民的生态环境知情权难以达到满足，公民对环境监督权、索赔权等环境权益的维权意识也不够清晰。

（2）参与生态环境治理的渠道不畅通。即使国务院在1973年就颁布了《关于保护和改善环境的若干规定》的环境法规和"十二字"方针："全面规划，合理布局，综合利用，化害为利，依靠群众，大家动手，保护环境，造福人民。"我国到现在也没有有效执行"依靠群众，大家动手"的方针。行政部门经常以消极的思想来治理已被污染的环境，我国的治污工作效率时高时低，反复多变，这主要是由于我国缺乏一套科学的、稳定的、制度化的环境管理规定。

（3）推崇"国内生产总值"现象对政府政绩的考核影响较大。各地都把国内生产总值作为衡量经济发展的综合性指标，只把国内生产总值列入地方政府的政绩考核指标。然而这个指标只是片面地反映了经济活动的一些问题，不能反映经济活动的负面效应，没有考虑人的全面发展问题和经济与社会的协调关系。地方政府各级领导层只重视经济增长的速度，使虚报国内生产总值的现象屡见不鲜。为了大力发展经济，实现国内生产总值的目标，导致政府加大对生态环境的破坏力度。

（4）缺乏相应的责任机制监督环境执法。多数情况下政府部门对于企业的违法排污行为也只是进行经济处罚，但是不会关闭这些企业，否则给社会带来的损失更大。地方政府为了追求经济的一时发展往往对生态破坏的问题"睁一只眼，闭一只眼"，有的甚至纵容违法排污企业，显然，地方官员的环境执法意识还远远落后。[①]

（八）管理体制方面存在的问题

1. 不完善的管理制度

目前，在西部地区集聚的现代化企业不重视建设自身管理制度和完

---

① 张剑：《中国社会主义生态文明建设研究》，中国社会科学院出版社2009年版，第85—106页。

善管理体系。就算建立了一些经济管理体系和制度,但错误明显,死角误区太多。企业管理人员缺乏责任感,致使他们在执行企业经营管理工作时力度不够,实施经济管理制度的效果不明显。

2. 漏洞百出的人力资源管理模式

企业制定的激励约束制度对企业的管理不但没有起到实质性的作用,还给人力资源的管理方面带来了困难。员工对企业的信赖感和归属感在没有鼓励与约束的环境下大大降低,企业员工普遍离开企业的现象比较严重,员工的忠诚度下降,并且企业内员工大幅度的调动也影响了企业正常的生产任务,同时企业营造的外在形象和建设的文化品牌也受到员工的工作热情、工作素养和职业道德的影响。

3. 空缺的管理部门

现阶段,西部地区的经济管理模式起步较东部地区晚,还处于初级阶段,我国经济管理水平滞后,这受到很多因素的影响,欠缺系统的理论方法指导企业如何处理危机和正确把握机遇。在这种情况下,往往会阻碍西部地区企业的经济发展,企业领导层直接对企业的管理工作作出决定,导致管理权只是集中在少数管理层手中,主观性太强,无法发挥群众的客观作用,也对企业管理部门的结构完善与否提出了质疑。在企业的发展中,政府的监督管理部门也发挥了很大的作用,企业的发展如果缺乏一个严格有效的监督管理部门,那么企业的未来将会受到很多不明因素的干扰。因此,企业应该加强完善监督管理部门,下放管理控制权,激励企业自觉公正管理企业。

二 工业化程度低

西部地区整体还处于工业化初期。近年来,西部地区不断调整经济产业结构,不断加大结构调整的力度,改变总体经济发展水平落后的面貌。在西部地区经济中,第一产业占比较大,这一特点在很多贫困县地区表现得比较明显,西部地方主要的经济来源仍然是传统农业经济。虽然在近些年来,农业产业化、绿色农业、生态农业在一些区域发展很快,也取得了明显的成果,但是从生产总值来看仍然比东部地区少,应该加大力度提高农业生产的技术、开拓市场渠道的能力,改革企业的经营管理方式。第二产业发展滞后,除了部分地区第二产业发展较快以外,西部大部分地区的县域工业基础薄弱,一些传统工业占工业的大多数,传统工业所含科技水平低,生产设备较为落后,企业规模小,管理方式滞后，粗加工产品数额大于精加工产品数额，导致企业工业的附加值低于全国平均水平。企业以劳动密集型和资源密集型为主，资源利用效率低下，利用原材料生产需要更多的劳动力，一种典型的完全建立在地区低级要素的比较优势基础之上的发展战略模式就是资源导向型战略。一个地区的比较优势和企业竞争优势的大小决定了地区优势产业的形成，一旦一个地区具有优势的产业发展起来，也会带动市场经济的蓬勃发展。西部地区需要改变传统的战略发展思路，走出注重国家主导的误区，以市场主导才能在市场竞争中取得胜利。新中国成立以后，一些西部地区的主要工业很多是围绕其本身的资源优势蓬勃发展起来的。有些经济落后地区有比较丰富的自然资源，所拥有的资源适合生产什么，企业就生产什么，这就是典型的资源导向型战略，这种战略在工业化初级阶段具有存在的必要性和合理性，但是随着工业化的推进，自然资源在工业化地区，尤其是科技发达的地区中的地位逐渐削弱，而更加看重的是人才、技术、信息、管理等高级要素的作用。与国外以及国内发达地区相比，西部环保产业发展刚刚起步，规模小，技术落后，在工业中所占比重很低、环保企业在国内外环保市场上竞争力弱、创建工业生态系统必然要求企业用清洁生产技术。在发展第三产业时，众所周知，西部地区旅游资源丰富，自然风光和民族文化资源闻名全国，但是没有充分挖掘旅游资源的潜力，与旅游业相关的配套产业也没有发展起来。在很多地方的旅游产品仅仅是土特产，没有花精力开发旅游商品，地区特色和品牌优势不明显。与此同时，服务业发展也不尽如人意，往往能引来消费群体，但是消费者不会停留，导致餐饮业，公共运输业，酒店等服务业发展速度缓慢，发展高附加值的新型服务业更是无从谈起。落后的生产结构致使第一、第二、第三产业的发育水平低且工业产值也低于全国水平，极大地阻碍了西部地区的经济发展。

工业的主导性主要体现在，西部多数地区城镇化进程及工业化即将迈入重化工业发展阶段，工业发展中由于加强了重化工业的特征，导致西部生态脆弱地区发展生态文明增加了难度。重化工业的产业关联效应很强，它不仅推动了产业结构的优化升级，而且还拓宽了西部各行业空间的增长。此外，重化工业的快速增长需要更多的基础设施，这样就间接激励了服务业的发展，第三产业的阶段性得到促进。在投资领域，由于基础设施的建设和城镇化的发展使重化工业的需求得到增加；在消费领域，在以重化工业为基础的产品上，住房、汽车反映了居民的需求特征。但重化工业的发展给西部的资源环境造成了压力，各类矿产资源尤其是煤炭的消耗量增加，越来越多的污染物的排放也是由于资源的不合理开发和使用造成的，特别是煤炭消费产生的高硫煤极大地污染了生态环境，也给公众带来了麻烦。因此，在发展重化工业的过程中，西部地区对能源、化工和有色金属等高污染、高排放产品的依赖性增强。生态文明发展对工业结构的要求也越来越高，普遍认为，西部地区的工业结构层次一般较低，资源采掘业、化工以及高度依赖资源工业的冶金所占比重高，工业技术水平严重落后，产生的工业化弱质也增加了生态文明发展的压力。在重化工业阶段，工业化发展的技术效应大于其规模效应，西部地区工业结构层次的低级化特征突出，制约着工业化与生态文明的协调发展。①

（一）西部地区工业总量小

在新中国成立后相当长的一段时间内，国家在基本建设上的投资力度大，大力扶持西部地区的工业发展，致使其在全国工业经济中的作用和影响不断加大。尤其在"三线"时期，西部地区的工业产值占全国的比重达到了前所未有的最高水平。然而，国家的经济建设发展的重点转移到了东部沿海地区，由于改革开放步伐的加快，致使东部沿海地区与西部地区的工业增长呈现出严重的不平衡发展格局。东部沿海地区在国家实施的政策刺激下，再加上自身的区位优势和积累的资金技术实力，在全国的工业经济快速增长的情况下，迅速占领了市场的经济发展"快车道"。与此相比，西部地区的工业发展还是相对落后，其工业产值增加速度慢，占全国的工业产值比重也逐年下降。自1998年以来，全国过剩的工业生产能力导致工人大量闲置，全国的市场竞争更加激烈，西部的许多企业竞争力较弱，尤其是一些技术水平落后和资源主导型企业。虽然自2000年开始，随着"西气东输"工程、"西电东送"工程和青海钾盐工程等西部大开发工程的相继开工，以及在西部大开发优惠政策的激励下，西部地区天然气、电力及资源型产业进入了快速发展的轨道，但其工业总量偏低的局面并没有根本改变。从工业总产值来

---

① 张孝德：《生态文明模式创新：中国的使命与抉择》，《经济研究参考》2012年第61期。

看，西部地区工业总产值呈现出不断上升的趋势，但由于同期东部地区和中部地区工业总产值也在不断增加，使西部地区工业总产值在全国三大地带中一直低于东部地区和中部地区，尤其是与东部地区的差距甚大，直到2004年，西部地区才首次超过中部地区，但与东部地区的差距仍然非常显著。

（二）西部地区工业结构比重失调

从综合指数可以看出西部地区的工业化发展落后，从各个构成指标也表现出西北地区的各项指标与国内其他经济区相比较低，尤其是工业结构指标水平与国内其他经济区中相比更低，排在末尾的指标还包括人均GDP和城市化率这两个指标。西部地区轻重工业发展严重失衡。

自新中国成立以来，农业和轻工业相对于重工业来说还相对薄弱，国家一直致力于投资重化学工业企业，西部地区的自然资源、原材料比较丰富，自然而然西部地区就承担着为东部地区提供能源和原材料的责任，也明确了西部地区是以重工业为主，轻工业发展薄弱的工业体系。西部地区在"一五"和"三线"时期就建设了许多大中型重工业化企业。虽然西部地区许多省份从20世纪80年代就开始陆续发展轻工业和加工工业，却没有改变工业结构畸重的状况。直到今天西部地区仍然是重工业的发展状况好于轻工业化的发展，致使轻重工业所占工业总产值的比重严重失调。从2011年的工业增加值来看，西部地区的重工业增加值占全国比重为15.08%，轻工业占全国比重为13.85%，重轻工业比重为76.1∶23.9，而全国的平均水平为71.9∶28.1，重工业比重高于全国平均水平，大概高出4.2个百分点。近似霍夫曼比率（轻重工业产值之比）也反映出轻重工业的占比结构，从2011年的霍夫曼比率来看，西部地区为0.315，低于全国平均水平0.077，除广西、四川、重庆、云南省外，西部地区的霍夫曼比率普遍低于全国平均水平。根据国家及西部各省发布的《2011年国民经济和社会发展的统计公报》得出数据并进行整理分析，发现霍夫曼比率在西北的五个省区尤其偏低，这又一次表现出西部地区严重的工业结构的失衡现象值得关注。在重化工业方面，原材料和采掘业的工业比率大，西部地区的生产受重型工业结构的影响，产品多属于基础性的上游产品，加工程度低且产业链短，多是为了满足全国其他产业的生产性需要，但是受自身情况的限制，难以满足最终的市场需求。在轻工业方面，以非农产品为主的工业占比低于以农产品为主的工业，这种发展格局主要是依赖农业的发展以及农业资源的转移，轻工业在西部地区的发展任重而道远。西部地区偏重重化工业，轻工业以非农产品为原料，发展缓慢，这说明自新中国成立以来，虽然西部地区以采掘、原材料工业为主进行大规模的工业化建设，但是地区连带波及效应却没有有效地发挥出来，西部轻重工业的发展相对独立并彼此脱节。工业结构的突出矛盾表现在资源密集型产业的生产集中度低、生产工艺和技术落后、能源消耗高、严重污染环境，资源密集型中小企业降低了资源配置效率。但是，综观西部地区的历年发展水平可知，西部地区的人均国内生产总值每年都在增长，而且增长速度比较快，也显著调整了工业产业的产值比，但也不能掩饰工业结构的调整速度和城市化率低的现实。

（三）循环发展路线封闭

西部地区的工业化发展受到其自身特殊的自然、社会和经济条件特殊性的制约，不管是从发展各单元的纵向还是横向来看，都缺乏必然的联系。彼此独立脱节、封闭程度大、自我循环，技术溢出效应没有及时发挥出来，西部地区的僵化性、封闭性和离散性发展经济是在所难免的。国家对西部地区的大部分工业进行投资，并由国家统一经营和管理，以发展重工业为核心，重点发展军工企业，主要是实行计划管理体制，实现高度集中。在中央有关部门的管理下，企业从选点到布局、生产方向、建设规模、技术改造等方面都遵循独立运行每一条的规则，企业内部生产要素的流动比较独立，也相对封闭，循环系统和组织管理体系中的信息、物资、资金、技术等要素的离散发展也阻碍了西部地区企业的发展，脱离了原本的运营轨迹。在"三线"建设时期，西部地区由于区域配套协作条件的制约，军工企业的生产布局方式多以"山、散、洞"为原则，许多企业的工业结构多是"大而全、小而全"。西部一些企业难以形成专业化生产，这主要是由于生产的中间产品自制率高，缺乏专业化程度，同时企业内部完善的社会结构使企业办学校、医院、社会服务机构的例子不胜枚举，每一个企业都可以看作是一个小社会，不能脱离外界，只在企业内部进行信息交流的话，就难以形成广泛的经济联系。在改革开放前，我国实行地域分工主要是按照"资源互补"或"产品互补"的原则，并形成了中、西部地区以开发生物资源、矿产资源和能源为主，东部地区对中、西部地区生产的产品进行加工制造的垂直型的分工格局。虽然从表面上来看这种分工格局发挥了各个地区的比较优势，但也产生了不利影响，例如：一是地区的产业结构处于超稳定的状态，产业结构的调整和演进受到了阻碍。国家为保证东部地区的加工工业顺利进行生产，就需要增加西部地区的能源、原材料产量供应，推动东部地区的财政收入增长有利于实现国家财政收支平衡。各个地区由于进行条块分割，排斥市场竞争，严重挫伤了企业转换产业结构和促进技术升级的积极性。二是西部地区狭窄的产业发展空间导致无法形成产业集聚。西部产业链的自然延伸由于垂直型地域分工的原因而被阻断了，大中型企业的产业集聚也解决不了西部地区进行产业结构升级和技术改进所面临的困境，西部要想发展起来，就不要故步自封，而应加强与发达地区的经济联系，取长补短，形成开放的循环发展路线。

此外，西部地区农村大都徘徊在以家庭为单元的散弱型传统农业生产经营状态，农业的基础性生产关系体现出家庭性、封闭性、自给性的特点。西部地区农业主要实行自给自足，农产品商品率不高，加上农业的经营组织分散、落后。长期西部地区都是不管农民的利益，一味进行工业的超前发展，违背社会历史规律，形成了独特的城市工业化的发展快于农村工业化，重工业化的赶超发展导致轻工业化的发展相对滞后的工业化发展道路。以重工业为主导的现代工业化道路并没有对西部的农业产生扩散效应，加上由于中国特殊的国情导致的城乡二元管理体制，城市与农村、工业与农业也变成了相互独立的经济部门。目前，传统农业仍然是西部地区的主导农业，农业发展处于初级阶段，发展相对落后，这也大大阻碍了西部地区生态文明的建设步伐。

三　生产技术水平落后

一方面，西部地区恶劣的自然环境和山区、高原的地理特点使农业生产大多处于分散状态，生产规模狭小，在农民文化水平低下、劳动力充裕、资本稀缺、宗教文化盛行等因素的共同作用下，西部地区传统农业的特征十分明显。加上西部地区以重工业为特点的工业化发展对农业不能发挥技术的扩散、渗透效应和替代、改造作用，不能有效促进农业技术的进步，致使西部地区的农业生产技术长期处于低水平状态。从目前来看，人力和畜力是西部地区进行大量农业生产的主要农用力。几千年来还延续着这种传统状态，农业现代化装备水平的普及度下降，农作物良种引种、低产田改造等技术引进率很低，尤其是在现代农业中具有重要作用的种养品种多样化技术、生物品种改造利用技术、生物生长环境优化技术、机械技术和工程技术发展极为落后,导致单位耕地面积粮食产量比东部地区和全国平均水平都低。农业产出率偏低无疑会极大地动摇工业化发展的基础。

另一方面,在工业文明阶段,工业化大生产取代了传统的手工生产,工业化创造了更高的劳动生产率并为社会提供了更多财富,与此同时,人与自然的关系也处于严重对立状态,危及人类的全球性问题日益突出,给人类的长远发展带来了严重威胁。可以这样说,当前人类面临的最危急的问题就是资源环境问题,阻碍了生态文明建设的顺利进行。不可否认的是随着技术的发展升级,资源环境问题表现得日益突出,其实引发问题的根源并不是技术进步,而是技术的不成熟以及不合理的应用。

发达国家的总体科技水平远远超过发展中国家,我国缺乏支撑工业化与生态文明建设良性互动的能力,转变传统的粗放型经济增长方式难度较大,极大地影响了工业化与生态环境保护的重合力度。现阶段,西部地区的大多数工业生产的单位产值的资源消耗量和污染排放量都超过了全国的平均水平。西部地区要想实现工业化与生态文明协调发展的良性互动,就要促进由粗放型向集约型工业生产方式的转变,这就要求以科技为支撑,提高生产要素的使用效率,减少污染物排放,而不是一味地增加生产要素的投入。更多的废弃物原料由于技术的升级进步可以转化为产品,提高每单位资源的使用效率,能够投入更少而获得更多的产出,使重化工业阶段出现的资源环境问题得到解决。然而工业化与生态文明协调发展总有不尽如人意的地方,主要表现为:一是缺乏支撑绿色循环经济发展的技术能力。我国还不能满足绿色循环经济发展中所需的科研水平、产品制造技术和工程设计水平,严重制约了我国绿色循环经济的发展。二是企业缺乏自主创新能力。许多主导企业扩大生产规模只是为了企业效益,为提高市场竞争力而购买技术,但企业的研发机构少,实际投入的科研经费较低,严重阻碍了企业的自主创新能力的形成和发展,也影响了企业进行产业技术升级和提高市场竞争力的信心,制约了工业化推进与生态文明建设的良性互动。

从生态文明发展对工业化的影响来看,工业生态友好型技术在生态文明理念和生态文明制度及政策的推动下得到了良好的发展。需要利用清洁生产技术和代替不可再生资源的技术满足工业生产方式中可持续的发展要求，利用这些技术缓解工业经济活动所造成的生态影响，降低了资源的使用强度，促进协调关系轨迹走势逆转的直接原因之一就是这类技术的发展与进步。普及与树立牢固的生态观念，完善生态制度与环境政策，促进生态友好型技术的进步与发展，减少污染物的排放并且提高生产效率。尽管西部地区正在努力加强技术支撑，以加快推进生态文明建设，但是西部地区的现实情况往往是生态技术的投入量和工业技术水平与全国整体水平相比差距较大，发达国家与我国发达地区在有关生态环保的设备制造方面已经实现了成套化、自动化、标准化和电子化，西部地区对科技研发的投入比较低，工业生产技术和生态技术的发展落后，西部地区的工业化与生态文明的协调发展受到了制约。由于地理位置、历史遗留等客观原因，西部地区在技术方面还比较薄弱，仍需要大力引进先进技术、加大技术研发力度、不断推广先进技术、促进传统技术更新换代、强化先进技术的应用体现。同时，虽然西部在科技合作方面已经取得诸多成就，但从整体来看，与发达地区科技水平还有一定差距，有待开发自主创新能力。自主创新能力看作是影响科技竞争和区域竞争力的关键因素，标志着生产力发展的水平，决定着民族发展的前途、综合实力的强弱、国际地位的高低。因此，推动技术进步、提高技术自主创新能力已经成为西部社会经济发展的前提任务。缩小与发达地区的技术水平之间的差距，最直接的方式就是进行技术合作，通过合作学习他人先进技术，并在此基础上提升西部的自主研发能力。鉴于现阶段西部的技术基础还相对薄弱，所以加强区际技术合作对西部科技的发展具有重要的战略意义。

四 欠缺法律法规

在工业化与生态文明建设的共同良性发展中，法律法规的建设还不够完善，执法还不够严明，具体表现为：

一是法律法规的建设还不够健全与完善。比如政府没有严格界定关于一些公司企业的相关法律法规，没有严格规范对企业生态建设的社会责任规定与相关的惩罚范围。虽然有关环保、控制环境污染物的法律法规比较明确，但是没有明确具体的关于对生产工艺流程中环境污染和其他公害因素的管理。

二是实施相关法律法规的效果较差。在关于工业化与生态文明建设的法律法规中含有较多原则性的条款，但具体的、可操作性的条款就相对较少。比如：规定环境法律责任时只是指出如果违反了环境法，就相应承担行政、民事、刑事方面的责任，但没有明确规定违法者在哪些情况下应该承担什么样的具体责任，致使各级政府的环境行政主管部门的处罚不一致，没有很好地打击和限制资源破坏与环境污染的行为。

三是执行法律法规的力度不够。比如：在执行环保法律法规的过程中，处罚环境违法行为的措施往往是交罚金了事，很少追究刑事责任，处罚相对宽松，个别执法行为不够公正、严明，"打折扣"的现象在执行法律法规时比较普遍。

四是社会监督力度不够。各种新闻媒体没有及时揭露、曝光与鞭打资源破坏与环境污染的行为，公民与社会上相关的非政府组织之间缺乏有效的监督渠道，导致社会监督不到位，极大地阻碍了工业化与生态文明建设的协调以及良性的互动。

五 政府调控失误

西部地区自然条件大部分十分恶劣，生态也很脆弱，地形地势、气候往往不利于经济的发展。比如贵州就属于典型的多山内陆省份，贵州区域面积的73%属于喀斯特地貌，境内山势陡峭蜿蜒，沟壑纵横，分布广泛，自古以来交通不便，封锁闭塞。西部地区的交通基础设施一直以来就制约着西部区域经济发展，尤其是贫困地区的发展。一些贫困地区的交通基础设施质量差，公路路况不好，运输能力难以满足要求，要素的聚集能力有待加强。在西部的很多地方出现了"功能性缺水"的现象，这主要是由于供水基础设施落后，有水却喝不上。由于西部存在大量的生态脆弱地区，薄弱的土地土壤层带来了严重的水土流失，造成各种生态问题严重。西部地区自然环境滞后了社会经济各方面的发展，例如，落后的基础设施建设严重影响了区域的空间聚集辐射作用，孤立了一些交通不便的贫困县区，严重地阻碍了西部区域经济与生态的发展。这种不利因素单靠市场调节往往难以改善，需要政府从宏观层面通过经济、行政手段进行调控。

生态文明的基本理念要求政府想做到经济效益、社会效益和生态效益的统一来促进社会的发展进步，就需要政府具备相应的基本职能和承担相应的基本责任，换言之，也就是所谓的生态职能和生态责任。

政策对工业化与生态文明建设的良性互动的引导和扶持力度不够，

这就需要政府制定相关的政策措施积极引导和扶持两者的协调发展。政府制定的西部地区生态文明建设的措施跟不上生态文明实践要求的步伐，有些措施甚至出现了空白的现象，严重减缓了生态文明建设的进程。生态文明建设的法律体系强制性程度高，实践效果明显突出，稳定性较强，却远远落后于政策制度的建立。西部地区的生态文明建设缺乏强有力的制度保障，也缺乏实质性的方向性指导，难以用依据支撑的实践将会大打折扣。当前，考察政府的生态职能和生态责任的依据是生态文明的要求和标准，我们很容易发现政府职能和责任在生态文明建设中也存在很多问题：

（1）政策的引导不明显。两者的良性互动在相关政策的引导下也没有产生相应的作用，并且融合和协调工业化与生态文明建设的相关政策体系也没有表现出互为依托的特性。

（2）政策扶持欠缺力度。利用财政补贴、税收减免等优惠手段对工业化和生态文明的良性互动作用也不大。比如，即使企业对环境效益、社会效益的贡献大，但也不一定在税收减免的范围内，在实际操作关于财政、税收、金融等多个部门的优惠政策时也出现了落实困难与不到位的问题。西部地区生态文明建设的方方面面都需要投入大量的资金，但是利用西部地区的财政摆脱"吃饭财政"的困局并完成这个巨大的工程难度较大。县一级财力受税收体制和财政体制的影响较大，在满足各个地方的"保工资、保运转、保稳定"的基本要求之外，还投入大量的资金进行生态文明的实质性建设成为一件十分困难的事情，由于面临多方面因素的制约，利用市场化的方式进行融资难度较大。

（3）政策的控制度不够。对工业化与生态文明建设的良性互动政府缺乏调控力度。比如，对破坏生态环境的一次性产品的限制性使用，对污染环境的的企业进行征税等，但是目前处于征税范围的企业比较少，而且即使征税，税额也比较低，致使无限开采、掠夺资源的事件屡屡发生，难以限制带来环境污染的消费行为和消费品的出现。

产生上述问题的原因主要有：

1. 分散的政府生态职能

政府具有的生态职能部门的机构设置比较分散，虽然在改革中组建了新的环境保护部，但生态管理职能部门很多问题依然存在。一个统一负责生态资源管理、生态保护、修复、改善的综合机构急需在管理部门中建立起来，也亟待建立生态管理机制和体系。在各部委中有环境保护部、农业部、国土资源部等部门，林业局为国务院的直属机构，气象局、地震局为国家的直属事业单位，在部位管理的国家局中设有能源局、海洋局等。各级地方政府以这样的格局设立为依据设置自己的职能部门。我国政府的生态职能在这样的管理体制下被分散到环保、能源、资源、水利等各个部门，从表面上看是分工明确，但是在实践中却人为地割裂了生态文明建设的决策、组织、协调、控制等职能以及审批、执法、处罚、执行等各个环节，不能有效实行生态文明建设的统筹规划和综合管理，容易割裂生态系统的统一性和整体性，致使短期行为、地方保护主义和部门既得利益出现在我国的经济发展、项目开发、资源和能源开发方面。

2. 转变政府生态职能不到位

长期以来，政府的管理部门主要是通过开发利用生态系统、环境资源来实现经济增长，并以此指标来衡量政府政绩和统计发展。近些年来，随着逐步推进生态文明的建设，各级政府开始重视生态文明的发展，并且注重合理开发和利用生态环境。但是，转变政府的生态职能仍然不到位，划分与配置生态职能不合理。

首先，生态职能转变的科学规划的形成还需要政府的努力。近些年来，转变政府职能的方向越来越清晰，在社会主义市场经济的要求下，政府职能的调整措施越来越有效，这主要是由于政府转变职能的目标就是为了符合经济体制的要求。相比较之下，调整政府生态职能的目标不明确，使政府生态职能的转变方向不清晰，没有系统规划。

其次，政府生态职能的实现受到政府行政权力的影响极大，政府利用综合治理的手段也难实现生态职能的目标要求。长期以来，各级政府生态管理部门总是用行政权力来管制生态破坏、资源浪费、环境污染和能源过度消耗的行为。比如，政府管理部门为企业设定行业污染标准，企业需要自主完成政府下达的节能减排指标，政府会定期进行监督检查，如果没有达标，政府就会进行相应的处罚，这就致使企业被动地完成生态文明建设中政府布置的任务，有的企业为了达标而寻求政府权力的"寻租"，甚至采取非法或不正当手段完成达标。实际上，政府只是起到了执法的作用，而没有发挥总揽生态文明建设全局的作用，没有相应体现政府的生态职能。

再次，在转变政府生态职能的某些层面时，政府不仅是规则的制定者，也是规则的监督者和执行者。各级政府在生态文明的建设中，许多职能管理部门既有生态、环境的特征，又有资源、能源的经营和开发特征，这就体现了政府是生态利益所有者和利用者的双重身份。这就致使政府紧紧守住现有的职能体系，转变政府生态职能难度加大，政府作为公共服务者的公正感和责任感被严重地削弱了。

最后，政府生态职能与生态文明的建设要求差距较大。政府面对生态文明建设提出的高要求，不再只简单地保护环境和节约资源，还加强了自身统筹经济发展和生态环境的协调能力，整体规划了综合管理生态系统和统领生态文明建设的蓝图。比如，生态文明建设需要利用法律、行政、经济的手段实现绿色GDP核算，并借以发展低碳经济、绿色循环经济，但是政府在传统的生态管理体制难以做到上述几点。为有效实行生态文明建设的战略，应该摒弃走"先污染，后治理"的老路，并在经济的高速发展中优先发展生态文明。政府应该把生态文明列入公共产品和公共服务中，弥补市场缺陷，推动生态文明建设的全局发展，实现政府的生态职能。

3. 政府的生态职能与其他职能协调度不够

在现阶段的行政管理体制中，"部门化"倾向问题严重，一直被社会所诟病，还导致了"部门利益化"，各级政府职能部门处理问题欠缺全局和统筹的观念，它们往往只站在自身的角度履行管理职能。作为结果，各级管理职能部门抢着执行有经济利益可图的事，互相推诿无经济利益的事。政府的生态职能在生态文明建设中也出现了类似的问题，由此出现了政府行为与生态文明相冲突的现象。首先，建设生态文明不仅仅是环保部门的工作，而是政府各部门通力合作的结果。生态文明建设的主管部门具有专门的生态职能，但只在政府职能中发挥了局部作用，要想满足生态文明建设对政府职能的要求，单靠环保部门是不可能实现的。其次，生态职能难以协调各级政府之间、地方与区域之间的关系，在经济发展中往往各司其职，一旦涉及政府的生态职能时，"上有政策，下有对策"或是"有令不行、有禁不止"的现象屡禁不止。

4. 政府对生态职能的重视和引导力度不够

虽然生态文明建设不能只依靠政府，但任何主体都无法代替政府在生态文明建设中的职能和责任。所以，政府在生态文明建设中应该赋予自身新的角色定位,以生态文明建设的主导者和推动者的身份承担起相应的职能和责任。近些年来,虽然西部经济建设取得了卓越的成就,但是生态文明的建设步伐却没有跟上经济建设的脚步,政府、企业和民众不够深入了解生态文明的理念。某些领导干部的生态意识淡薄,责任感欠缺,企业只追求商业利益而罔顾社会责任,以环境为代价滥用能源、资源。社会公众的节约意识和环保意识淡薄,浪费资源、过度消费的现象时有发生,这些与生态文明建设格格不入的行为主要是由于地方政府对生态文明的理解不深刻、生态文明观念不强所造成的。实际上中央政府的"生态文明建设"的思路很清晰,目标也很明确,但是,各级地方政府在生态意识和生态保护行为上跟不上中央政府的步调,还未摆脱"发展就是硬道理"的固有观念,并进入了"数字出政绩"、"数字出高官"的误区。因此,政府应该重视和切实履行生态职能,发挥主导作用,切实引导企业树立正确的生态文明理念,尤其在生产和经营关节中要注重对生态环境的保护,鼓励公民讲究绿色消费、低碳生活,引导和鼓励社会各界进行生态文明建设,使生态利益理念、生态利益行为覆盖全社会。

第九章 构建西部工业化与生态文明协调发展的对策建议

本课题认为,西部工业化与生态文明协调发展是一个复杂的系统,破解西部工业化与生态文明协调发展的桎梏,应该采取多元综合的措施。本课题通过对系统论和区域经济政策理论的使用,探索性地构建了西部工业化与生态文明协调发展的对策系统,将众多对策措施归纳为以下三个维度。

第一节 在工业发展下实现西部生态文明同步发展的对策建议

一 大力转变发展模式

认真学习贯彻科学发展观,以发展的眼光、发展的理念、发展的思想看问题,不断调整在转变经济发展方式中的思路,紧抓发展这一执政兴国的第一要务,坚定不移地走可持续发展道路,以生态文明发展促进工业化发展,以工业化发展促进生态文明发展,二者齐头并进,共同促进经济又好又快地发展。

(一)加快转变经济发展模式,努力实现经济又快又好发展

我国西部在推进经济实现跨越式发展的建设过程中,经济增长出现了高投入、高污染、高消耗、低效益、低水平的"三高两低"问题,严重制约了经济的可持续性增长。因此,要实现经济又快又好发展,需要加快转变经济增长模式,推进新型工业化建设,保持经济快速发展与经济产业转型相适配,保持经济增长速度与经济发展质量相平衡,保持当前发展与长远利益、长远发展相结合,坚决杜绝环境资源的浪费,不走高污染、低收益,先污染后治理的老路,促进经济发展与保护自然环

境二者的和谐统一，努力实现经济发展模式由单纯追求经济增长向科学发展去转变，由以消耗资源能源为代价向可持续发展转变，由粗放型经济发展模式向集约型经济发展模式转变。正确合理处理经济发展的过程中，经济增长速度与结构、效益与质量、当前与长远的关系，使经济发展速度、质量、效益与人口、资源、环境发展相适应，增加发展的可持续性，不能竭泽而渔、杀鸡取卵，对大自然一味索取，从而实现经济又快又好发展。[1]

(二) 转变经济发展模式，建设生态文明

西部地区在经济发展过程中，不仅要遵循经济发展规律，还要遵循自然发展的规律，把生产进步、经济发展与生态环境保护、资源合理开发利用结合在一起，切实转变经济发展模式，树立保护自然资源的观念，坚决不能以消耗资源、破坏自然环境、牺牲子孙后代的利益为代价促进经济一时的畸形发展。为促进经济的可持续发展，需要优先发展生态农业、生态林业、生态旅游业等生态型经济发展模式。杜绝"三高两低"问题的出现，发展集约型经济发展方式，把资源环境的保护放在首位，以经济发展促进资源环境的发展，再使资源环境的发展反过来促进经济的发展，实现和谐"双赢"，把经济与环境的发展当作一个统一的整体来对待，二者互相影响，互相促进，准确把握二者关系，才能实现经济发展的可持续。

(三) 转变经济发展模式，提高我国自主创新力

自主创新是一个国家进步的灵魂，是一个民族能够屹立于世界民族之林的重要标志。自主创新是实现经济平稳快速发展、转变经济发展模式的中心环节。目前我国西部地区的自主创新能力较低，这与促进经济快速增长相矛盾，为转变西部经济发展模式，必须坚决认真落实我国中长期发展规划和技术发展规划纲要，加大对于自主研发创新的经济投入以及政策上的支持，贯彻国家有关法律法规，努力突破制约西部经济发展的关键性技术，广泛应用高新科技来改造传统的工业，提高产业技术发展水平，以理论基础为引导，理论联系实际，打造出适合西部发展的具有中国西部特色的高新型产业发展模式，大力促进经济的发展，掌握能够促进经济发展的核心技术，为我国建设创新型国家做出重大贡献。

---

[1] 方时姣：《以生态文明为基点转变经济发展方式》，《经济管理》2011年第6期。

(四)转变经济发展模式,发展绿色可循环经济

绿色循环经济是一种可持续的经济发展方式,它以自然资源的高效利用以及可持续利用为基本要求,以发挥生态系统的整体效益为依据,以实现再生自然资源的合理有效利用与经济的持续发展为根本目标,具有无污染、高收益的特点,符合可持续发展的要求。因此,为实现西部经济发展模式的转变,必须把绿色可循环发展经济的方式放在重要位置,加快推进经济增长方式向绿色可循环方向发展。同时要在西部大力推进生态农业旅游业的发展,建设生态型西部,坚持"政府引导,企业为主,科学规划,点上突破,制度规范,全民参与"的发展思路,改变经济增长环节与资源消耗环节的不合理之处。要围绕绿色环保发展,实现西部企业向绿色环保型逐步过渡,大力引导产业实现清洁生产,最大限度地降低经济发展过程中带来的污染、能耗水耗及破坏等。对部分企业,努力实现污水零排放,环境零污染,资源零浪费,引导不同行业之间的绿色可持续经济相对接,大力支持发展绿色循环工业体系。对于不可再生资源,要进一步夯实"煤—合成氨—复合肥、煤—焦—气—钢"等一系列产业链,加强对经济发展过程中剩余的废弃物的综合开发利用及治理。

(五)转变经济发展模式,需要企业积极参与

企业是参与经济发展的主体,在市场经济的环境中,企业是微观基础。目前,我国正处于重要的战略机遇期,要实现我国"十二五"国家经济发展目标,所有参与企业必须要拥有转变经济发展模式的觉悟,要努力构建各个区域间、各个企业间经济发展的对接与平衡,实现信息、技术、资源的共享,努力克服当前经济发展过程中面临的资源短缺、环境污染等现状,积极寻求应对策略,坚持绿色可持续生产来促进经济的绿色增长,推广新能源,携手打造符合现代经济发展的生态型企业发展模式。

二 完善相关体制

(一)推行清洁生产,建立清洁发展机制

由于人类对自然资源的不合理利用、污染、乱砍滥伐等社会活动,使全球气候变暖成为新世纪人类实现可持续发展所面临的最重大的障碍之一。因此,联合国分别在1992年和1997年制定了《联合国气候变化框架公约》和《京都协定书》两项保护地球环境、实现人类可持续发

展战略的法律条文。清洁生产（CDM）是存在于发展中国家与发达国家之间的一种发展合作机制，是能够使人类在新的世纪实现可持续发展战略的保证。发展中国家引进发达国家的资金、技术，同时自身加大对于节能减排、保护环境费用的投入，促进本国社会、经济和环境三者实现可持续发展。发达国家则通过向发展中国家输送资金、先进的技术等来帮助发展中国家实现节能减排、控制温室气体的排放，来实现《京都协议书》中对于发达国家需要实现的温室气体排放目标。西部地区各种自然资源丰富，做好温室气体减排和生态环境保护对可持续发展具有重大意义。

在西部地区各级领导的带领下，产业项目等相关企业、相关部门应该以清洁发展为契机，加速开发 CDM 有关项目，指定具有西部地区特色的 CDM 项目措施，建立 CDM 项目开发的相关具体制度。西部地区政府部门应该要鼓励企业、个人加大对于 CDM 项目研究的投入，组成一支具有创新能力的创造团队，以促进相关技术的快速发展；鼓励企业、个人对于 CDM 项目的申报，加快审核以及实施工作，以促进市场发展和有序竞争；对于采取清洁生产的企业给予政策上的支持，大力宣传清洁生产机制，鼓励企业为西部地区的可持续发展做出重要贡献。[①]

（二）完善创新生态环境管理体制

当前我国西部地区的环境管理体制仍然受到计划经济时代的严重影响，与现阶段社会、经济高度发展的现状格格不入，因此西部地区的环境管理体制应该在借鉴外国先进发展资金、技术、经验的基础上，总结失败的经验教训，完善以下几个方面的内容：

1. 建立综合的环境管理机构，完善环境管理体制

环境治理问题的长远和广泛性要求环境系统的管理要做到规范化。西部地区为能实现环境保护的目标，必须理顺职能，建立高效健全的环保体制。为了从根本上解决政府环境保护体制方面的效率低下、部门职能冲突问题，推进改革环境体制，必须专门建立一个综合性的独立的环境管理机构，组建国家自然资源与能源保护的统一的主管部门，使政府

---

① Sarma, A. K., Sarma, V. P. Singh, Optimal Ecological Management Practices (EMPs) for Minimizing the Impact of Climate Change and Watershed Degradation Due to Urbanization, *Water Resour Manage*, Vol. 27, 2013, pp. 4070 - 4082.

对于自然资源能源的管理与使用相统一，合并现有的环保部门、农业、林业、水利等部门，使环境保护管理机构能够独立地管理自然资源、协调可持续发展，解决职责不清、责任不明等过去实践中存在的问题，达到"一条龙"治理。同时，其他相关机构应该积极配合环境保护机构政策的推进、实施，给予技术、资金和人才上的大力支持，形成一个具有系统性、规范性的环境管理机构，真正起到管理体制改革、高效实施可持续发展战略的有效部门。

2. 加强各部门之间环保工作的合力与协调

由于环境保护问题的广泛性以及长远性，解决环境问题涉及各个部门，要实现各部门之间的协调性。对于环境的保护问题，首先就要求各部门机构的共同配合，划分清各个部门的责任，减少它们之间的冲突和矛盾。我国西部地区目前的政策和环境力度不足，因此要采取不同的措施解决这个问题。首先要协调好环境保护管理各部门之间的关系，可以在各部门之间设立高层次的合作交流机制，使决策的制定过程一体化，高效合理解决环境问题，同时对各部门工作职责分工，使各部门在保护环境问题上可以达到有效的合作与配合。另外，地方政府与环境保护部门应该加强联系、合作，切实解决地方保护主义和政策有效性不足的问题。

3. 加强环境保护的有效执法力度

在环境保护执法过程中存在执法不力的问题，因此需要在重视自然环境资源保护和实施有关法律的基础上，强化环保的行政执法职能。政府及相关环境保护机构是实施环境保护法律的行政执法主体，应该具有主观能动性，而这些机构的合理运行是发挥环境资源保护法律效力的保证。各级环保部门要切实履行好自身的职责，加强各部门之间的通力合作，形成上下联动、内部互动的整体执法体制。

4. 建立环境信息披露制度

国家环保总局提出要加强对各地环保部门的环境监管，建立信息披露制度，并使监管到位，为政府进行环境治理工作提供了信息支持，激励政府和企业综合决策环境与发展的关系。企业在经济活动中处于主体地位，既直接创造了社会财富，但也利用了自然资源以及成为环境污染的罪魁祸首。为了制止企业的逐利性对环境的影响，必须让企业意识到保护环境的重要性，这样企业不仅可以树立良好形象，获取市场份额和社会赞誉，也促使企业提高国际竞争力。国家的环保主管部门、财政部和中国证监会可以相互合作，并结合现阶段我国企业的环保意识程度及管理水平，整合完善现存法规中不规范、不系统、缺乏刚性的环境信息披露法律，并使其系统、规范。

5. 建立公众参与的环境保护机制

国家的环境权、法人权和公民的环境权都是环境权的一部分。我国应该制定和完善关于民众的环境法律部分，比如完善有关环境评价的法规条例，涉及城市规划、大中型企业的建设项目等都应经过民主调查和评价，以此降低环保决策的失误概率，同时也提升全民参与环保行为的积极性。不可否认的是任何一个社会成员都难以避免自身生态环境对其影响，理所当然，各阶层、各群体的社会成员都应该积极参与到保护和改善生态环境的行为中，以最合理的方式进行可持续发展。学习别国经验，了解公众参与对于提高政府决策环境问题的重要性，对加强公众对政府的信任具有重要意义。

6. 建立公众参与的民主制度

环境监管的有效发展离不开公众参与对于环境的监管行为，这也切实保障了公众的知情权。要想通过引导和扩大公民参与的范围，来推动我国环境参与公平建设，首先制定环境信息公开和决策民主的制度，积极鼓励公众参与环保决策。在现代社会，环境信息公开是一种全新的环境管理方式，它涉及公众的利益，使公众积极地参与到环保工作中来。

同时政府应该加强环保方面舆论的作用，通过多种形式的传媒，让广大人民群众更加了解环保的信息并及时地使出自己的一份力，促使不法分子在公众集体的力量的驱使下改变危害生态环境的行为。例如，在报刊及电视广播节目的相应栏目设置环保方面的板块，公布实际情况。应制定并完善相关公众参与环保的制度，使其更加规范化、人性化。不仅要重视群众的看法与建议，更要有合理科学的目标、程序指导。同时，意见收集过程中程序的有效性和开放性也是十分关键和必要的。力求最终构建出一个具有环保深入人心社会氛围并且能够集体参与到环保中去良性循环的社会形态。[①]

---

① 王学义、郑昊：《工业资本主义、生态经济学、全球环境治理与生态民主协商制度》，《中国人口·资源与环境》2013年第9期。

三 保护生态环境，探索资源节约和环保新模式

严格执行节能减排考核实施方案和办法，完善节能和环保的相关标准，实行节能减排问责制度。政府加大对于节能减排技术研究的投入，促进节能减排技术的推广和推进节能减排相关技术的应用体制，加速建立节能减排技术服务体系，促进节能减排服务措施的产业化发展。同时，西部地区应该争取中央财政节能奖励的资金，以及相关政策的支持，切实加大节能减排投入，强化对重点高耗能企业的跟踪、监管和指导，强化节能减排管理方案，建立节能目标责任和评价考核制度。实现节能减排专项执法检查，形成激励和约束机制，推动企业制订好清洁生产计划，使用清洁能源，引进先进技术或者自主研发，采用先进工艺技术，提高资源的高效利用率。强制部分高污染企业实行清洁生产，减少企业有毒有害原料和物质的产生和排放，做好环境保护工作是重中之重。大力推广利用乙醇油、沼气、太阳能等生物能源资源，节省煤电油等不可再生资源的消费。提倡节能、节水、节材、节粮、垃圾分类回收，控制危害环境物品的排放，搞好垃圾等污染物的回收。

（一）企业必须实行节约、清洁生产

生产决定消费，企业是从事生产经营活动的主体，只有企业生产经营清洁环保的产品，实行可持续性绿色化生产，消费者才能购买和消费环保物品。同时生产本身就是生产消费，各个企业的生产过程实际上就是消耗各种人力、财力和自然资源原材料的过程。首先我们要做的就是改变企业的生产方式，在每单位产品的生产过程中减少资源的需求量，削减对自然的索求，提高生产效率，追求经济、社会、生态综合效益的最大化。这就要求企业发展必须坚持走中国特色的新型工业化道路，必须树立"资源有限、节能无限"的理念，不断提高资源的利用率，做到综合使用、节约使用自然资源，最终使企业走绿色循环经济发展模式，在日常生产中遵循高效、高产、低污染的原则。具体来说，清洁生产就是一个决定企业现状以及外来命运的关键。[①] 清洁生产根据一定的科学理论和先进技术，是综合运用财力、物力、人力，统一各个方面的信息、能量要素，在生产的整个过程中，通过技术、管理将清洁生产的

---

① 马永欢：《妥善处理若干重大关系　大力推进生态文明建设》，《国土资源情报》2013年第2期。

理念贯穿始终,最终提升企业生产层次,同时追求经济发展的速度以及生态环保的力度的双重目标的新型发展模式。①

(二) 大力发展绿色工业

第一,突出"因地制宜"的特征,具体解决西部地区不同省份不同企业类型的绿色发展。我国西部地区幅员广阔,具体每一个省份甚至市县的所处发展阶段以及发展模式也有所不同,无论是在制定发展策略还是在产业布局上,都应该把各个地区区分出来,因地制宜,充分发挥各地区的资源环境等优势,提高西部地区布局的合理性和策略的针对性。

第二,在资金上给予充分的支持,主要强调财政和金融在绿色发展中的功能。西部地区的经济效率与生态效率与发达地区相比有很大差距。因此,政府要在资金上给予倾斜,改变西部地区这个不平衡的状态,不断提高生态效率。绿色财政,是指政府增加投入给予各种形式的支持来促进绿色发展,主要集中在企业节能环保技术的研究和应用以及绿色产品的使用消费方面。绿色金融主要是在信贷方面给予绿色工业帮助,二者相互影响,协调统一,相互促进,共同进步。②

(三) 大力发展绿色消费

每个人都可以成为绿色环保的贡献者和享受者。政府要大力宣传绿色消费价值观念,在全社会普及绿色消费理念和绿色产品的知识,在全社会形成自然、健康、适度、节俭、生态的绿色消费环境,正确引导公民从自我做起,从小事做起,自觉践行绿色消费责任,养成低碳、环保的简约生活习惯和生活方式。

在制度方面逐渐完善,建立相应法律规范,并通过经济手段改变原有危害生态环境的消费方式。西部地区消费成本的过低,导致人们对水土资源的浪费。传统生产过程中,自然资源的无价使用,原材料的低价采入以及产品的高价售出价格体系是阻碍可持续消费发展的主要因素。浪费资源和污染环境并没有让人们负担相应的成本,这也就使人们越来越不重视自身的环保责任和生态意识,在开采和利用资源时,更加变本

---

① 胡岳岷、刘甲库:《绿色发展转型:文献检视与理论辨析》,《当代经济研究》2013年第6期。
② 苗泽华、杨晓铮:《论生态文明与工业企业生态工程》,《商业时代》2012年第2期。

加厉地污染与挥霍。基于此，降低人们对自然资源不合理利用的必要措施及手段之一就是要在服务以及产品的价格里内化消耗环境和资源的成本。

促进政府购买生态产品。即在中国特色社会主义市场制度下，政府不仅要偏重购买那些有利于节约资源、保护环境且符合相关标准的服务、产品以及原材料；同时，要将生态环保的理念贯穿整个产品服务的生产全过程，即从设计、生产、使用、废弃再循环等方方面面。政府通过"生态采购"切入，不断调节引导消费和生产到正确的方向，在整个社会中形成良性循环，进而保护生态环境。以此来表明政府严格推行生态文明建设、保护生态自然环境的坚定信念。建立有关生态消费文化并加强渗透。消费文化是消费的知识、观念与信仰的综合体，是人类在消费过程中形成的消费理念以及物化在消费活动之中的消费习惯、倾向或时尚。为了提高整个社会的生态消费环保意识，必须从各个社会组织单元出发，在企业、学校、传媒、政府机关等各个相关机构都定期举行环保生态的教育宣传活动，使人们更全面、深入地了解有关消费生产生态化方面的信息和知识，将认识转变为信念，将信念上升为意志，力求在全社会的消费和生产过程中都渗透生态环保的要素，通过这种系统的方式使整个社会的氛围更新换代，使环境更加美好，资源更加节约。[①]

第二节　在生态文明下加快西部工业化发展的对策建议

一　产业结构的生态文明转型

（一）产业结构的生态化

以产业生态化支撑生态文明，使生态文明的发展符合社会可持续发展要求，保证西部地区生态建设有序、稳定、健康发展，一方面能够保证经济的速度和质量，促进经济结构的升级，另一方面加强生态环境的保护，达到生态、经济、社会三者有机结合，提高综合效益。片面追求生态或者经济单一的发展目标都是弊大于利的，完全不顾经济发展，只

---

① 房尚文：《生态消费研究的现状和意义》，《中外企业家》2014年第14期。

是一味保护环境和生态，那么必然导致经济发展难以支撑生态文明建设所需的资金、人才等。因此，要想建设好生态文明，就必须以经济建设为中心，促进产业结构转型，使其向生态化发展，促进生态经济的高效发展，以此创建环境保护与经济发展的"双赢"局面。产业生态化是一个应环境形势而出现的一个新兴词汇，它的理论指导为产业生态学，构造的产业生态系统主要在模仿自然界的生态循环系统的基础上，减少污染，提高资源利用率，构建循环的生产模式，不断协调生态环境与产业发展的具体过程[1]。从根本上理解，就是遵循自然规律的同时也要把握好经济规律，构建三个产业之间的合理结构，最终能够促进生态与经济的共同发展。产业生态化由产业经济模式、支撑以及结构三方面生态化组成。通过调整，最终达到理想的产业生态化状态是第一产业基础牢固，第二产业质量优良，第三产业地位主导[2]。产业生态化在社会整体发展的过程中起着至关重要的作用，在保护生态环境的前提下，又可以培育新的经济增长点，发展优势产业，改善环境保护与经济发展两难的矛盾处境，解决这个棘手的难题，能够从根本上提升地区综合实力。

目前，我国西部地区仍然是"第三产业发展缓慢、第二产业比重畸高、第一产业基础薄弱"的初级工业化发展状态，在这一阶段经济增长推动力以第二产业为主，在第二产业中占较大比重的是重工业，资金、劳动力，尤其是自然资源的投入是重工业发展的必然需要，然后自然资源是有限量的，生态的承载力也并非毫无止境，长此以往，就会阻碍社会发展的可持续性，经济社会的发展速度也会受到相应的影响。建设生态文明，使产业发展实现生态化的目标，我们必须通过一系列具体的措施更新提升产业结构，使之不断向生态化的方面发展。在合理调节第二产业，稳固第一产业的同时，着重发展第三产业，尤其是在技术含量高、环境污染少、资源节约、生态友好的领域寻求新突破，更加追求科技进步和管理创新的目标，改变传统严重依赖自然资源和劳动力的旧局面。

---

[1] S. A. A. M. Fennis, J. C. Walraven, J. A. den Uijl, "Defined – performance Design of Ecological Concrete", *Materials and Structures*, Vol. 46, 2013, pp. 639 – 650.

[2] 邱跃华:《科学发展观视域下我国产业生态化发展研究》，博士学位论文，湖南大学，2013年。

（二）实施环境分类管理，逐步构建产业发展新格局

在优化开发区域，优化产业结构和布局，重点促进新材料、新技术、节能环保高新产业的发展，完善相关的市场制度，充分利用先进科学技术和人才资源，争取达到改善环境质量的同时增加产量的目标。

在开发重点区域的方面，根据环境承载力的要求，必须坚持走新型工业化道路，并推进工业化和城镇化的建设，激励能源和原材料等传统工业的健康发展，积极振兴装备制造业；巩固壮大烟酒工业，提高烟酒业的质量水平；加快民族制药、特色食品产业的发展步伐。做大做强第二产业的同时，控制并争取减少排放的污染物数量，严格把关，不能把牺牲环境、增加污染作为发展的前提。

在限制开发区域方面，积极推进以草地畜牧业、家禽养殖、蔬菜、中药材等为发展重点的具有当地特色的生态农业，巩固农业的基础地位，使绿色产业逐渐变为重要的支柱产业，重点保护，加快恢复生态功能，使生态恢复到新的平衡。

在禁止开发区域方面，禁止污染物排放的新增项目，污染严重的企业应该及早被淘汰，严格制定环境准入规则，坚持对环境的强制性保护，严禁不合理不合法的过度开发活动，在人为因素方面进行严格的管制，杜绝一切危害生态环境的行为发生。

（三）促使区域产业结构优化升级

我国政府为加快推进社会主义现代化建设，面对新的问题，在新阶段作出了重大战略决策，主要是"实施可持续发展战略"和"走新型工业化道路"的战略，这些战略决策促进了西部区域产业结构的优化升级。一方面通过促进西部工业化与城市化、资源结构与产业结构、产业结构与经济结构的协同发展，以此实现西部区域产业结构的优化升级。另一方面需要保持区域产业的持续性发展，实现经济的高效益、资源的低消耗和污染的低排放目标。长期以来，我国主要是依靠高投入、高消耗和低效益的粗放型生产方式来维持经济的发展，以此提高现有工业企业能源的利用效率，转变"高投入、高消耗、高污染"的经济增长模式，实现以"高效益、低消耗、低污染"的集约型经济增长模式，为促进西部地区的产业结构优化升级提供必要的物力和财力的保证，实现了更高的发展与前进空间，并影响着西部区域产业结构调整的整体方向。

1. 大力发展新兴生态产业

淘汰不符合"资源节约、环境友好"的产业，利用生物技术、环保技术、无污染生产流程等高新技术手段，进行传统产业的生态化改造。实现由高耗能、高污染、高投入的"三高"型产业结构转向低耗能、低污染、低消耗、高技术的环保型，加快发展生态产业，提高其在整个产业系统中所占的比重，以实现产业组织的生态化。利用产业生态学的相关知识，并将其应用于仿生技术中，以产业间"废弃物"的再利用为联系纽带，建立产业的新兴"循环型"生态发展模式，取代原有的旧的"直线型"发展模式，这有助于形成多层次的资源再利用，不仅能提高资源的利用率，还弱化了对自然环境的污染。但是，产业中具有相同特征的企业集合构成了企业的生态化，所以企业是保持产业特征和功能的最小单元，所以企业是西部地区产业转型过程中不可忽视的一个关键问题。在实际操作中，我们必须从源头上降低污染物的排放，在最初设计中就采用生态绿色的方法，以消除生产过程中对自然生态环境的负面影响。

生产要素配置的结果就是形成了产业结构，在生产过程的新起点理所当然也是产业结构。所以，要想加强生态文明的建设力度，关键是在满足人与自然和谐的前提下，遵循生态文明的理念规则，发展生态产业，进而构建生态产业体系，促进产业结构的更新升级，完善产业体系的生态化，努力提高生产力的发展水平。

2. 围绕生态文明建设，加强支柱产业的支撑力度

西部地区凭借自身丰富的自然资源和丰富的劳动力资源，形成了以轻工、能源、机械电子工业为主的产业结构体系。我们要发挥地区优势，加快发展高新技术产业，产业聚集明显，延长产业链，打造产业集群，开展"三线"国防科技工业的巩固工作。对落后的生产技术和生产设备采取淘汰机制，提高工业企业的生产效率。利用先进技术改造传统产业，提升传统产业的竞争力，按照不同传统的新型路径发展工业化，保证经济发展、人力、科技资源得到充分发挥的同时，使生态环境得到保护。

3. 围绕生态文明建设，发展特色产业

西部地区地形复杂，多高原盆地，气候多样，为以家禽养殖、畜牧业、蔬菜、花卉等为发展重点的生态农业提供了有利的自然条件，积极

培育农产品加工和产品流通这些有利于生态的绿色产业。要想强化农业、生态畜牧业等特色产业的基础，需要加快特色食品和民族药业的高效发展，减轻由于经济发展造成的生态环境的破坏程度，以此促进农民增收，经济增长的同时实现与自然的和谐共处和良好的互动协调。凭借现有的资源优势和产业基础，大力发展优势产业，形成特色支柱产业。调整优化产业结构，依靠资源优势，做大做强以能源、原材料为优势资源的特色产业。

4. 围绕生态文明建设，发展旅游业等服务业

旅游业不仅归属于传统意义上的服务业，而且包含着经济、环境、文化以及效益等综合性因素，为经济与社会的协同发展起到重要的作用。旅游业有诸多特点，比如关联度高的产业、广阔的市场前景、足够的就业岗位、强劲的创收能力等，现阶段的西部地区属于发展最快、最具发展潜力和活力的产业之一，被政府和公众誉为永远的"朝阳产业"。致力于旅游业的持续发展有利于转变经济增长方式，鼓励发展现代服务业，有利于解决劳动力的就业问题，以此提高人民的生活质量。无法忽略的是，西部地区拥有得天独厚的自然条件，旅游资源与其他地区相比独具特色，再加上少数民族地区浓郁的民族风情，以及千百年来传承的"原汁原味"、丰富多彩的民族文化，还有独特的气候条件，为西部地区开发生物资源以及发展旅游业提供了有利的条件。所以西部地区应该以生态文明建设为着力点，积极发展旅游业等现代服务业，加大建设景区的基础设施力度，提升对景区的扩延和开发的认知，全面推动旅游业又好又快发展，通过全力打造旅游目的地来提高旅游业在国民经济中的比重。

二 拓展投融资渠道

生态文明建设的投融资机制是支撑生态文明纵深发展的物质食粮，如果没有良好的投融资环境、强劲的经济实力作支撑，生态文明建设犹如空中楼阁，看得见却摸不着，难以实实在在地落地。因此，要重视生态文明的投融资环境建设，通过拓展投融资渠道、完善投融资机制，为在生态文明下加快西部工业化的发展提供坚实的物质保障。

（一）建立健全生态补偿机制，设立相关标准，规范区域生态补偿

1. 通过资金支持，大范围地进行生态补偿

国家财政应该转移支付，按照一定的标准加大用于生态补偿的资金

力度，以此建立西部地区专门的生态补偿基金和西部地区生态建设专门项目的信贷和贴息。除此之外，还可以通过颁布并执行科学合理的制度，发行国债来募集资金进行生态性补偿。同时，地方政府各省市间横向财政转移支付，如开发受益地区对生态建设保护地区、河流下游地区对上游地区等的财政转移。为了生态环境的保护，在生态建设保护区，居民正常的生产活动都受到了影响，因此我们建立横向生态补偿机制非常必要，能够合理补偿生产生活受到影响的居民。

2. 开征生态补偿税

对"生态税"进行征收，能够保证补偿资金拥有长期稳定的来源。建立以保护环境为目的的，具有防止生态恶化、补救生态损失的专门税种，开征一种新的、统一的税种，这样不但能消除部门间重复和交叉收费的现象，还能鼓励受益者负担部分的补偿费用，减轻国家的财政负担，也体现了政府公平合理的原则。生态补偿基金的资金来源主要来源于政府的财政拨款或专项资金和资源开发企业缴纳的生态补偿专门资金。对生态补偿税进行征收，建立生态补偿基金，做到专款专用，利用税收手段可以制止部分破坏生态环境的生产生活方式，有利于生态环境的恢复，有利于环境友好型社会的建立。[1]

在西部地区的新型发展中，应从生产源头上促进经济发展与环境保护的协调共生，突出当地特有的优势资源，进行绿色利用，为社会的可持续发展事业提供了制度保障。

（二）提高相关人员投融资工作水平

要改善生态文明建设的投融资环境，除了要建立和完善相关机制体制，更需要人这一主观因素的积极推动，尤其需要领导干部对投融资工作的大力推进。要打造出一个好的投融资环境、提高有关人员的投融资工作水平不仅是生态文明城市的强大"引擎"，也是政府高度重视人才教育培训工作的具体体现。实际上，无论是在经济形势变化，或是政策出台之际，都要及时举行各类专题培训，根据当地的实际情况，找出合适的方法，提升自身素养，及时适应新的工作。所以，为建设良好、互动有效的生态文明城市的投融资环境也要相应地举办投融资专题培训

---

[1] 吴红宇等：《论我国西南地区生态补偿机制的建立和完善》，《云南行政学院学报》2010年第1期。

班，提高有关人员投融资工作水平。比如，可以组织到我国发展较好的地区像上海、北京等地区去参加培训班，也可以组织赴美、欧洲等先进国家进行培训，学习有关投融资、生态环境等关于生态文明建设的课程专题。除此之外，组织一批青年才俊赴新加坡参加有关投融资专题的研修班进行学习，以应对国际金融危机。

（三）创新政府投融资方式

创新政府投融资，可以通过新建或改建当地的投融资机构来进行。比如贵阳市在这方面做了积极的探索，贵阳市委、市政府为进一步深化和完善投融资的体制改革，紧抓国家扩大内需、增加投资的政策机遇，加快生态文明城市建设，投融资公司按照现代公司制度的要求组建，具体体现在法人治理结构完善、自主经营、自负盈亏。十家投融资公司将通过地方重要的基础设施资产，包括土地资产和国有企业股权重组、盘活形成的具有投资和融资功能的国有资产作为运营主体，按照加快生态文明城市建设的需求，自主经营、自筹还贷、自负盈亏，形成"借、用、还"一体化的市场投融资主体，为西部地区的生态文明城市建设提供资金支持。国有投融资公司是政府进行投融资活动的重要平台，是在政府投融资、政府管理性质方面进行探索的重要尝试。[①]

第一，遵循市场规律，在日常的生产运作、资金要素流动以及项目的管理方面都以市场化为导向。

第二，完善资金利用，尤其是对国有企业方面，改变其陈旧、过于单一的融资方式。一方面，通过结合国内外投资，企业民间投资，多渠道获得生产建设所需要资金，为发展打好坚实的基础。另一方面，构建相应资本流动机制，促进资本进入退出的规范化，实现资金的良性循环，保证资金投资—再投资的可持续进行。

第三，坚持企业现代化管理战略，完善企业的管理制度，吸取国内外现代化企业发展的经验教训，提升企业的运作效率以及企业的现代化水平。

第四，增强国有企业的活力，在国家优惠政策的扶持下，更加主动寻求商机，促进企业内生动力驱动。充分利用国有资产，根据不同地区

---

① 陈媛：《论"生态文明"背景下我国绿色金融法律制度的完善》，《特区经济》2014年第8期。

各种资源的用途,借以先进科学技术的帮助,不断开拓创新,从投入产出的过程中提升效率,确保国有企业稳定持续地得到尽可能大的效益。

第五,打好基础,稳步前进,发挥人才的作用,每一个项目实行前,都需要设计合理科学的行业企业发展规划,在项目建设中,要实施严格的监管,项目完成后,还需要系统的考核,及时地进行反馈。通过先进人才的本土培养与外地引进,逐渐扩大人才队伍,在干部领导的带领下,给企业的发展带来新风貌。[1]

三 形成工业生态系统,着力发展绿色循环经济

(一)创建工业生态系统

实现绿色循环经济的有效方式之一是创建工业生态系统。工业生态系统借鉴了自然界物质、能量的循环生态系统,使资源得到最大的利用,循环往复,甚至让垃圾变成原料、资源,将不同种类的企业有机地衔接在一起,共享资源、互助互利,协调发展,使资源利用最大化和环境污染最小化。

工业生态系统基于生态学、工业科学等方面的基本原理,借鉴国内外成功案例的经验,通过工业设计以及管理,按照工业原有的发展规律,首先将不同类型的企业,通过对生态环境污染程度和类别进行划分,然后重新组合,逐渐优化形成一个新的协作关系,使各个企业在保证自身发展的同时还能够互相帮助,互利互惠的一个工程建设,这需要从整个系统上进行调整。实践证明,创建工业生态系统为我国发展绿色循环经济作出了重大贡献,我国西部地区面临着人均资源占用量低但总量丰富的困境,我们必须要切实提高资源的利用率才能解决,这也是符合工业生态系统的创建的根本理念。

1. 发展绿色循环经济,工业生态系统的创建,保证资源的节约使用是具体途径

基于对已有的国内外的实践经验的借鉴和思考,我们要使生产过程中的能源物质在不同的企业中得到循环利用,节约使用资源的同时让废弃物成为新的资源,得到再回收利用,最终实现合理利用资源,提高资源的利用效率目标,并且能够带动有关新兴产业和技术的快速发展。

---

[1] 李春惠:《贵阳创新机制体制 全力推进生态文明城市建设》,新华网,2010年7月29日。

2. 具体实现工业生态系统方法手段

第一，夯实理论基础，工业生态系统是基于生态学、工业学等多方面理论学科的指导，必须熟练地掌握，今后才能将理论知识融合运用并在实践中推广。生态学主要研究生态环境，而工业科学则侧重工业项目的设计和技术的使用。将二者结合，在工业生产中，使不同企业形成良性循环，构建相互之间的协作关系，使原料和废弃物能够相互转化，这极大限度地节约了资源，提高了资源的利用效率，降低了投入又减少了对环境的危害。但不以减缓发展为条件，能够同时满足生态和经济双重发展的需求，提高综合效益，促进工业乃至可持续发展。

第二，发展绿色企业，促进鼓励清洁生产。企业是工业生产的必要主体，那么绿色企业的构建则是发展工业生态系统的必然要求。与传统企业相比，绿色企业的绿色主要体现在生产经营的过程中更加注重减少污染物质和能量的排放，极大程度提高资源的利用效率，因此，绿色企业的综合实力也较之更高。一般而言，清洁生产是绿色企业的具体生产方式，能够保证生产的无害化、无废化。

第三，科学发展生态工业园。生态工业园最早的提出是来自20世纪90年代初的一些会议和学术论文。生态工业园是组成工业生态系统的基本要素，主要体现在参与者通过生态工业园这个具体的共生形式发展工业，各个生态工业园又相互联系相互影响构成的产业链，这种产业链进一步就构成工业生态系统。各个参与者相互之间循环利用物质能量，以生态工业园为基地，以先进的环保技术和清洁生产为主要特征，保证尽可能节约资源，减轻污染，最大限度地对环境友好，保障自然界生态系统的平衡。在生态工业园自身寻求发展的同时，政府也要给予大力的支持，一方面在政策上给予倾斜，通过税收、价格等财政、经济手段激励建设生态工业园区；另一方面要不断完善相关的法律法规制度，保障生态工业园有序健康地发展。[1]

（二）大力发展绿色循环经济

党的十八大为保证中华民族能够在美丽壮阔的神州大地永久地繁荣昌盛，党把生态文明上升到一个新高度，与社会、政治、经济、文化建

---

[1] 陶阳：《区域生态工业系统运行机制与生态效率评价研究》，博士学位论文，哈尔滨工业大学，2009年。

设融合为一个整体。绿色循环经济是生态文明建设的重要组成部分，经过几年的实践努力，我国的绿色循环经济在我国的经济建设工作中占据了重要地位，为切合新时期生态文明观的指导思想，我国仍需要积极推进绿色循环经济的发展。绿色循环经济是我国生态文明建设的重要组成部分，体现了经济发展、节约资源与保护环境的一体化战略，能够实现资源节约、环境保护的重要目标。绿色循环经济鼓励在坚持物质循环利用的原则上发展经济，构建"资源→产品→再生资源"的新经济发展模式，能够实现资源耗量少、生产效率高、污染排放少的目标。在社会生产和消费的过程中，绿色循环经济往往追求以最小的环境资源成本来获取最大的社会经济效益，为传统的经济模式转向可持续发展的经济模式提供了可行的理论基础。绿色循环经济的原则主要为"3R"原则：减少资源的利用量及废弃物排放量（Reduce）、大力实施物料的循环利用系统（Recycle）和努力回收利用废弃物（Reuse）[1]。绿色循环经济的实施可以减轻工业化进程中人为因素对生态自然的破坏，优化资源配置，提高利用率。

降低污染排放、节约能源，绿色循环经济是一条可行的途径。目前，我国西部地区推行工业化进程，产业化、城镇化迅速发展，这就要求越来越多的能源资源投入，也自然造成了越来越多的废弃物，更加突出了经济增长与资源环境的矛盾，发展绿色循环经济已迫在眉睫。致力于促进绿色循环经济，首先要重视科学技术的力量，加大科研力度，大力支持应用性的技术的研发和试验，提高绿色循环经济的水平和层次。对能激励绿色循环经济发展的延长产业链方面相关技术创新活动给予政策倾斜，比如循环回收技术、新材料能源技术、综合利用技术以及环境与生态工程技术等。其次，政府要设立一些专项资金，对环保方面的项目给予学校、企业等各种机构拨款扶持，以实际行动激励社会主体不断地开拓创新，提高其自觉能动性。最后，政府还要站在宏观的角度，通过相应的政策给予绿色循环经济发展指导，如设置相应标准、目录等。完善有关绿色循环经济的整套信息服务体系，通过促进信息、技术、管理方式的传播，支持并引导以企业为主的组织积极推广绿色循环经济应用。具体体现在以下几个方面：

---

[1] 王国印：《论循环经济的本质与政策启示》，《中国软科学》2012年第1期。

第一,抓规划方案,预先研究设计,保障绿色循环经济按照科学的轨迹高效发展。例如贵阳市的《贵阳市循环经济试点实施方案》、《贵阳市循环经济生态城市建设总体规划》以及《贵阳市清洁生产总体规划》等都是由国内权威高校科研机构如中国人民大学、清华大学以及环境科学研究院编撰制定,在发展绿色循环经济的道路上根据方案不断前进,力求将绿色循环经济的理念贯穿整个社会的经济建设。贵阳市严格遵照省委、省政府以生态文明理念引领产业发展和项目建设的要求,坚持"规划先行",并严格按照规划布局产业,坚决避免"村村点火、户户冒烟"。一是按照生态理念和绿色循环经济的要求推进装备制造、磷煤化工等十大工业园建设。二是着力丰富园区内的项目建设。激励企业分类入驻园区,充分利用好园区的功能,大力促进园区内各类项目的规范发展。目前初步形成了各具特色、相互配套、上下游衔接紧密的产业聚集。三是着力推进工业化和城镇化相互融合。在发展理念、规划制定、基础设施建设等方面同步考虑园区和小城镇建设。

第二,抓环保治理,在建设生态人居环境工作中,必须落实绿色循环经济理念,具体是狠抓"碧水""蓝天""绿色""宁静"等工程项目。比如,贵阳市在发展产业和人居和谐方面,严格执行建筑材料、能源耗材等运输货车晚上放行,白天不准进入中心城区。不但如此,为了保证城市拥有良好的市容市貌,保证市民们拥有良好的生活环境,在每个入城口设立车辆免费清洗点,所有带渣土的大货车进城之前必须清洗干净。目前,贵阳还在极力监管和解决建筑工地夜间施工带来噪声污染的问题。这些看起来细小,但是行之有效的方式方法可以大力推广。

第三,抓项目管理,大力培育绿色循环经济产业体系。要注重在工业投资中,增加高新技术产业、战略性新兴产业和绿色、低碳、循环产业项目占工业投资的比重,分清层次,把握重点,有条不紊地完善绿色生态工业体系,以工业园区为基地,大力建设项目并形成项目库;积极鼓励再生利用废弃物的举措;大力发展以生态旅游和绿色商贸为重点的生态服务业,并鼓励可持续性消费。以点、线、面相结合为基点,全面推进绿色循环经济产业体系模式,坚持以生态文明理念为指导,努力在加速发展、扩大总量中优化经济结构、实现产业转型升级。[①]

第四，致力于处理发展绿色循环经济中遇到的制度、技术、资金方面的问题。首先在法律和政策上给予保护，完善法律法规和相应的政策制度。其次，拓展融资渠道，从多种途径获得发展资金，为发展奠定资金基础。最后，企业协同相关科研机构，形成合作关系，互利互惠，为技术的实际应用提供恰当的条件。

第三节 构建西部工业化与生态文明协调发展模式的对策建议

一 培育和巩固协调发展理念

思想观念是行动的先导，西部工业化与生态文明要协调发展，首先必须牢固树立工业化与生态文明协调发展的理念；要树立牢固的工业化与生态文明协调发展理念就要依靠全社会宣传教育渗入等方式。虽然在西部地区从机关到学校，从单位到生活，工业化与生态文明协调发展的文化和理念已初步形成。但是，为了使工业化与生态文明要协调发展理念真正深入基层、深入人心，将此意识提升为全民意识、主流意识，还需要做到以下几方面：

（一）注重教育，培育工业化与生态文明协调发展理念

只有将工业化与生态文明协调发展的理念根植到全体社会成员的思想中，渗透到他们的行为准则中，才能充分发挥其行动的导入作用。

1. 要重视对人群的重点教育

一是对西部各级领导干部要加强教育，确定各级党委中心组的学习范畴，并把工业化与生态文明协调发展的各项内容列入其中，以此提高在经济与环境综合决策中领导干部的作用。

二是加强对企业主的教育，他们是节能减排、企业升级转型的主体，主要进行环保形势、环境标准、环保法规以及环保适用技术的教育培训，加强他们的社会责任感和法律意识。

[①] 郑亚刚：《构建循环经济产业链 促进经济与生态和谐发展》，《现代工业经济和信息化》2014年第4期。

三是对未成年人的教育要引起重视，要加以调整环保乡土的教材内容，在中小学课堂上广泛引入地方特色、时代气息浓郁的环保教育课程，从引导中小学生开始，然后在全社会都树立起工业化与生态文明的协调发展理念。

2. 不能忽视对普通群众的教育

利用当地的各种实践活动，比如读书节、农民艺术节和社区文化节等文化活动，开展比如书画展和电影周等形式多样、意义深刻的群众性主题文化活动，广泛传播生态知识文化。针对自然灾害和环境污染导致的严峻的生态形势，让公众深深感到生态与自己密切相关，唤醒群众的危机意识和责任意识。与此同时，积极扩大对工业化与生态文明协调发展的宣传教育覆盖面，邀请有关专家学者、支持公益事业的领导干部、环保公众等来进行工业化与生态文明协调发展的宣传教育，使协调发展的理念深入人心，并能在社会传播开来。

3. 要加强群众的自身建设

一是组织开展关于文明城市、生态园林城市、文明单位、文化先进县、和谐村庄、美丽乡镇的协调发展活动，逐渐加强广大人民群众关于工业化与生态文明的协调发展意识。

二是积极组织关于人文精神提炼的地方特色活动，推动广大民众参与的积极性，重结果更重过程。比如开展关于城市精神协调发展的大讨论、宣传城市形象的主题口号活动，这一系列活动体现出本土浓厚的工业化与生态文明的协调发展意识。

三是开展城市公共文明指数测评工作，进行群众性生态文明建设，促使干部群众形成工业化与生态文明协调发展意识。[①]

（二）强化宣传，增强工业化与生态文明协调发展理念

利用多种渠道进行宣传，并举办宣传活动，在社会上营造和谐共生的浓厚氛围，使工业化与生态文明协调发展的理念转化为全社会的自觉行动。

1. 利用媒体进行广泛宣传

利用省、市、县的广播电视台、当地报纸、官方网站等主流媒体适时推出特色专栏，深入宣传中央、省市有关工业化与生态文明协调发展

---

① 陈宇宙：《基于生态文明建设的思想政治教育》，《前沿》2009 年第 8 期。

的相关文件精神，如《森林法》《环保法》《水法》和本省、市县推进工业化与生态文明协调发展相关工作历程及取得的成就，不留情面地曝光不符合协调发展的行为和事件。努力开展与媒体的交流与合作，对涌现出协调发展实践的特色、典型和亮点进行广泛宣传，并扩大影响力。

2. 利用网络进行宣传

互联网作为新闻宣传的新兴载体，具有时效性强、自由度高、传播范围广等特点和优势，要充分认识并发挥互联网优势。不仅可以制作宣传片来反映工业化与生态文明协调发展情况电视专题片，并借助网络宣传平台，在当地知名网页播出，还可以主动开设论坛、发帖积极引导网民关注工业化与生态文明的协调发展，增强宣传效果。除此之外，创新网络的宣传载体，比如与移动、联通、电信公司共同发布环保公益短信，进行网络短信宣传，利用网络电视相关平台设计、播放环保公益广告。

3. 重视社会宣传

融合已有的环保节日如"植树节""地球日""环境日"等，在社会上鼓励公众积极参与"生态公益宣传日"的纪念活动，将其进行有效结合，鼓励民众进入活动方案的讨论之中，设计出不同的活动载体，利用新闻、发放倡议书、广场咨询、送书下乡等宣传方式，激发全省干部群众的活动积极性，提高全体公民保护环境、爱护水资源、参与工业化与生态文明协调发展的责任心和使命感。

（1）加强对生态意识的重视。生态意识决定着公众生态行为积极性。我们要认识到人和自然密切相关不可分离，自然界是人能够生存和发展的载体，必须寻求人与自然的和谐相处共存，这一点我们必须清楚。生态意识的增强可以通过教育实现，具体包括忧患意识、主体意识和生态审美。忧患意识的教育主要是告诫人们，随着工业化进程加速，经济飞快发展的同时，人们对环境资源的忽视已经导致了许多严重的生态问题，对于自然界的破坏造成的这些问题将会形成更加巨大的灾害，这关乎到人类社会的存亡。广大的人民群众必须及早地了解到如果继续不加节制地开发利用自然资源，而不坚持科学发展观，那么所造成的人口膨胀和环境最终会伤害到人类自身，严重威胁到我们的未来命运。树立忧患意识能够增强我们维护生态环境与经济发展相协调的决心，端正生态观、发展观，在今后的生产生活中坚韧不拔地贯彻生态意识。主体意识的教育主要体现在需要增强公众参与环保的自觉性、积极性，避免工业化和生态文明建设中的随意心理，加强主体意识。生态的主体意识告诉我们保护自然就如同保护自己。从自己做起，从小事做起，参与到建设生态文明的过程中来，不管身在哪里，职业、年龄是什么，都应该发挥聪明才智，尽力保护自然这个我们共同依赖的家园。在生态审美的教育方面，我们要用真善美来衡量评价一切生态行为。生态审美将感情与生命相联系，有利于人们感知人与自然、人自身的一种和谐交融状态，更加珍惜所有美好的事物，让生命变得更有价值。公众应该学习一些生态方面的理论知识，在有一定知识的基础上，逐渐提高自己的生态审美，提升自己的生态的情趣和情操，这样自然而然地就能将维护生态和谐纳入生活的要求中来。

（2）加强对生态道德的重视。生态道德在道德中处于首要地位，工业化与生态文明协调发展产生众多问题的根源之一就是公民生态道德意识的薄弱和缺失。生态义务、良心、正义、善恶组成了生态道德主要内容。首先，生态义务。为了最终达到协调发展生态文明与工业化，生态道德规范是生态义务应该切实遵循的。每一个公民都应该在实践中自觉保护生态环境，保护自然，保护子孙后代发展的机会，珍惜现有的环境和资源，在生态道德观的精神推动下，尽到自己的生态义务，反过来又能促进生态道德建设。① 其次，生态良心。对生态保护过程不断反省的精神和巨大的责任感是组成生态良心的两个根本要素。它是在持续性、公平性、整体性三个指导下知道人们日常生活生产行为，能够促进人们生态方面感情的丰富，更加热爱自然，引导和确立工业化与生态文明协调发展的科学发展观。再次，生态正义。在生态良心的引导下，人们能够端正自己的生态发展观，及时地监督他人和自身的行为。一旦发现工业化与生态文明协调发展中出现的损人利己、祸及后代、破坏生态的行为，生态正义就会使人们感到深恶痛绝，并加以制止和约束那些不道德行为，以规范自身和整个社会的言行举止，驱使社会朝着人与自然和谐大发展的目标不断前进。最后，生态善恶。在生态中衡量善恶的标

---

① 单晓娅：《贵州少数民族地区人才资源开发与生态文明建设研究》，光明日报出版社2011年版。

准是人的行为是否可以符合持续发展环境的要求。树立正确的生态道德观，明辨是非善恶，在工业化进程中起着至关重要的作用，可以提高公众的自觉性，将保护生态转化为人们的内生需求。

（3）加强宣传生态法治的力度。重视法律法规在协调生态文明和工业化方面的作用，可以通过宣传生态思想、法治工作，提升人们的生态法律意识等方面努力。一是宣传生态法治知识。普及与加强关于生态法律法规的知识宣传，让人们认识并进一步深入地了解法律，当清楚了法律是保障正常的社会秩序，打击危害他人的犯罪行为，维护人民群众的切身利益时，人们就会自觉地将遵守法律法规看作是自己应尽的义务。二是宣传生态维权。西部地区人们的共同事业就是协调发展生态文明和工业化，在这个过程中，我们不仅要履行自己的义务，更要清楚自己应该享有的如监督权、参与权以及知情权等合法权利。例如，我国《环境保护法》第六条就明确指出一切个人及单位都有权利控告和检举破坏环境的个人和单位。我们仍需要大力鼓励和支持公众去维护自身生态方面权利，在生态执法和立法中踊跃参与监督，贡献自己的一份力量。

（三）开展生态文化活动，在全社会构造和谐发展生态文明的气氛

1. 打造重大文化活动品牌

通过组织各种类型的生态文化活动，使"人人参与、人人受益、人人自觉实践"的文化活动局面生动活泼。一方面，开展丰富的节庆文化活动。可以立足于地方产业和文化特色，举办各种特色产业博览会、特色节庆，形成具有特色的节庆生态文化活动体系。另一方面，继续繁荣群众文化活动。随着群众文化日益丰富，在活动中，不管在内容上还是形式上要注重凝聚工业化与生态文明协调发展理念，弘扬生态文化。

2. 注重保护开发和交流

对物质文化和非物质文化遗产要加大开发保护的力度，充分挖掘其内在的协调发展、生态文化内涵。要继续做好非遗项目和文物的保护开发工作，要对国家级历史文化名城、古镇、古村、古街进行重点保护开发。要继续重视文化交流工作。可组织赴北京、上海、杭州及台湾地区、欧洲等地进行文化交流演出，促进西部地区文化的对外交流，提升影响力。

3. 精心组织文化创作

西部地区应该利用自身丰富的生态自然资源和民族文化，多争取国家级生态示范区，省级生态县，中国生态旅游、工业化与生态文明协调发展区等荣誉称号。积极鼓励社会各界进行文化领域的创作，成立文艺创作基金，鼓励一批批文化领域专家和艺术家创作的文艺作品能切实反映西部本土地区的文化底蕴。

（四）设立和进一步完善工业化与生态文明协调发展机构，巩固和推广协调发展成果

适当设立协调发展机构，为西部地区工业化与生态文明协调发展提供坚实的、科学的基础，并结合本地特点，具有实际的指导意义。做到在实践中学习，在学习中实践，把协调发展向纵深推进。比如向周边做得较好的省区借鉴成功经验等。西部地区有关部门及地方党委、政府积极组织"工业化与生态文明协调发展基地"申报和筹建，努力打造成西部地区乃至全国工业化与生态文明协调发展的场所，成为带动周围百姓脱贫致富的一个亮点。成立协调发展村建设领导小组办公室，对协调发展村建设进行部署，要求各县（区）与市里签订协调发展村建设责任状，该机构通过加强计划、指导、组织、督察、服务等过程，努力在村（乡）一级推广普及工业化与生态文明协调发展理念。各地中小学设立协调发展办公室，借用良好的教学平台，从老师、学生入手，切实推广工业化与生态文明协调发展理念，等等，并在此基础上结合自身实际，加快推进巩固西部的工业化与生态文明协调发展。

二　完善政策法规

我们提出西部工业化与生态文明的协调发展问题，实质上已经提升到了一个新的层次。不单单是物质上研究生产消费过程的技术问题，更加是对思想价值观、伦理道德、法律政治方面的研究和探求。因此，这要求我们在应对工业化与生态文明协调发展问题时，不但要转变物质生产方式和消费模式，改革管理体制，也要改变人们的道德观念，实现转向法律和制度的生态化目标，保证工业化与生态文明的有序进行和协调、可持续发展。

利用当前的法律法规和制度保障，帮助西部走出当前的生态困境，持久进行工业化与生态文明的协调发展，并以此促使在新常态下形成新的协调发展理念，能够提升法律意识高度，形成公正的治国理念和坚强

的政治意志。市场主体的逐利性在市场经济条件下体现得淋漓尽致，一切以自身的利益为目的，为了经济发展而罔顾生态环境，把自己的舒适建立在他人的痛苦之上，没有为后人考虑他们的生存环境，为了经济利益而损害生态利益，使经济建设凌驾于生态文明建设之上，使节约资源、保护环境的协调发展成为一纸空谈。所以，为了提升全社会的工业化与生态文明的协调发展意识高度，鼓励良好的生态文明行为，必须强化国家的立法形式，将协调发展纳入法制化的轨道，明确社会成员的生态权利和生态义务范围，规范公众的社会行为，使协调发展成为社会的主流意识，使工业化与生态文明协调发展成为公众的自觉行动。[1]

在国家的立法和执法过程中，在资源环境、协调发展方面全国人大常委会已经制定了 28 部法律，国务院也针对生态环境出台了 66 个法规，使资源环境的保护工作始终能够有法可依，但是想要这些法律法规完全适应工业化与生态文明协调发展的要求难度也较大，需要升华理念，深化内涵。要以能指导协调发展理念为基础，向社会公众传播当代生态学理论知识，完善原有的法律法规，使生态发展朝生态化、协调性方向发展，早日实现建设资源节约型和环境友好型社会的目标。规范有序进行工业化与生态文明的协调发展进程，制定与之相匹配的法律法规制度体系。到目前为止，我国已经制定了 9 部环境保护法、15 部自然资源法以及 50 余项环境保护行政法规，发布了将近 200 部环境保护部门规章和规范性文件、10 余部军队环保法规和规章与 500 多项国家环境标准，还批准和签署了 51 项多边国际环境条约，各级地方人大和政府还制定了共 1600 余件的地方性环境法规和地方政府规章。这使环境保护法律体系更加符合国情的发展，也不断提高了西部地区的环境立法质量，但还有一些方面需要加强改进。

（一）加强执法监督力度

以法律手段促进西部地区的工业化与生态文明协调发展是一种强制且有效的措施。在今后的执法监督过程中，要不断完善法规、加强执法监督力度。一方面，要严格遵守国家出台的关于保护环境、节约生产方面的法律法规，实施相关措施，在政策方面给予支持，接受全国人大环

---

[1] 徐忠麟：《生态文明与法治文明的融合：前提、基础和范式》，《法学评论》2013 年第 6 期。

资委对西部地区生产和资源环境领域的工作监督。另一方面，西部地区要根据自身实际情况抓紧制定和修改一批生产与环境资源保护的规定，使西部地区在推进工业化与生态文明协调发展，资源环境保护治理的过程中，有法可依，法规效用强大，推进过程更加顺畅。努力加强执法和立法的监管，提高违法成本，给遵纪守法的公民提供一个良好便利的环境。具体措施体现如下，在立法中，明确社会中各个主体的权利和义务，增强企业和个人的责任感；对于破坏环境、严重浪费资源的违法犯罪行为，根据危害的程度处以相应的处罚，在整体上加大处罚力度，切实完善处罚的制度。在执法中，根据具体实际情况，采用不同的处理方式，严格执法，没有特殊待遇，一方面保护了广大人民群众的切身利益，另一方面也使危害生态环境的不法分子得到了惩罚，规范了整个社会的生态秩序，有益于国家的发展与进步。[1]

（二）提高立法质量

西部地区各级政府在提高立法质量方面应该更加突出地方特色，注重方案的针对性和可操作性。比如，贵州省针对居民生活环境的保护，四川省突出强调长江流域水污染的治理，云南省主要解决高原湖泊的污染问题，陕西省强调对石油天然气开发的环境保护，广西针对社会生活噪声的治理问题，贵阳市为解决建筑施工噪声问题，结合地方特色，先后制定了很多地方环境法规条例，成都市重点防治大气污染，重庆市主要解决三峡库区污染防治问题。青海、新疆等地方为了满足环境执法的工作要求，针对违法物品采取查封、暂扣的行政强制手段，可操作性较强。贵州省还发布了《环境保护违法行为行政处分办法》，四川、宁夏、甘肃等地采取的环境保护举报奖励办法成效很好。地方进行环境立法不仅弥补了国家环境立法的缺陷，还有效解决了地方环保工作的实际需求，有力地支持了国家的相关环境立法工作，同时为其他地方的环境立法提供了借鉴，还有西部很多地区都根据本身的情况加强了对本省环境的治理立法。[2]

三 依靠先进技术

协调西部地区生态文明与工业化关键要促进生态和技术的发展协

---

[1] 张宇：《生态法治的诸要素分析》，《产业与科技论坛》2014年第10期。
[2] 刘伟：《加快生态文明法制建设的对策》，《改革与开放》2014年第13期。

调。从结果上来看，协调发展是关于生态与技术的概念，是人类社会发展到一定阶段出现的一种新的文明形态，伴随着协调发展生态和技术，二者统一的结果。对农业文明和工业文明进行批判和扬弃是工业化与生态文明协调发展到一定程度的任务之一，一方面能够促进技术进步，提高生产率以及产品质量，加快工业化进程；另一方面还能延续与自然和谐相处的农业文明朴素思想，寻求节约资源保护环境的方法。生态文明与工业化协调发展统筹技术与生态的关系，协调发展不同于人类社会传统工业文明、农业文明的发展形态，它在发展中不仅追求速度还重视质量，在发展的过程中依赖技术的推动，使发展的质与量都得到了极大的提升。此外，还摒弃了过去发展文明中用经济利益衡量一切的"机械论"的内在固有模式以及由于片面追求"技术理性"导致的人与自然界的平衡被打破的困境，逐步协调发展生态和技术，使之和谐统一。

　　西部工业化与生态文明协调发展以技术进步促进生态进化，统筹兼顾两者的关系，采取一系列措施解决西部地区经济发展面临的资源环境问题，激发人们摆脱生态危机的积极性。技术的进步和发展帮助西部走出生态危机的困境，实现更高层次的工业化与生态文明的协调发展。降低甚至消除技术的负面效应，利用对一系列环境友好技术和高新技术的开发来解决资源环境的问题。西部工业化与生态文明的协调发展离不开技术的不断改进，必须从技术的管理、研发以及应用方面逐步完善，发展生态化技术。在寻求发展的过程中，要将生态和技术有机结合，不能片面强调发展，而不顾对生态环境的影响，应该提高资源的利用率，减少污染物排放，使正面影响最大化，最小化其负面影响。技术和生态的协同发展关系具体体现为：一是技术朝向生态化发展，突出"生态化"技术的特有功能，协调生态和技术二者关系。技术的生态化这个新兴的概念，主旨在于技术的研发要保证"生态化"，即促进自然界的平衡以及生态系统的稳定。主要从体制、目标、结构、功能和理念这几个方面更新传统技术。为了实现经济发展与生态平衡、工业化与生态文明的协调发展，需要开发环境友好技术来实现西部地区全面实现小康社会的目标。二是协调发展的本质是人与自然的和谐相处，但以人为根本，促进人与社会、人与人之间的协调发展才是最终价值宗旨。为了实现这个目标，体现人存在的价值，就必须挖掘技术的人文价值，将人文和技术手段充分有机相结合，不仅在物质层面，更提升到精神层面满足人们的需求,增加其幸福程度。①

西部工业化与生态文明协调发展需要过硬的技术支撑体系。比如说加快发展绿色循环经济,大力推进节能减排,降低能耗提高效率等方面,都离不开先进技术支撑。在这方面,企业是主体,职工是主力军,企业工会是宣传发动者和协助企业行政带领职工组织实施者。西部在全面建设小康社会的进程中,发展绿色循环经济,工业化与生态文明协调发展是工业企业紧迫而又神圣的任务。

(一)鼓励引进先进技术

西部地区通过政策支持、规划引导,引进更多先进技术,为"十三五"时期的科技创新发展提供最有力可靠保障。高标准编制科学技术与高新技术产业发展相关规划,明确引进科学技术的方向、资金投入、工作重点、具体措施等。认真研究出台引进高新技术和高新产业的支持政策、优惠政策,建设高新技术产业发展基地。由此避免花更多时间研发探索别人已经使用的技术,通过走捷径、发挥后发优势,实现在巨人肩膀上看世界的效果。

(二)加大技术研发力度

一方面,西部地区可以依靠企业研发机构、高等院校、科研机构,通过军民融合、企业孵化器、产业技术创新联盟等产学研多种合作方式,实现研发资源跨行业、跨系统有效整合,盘活存量,激活潜力,最大限度地发挥人才和技术优势,强化研发能力,实现集聚效应、集群发展。另一方面,引进技术创新型人才,包括科技型企业家、国内外学科或技术带头人、拥有科研成果和较强研发能力的海外留学归国人员等,铸就"人才高地",形成上规模的孵化格局。

(三)促进传统技术更新换代

西部地区促进传统技术更新换代,构建先进的技术支撑体系。一方面需要技术创新,另一方面需要技术改造。技术改造是指不断采用高新技术和先进适用技术改造传统产业,增加科技含量,促进产品更新换代,提高产品质量。这也是西部地区加速高新技术产业发展最有效的实现途径。比如对于贵州省来说,应当按照《贵州省科技支撑工业十大

---

① 黄娟、李枥霖:《生态文明视角下资源节约与科技创新驱动》,《中国国土资源经济》2013年第8期。

产业振兴实施方案》，以科技为支撑，结合自身产业特点，改进技术、提升企业、产业发展竞争力。如结合贵州省磷煤化工等重大产业的特点，兼顾经济环境社会效益，改良抽采煤炭瓦斯技术、保障煤矿产业安全，开磷集团和贵州省化工研究院联合研发磷化工资源综合利用绿色循环经济关联技术，将建成磷矿伴生氟资源生产无水氟化氢2万吨/年产业化示范装置，产生客观的经济效益。除此之外，磷肥生产过程产生的副产有害物可以转化为项目的主要原料，这可以解决开发利用氟废气的问题，在磷化工业中常出现的资源消耗大、能耗高、环境污染严重的问题将得到有效的解决，也产生了可观的环境效益。

（四）强化先进技术的应用

先进技术需要通过应用才能发挥作用，因此必须强化先进技术的应用。技术的应用需要产业和园区这些良好的平台和载体。一是发展高新技术产业，尤其是战略性新兴产业。依托西部地区现有的产业基础、技术优势，选准区域发展战略性新兴产业的突破口。在重点领域、重点行业，采取特殊的政策扶持其迅速长大。二是建好高新技术园区。最大限度地简政放权，完善配套基础设施建设，提供良好的生产环境，吸引推进先进技术和高级人才、重点企业聚集。通过园区的健康快速发展，充分发挥园区对经济社会发展强大辐射带动作用。

四 扩大对外合作

西部在工业化与生态文明协调发展的过程中，应注重扩大对外合作，充分发挥内外合作共进的合力作用。对外多宣传、多推介，使更多的资金、技术、人才向区内聚集，努力形成建设西部工业化与生态文明协调发展的强大合力。

（一）加强交流合作

加强交流合作是扩大对外开放、促进西部工业化与生态文明协调发展的重要内容。会议是加强交流合作的良好形式和平台。比如，PECC国际生态城市建设博览会通过生态城市建设范例，向他人展示新技术、新设备、新产品，对生态城市建设和西部工业化与生态文明协调发展的新理念、新设想进行探讨，加强西部地区生态城市建设的交流与合作。这为西部构筑高端化、高质化、高新化的产业体系创造良好的外部条件，为营造优美、舒适、协调的生态人居环境提供了良好的契机，有利于进一步推动西部工业化与生态文明协调良性互动。比如，在贵州省贵阳市就有良好的会议平台，即生态文明贵阳会议。会议提高了国际对于生态文明理念的关注度，向国际展示了我国绿色生态文明发展的成果，探索了生态文明建设、绿色经济发展的路径和方法，对西部工业化与生态文明协调的发展产生了较大影响，引起了西部地区广泛的关注。

（二）拓展项目合作

加强西部区际联动，主动与区外进行项目合作，合作方式多种多样，通过研究学习，这里总结了以下两种模式：

1. 区域间非政府组织的合作模式

如宁夏合作建设和西部工业化与生态文明协调发展密切相关的"生态文明示范社区"项目，该项目试点位于宁夏盐池县的10个村子，由香港企业家出资，美国新一代研究院和中国农业大学管理，宁夏扶贫与环境改造中心执行。一期10个示范村庄的项目完成之后，成为全国的"示范生态社区"，作为地区内其他社区学习的模范村庄；2010年，有另外10个邻近社区被选入二期"示范生态社区"项目点，其社区代表与一期10个代表共同参与新一轮培训。一期代表成为"培训教师"，利用他们在本计划中所学到的知识与经验，向邻近社区代表提供长期有效的培训和支持。项目周期持续5年，最终创建30个示范生态社区。这种高效的经验分享模式，将进一步推动西部工业化与生态文明协调的发展进程，也成为"社会主义新农村"建设的有益尝试。西部其他省区可以借鉴学习这一模式，加强区际联系，借助外界人力、物力、财力的支持，加强县、乡镇和村寨的工业化与生态文明协调的发展。

2. 政府引导型合作模式

比如省区之间的对口支援。随着地区经济建设对电力需求的不断增加，西部很多地区目前的电力供应仍无法满足区域内经济发展的需要。加之西部地区部分行政村，地处偏远，长期无电，通过无电村建设项目，建设太阳能热的电、水系统，实现无电村生活用电用水主要依靠太阳能，为西部地区可再生能源的开发和利用、能源结构的调整提供了宝贵的经验，促进了西部地区对可再生能源的推广和利用。同时在地区条件较好的行政村建立太阳能生态文明示范村，村内建设太阳能照明工程、安装太阳能热水器、太阳能路灯，棉田、果园安装太阳能杀虫灯，让社会大生产与发展生态节能产业相结合，在全地区推广生态节能理念。西部欠发达地区拥有对口的省区，国家帮扶支援的优惠政策，要充分用好这些政策和有利条件,加强区级联系,认真学习借鉴政府引导型合作模式,更好有效地促进西部工业化与生态文明的协调发展。

(三)深化开放、加强技术的国际合作

目前,科技迅猛发展,在促进经济增长和社会进步方面起的推动力作用是无可替代的,加之全球化水平不断加深,我们要把握机遇,在风险和挑战中增强自身的实力,就必须要合理配置有效资源,使国内外的资源得到最大化利用。我们要站在战略的角度看问题,放眼全球,在不断变化的局势中,保持清醒而明智的头脑,要有整体意识和长远意识,为西部地区的科技发展、区域创新在国际国内都创造合适的条件。在当前的形势下,西部地区的发展十分关键,我们不仅要在西部地区引进国际上的先进科技资源,促进其发展,更要加强技术方面的合作,不断开拓创新,完善创新体系,提升西部地区独立研发、掌控自身未来命运的能力。深化开放、扩大国际技术合作能够使西部在国际科技合作方面有不少收获。一是能够取得一批高水平科研成果。二是能够加速优秀人才的培养与成长。三是促进我国西部在全球科研方面知名度的提升。在国内外不断的交流合作中,我国西部地区的科研实力不断提高,在国际的平台上崭露头角。四是有利于外资的进入。西部一直以来都有着独特的资源科技优势,通过国际市场的打开,让国外更加了解西部地区,吸引着越来越多的外来资本的进入,在一定程度上保证了西部地区科研发展的资金来源,能够为后续发展奠定坚实的基础。[①]

1. 深化国际开放

科技在全球经济的发展中,作为最活跃、最具革命性的因素和力量,发展迅猛,明显加快了知识创造和技术创新的速度。科技孕育着新的革命和新的突破,对人类的全面发展将起到无法估量的作用,所以提高科技发展的国际化水平已经成为各国的当务之急,采取一系列措施推动科技创新,并依靠科技创新应对全球性挑战,实现全球经济的可持续发展。人类生活在同一个地球上,各国存在于同一个世界,人有国籍之分,但科学无国界。人们通过进行国际科技合作,共同应对人类挑战,为人类的社会和平和繁荣进步贡献自己的一分力量,从而使人们的生活

---

① 林永生、晏凌:《2012 中国绿色发展指数报告发布暨绿色经济研讨会综述》,《经济学动态》2012 年第 10 期。

更加美好。

西部将坚定不移地深化改革、扩大开放。提升自身的经济实力,为实施创新驱动发展战略做坚实的后盾,摆正科技创新在工业化与生态文明协调发展中的位置,充分发挥科技对西部工业化与生态文明协调发展引领全局的作用。我们要充分利用好有限的科技经费,努力提高它的经济效益、社会效益、生态效益,为更好地进行基础研究提供支撑作用,除此之外,也要支持应用技术研究,使科技满足工业化和生态文明协调发展的要求,把西部地区的经济发展与人民的生活需求有效地结合起来。同时,继续推动国际科技合作也是重中之重,为外国专家和科研机构来西部地区进行交流与合作营造更优美的环境和提供更规范的服务。通过进行国际合作,实现西部地区与各国共同协调发展的互利共赢局面。

2. 扩大国际技术合作

随着全球化的日益加深,信息与技术通过多种渠道在全球范围内快速地传播。网络在全球范围的繁荣拓宽了国际技术贸易的交易途径,进一步打开了市场,具体例子就是电子商务的发展。同时,产业结构的变化促使了技术贸易在国际上的进一步发展,主要体现在贸易的数量和规模上。一方面发达国家发展的阶段要求向外转移技术,另一方面发展中国家也通过从国外引进先进的技术来加速自身发展。因此,要实现西部工业化与生态文明协调发展,必须扩大国际技术合作。具体做法主要有以下几个方面:

首先,完善贸易结构,提高技术贸易的产品水平。西部地区要站在全球的角度考虑,同时关注国内外两个市场对高技术产业的需求和供给,有目标地支持高附加值、易形成规模且竞争力强的重点技术产业发展。政府要给予相应的政策倾斜,设置专门的高新园区作为研发技术的基地,通过经济、行政以及法律的手段对高新技术产业给予支持,保障其利益,创造一个良好的发展环境,提高西部地区出口企业采用先进科学技术生产经营的自主性、积极性。最终促使西部地区扩大出口,有效结合工业和贸易的发展,发展高新技术的良性循环。[1]

其次,促进自身独立再创新。在西部地区发展国际技术贸易,主要

---

[1] 安虎森:《新经济地理学原理》,经济科学出版社2009年版。

是为了提高其自身的创新能力。对外来引进技术的研究、吸收是实现独立创造能力的根本途径。具体来说，要在国内一些科研机构、企事业、高校等单位例如中科院、清华大学加强交流合作，各自发挥自身的优势，共享资源，各自完成分内之事，联合研究生产，提高科研成果的质量以及适用性。此外，还要保证资金的支撑和人才作用的发挥，通过培养本土人才以及引进外来人才，多方面、各层次、全方位地提升西部地区发展的潜力，只有这样才能提高综合效益，促进西部地区实力的增强。①

再次，及时有效地处理国际技术贸易壁垒。我国西部地区的企业由于没有充分了解国际上的相关信息，如进口标准、法律法规等，因此遇到技术贸易壁垒的风险很大。因此，我们可以从以下几个方面改善这个局面，第一，从根本上来说，产品的质量好是硬道理，要通过有关部门的设计研发、高新技术的投入，要不断提高产品和服务的品质和档次，满足国外发达地区消费者的需求，增强企业实力，提高产品的地位和知名度。第二，在西部地区设置相关咨询机构，帮助出口企业了解国内外的重要信息、TBT 的情报等，在生产经营的过程中做好准备，在问题发生之前就能及时地向有关部门发出信号，使损失最小化。第三，完善监督体系，在产品管理方面要有相关的监督部门，对产品和企业生产进行认证和核查，通过质检保证产品符合出口的合格水平。第四，保护知识产权这一系统工程，通过法律、行政等多种手段保护知识产权。一方面完善国际技术贸易相关立法，使知识产权立法科学合理，公正又全面，受公众的监督，提高透明度。另一方面，借鉴国际上已有的成熟规则和成功案例，在政策上支持知识产权保护，将其上升到战略的高度。此外，还要对知识产权的有关知识进行教育宣传，让公众都能够理解并自觉地参与到保护知识产权的行列中来。这对西部地区促进技术的不断进步起着至关重要的作用。

最后，增加政府的资金投入。西部地区要想增强对外来先进技术的消化吸收能力，就必须要缩小与技术先进地区的差距，跨国公司就是一

---

① Alf Hornborg, Ecological Economics, Marxism, and Technological Progress: Some Explorations of the Conceptual Foundations of Theories of Ecologically Unequal Exchange, *Ecological Economics*, Vol. 105, 2014, pp. 11 – 17.

个很好的载体。这就需要政府在资金上给予企业发展、基础研究方面的大力支持，才能帮助西部地区跨越式发展，跻身技术先进领域。从实际情况看，西部地区的科研投入水平很低，一些省份还不如 60 多年前的美国，可见与发达国家地区相比差距之大。西部地区从政府到企业都应该认识到科技在发展中的重要性，应该设置相应的研究部门，投入大量的资金支持，提高独立创新能力，拥有自己独特的专利设计技术。只有这样，才能为实现协调生态文明和工业化发挥企业的作用。

（四）发展生态化的对外贸易

西部要实现对外贸易的可持续发展，就必须按照工业化与生态文明协调发展理念的要求，针对目前西部地区的对外贸易与协调发展相背离的情况，利用环境与制度对对外贸易可持续发展的影响，走绿色循环经济和绿色贸易的路子。生态学在环境成本内部化的情况下，逐步引导对外贸易的发展。要想满足能源资源节约和环境保护的前提要求，并以此为准则来发展西部地区的对外贸易，就要遵循工业化与生态文明协调发展的理念。一是要顺应绿色贸易的潮流，利用清洁工艺，积极发展绿色产业，生产环境友好型、生态友好型产品，西部地区对外贸易导向型产品主要包括绿色产品、环保技术产品、环境标志产品，通过共同努力，把环保理念引入全世界。二是遵循和采用国际通用标准。只要企业认证相关国际标准成功，就可以不受任何非关税的阻拦直接进入国际市场。三是实现产品设计—生产—包装—营销的绿色一体化。四是积极寻求针对主要重点行业和产品的绿色壁垒的对策研究。通过提高产品质量，尽量满足对方以环境保护为目的的合理要求。五是改善利于生态环境的进出口产品的结构，积极提倡节约原料、节约资源的绿色产品结构，积极推动技术含量高、附加值高的产品出口，实现资源的替代。六是需要健全西部工业化与生态文明协调良性互动的政绩考核体系，西部地区的领导干部政绩考核体系应该包含对外贸易增长质量、效益情况、能源节约情况和环境保护情况，以此促进环境与贸易的良性互动发展。

五 创新政府领导职能，规划协调发展

西部地区要实现协调发展生态文明和工业化，就必须从增长方式和产业结构入手，通过消费模式的调整，协调经济的发展、环境的保护和资源的节约，最终为全面建设小康社会的实现而努力奋斗。随着生产力的不断发展，人类社会必将到达工业化与生态文明协调发展的阶段，此

第九章 构建西部工业化与生态文明协调发展的对策建议 / 317

时的协调发展工业化与生态文明是全面发展社会、经济和生态，和谐共存人与人、人与自然、人与社会这一种层次更高的形态。这种形态更是一种理念，是对可持续发展和环境保护理论精华的继承和发展，是人类走出困境、摆脱危机的手段，能够促进整个人类社会的进步和提升。协调发展生态文明和工业化是一项长期的任务，需要在西部地区一方面完善法律和机制，另一方面将保护环境、节约资源的理念深入人心，只有这样才可以有效地开展。建设生态文明也是中国特色社会主义优越性的体现，是总体布局除了社会、政治、经济、文化方面建设以外的具体要求。所以，工业化与生态文明的协调发展为满足历史和时代的要求，被纳入了中国特色社会主义事业的总体布局中，为建立协调发展的长效机制，促进协调生态文明和工业化顺利进行，并使其有序、规范和持久，对产业、制度、法律以及战略规划等方面进行了研究探索。这就必须创新政府领导职能，科学规划协调发展工业化与生态文明。

当前，全球范围内都在广泛开展政府创新。政府改变了在过去二十年间，组织封闭、单一追求效率目标的管制者形象，逐渐以开放网络的方式组织、追求公平等多元目标的合作者的新面貌出现。[①] 政府的主要职能就是为人民群众提供公共服务，因此，政府职能的转变过程具体体现就是服务方式的转变，逐渐使之达到公众的期望，尽可能最大限度地满足其需求。

可见，公共服务的质量主要通过公共服务的方式体现。在西部地区，协调经济快速发展和生态文明建设的社会现实就要更加促进政府要采用新型的服务方式应对。随着经济的快速发展和社会的转型，公众对生活质量的追求得到了很大的提升，自我维权意识和主体意识较过去也有了很大提高，这也就必然更加要求公共服务方式向多元化发展。例如，一方面，需求的层次改变过去的生产型，上升到强调个性化、多样化、法制化的发展型。另一方面，提供公共服务的主体也应该由过去单一政府独霸拓展形式为更多社会组织参与，让市场充分起到调节的作用，有利于高效地提供具有针对性的公共产品服务，突出市场的优势。主体的多元化反过来必然加速公共服务方式朝着多元化方向转变。总之，政府服务的多元化体系仍需完善，西部地区努力改革的方向关键是

[①] 朱桂云：《科学发展观引领下的生态文明城市建设研究》，武汉大学出版社2014年版。

"电子化、市场化、一站式的供给"。经过多年的努力,西部地区打好了进行多元公共服务的基础,实现转变已经存在着现实可能性。电子政府、自主社区供给、外包合同、政务大厅以及特许经营等多样化的服务形式在具体的实践中不断出现。

(一) 政府创新推动治理方式的变革

西部地区的经济和社会的发展促进这政府治理方式民主化、多元化的转变,通过实践创新了政府的施政形式,具体体现在政府职能以及理念等方面。以前政府部门的责任较少,政府工作人员相互推脱,运作缺乏弹性和效率,事务和信息模糊不清,很难让公众了解其内部运作,而且审批烦琐,没有给需要政府帮助的广大人民群众提供真正的便利,从而很好地实现人民公仆应尽的义务。现阶段政府的努力改变了原先的旧面貌,政府主动承担责任,运作灵活高效,内部事务也逐渐向社会公众公开,透明程度得到了很大的提高,受广大人民群众的监督,在处理审批方面的工作时,各司其职,简化流程,方便群众,替群众着想,将政府行为的出发点落在维护最广大人民群众的根本利益上。在协调发展生态文明和工业化进程中,我们要认识到政府的地位和功能都和市场中一般企业有很大差别,不能片面追求高速增长以及尽可能地实现最大经济利益,而是要站在整个社会整个国家长远发展角度考虑综合利益。西部地区面临着经济发展和生态维护的双重任务,政府更加应该转变自身职能,在日常工作中坚持以"服务、监管、调节"三个方面为行动守则,大力优化内部结构,提升执政方式,从根本上树立起建设服务型政府的观念,具体从完善行政审批制与问责制、提升政务透明化、民主决策依据等方面实施,认真按照中央的指示行事,从自身做起,强调公共服务的社会职能,为社会各领域的发展尽到应尽的义务。[1]

西部地区各级党委和政府全面考虑全局和战略高度,加强政府组织领导,把工业化与生态文明协调发展提升到新的高度,召开会议共同部署社会、政治、经济、文化以及生态文明的建设,把其列入重要议事日程,促进五个方面共同发展。在西部地区成立协调发展生态文明与工业化的领导班子,设立各种专项办事机构例如节能指导委员会等,在其指

---

[1] 牛文浩:《生态社会主义研究——基于社会主义生态文明视角》,南开大学出版社2013年版,第139—146页。

导下设置相关办公室，对具体事务进行操作和控制，并在下属各省市县相关环保部门联合协作，通力办公，自上而下形成一个网络来协调发展西部地区的生态文明建设。要从广大人民群众的根本利益出发，明确自身的权利和义务，清楚任务的紧迫性和重要性，在科学发展观的指导下，在进行工业化与生态文明的协调发展建设中，要明确各自的职责权属，严于律己，确保措施的落实，努力实现最终的目标切实抓紧抓好工业化与生态文明的协调发展建设。在协调发展生态文明和工业化之前，要制定相应的发展规划，使整个社会发展都贯穿着这个精神。此外，还应该尊重专业人士建议，通过相关的专家委员会，进行咨询，了解专家的看法。在开展发展与环保协调发展的各种项目时，必须采用综合决策机制，从战略、政策以及规划三个方面进行环评。具体来说，例如在开发土地建设、调整产业结构、利用资源以及规划城市时，就要把影响环境的类别程度进行评价估算，严格控制在生态承载力的限度之内。在社会一些重大的经济发展、城市建设的决策中，环保具有绝对的"一票否决"权。这主要是为了杜绝由于决策导致的生态环境威胁。完善相应的参与、听证、公示制度，鼓励广大人民群众参与的积极性，充分发挥其参与权、监督权、知情权和表达权。[1]

(二) 科学规划工业化与生态文明的协调发展

西部工业化与生态文明协调发展的有序开展，既传承了环境保护和可持续发展的理念，也成为现阶段经济社会发展和环境保护的指导思想。在价值理念、管理模式和运行机制等方面，工业化与生态文明的协调发展在制度、模式和理念方面都和过去的环境保护工作有较大差距，为了能有效地实现预期目标，必须在各个方面进行新的规划。[2] 目前主要的任务是：理解并梳理生态和经济发展二者的联系，了解协调发展的含义和意义；生态建设需要节约环境保护、资源节约、生态多样性的维持等多方面的相关问题，做到同步推进各种措施；在看似矛盾实际本质一致长远和眼前利益方面，进行协调统一，解决规划未来和建设当前这二者存在的问题，保证内在的一致性；加强和完善相应制度，协调发展

---

[1] 俞海、夏光、杨小明：《生态文明建设：认识特征和实践基础及政策路径》，《环境与持续发展》2013年第1期。

[2] 聂华林、王成勇：《区域经济学通论》，中国社会科学出版社2006年版。

生态文明和工业化，在不同的地区和部门协调平衡；统筹好西部跨流域、跨地区的协调发展问题，在整体上宏观调控。

首先，完善相关的管理机制，进行及时有效的控制协调。随着环境问题的日益突出，不断恶化的生态自然引起了人们的关注，在1983年全国第二次环保会议上，我国将环境保护确立为基本国策，随后，可持续发展的战略退化也被提上议程。当前，随着人们对生态环保的认识进一步加深，生态文明建设已经上升到了国家意志层面，写入党章。协调发展生态文明和工业化是一个复杂的工程，需要涉及很多部门和领域，这种错综复杂的联系需要一个良好的机制进行调节，例如一直以来科技部门和环保部门是两个相对独立的部门，各自负责自己的工作，分别处理可持续发展和环保工作，虽然两大部门之间采取了会商机制，进行了定期交流，但却没有很好地协调可持续发展与环境保护工作的关系，限制了整体功能的发挥，严重阻碍了西部地区协调发展生态文明和工业化的进程，这一切都不断要求推动管理制度的发展。与此同时，创新和改革机制，建立和完善工业化与生态文明协调发展的领导机制也是必然要求。任何一个任务的完成都离不开一个好的领导班子，处理协调生态文明和工业化发展日常工作中遇到的问题需要一个灵活而智慧的领导小组及时有效地调控工作，从宏观上给予组织和指导。

其次，在协调发展之前，制定科学有效又完善的发展规划。在社会整个规划的大框架下，按照"十三五"的要求指导，对社会中协调发展生态文明和工业化的过程中，企事业单位、社会团体、公众和政府方面多个主体日常生活生产进行相应安排。

最后，统筹西部工业化与生态文明协调发展的方案并采取具体行动。在党和政府的不断重视和强调下，很多省份在2007年之后都逐渐开展了具体关于协调生态文明和工业化的行动，设计方案、制订计划并在实际操作中不断调整完善，如地方生态文明建设规划。现阶段，我国有150多个县、市发展生态创建工作，已经以国家生态县（市、区）命名的就达11个县（市、区），有14个省份在省的层面开展生态建设。在2008年5月，国家环境保护部门批准了6个生态文明建设试点地区，这属全国首批。张家港和韶关等城市根据实际情况，规划未来发展生态文明的道路，从自身的具体特点出发，趋利避害在协调发展生态文明和工业化的进程中能够最大限度地发挥自身优势。借鉴东部地区的发展，适应时代发展的新要求，西部地区制订出适合西部工业化与生态文明协调发展相关的行动方案，如经常总结西部生态文明建设的行动方案，从中发现问题，并加以弥补。完善原有的西部生态环境建设规划，制订统一的，和工业化与生态文明协调发展相关的行动方案，如实施生态文明建设规划中制订的具体行动方案，站在全局的视角，根据西部地区不同区域的现实情况以及实际需求，制订出相应的发展方案，为按步骤、分类别有条不紊地协调发展生态文明和工业化提供理论基础。做到既能从整体上调控又能反映出不同特色，实现各部门默契配合，指引优势得到最大限度的发挥。[①]

[①] 郇庆治：《推进生态文明建设的十大理论与实践问题》，《北京行政学院学报》2014年第4期。

参考文献

[1] 安虎森：《新经济地理学原理》，经济科学出版社2009年版。

[2] 包晴：《中国经济发展中地区之间污染转移现象的表现形式及其原因分析》，《北方民族大学学报》（哲学社会科学版）2009年第3期。

[3] 包庆德：《消费模式转型：生态文明建设的重要路径》，《中国社会科学院研究生院学报》2011年第2期。

[4] 包双叶：《社会结构转型与生态文明建设——基于中国特殊经验的研究》，《天中学刊》2012年第1期。

[5] 包双叶：《当前中国社会转型条件下的生态文明研究》，《华东师范大学》2012年第3期。

[6] 陈彬：《环境正义视野下的环境安全与国家生态安全》，《环境资源法论丛》2010年第8期。

[7] 陈国铭：《我国矿产资源综合利用潜力和发展对策探讨》，《中国矿业》1999年第8期。

[8] 陈佳贵、黄群慧：《中国地区工业化进程的综合评价和特征分析》，《经济研究》2006年第6期。

[9] 陈佳贵、黄群慧：《中国工业化与工业现代化问题研究》，北京经济管理出版社2009年版。

[10] 陈剑、吕荣胜：《节能服务的经济学分析》，《南京社会科学》2011年第6期。

[11] 陈军飞、王慧敏：《生态城市建设指标体系与综合评价研究》，《环境保护》2005年第9期。

[12] 谌树忠：《"十一五"中国节能服务产业发展报告》，2011年1月13日。

[13] 陈宇宙：《基于生态文明建设的思想政治教育》，《前沿》2009年

第九章　构建西部工业化与生态文明协调发展的对策建议 / 315

第 8 期。
[14] 陈嫒：《论"生态文明"背景下我国绿色金融法律制度的完善》，《特区经济》2014 年第 8 期。
[15] 崔献勇：《我国西部生态脆弱区生态移民问题研究》，《新疆师范大学学报》2004 年第 4 期。
[16] 邓玲：《生态文明发展战略区域实现途径研究》，《原生态民族文学学刊》2009 年第 1 期。
[17] 刁平、董秋花：《我国矿产资源综合利用现状分析》，《科技论坛》2013 年第 8 期。
[18] 杜传忠：《中国市场结构发展的目标模式及其实现机制》，《理论月刊》2009 年第 8 期。
[19] 樊万选：《走可持续性的新型工业化道路》，《中州学刊》2003 年第 2 期。
[20] 方发龙、周江：《协调推进西部地区经济增长与生态文明建设的思路与对策》，《经济问题探索》2009 年第 10 期。
[21] 方时姣：《以生态文明为基点转变经济发展方式》，《经济管理》2011 年第 6 期。
[22] 方行明主编：《中国西部工业发展报告（2013）》，社会科学文献出版社 2013 年版。
[23] 房尚文：《生态消费研究的现状和意义》，《中外企业家》2014 年第 14 期。
[24] 冯振环：《西部地区经济发展的脆弱性与优化调控研究》，博士学位论文，天津大学，2000 年。
[25] 冯之浚：《论循环经济》，经济科学出版社 2003 年版。
[26] 盖凯程：《西部生态环境与经济协调发展研究》，博士学位论文，西南财经大学，2008 年。
[27] 高煌：《关于我国重化工业化争论的反思及发展道路的新阐释》，《求是》2005 年第 6 期。
[28] 高炜：《生态文明时代的伦理精神研究》，博士学位论文，东北林业大学，2012 年。
[29] 顾国维：《绿色技术及其应用》，同济大学出版社 1999 年版。
[30] 郭爱君、武国荣：《改革开放以来我国西部地区产业结构的演变

分析》,《甘肃社会科学》2007 年第 5 期。
[31] 郭静利、郭燕枝:《我国生态文明建设现状、成效和未来展望》,《农业展望》2011 年第 11 期。
[32] 郭俊华:《西部地区新型工业化模式的选择研究》,博士学位论文,西北大学,2005 年。
[33] 郭守亭:《生态文明视角下的消费文明刍议》,《湖北社会科学》2014 年第 7 期。
[34] 郭志仪、郑周胜:《地方政府、利益补偿与区域经济整合》,《经济问题》2010 年第 8 期。
[35] 国家科委综合计划司主编:《加拿大科技指标和统计方法》,科学技术文献出版社 1993 年版。
[36] 国家统计局:《2012 年国民经济和社会发展统计公报》,2013 年 2 月 22 日。
[37] 国务院西部地区开发领导小组办公室:《"十五"西部开发总体规划》,2002 年 8 月 13 日。
[38] 国务院:《国家中长期科学和技术发展规划纲要（2006—2020 年）》,2006 年 2 月 9 日。
[39] 韩振华:《杭州市产业高端化研究》,《现代城市》2009 年第 2 期。
[40] 韩振华、王崧:《国外产业高端化发展经验借鉴研究》,《特区经济》2009 年第 5 期。
[41] 洪名勇:《西部地区重工业发展构想》,《民族研究》2003 年第 4 期。
[42] 胡鞍钢:《地区与发展·西部开发新战略》,中国计划出版社 2001 年版。
[43] 胡岳岷:《绿色发展转型:文献检视与理论辨析》,《当代经济研究》2013 年第 2 期。
[44] 胡晔:《我国新型工业化道路探索》,《特区经济》2006 年第 3 期。
[45] 郇庆治:《推进生态文明建设的十大理论与实践问题》,《北京行政学院学报》2014 年第 4 期。
[46] 华中科技大学管理学院科技统计信息中心:《中国主要科技指

标》，2004 年 11 月。

[47] 黄娟、李栌霖：《生态文明视角下资源节约与科技创新驱动》，《中国国土资源经济》2013 年第 3 期。

[48] 黄泰岩：《转变经济发展方式的内涵与实现机制》，《求实》2007 年第 18 期。

[49] 江苏科技厅：《江苏省科技进步统计监测结果与科技统计公报》，2014 年 12 月 22 日。

[50] 姜泽华、白艳：《产业结构升级的内涵与影响因素分析》，《当代经济研究》2006 年第 10 期。

[51] 江泽民：《论科学技术》，中央文献出版社 2001 年版。

[52] 江泽民：《江泽民论有中国特色的社会主义》，中央文献出版社 2002 年版。

[53] 姜智红：《新型工业化与生态文明建设研究》，《理论建设》2010 年第 6 期。

[54] 蒋伏心：《中国工业化模式的发展与转换》，《江海报》2005 年第 6 期。

[55] 克尼斯等编著：《经济学与环境》，生活·读书·新知三联书店 1998 年版。

[56] 克利福德·科布：《迈向生态文明下的实践步骤》，王韬洋译，《马克思主义与现实》2007 年第 6 期。

[57] 孔翔、杨宏玲：《基于生态文明建设的区域经济发展模式优化》，《经济问题探索》2011 年第 7 期。

[58] 蓝英：《西部产业结构与就业结构调整互动研究》，《重庆三峡学院学报》2013 年第 2 期。

[59] 雷玲：《西部地区现代农业发展评价研究》，博士学位论文，西北农林科技大学，2012 年。

[60] 李春惠：《贵阳创新机制体制　全力推进生态文明城市建设》，《贵阳日报》2010 年 7 月 29 日。

[61] 李红卫：《生态文明建设——构建和谐社会的必然要求》，《学术论坛》2007 年第 6 期。

[62] 李珂：《基于生态文明下的生态建设与区域经济增长》，《区域经济》2011 年第 1 期。

[63] 李锐、鞠晓峰：《技术创新的生态化转向及其实现机制研究》，《哈尔滨商业大学学报》（社会科学版）2008年第3期。

[64] 李婷：《苏北后发优势的实现机制及发展的策略建议》，《科学理论》2009年第24期。

[65] 李卫东：《企业竞争力评价理论与方法研究》，博士学位论文，北京交通大学，2007年。

[66] 廖才茂：《生态文明的内涵与理论依据》，《中共浙江省委党校学报》2004年第6期。

[67] 廖福霖：《生态文明建设理论与实践》，中国林业出版社2003年版。

[68] 林永生、晏凌：《2012中国绿色发展指数报告发布暨绿色经济研讨会综述》，《经济学动态》2012年第10期。

[69] 刘海霞：《西部城镇化建设的困境与出路》，《特区经济》2010年第3期。

[70] 刘洪鑫：《转型期我国生态环境代价问题研究》，硕士学位论文，武汉大学，2005年。

[71] 刘慧玲：《中国西部地区工业化发展问题研究》，博士学位论文，西南财经大学，2008年。

[72] 刘玲、周扬培：《构建企业生态竞争力初探》，《经济师》2003年第6期。

[73] 刘伟：《经济发展与结构转换》，中国人民大学出版社1992年版。

[74] 刘伟：《加快生态文明法制建设的对策》，《改革与开放》2014年第1期。

[75] 刘燕华、李秀彬：《脆弱生态环境与可持续发展》，商务印书馆2007年版。

[76] 马尔科姆：《发展经济学》，经济科学出版社1989年版。

[77] 马丽君：《西部地区生态环境建设与可持续发展的思考》，《青海民族大学学报》2012年第2期。

[78] 马秀贞：《论初次分配公平的评价标准与实现机制》，《理论前沿》2008年第22期。

[79] 马永欢：《妥善处理若干重大关系　大力推进生态文明建设》，《国土资源情报》2013年第2期。

[80] 冒佩华、王宝珠：《市场制度与生态逻辑》，《教学与研究》2014年第8期。

[81] 孟伟：《地球系统工程与区域环境问题调控的原则》，《环境科学研究》2009年第22期。

[82] 孟伟、傅泽强：《生态文明创新环境工程与科技的发展模式》，《环境工程技术学报》2011年第1期。

[83] 苗泽华、杨晓铮：《论生态文明与工业企业生态工程》，《商业时代》2012年第2期。

[84] 聂华林、王成勇：《区域经济学通论》，中国社会科学出版社2006年版。

[85] 牛文浩：《生态消费模式：社会主义生态文明建设的必然选择》，《生态经济》2012年第8期。

[86] 牛文浩：《生态社会主义研究——基于社会主义生态文明视角》，博士学位论文，南开大学，2013年。

[87] 庞凌霄：《吉林省农业资金投入问题探析》，《财会月刊》2011年第4期。

[88] 庞智强：《中国西部地区产业结构的调整》，《重庆工商大学学报》（西部论坛）2007年第17期。

[89] 秦成逊、周惠仙：《西部地区经济发展方式转变探析》，《经济问题探索》2008年第3期。

[90] 秦成逊、王珂：《西部地区工业化发展模式的现状分析和转型策略》，《昆明理工大学学报》2011年第6期。

[91] 邱跃华：《科学发展观视域下我国产业生态化发展研究》，博士学位论文，湖南大学，2013年。

[92] 曲向东：《转变经济发展方式　实现经济又好又快发展》，《中共珠海市委党校珠海市行政学院学报》2008年第1期。

[93] 任巍：《新疆大中型工业企业竞争力研究》，硕士学位论文，新疆大学，2013年。

[94] 单晓娅、涂妍：《关于生态文明建设的理论基础研究》，《2009中国可持续发展论坛暨中国可持续发展研究会学术年会论文集》（上册）2009年。

[95] 单晓娅：《贵州生态文明建设的探索与实践》，光明日报出版社

2010年版。
[96] 单晓娅:《贵州少数民族地区人才资源开发与生态文明建设研究》,光明日报出版社2011年版。
[97] 单晓娅、张冬梅:《贵州生态文明建设的探索与实践》,贵州人民出版社2011年版。
[98] 沈静、陈烈:《珠江三角洲专业镇的成长研究》,《经济地理》2005年第5期。
[99] 史晋川:《制度变迁与经济发展:温州模式研究》,浙江大学出版社2002年版。
[100] 世界环境和发展委员会:《我们共同的未来》,吉林人民出版社1997年版。
[101] 孙文盛:《以贯彻落实两会精神为契机 全面推进国土资源各项工作》,载国土资源部《政府工作报告》学习报告会,2007年3月21日。
[102] 谭清美:《区域创新资源有效配置研究》,《科学研究》2004年第5期。
[103] 唐钊:《论污染转移的综合应对》,《对策与战略》2010年第2期。
[104] 陶阳:《区域生态工业系统运行机制与生态效率评价研究》,博士学位论文,哈尔滨工业大学,2009年。
[105] 田小平:《基于交易成本经济学的节能服务外包决策研究》,《中南财经政法大学学报》2011年第4期。
[106] 王国印:《论循环经济的本质与政策启示》,《中国软科学》2012年第1期。
[107] 王晖、陈丽:《多指标综合评价方法及权重系数的选择》,《广东药学院学报》2007年第23期。
[108] 王建:《论建设生态文明的技术创新路径》,《理论前沿》2007年第24期。
[109] 王珂、秦成逊:《基于生态文明的现代服务业发展模式探析——以云南省大理州为例》,《昆明理工大学学报》(社会科学版)2011年第3期。
[110] 王珂、秦成逊:《西部地区实现绿色发展的路径探析》,《经济问

题探索》2013 年第 1 期。

[111] 王理：《工业化与经济发展关系的再认识》，《经济研究》2008 年第 40 期。

[112] 王如松：《生态环境内涵的回顾与思考》，《科技术语研究》2005 年第 7 期。

[113] 王双怀：《五千年来中国西部水环境的变迁》，《陕西师范大学学报》（哲学社会科学版）2004 年第 33 期。

[114] 王顺义：《西方技术发展科学化的历史变迁》，《历史教学问题》2002 年第 4 期。

[115] 王昕：《推进我国节能服务产业发展对策研究》，硕士学位论文，中国石油大学，2009 年。

[116] 王学义：《工业资本主义、生态经济学、全球环境治理与生态民主协商制度》，《中国人口·资源与环境》2013 年第 9 期。

[117] 王雨辰：《论生态学马克思主义与我国的生态文明理论研究》，《马克思主义研究》2011 年第 3 期。

[118] 王玉清、扈恩邦：《构建新一轮西部大开发中的大开放格局》，《开放导报》2012 年第 4 期。

[119] 魏后凯：《中国西部工业化与软环境建设》，中国财政经济出版社 2003 年版。

[120] 吴明红：《中国省域生态文明发展态势研究》，博士学位论文，北京林业大学，2012 年。

[121] 吴红宇：《论我国西南地区生态补偿机制的建立和完善》，《云南行政学院学报》2010 年第 7 期。

[122] 伍瑛：《生态文明的内涵与特征》，《生态经济》2000 年第 2 期。

[123] 肖文华：《中国特色社会主义生态文明建设历程研究》，硕士学位论文，北京工业大学，2012 年。

[124] 谢识予：《经济博弈论》第三版，复旦大学出版社 2010 年版。

[125] 徐忠麟：《生态文明与法治文明的融合：前提、基础和范式》，《法学评论》2013 年第 6 期。

[126] 许冬梅：《党的生态文明理念和国家可持续发展战略探索——访中共中央政治局原委员、九届全国人大常委会副委员长田》，《中共中央党校学报》2010 年第 4 期。

［127］许尔君：《美丽中国视域下以生态文明理念推动产业结构调整的路径思考》，《新能源产业》2013年第2期。

［128］杨乾明：《经济发展和保护环境的对立统一关系分析》，《环保论坛》2013年第17期。

［129］杨运星：《生态经济、循环经济、绿色经济与低碳经济之辨析》，《前沿》2011年第8期。

［130］俞海、夏光：《生态文明建设：认识特征和实践基础及政策路径》，《环境与持续发展》2013年第1期。

［131］俞可平：《科学发展观与生态文明》，《马克思主义与现实》2005年第4期。

［132］余颂：《贵州可持续消费模式构建研究》，贵州人民出版社2008年版。

［133］袁伟：《河南产业发展的高端亿研究》，《郑州航空工业管理学院学报》2009年第6期。

［134］张剑：《中国社会主义生态文明建设研究》，中国社会科学出版社2009年版。

［135］张军驰：《西部地区生态环境治理政策研究》，博士学位论文，西北农林科技大学，2012年。

［136］张涛涛：《我国西部12省环境与经济发展关系研究》，硕士学位论文，西南财经大学，2011年。

［137］张文娟、高吉喜：《中国西部地区生态环境问题》，《环境教育》2001年第3期。

［138］张孝德：《生态文明模式创新：中国的使命与抉择》，《经济研究参考》2012年第6期。

［139］张宇：《生态法治的诸要素分析》，《产业与科技论坛》2014年第10期。

［140］赵秉栋、赵庆良：《西部地区生态环境建设刍议》，《水土保持研究》2002年第9期。

［141］赵凡：《社会转型与生态文明的辩证关系探讨》，《经济研究导刊》2013年第33期。

［142］赵付春、焦豪：《产业升级的微观实现机制研究：基于双元性理论的视角》，《科学与科学技术管理》2011年第5期。

[143] 赵建世:《可持续发展的人口承载能力模型》,《清华大学学报》2003 年第 2 期。

[144] 赵丽:《论生态文明引领下的工业化思路》,《齐鲁学刊》2010 年第 4 期。

[145] 甄霖、杜秉贞:《国际经验对中国西部地区绿色发展的启示:政策及实践》,《中国人口·资源与环境》2013 年第 10 期。

[146] 峥嵘:《论资源社会性理念及其制度实现》,博士学位论文,重庆大学,2012 年。

[147] 郑晓:《产业结构与经济增长——中国战略性新兴产业发展问题研究》,博士学位论文,中共中央党校,2012 年。

[148] 郑亚刚:《构建循环经济产业链 促进经济与生态和谐发展》,《现代工业经济和信息化》2014 年第 4 期。

[149]《中国工业污染更应得到关注》,英国《金融时报》社评,2007 年 9 月 10 日。

[150] 周利丽:《关注生态文明推进新型工业化进程》,《重庆工学院学报》2009 年第 11 期。

[151] 周艳恒:《西部地区现代农业发展的制约因素及对策》,《农业经济》2013 年第 3 期。

[152] 周振华:《现代经济增长中的结构效应》,上海人民出版社 1995 年版。

[153] 中国工程院"21 世纪中国可持续发展水资源战略研究"项目组:《中国可持续发展水资源战略研究综合报告》,《中国工程科学》2000 年第 8 期。

[154] 钟孟淮、马月辉:《中国生物多样性保护现状、不足与对策浅议》,《六盘水师范学院学报》2013 年第 4 期。

[155] 朱春江:《论农业与生态文明建设》,《生态经济》2013 年第 11 期。

[156] 诸大建、朱远:《生态文明背景下循环经济理论的深入研究》,《中国科学院院刊》2013 年第 2 期。

[157] 朱桂云:《科学发展观引领下的生态文明城市建设研究——以贵阳市为例》,博士学位论文,武汉大学,2014 年。

[158] 朱国伟:《环境外部性的经济分析》,博士学位论文,南京农业

大学，2003年。

[159] 朱镕基：《在第九届全国人民代表大会第四次会议上的政府工作报告》，人民出版社2001年版。

[160] 邹克俭、王明福：《成都工业发展高端产业和产业高端问题研究》，《中共成都市委党校学报》2010年第10期。

[161] A. P. 瑟尔瓦尔：《增长与发展》，中国人民大学出版社1992年版。

[162] Alf Hornborg, Ecological Economics, Marxism, and Technological Progress: Some Explorations of the Conceptual Foundations of Theories of Ecologically Unequal Exchange, *Ecological Economics*, Vol. 105, 2014.

[163] B. Sarma, A. K. Sarma, Optimal Ecological Management Practices (EMPs) for Minimizing the Impact of Climate Change and Watershed Degradation Due to Urbanization, *Water Resour Manage*, Vol. 27, 2013.

[164] Chen Demin, The Essence of a Recycling Economy: Circular Utilization of Resources, *Chinese Journal of Population Resources and Environment*, Vol. 1, No. 2, 2004.

[165] Connor, D. O., Managing the Environment with Rapid Industrialization: Lessons from the East Asian Experience, *MEMO*, No. 4, 1994 p. 27.

[166] Daniel, D. M., Mathis, W. J., Kitzesaa, S. H., "Measuring Sustainable Development Nation by Nation", *Ecological Economics*, Vol. 64, 2008, p. 470.

[167] David, C., *The Social Control of Technology*, New York: St. Martin Press, 1980.

[168] Fred Magdoff, Harmony and Ecological Civilization beyond the Capitalist Alienation of Nature, *Review of The Month*, No. 4, 2012, p. 27.

[169] He, J. W., Kujs, L., World Bank China Research Paper, Rebalancing China's Economy - Modeling a Policy Package, No. 7, (Winter 1997), http://www.scribd.com/full/500176? access-

key = 46exds72hnp6h.
[170] International Energy Agency, World Energy Outlook 2007, Paris: OECD/IEA, 2007.
[171] Jacobs, M., The GreenEconomy: Environment Sustainable Development and the Politics of the Future, London: Pluto, 1991.
[172] Junhong Ma, Life and love: Thoreau's Life Philosophy on Man and Nature in the Age of Industrialization, *Neohelicon*, Vol. 36, 2009, p. 396.
[173] Mirjana, G., Olja, M. L., Definition, Characteristics and State of the Indicators of Sustainable Development, *Agriculture, Ecosystems and Environment*, Vol. 130, 2009, p. 67.
[174] Panayotou, T., *Empirical Tests and Policy Analysis of Environment Degradation at Different Stages of Economic Development*, World Employment Research Programme, Working Paper, International Labor Office, Geneva, 1993.
[175] S. A. A. M. Fennis, Defined – Performance Design of Ecological Concrete, *Materials and Structures*, Vol. 46, 2013, p. 650.
[176] Torras, M., Boyce, J., Income, Inequality and Pollution: Areassessment of the Enivronment Kuznets Curve, *Ecological Economics*, Vol. 25, 1998, p. 155.
[177] Winner, L., *Autonomous Technology: Technics – out – of Control as a Theme in Political Though*, Cambridge: The MIT Press, 1977.

后　记

经过三年多的努力，本课题终于得以完成，回想整个学习和写作过程，令我们心潮澎湃，其中付出的艰苦和辛劳自不用说。

该书由2011年国家社会科学基金项目"西部工业化与生态文明建设协调发展模式研究"（项目批准号：11BKS046）资助出版。本书能够出版，首先我要衷心感谢我的导师邓玲教授，她对本课题的获得、完成以及本书的出版，付出了许多心血，从拟订提纲，完成初稿，修改完善到最后定稿都给予了耐心细致的指导，如果没有她的帮助和激励，要顺利完成这个项目以及本书的写作是无法想象的。几年来，她一直严格要求，不仅教会了我如何严谨做学问，而且还用她的一言一行教授我为人处世的道理。导师关爱，终生勿忘。其次我要感谢自始至终支持我的课题组成员，他们分别是：张冬梅、单晓刚、郑云跃、曾海鹰、余颂、尹宏、钟良晋、潘丽群。

由于各位作者在写作过程中的辛勤劳动，才使本书达到现有的水平。具体负责书稿的撰写与整理的是：第一章（单晓娅、高琳琳、李曼曼）；第二章（单晓娅、王翠、高琳琳）；第三章（单晓娅、高琳琳）；第四章（单晓娅、高琳琳）；第五章（单晓娅、王翠、赵路）；第六章（张冬梅、赵路）；第七章（张冬梅、李曼曼）；第八章（单晓娅、王梦南）；第九章（单晓娅、王梦南）。全书由李曼曼、赵路、李旻峰、滕文负责校稿。

本书除主要作者外，参加研究的人员还有贵州省政府潘康参事、贵州省团委涂研博士、贵州省政府发展研究中心陈文福博士、四川省社会科学院研究员王倩博士、贵州师范大学教授刘肇军博士、贵州省发改委杜建军博士、贵州财经大学教授姚旻博士、贵阳市委办公厅陈旖博士、贵州久联集团房地产开发有限责任公司李鸿博士、贵州省委政研室陈联涛博士、贵州省产业投资集团斯劲博士、贵州财经大学副教授崔军、彭姗同志以及贵州财经大学区域经济学研究生莫洪兰、吴琼媛、温国华、郝武峰。本书的完成，得益于以上参加研究的人员的指导和帮助，在此，我要对他们表示深深的谢意。

衷心感谢贵州财经大学陈森良教授、张燕萍教授长期以来对我的关心和指导，他们的治学风范和人生态度令我敬仰，将永远是我学习的楷模。衷心感谢贵州省规划办、贵州财经大学科研处对我课题的申报、完成提出的精辟和宝贵意见以及给予的耐心细致周到的服务，使本书得以顺利完成。

还要感谢我的朋友们为本课题的调研提供了便利。

还要感谢贵州财经大学经济学院常明明院长为本书的出版提供的大力支持和帮助。

还要感谢我的儿子彭瑞麒、丈夫彭剑鸣以及兄长单晓刚、姊妹单晓明、单晓燕、表哥姚华源、表弟廖登兵对我研究的支持和理解以及帮助。

最后感谢我已故的父母以及西进父辈们，感谢他们一直对我的督促和鼓励，此书才得以顺利按期完成。

借此机会，向支持和帮助该课题研究的有关个人、单位以及写作过程中参阅研究成果的专家、学者表示诚挚的感谢。由于本课题涉及内容广而深，且本人水平有限，尚有许多不妥之处，希望大家提出宝贵意见，并恳请广大读者见谅。

单晓娅
2016 年 8 月